詹万生作学术报告

2002年第五届全国德育科研年会暨“九五”结题和“十五”开题会议在株洲举行，图为大会主席台，时任教育部副部长周远清、湖南省教育厅和株洲市党政领导及来自全国各地的1000多名代表出席

詹万生作主题报告

西江月·株洲年会

（2002年4月26日）

山下云海茫茫，
山上松柏苍苍。
豪情满怀上井冈，
十五号角吹响。
三大原理奠基，
治国方略导向，
开拓创新与时进，
喜看众志昂扬。

——西江月·株洲年会
二〇〇二年四月
壬午年仲春作
乙未年孟夏书

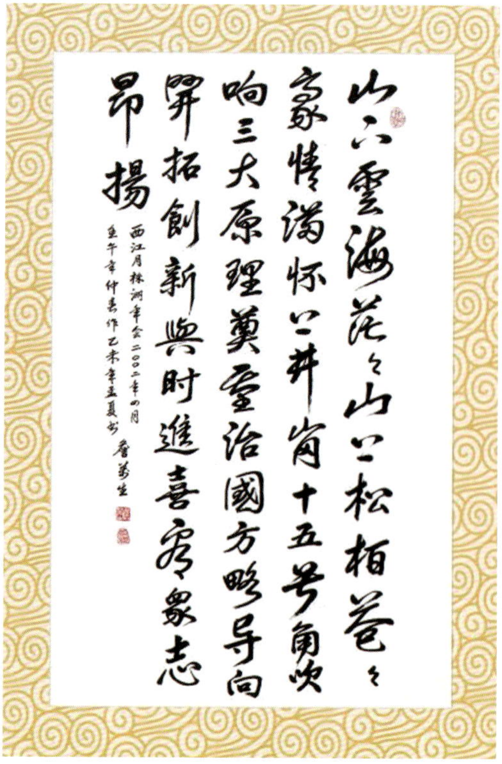

詹万生诗词书法作品《西江月·株洲年会》

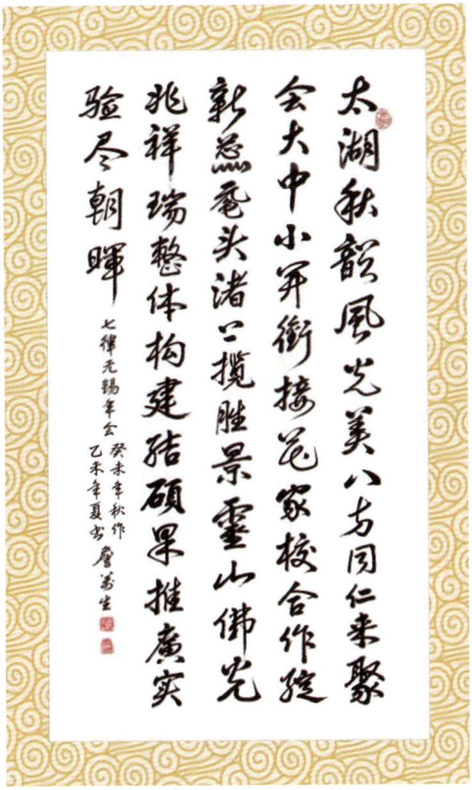

詹万生诗词书法作品《七律·无锡年会》

詹万生作主题报告

七律·无锡年会

（2003年10月28—30日）

太湖秋韵风光美，
八方同仁来聚会。
大中小开衔接花，
家校合作绽新蕊。
鼋头渚上揽胜景，
灵山佛光兆祥瑞。
整体构建结硕果，
推广实验尽朝辉。

——七律·无锡年会
癸未年秋作
乙未年夏书

2003年第六届全国德育科研年会在无锡举行，图为大会主席台，国家总督学顾问陶西平、时任江苏省教育厅副厅长周稽裘、无锡市党政领导和来自全国各地的1200名代表出席大会

2004年第七届全国德育科研年会在信阳举行，时任教育部副部长柳斌、河南省教育厅、信阳市党政领导和来自全国各地的1200名代表出席大会

詹万生作主题报告

七律·信阳年会

（2004年11月1—3日）

青分江淮通广京，
绿连楚豫中原情。
雄鸡报晓惊天地，
德育年会信阳行。
两个意见方向正，
三大要点任务明。
更有红色将军县，
继承发扬中华兴。

——七律·信阳年会
甲申年秋作
甲午年夏书

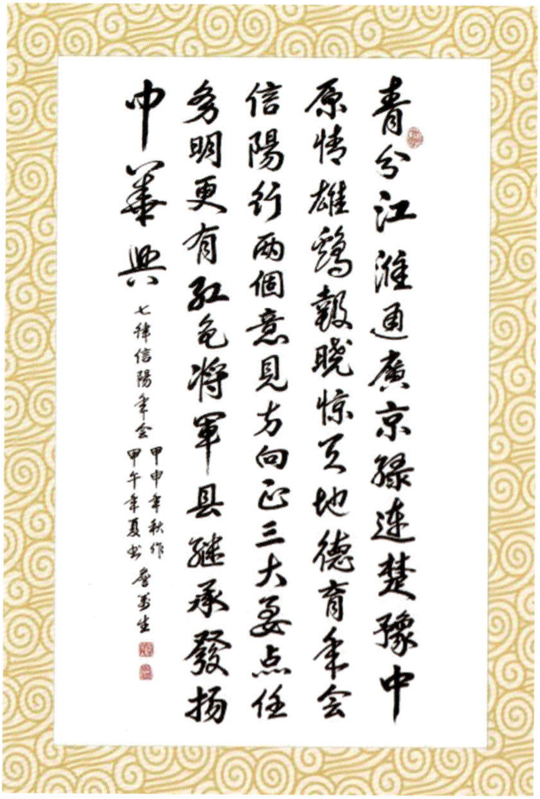

詹万生诗词书法作品《七律·信阳年会》

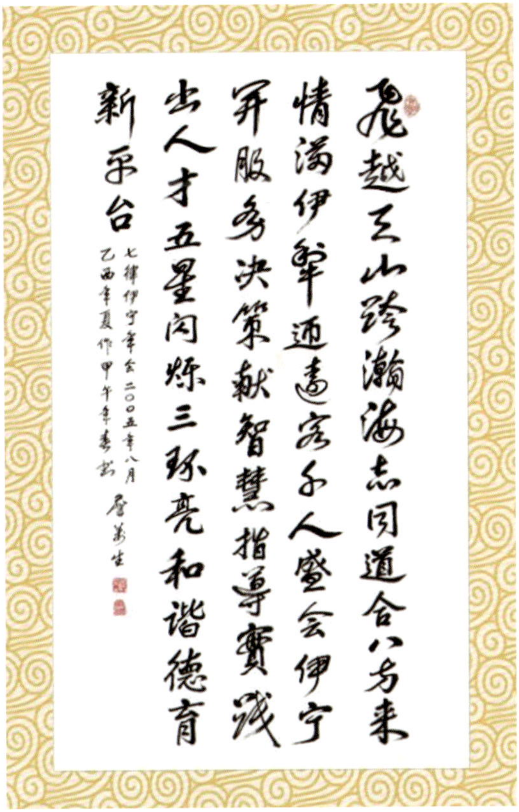

詹万生诗词书法作品《七律·伊宁年会》

詹万生作主题报告

七律·伊宁年会

（2005年8月3—5日）

飞越天山跨瀚海，
志同道合八方来。
情满伊犁迎远客，
千人盛会伊宁开。
服务决策献智慧，
指导实践出人才。
五星闪烁三环亮，
和谐德育新平台

——七律·伊宁年会
二〇〇五年八月
乙酉年夏作
甲午年春书

2005年第八届全国德育科研年会在伊宁举行，时任教育部副部长柳斌、中国伦理学会会长陈瑛、新疆自治区教育厅和伊犁自治州伊宁市党政领导及1200名来自全国各地的代表出席大会

詹万生和时任教育部副部长柳斌与出席信阳年会的部分代表合影

詹万生和时任教育部副部长柳斌、中国伦理学会会长陈瑛与伊宁市委副书记闫红鹰亲切交谈

詹万生和课题组部分成员在太湖之滨鼋头渚合影

詹万生和课题组部分成员与株洲市教育局领导合影

詹万生和新疆维吾尔族小朋友在一起

2005年8月中国伦理学会德育专业委员会成立大会在新疆伊宁举行，詹万生（右二）当选会长时讲话，右一为陈宁副会长、右三为魏续臻副会长、右四为梁其贵副会长

詹万生在中央教科所先后指导20位访问学者，图为詹万生（中）与访问学者合影，左起刘颖（05届）、张国建、郁树廷、符运杰、张宇（04届）、冯铁山（05届）

詹万生与时任吉林省教科院副院长栾传大联手合作进行中华传统美德研究20年，图为在长春机场合影

詹万生为海口旅游职业学校题词并与副校长洪涌等合影

詹万生为伊宁市实验学校题词并与校长教师合影，后排右三为时任新疆自治区教科所德育室主任刘国印

詹万生随团访问英国与威尔士大学兰比德学院院长交流

詹万生随团访问俄罗斯与圣彼得堡中学校长交流

詹万生及其学术团队“十五”时期的部分研究成果

詹万生总主编的《当代家长》系列家庭教育教材，分为小学版、初中版、高中版、中职版，共32册

詹万生主持的“十五”国家重点课题的结题成果

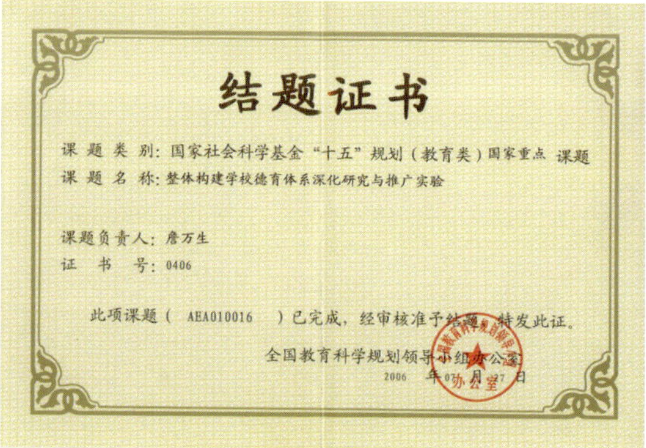

“十五”国家重点课题结题证书

“十五”国家重点课题获奖证书

詹万生德育文选

ZHANWANSHENG DEYU WENXUAN

第三卷

（2001—2005）

詹万生 著

首都师范大学出版社
CAPITAL NORMAL UNIVERSITY PRESS

图书在版编目(CIP)数据

詹万生德育文选：全5册/詹万生著.一北京：首都师范大学出版社，2018.9
ISBN 978-7-5656-4797-0

Ⅰ.①詹…　Ⅱ.①詹…　Ⅲ.①德育一文集　Ⅳ.①G41－53

中国版本图书馆CIP数据核字(2018)第192122号

ZHANWANSHENG DEYU WENXUAN
詹万生德育文选 第三卷(2001—2005)
詹万生　著

项目统筹：杨林玉　　　　责任编辑：来晓宇
责任设计：王征发　　　　责任印制：李春雷
责任校对：李佳艺

首都师范大学出版社出版发行
地　址　北京西三环北路105号
邮　编　100048
电　话　68418523(总编室)　68982468(发行部)
网　址　http://cnupn.cnu.edu.cn
印　刷　北京科彩印业有限公司
经　销　全国新华书店
版　次　2018年9月第1版
印　次　2018年9月第1次印刷
开　本　710mm×1000mm　1/16
印　张　36.75　　插　页　8
字　数　435千
定　价　498.00元(全5册)

目录

第一编　“十五”时期德育年会主题报告

2002年第五届株洲德育年会主题报告

同志们：

我代表中央教育科学研究所德育研究中心和全国教育科学"十五"规划国家重点课题"整体构建学校德育体系深化研究与推广实验"总课题组作开题报告，请各位代表研究讨论。报告共分为四部分：

一、整体构建学校德育体系的指导思想。

二、整体构建学校德育体系的基本原理。

三、整体构建学校德育体系深化研究的内容。

四、整体构建学校德育体系推广实验的方法。

一、整体构建学校德育体系的指导思想

本课题的指导思想是：以马列主义、毛泽东思想、邓小平理论、"三个代表"重要思想为指导，贯彻落实"以德治国"重要方略和《公民道德建设实施纲要》，坚持解放思想、实事求是的思想路线，坚持系统科学的理论原则，把各级各类学校德育作为一个系统加以统筹规划，整体构建学校德育体系。为建立科学化、系统化、规范化、现代化的具

有中国特色社会主义的、代表先进文化前进方向的、贯彻“以德治国”方略的、适应素质教育要求的学校德育体系提供理论参照和实践模式。

(一)坚持解放思想、实事求是的思想路线，整体构建21世纪有中国特色的学校德育体系

解放思想、实事求是，是党的思想路线，是马列主义、毛泽东思想的精髓，也是邓小平理论的精髓，同时也是“三个代表”的要求。江泽民同志指出：“贯彻‘三个代表’要求，我们必须坚持党的解放思想、实事求是的思想路线，大力发扬求真务实、勇于创新的精神，创造性地推进党和国家的各项工作，在实践中不断丰富和发展马克思主义。”①解放思想、实事求是，就是一切从实际出发，打破习惯势力和主观偏见的束缚。研究新情况，解决新问题。马克思主义具有与时俱进的理论品质。与时俱进，开拓创新，就是一切从实际出发，自觉地把思想认识从那些不合时宜的观念、做法和体制中解放出来，从对马克思主义的错误和教条式的理解中解放出来，从主观主义和形而上学的桎梏中解放出来。坚持科学态度，大胆进行探索，使我们的思想和行动更加符合客观实际，更加符合社会主义初级阶段的国情和时代发展的要求。

当前中国的最大实际就是市场经济建设。整体构建学校德育体系必须从这个实际出发。学校德育工作存在的一切问题都可以从市场经济中找到原因。同样，要解决这些问题也必须从市场经济中寻找答案。

---

① 江泽民：《在庆祝中国共产党成立八十周年大会上的讲话》，北京：人民出版社，2001年版，第26页。

随着我国社会主义市场经济的确立和逐步完善，中国的经济形成了多元化发展的格局。经济形式的多元存在带来了人的思想观念的转变，这些观念给人们的思想注入了新的生机。同时，市场经济是凸显个人利益的求利经济，凸显金钱地位的货币经济，凸显优胜劣汰的分化经济。利益主体的多元化必然导致人们思想的多样性、复杂化。因此，市场经济对学校德育工作具有双重效应：市场经济自主经营的原则激发了人的主体意识生成，同时诱发个人主义倾向；市场经济所有制形式的多元化促进了生产力的发展，同时利益群体的多样化必然导致价值取向的多元性；市场经济的效益原则增强了效益观念和求实精神，同时诱发了拜金主义和重利轻义倾向，尤其是在我国社会主义初级阶段，在生产力尚不发达，法制尚不够健全，市场经济体系有待进一步完善的情况下，学校德育工作希望与困难同在，机遇与挑战并存。

在解放思想、实事求是、与时俱进、开拓创新的思想指导下，整体构建 21 世纪有中国特色的学校德育体系，应当处理好三个关系：一是德育的适应性与超越性的关系；二是教师主体性与学生主体性的关系；三是德育导向的一元化与道德实践的多元性的关系。

(二)认真学习“三个代表”重要思想，整体构建代表先进文化前进方向的学校德育体系

“三个代表”重要思想是以江泽民同志为核心的党中央坚持解放思想、实事求是的思想路线，站在历史和时代高度进行理论创新的具体体现，“三个代表”重要思想对各项工作具有普遍的指导意义。深入学习领会“三个代表”重要思想，我们要把握两个重点。一是“三个代表”的内在联系。代表中国先进生产力的发展要求，代表中国先进文化的前进方向，代表中国最广大人民的根本利益，是一个相互联系、相互促进的整体。发展先进的生产力，是发展先进文化，实现最广大人民根本利益的基础条件。人民群众是先进生产力和先进文化的创造主体，也是实现自身利益的根本力量。不断发展先进生产力和先进文化，归根到底是为了满足人民群众日益增长的物质文化需要，不断实现最广大人民的根本利益。二是"三个代表"对整体构建德育体系研究的指导意义。江泽民同志指出："发展社会主义文化的根本任务，是培养一代又一代有理想、有道德、有文化、有纪律的公民。""加强社会主义思想道德建设，是发展先进文化的重要内容和中心环节。""发展社会主义文化，必须继承和发扬一切优秀的文化，必须充分体现时代精神和创造精神，必须具有世界眼光，增强感召力。中华民族的优秀文化传统，党和人民从五四运动以来形成的革命文化传统，人类社会创造的一切先进文明成果，我们都要积极继承和发扬。"①一个"根本任务"、一个"中心环节"，确立了德育在发展先进文化中的核心地位。德育主要通过在发展先进文化中的特有功能，作用于社会主义的经济建设和政治建设，进而促进人和社会的全面发展。

整体构建代表先进文化前进方向的德育体系，就必须以"三个代表"思想为指导，继承弘扬中华民族优秀传统文化，使德育体系具有鲜明的中国特色；借鉴吸收国外优秀文明成果，使德育体系具有鲜明的时代特点。

德育体系作为一种综合性的道德文化，它的民族特色源于其母体传统文化的民族特性。中国古代哲学是本体论、认识论、道德论的统一，以伦理道德、人生价值的探究为中心，是一种伦理型的哲学体

① 江泽民：《在庆祝中国共产党成立八十周年大会上的讲话》，北京：人民出版社，2001年版，第19—21页。

系。作为传统文化精华的中国古代哲学，“究天人之际，通古今之变”，认为宇宙的法则与道德的最高准则是一致的。中国原始儒家、原始道家、中国佛家和宋明理学这四大思想传统的一个共同点是，“它们的智慧都是人生的智慧”。其中儒家伦理成为中国传统道德文化的主流与核心。通观中国传统道德文化，我们可以总结归纳出最为典型的五个方面：(1)致思于整体精神，强调为社会、为民族、为国家的爱国主义思想；(2)推崇仁爱原则，强调“自强不息”“厚德载物”及人际和谐；(3)提倡人伦价值，强调个人在人伦关系中的权利和义务；(4)追求精神境界，向往理想人格；(5)重视修养践履，强调道德主体的能动作用。

西方在漫长的历史演变过程中，形成了区别于其他文化的主导精神和价值取向，这就是个性精神、科学精神、民主精神、法制精神、功利精神。这五种精神凝聚着西方文化的精华。古希腊追求人的独立和权利，他们尊重人性，崇尚人的自主、自律和力量，把人看作高于其他一切的实体。在文艺复兴运动中，思想家们主张从中世纪封建神学的禁锢中解放出来，恢复古希腊文化的人文精神，要求从神性转向人性，高扬人的理性，主张面向自然，解释自然，重新认识世界和人自身，提倡求索和创造文明。17世纪，随着资本主义生产方式的形成和发展，崇尚理性、发展科学成为资产阶级的迫切要求。科学精神在本质上是一种崇高的道德精神。从此以后，民主理论和民主政治、法律思想和法律制度、功利思想和求利原则得到进一步发展，并成为上升时期各国资产阶级革命的武器。

整体构建学校德育体系就是要在“三个代表”思想指导下，贯通古今，融会中西，继承借鉴，发展创新。在德育思想、德育内容和方法领域中实践古今文化的贯通和批判继承，同时，也在这几个方面实践中外文化的选择和吸收借鉴。这是本课题研究的基本原则和努力探索的方向。

(三)深刻领会“以德治国”重要方略，整体构建贯彻治国方略要求的学校德育体系

党的十五大提出了“依法治国”和把我国建设成为社会主义法治国家的基本治国方略，九届人大在修改《宪法》时，将这一治国方略写进了新《宪法》。以《宪法》为核心的有中国特色社会主义法律体系的框架已基本形成。然而，相比较而言，道德建设则比较软弱。针对我国社会主义现代化建设面临的新情况和新问题，思考古今中外治国安邦的经验教训，以江泽民同志为核心的党中央自 2000 年 6 月 28 日至 2001 年 7 月 1 日，在一年之内先后四次讲到“以德治国”。形成了以德治国与依法治国相结合的治国方略。

江泽民同志指出：“要把依法治国同以德治国结合起来，为社会保持良好的秩序和风尚营造高尚的思想道德基础。”①在教育系统贯彻“依法治国”和“以德治国”相结合的治国方略，需要我们认识依法治国和以德治国的辩证关系。从整体上看，“依法治国”与“以德治国”相结合，是对治国方略更加深刻、更加完整的认识和表述，是治国理论的发展，是政治上成熟的表现。德治与法治，互相补充，相得益彰，共同构成完善的治国方略。首先是功能互补，法治是靠法律的权威性和强制性来规范人的行为，调节人际关系的；而德治是靠道德的说服力、劝导力、内心信念和社会舆论的力量来规范人的行为，调节人际关系的；道德是立法和执法的基础，遵纪守法是基本的道德规范，德

① 江泽民：《在庆祝中国共产党成立八十周年大会上的讲话》，北京：人民出版社，2001 年版，第 20 页。

治为法治创设良好的思想和社会条件。法律主要靠他律，道德主要靠自律，二者互为补充。其次是范围互补，法律只是对违法的行为进行惩处，而对“缺德”不违法的行为是不干涉的；道德则是通过社会舆论对“缺德”的行为进行批评教育，弘扬正气，抵制歪风，减少犯罪；法律制定得再多，也不可能包罗人们社会生活、家庭生活特别是私生活的全部内容。而道德则比法律作用的范围要宽泛得多。第三是时间先后互补，汉代思想家贾谊曾说：“礼者禁于将然之前，而法者禁于已然之后。”德治的作用在事先，法治的作用在事后，形成了时间先后作用的互补性。法律和道德，法治和德治，如车之两轮、鸟之双翼，相辅相成，相互促进，相互补充，缺一不可。

以德治国方略在教育领域的贯彻实施，对于各级教育行政部门来说，就是要“以德治教”；对于各级各类学校来说，就是要“以德治校”；对于广大教师来说，就是要“以德育人”。这是贯彻以德治国方略的内在要求。

整体构建贯彻治国方略要求的学校德育体系，首先要以德治教。要切实把德育放在学校各项工作中的首要地位，树立育人为本的观念，将“思想政治素质是最重要的素质”的要求落实到教育工作的各个环节，使德育在整个教育工作和人的整体素质发展中真正发挥导向、动力和保证作用。以德治校要求教育管理者不仅要牢固树立德育首位观念，而且要以身立德，率先垂范，作师德建设的力行者。以德治校是一种重要的学校管理方式，也是构建德育管理评价体系的应有内涵，要遵循德育工作的客观规律进行德育管理和评价，增强德育管理评价的科学性和实效性。以德育人是构建贯彻治国方略的学校德育体系的根本落脚点。在构建德育目标内容体系中，继续深化道德、法纪、心理、思想、政治教育内容五要素的整体性研究。在构建德育途径方法体系中，教师要以德育德、以情育情，这是以德育人的前提，也是增强德育实效性的保证。以德育人是德育管理评价的重要内容。以德治教、以德治校、以德育人既是贯彻治国方略的教育理念，也是整体构建贯彻治国方略要求的学校德育体系的实践环节。

(四)贯彻落实《公民道德建设实施纲要》，整体构建适应素质教育的学校德育体系

2001年10月，中共中央颁布了《公民道德建设实施纲要》(以下简称《纲要》)。《纲要》总结历史，高瞻远瞩，创造性地构建了社会主义道德建设实施体系的框架。这一体系包括公民道德建设的指导思想、方针原则、主要内容、途径形式、方法手段、领导管理机制等方面。整体构建德育体系的思想原则和内容范围与《纲要》的内容要求存在着多方面的整体联系。《纲要》在第20条指出："学校是进行系统道德教育的重要阵地。各级各类学校必须认真贯彻党的教育方针，全面推进素质教育，把教书与育人紧密结合起来。要科学规划不同年龄学生及各学习阶段道德教育的具体内容，坚持贯彻学生日常行为规范，加强校纪校风建设。要发挥教师为人师表的作用，把道德教育渗透到学校教育的各个环节。要组织学生参加适当的生产劳动和社会实践活动，帮助他们认识社会、了解国情，增强社会责任感。"第23条指出："家庭、学校、机关、企事业单位和社会在公民道德教育方面各有侧重、各有特点，是相互衔接、密不可分的统一整体。必须把家庭教育、学校教育、单位教育和社会教育紧密结合起来，相互配合，相互促进。"①在课题的深化研究中，要把《纲要》的内容要求自然和谐地融入德育的目标内容、途径方法和管理评价体系的构建之中，努力构建适

① 《公民道德建设实施纲要》，北京：人民出版社，2001年版，第11—12页。

应全面推进素质教育的学校德育体系。

整体构建适应全面推进素质教育的德育体系，就要以中央关于素质教育的精神和《纲要》要求为指导，突出提高国民素质的根本宗旨，致力于培养学生的创新精神和实践能力。

国民素质是指一个国家的人民在改造自然、改造社会的过程中所具有的体魄、智力和思想道德的总体水平。它是一个国家经济和社会发展的基础，是综合国力的主要体现，是国际竞争力的重要方面。提高国民素质，教育是基础。素质教育要求全面提高学生的整体素质，包括思想道德素质、科学文化素质、身体心理素质、审美艺术素质和劳动技能素质等方面。德育肩负着培养思想道德素质的重要任务，在素质教育中居于首要的地位，对全面素质教育发挥着导向、动力和保证作用。加强和改进学校德育工作，增强德育工作的科学性和实效性，是实施素质教育的一个重要标志。同时，素质教育对德育提出了更高的要求。素质教育要求全面提高学生的素质，作为素质教育重要组成部分的德育，同样应当全面提高学生的思想道德素质。思想道德素质是一个综合性范畴，包括政治素质、思想素质、道德素质、法纪素质和心理素质等。整体构建学校德育体系，不再限于笼统的“德育”，而对德育的要素结构和层次结构进行分门别类的研究，一是按照儿童和青少年的年龄特征，分别研究小学德育、中学德育、大学德育以及各级各类学校德育的衔接；二是将广义的德育分解为道德教育、政治教育、思想教育、法制纪律教育、心理教育等五个方面，分别研究各自的特点、规律、内在机制以及它们之间的相互关系。从而为全面提高学生的思想道德素质提供理论参照和实践操作的模式，为提高国民素质，培养学生的创新精神和实践能力奠定基础。

二、整体构建学校德育体系的基本原理

本课题经过“九五”期间历时四年的研究与实验，在整体构建德育体系总体思路的指导下，在各实验区、校各个子课题的研究基础上，经总课题组的归纳整理和总结概括，形成了“九五”课题研究的最终成果——《整体构建德育体系总论》(以下简称《总论》)。《总论》是整体构建学校德育体系的系统化的理论体系，它全面论述了学校德育体系的构建原理。标志着在德育实践基础上的理论形态的学校德育体系基本构建定型。

这一构建原理主要由三部分内容构成，即整体构建德育体系的德性论原理、德育论原理和系统论原理。德性论、德育论原理融会了人的主体性理论和人的社会化理论，重在论述整体构建德育体系的理论和实践依据，说明“为什么”要整体构建德育体系；系统论原理作为科学方法论，重在论述德育体系的性质特点、结构层次和运作机制，说明整体构建德育体系“是什么”和“怎么样”。

因此，全面掌握整体构建学校德育体系的基本原理，是“十五”课题深化研究和推广实验的基础和前提。

(一)整体构建学校德育体系的德性论原理

德性就是品德。德性是人社会化的结果，是人的社会本质的主要表现。在现实生活中，德性决定着人参与社会生活的价值取向，标志着个体存在的意义。德性以人格或个性的形式反映个体的存在和发展。培养人完整的德性是德育的本质和目的。

德性存在发展的特性主要表现在整体性、建构性、发展性三个方面。

1. 德性的整体性

德性的整体性指人的知、情、意、行品德结构的统一性和德性的社会性内容的完整性。

(1)从人的知、情、意、行的和谐统一认识德性的整体性。考察德性整体性的根本点，是一个人内在的知、情、意和外在行为的和谐统一，归结点是一个人德行的真实性。同样是做一件事，有的人出于自然，有的人出于自愿，而有的人出于外在规范和社会舆论的压力。那种不是出于自然的德行，表明其知、情、意、行之间尚未达到和谐统一，即完整的德性尚未形成。德性体现了人的真情实感，是人性的自然流露，充分体现一个人真实的存在及其存在的意义。中国传统德育思想中关于"诚"是德行之本的观点，反映着对德性整体性的体验和认识。德性的整体性表现在德性的形式结构(知、情、意、行)和内容结构(道德规范)、理性因素与情感因素的辩证统一。理性的作用在于发现真伪，而善恶问题不仅需要道德判断，还需要情感的调节。人不仅是理性存在，而且是情感存在。情感不仅是德性的构成要素，而且在德性整体结构中起着动力或动机的作用。

(2)从德性的社会性内容的完整性认识德性的整体性。从人的社会化过程看，德性具有社会意义，体现个体的社会存在。离开社会活动和社会规范，就无法认识德性。道德意义上的完整德性不仅要成就自我，而且要通过成就自我影响社会，成就他人。真正完美的德性，不仅要实现自我价值，还要实现其社会价值。德性的社会性是德性整体性的重要标志。德性整体性的形成过程与人的社会化过程是一种辩证统一关系，即个体德性的整体性越强，就越能适应社会要求，促进社会发展进步，而个体德性与社会的适应和促进关系越和谐，其社会化程度就越深。

德性整体性给学校德育提出的课题是：如何促进学生德性的形式结构的整体化，即知、情、意、行的和谐统一；如何培养学生德性的形式结构与内容结构、理性因素与情感因素的和谐统一；在德性培养中如何实现个性发展与社会要求的和谐统一。

2. 德性的建构性

德性的建构性是规范性与主体性的动态统一过程。道德规范从人们对社会生活发展秩序的认识和实践中概括出来，它以规则性的行为要求引导和塑造着人的德性。规范虽然是外在的，但它内涵着应当。它以善的认定为根据，不仅指出何者当为，何者不当为，而且还告诉人们何者是善，何者是恶。因此，它虽然相对于个体来说是外在的，但是，其内容和精神却与人的先天的善的倾向是一致的。正是这种一致，使对规范的学习、遵守和实践成为培养德性的必要手段。规范的作用在于规定了德性的内容和范型，规范教育只有同主体性培养融为一体，才能使德性成为人所特有的生命形态。人的生命形态显现于人的知、情、意、行，人的主体性就是人的知、情、意、行的活动方式和特点。德性的建构性是在规范性和人的道德主体性相互作用的动态过程中发生的。人的主体性是人在对象性活动中表现出来的自为性、自主性、能动性。

(1)自为性。从人的主体性的自为性来看，人的活动是包含着自觉意识的活动，人对自身的存在和与客体的关系有着明晰的意识，人既能把外部世界包容于意识中，以观念的形式把握世界，又能反观自身，把握自身的主观世界，因而人的活动具有明确的目的性和方向性。

(2)自主性。从人的主体性的自主性来看，人在目的性和方向性的活动中，具有自由选择行为方式和自我调控情感意志的能力。人的行为要受社会法律制度和道德规范的约束，在客观社会环境提供的道德冲突的几种可能性中，人可以根据自己所掌握的道德准则去做出相应的选择，在这个范围内，人可以独立自主地没有外在强制地自行决定行为方式，并以自己的个性心理自行调控情感意志，如个体在社会生活中遇到处于危困环境中需要帮助的人的时候，个体会产生同情、着急一类的情感，并根据自己的道德意识决定自己的行为。当人为实现自己的理想(目的)而努力学习时，人能自觉抵制外界的干扰，克服遇到的各种困难而持续努力，这就是自我意志，其所体现的就是活动主体的自主性。

(3)能动性。人的主体性的能动性，不仅体现在活动的目的性、自觉性和自主性上，做到"从心所欲不逾矩"，还表现在对活动的条件、环境的自觉认识和积极创造上，对活动价值的多重追求和积极实践上。道德的生命和价值在于促进人和社会的全面发展与进步，完整的德性应是他律与自律、规范性与创造性、适应性与超越性的完美统一。

德性的建构性给学校德育提出的课题有：一是如何建构有利于完整德性培养的道德规范体系，即完整的德育内容体系；二是如何在德育过程中培养学生的道德主体性。

3. 德性的发展性

德性的整体性和建构性都在说明着德性的动态发展性。德性的发展性可以从德性的历史传承、个体德性的培养过程、德性发展的动力、德性发展的现代特点四个方面来认识。

(1)从德性的历史传承过程看德性的发展性。思想道德作为一种社会意识有其自身的发展演变规律。一方面，由于不同时代不同社会对社会成员的德性有不同的要求，因而使德性的培养方法和培养结果也有所不同，德性具有时代性。另一方面，德性随时代发生变化并不是完全抛弃前代德性，而一般是在历史和时代更替中将那些具有普遍价值的德性原则保留传承下来，并弃除那些不合时代的成分。这种具有普遍价值的德性品质，如中国传统道德中的仁、义、礼、智、信、勤、俭、勇、廉、耻，在历史传承上具有一定程度的超时空性。这是许多历史人物的思想、情操和行为仍然能够感动现代人，并受到人们的认同和敬仰的内在原因。

(2)从个体德性的培养过程看德性的发展性。一方面，根据中外关于品德形成发展过程的研究，人的德性随人的年龄的增长有一个由低水平向高水平发展的过程，如科尔伯格等人关于道德发展的“三个水平六个阶段”的研究，大致反映出德性发展的一般规律。另一方面，社会存在决定社会意识。在当代我国主流文化与非主流文化并存的社会环境中，受教育者的德性发展并不是节节提高、日生日成的。以世界观教育为例，世界观是人的德性中的一个稳定的观念要素，世界观的稳定性决定德性也具有稳定性。但科学的世界观的形成是要经历一个较长的建构过程的，如果在这个过程中受到与正在形成中的世界观相冲突的思想影响，就可能导致受原世界观统摄的价值取向的中断或改变，以至动摇其世界观。从个体的年龄与心理发展的一般过程看，个体于3—12岁期间养成的德性或习惯，常常在13—15岁或者更晚些经历一个重新定位的过程。这时，个体要将已有德性或习惯付诸实践，让社会对他们的德行予以承认。在这个过程中，如果社会的反馈是积极的，他们对已有德性则信之弥笃，如果社会的反馈是消极的，他们就要反思自己的德性或信仰是不是错了。这个反思常常对已有德性或习惯具有“促退”的作用。这说明在德性培养过程中存在着反复性问题。

(3)从德性发展的动力看德性的发展性。道德活动的根本动力来源于客观的社会实践，这种实践形成并不断丰富着道德活动的条件和环境，造就并发展着活动主体的自觉性和能动性，使道德活动的领域不断扩展，形式日益多样，水平逐渐提高。但对具体的道德活动而言，主体的道德需要及其同社会要求的差距和矛盾，往往对发展道德活动具有推动作用；在人与人的相互交往过程中，客观的交往关系和社会关系会不断向人们提出新的要求，这些要求与人们目前所达到的道德水平、道德境界之间的矛盾，就成为推动人们去进行自觉道德活动的动力，这表明，德性的发展，既有外部的动力，也有内部动力，主体的道德需要是主体德性发展内部动力的心理活动形态。外部动力是社会实践的要求，反映着社会发展的必然性，这种要求和必然性只有通过道德活动主体转化为自身的道德需要，才能推动道德活动的发展。

(4)从德性发展的现代特点看德性的发展性。德性发展的现代特点主要体现在三个方面。一是道德主体性越来越强。我国社会主义制度的建立，全社会物质文明和精神文明建设的日益发展，创造了比以往各历史时期都适合人的主体性发展的优越条件。正是在这样的社会背景下，人的主体性，特别是人的创新意识、创新精神得到了更充分的发挥。二是人的道德素质对人和社会的完善作用日益增大。德育活动和德性修养是人类完善自身的活动，完整的德性提升了人的思想境界，促进了人的全面发展；人的全面发展直接促进了社会的全面发展，而社会的全面发展又为人的德性完善创造了更适宜的环境和条件。三是道德活动和德性培养的领域日益扩展。当代伦理学不仅研究人与人、人与社会之间的道德关系，而且关注人与自然的道德关系和人与电脑的道德关系，把环境道德和网络道德作为人的德性的组成部分。随着社会不断发展，道德活动的范围不断扩大，德性的内涵也逐渐丰富。

德性的发展性给学校德育提出的课题是：德性的历史传承性要求现代德育解决好德育文化的继承借鉴和发展创新问题；个体德性的培养过程要求现代德育整体构建循序渐进、螺旋上升、前后衔接、协调一致、形成合力的德育目标内容、途径方法和管理评价体系；德性发展的动力要求现代德育深入研究人的“道德需要”的发生机制，研究各种教育因素与道德需要之间的作用关系，研究道德需要与道德主体性的形成与发展关系；德性发展的现代特点要求学校德育要与时俱进、更新观念，坚持“三个面向”的发展方向，从人与社会全面发展的广阔背景上进行德育研究和实践。

(二)整体构建学校德育体系的德育论原理

德育是教育者按照一定的社会要求，有目的、有计划、有组织地运用整体性的德育内容，通过教育者和受教育者双主体对象化的实践活动，培养受教育者完整德性的教育过程。德性的整体性、建构性、发展性内在地规定了德育的整体性、主体性和实践性。

1. 德育的整体性

德育的整体性包括德育目标内容的整体性、德育途径方法的整体性和德育管理评价的整体性。

(1)德育目标内容的整体性

德育目标内容的整体性体现在人与社会全面发展的整体联系上。根据我国当代先进文化和社会主义经济、政治建设对受教育者思想道德素质提出的要求，遵循青少年品德形成发展规律和品德发展需要，我们认为完整的德育目标内容应由政治教育、思想教育、道德教育、法纪教育、心理教育五项要素构成。结合德性的整体性分析五要素之间的结构关系，政治教育确立了为把祖国建设成为富强、民主、文明、和谐的社会主义现代化国家而努力学习的奋斗方向，思想教育通过对人类社会发展规律的认识和理解，为政治教育提供理念支撑，使学生形成科学的世界观、人生观、价值观，树立起理想信念。道德教育通过培养个体的道德认知、道德情感、道德意志、道德信念和道德行为，形成良好的道德品质是实现理想信念的常态活动方式。法纪教育以“法”和“纪”的形式，充实和保证政治、思想、道德教育的进行。在政治、思想、道德、法纪教育过程中，人的心理素质始终起着维持、调节和统合个体的知、情、意、行的作用，心理教育是德育不可缺少的要素。德育内容的五项要素相互联系、相互作用，是一个知行协调统一的整体。五要素之间的联系越紧密，越和谐，其整体性——对受教育者德性的整体塑造作用就越强。

在现实的德育过程中，德育内容的整体性并非五要素的等量施教，而是要根据受教育者的年龄、心理和品德形成发展规律，从小学一年级(可前延至幼教阶段)到大学四年级(可顺延至研究生阶段)进行整体规划和科学设计。其研究重点是五项内容在各学段各年级的合理比重和五项内容在各学段各年级之间的和谐衔接。德育内容的整体性，不仅指横向要素结构的整体性，还包括德育内容在纵向衔接中体现出来的整体性。

(2)德育途径方法的整体性

德育途径是教育者从事德育工作、开展德育活动所凭借或创设的空间、领域或载体，是实施德育的渠道。在德育体系中德育途径是物质的实体存在，是德育内容、德育方法及整个德育过程的承载体。德育途径的整体性是由各条途径的客观存在形式决定的。从德育途径的总体空间特点看，可以分为学校、家庭、社会三个领域，这三个领域在空间建构上自然连接，是一个客观存在的整体；就人的日常活动范围来看，这三个领域是教育者和受教育者生活、工作、学习的整体处所和空间。从德育途径的具体类别看，有课程类，如专门德育课程和各科教学；实践类，如学校、家庭、社会生活中的各种实践活动；组织类，如党、团、队、学生会、社团等；环境类，如学校、家庭、社区的文化氛围；管理类，如学校、科系、年级、班级德育管理、家长学校和社区教育委员会等；传媒类，如广播影视、报刊书籍、电脑网络等。德育途径与德育内容存在着对应性，在许多情况下，同一德育内容需要多条德育途径来贯彻实施，因此，各条途径的协调配合是德育途径整体性的重要发生机制。整体构建德育途径体系就是在深入研究和认识德育途径之间的联系以及德育内容与德育途径的整体联系的基础上，将各条德育途径横向贯通，纵向衔接，使其形成教育合力，增强育人效果。

德育途径的选择、利用、创设又体现为德育方法的选择和使用，德育途径与德育方法具有紧密的联系。德育方法的整体性一方面体现在德育途径的整体性中，同时，德育方法的整体性也有自身特点，如同一途径中有不同的方法，不同的途径又有相同的方法，因此，德育方法的整体性的内在机制，是不同的德育方法在德育内容和学生接受心理之间的协调性。如果不同的教育者使用不同的德育方法能够适合学生理解掌握德育内容，并能促进学生将道德认识和谐地转化为道德实践能力，那么这些德育方法就具有整体性。德育内容是持续发展的，学生的个性心理是动态多样的，所以，构建德育方法体系要坚持辩证思维，鼓励创新。

(3)德育管理评价的整体性

学校德育管理是由管理者与被管理者、德育目标与内容、德育途径与方法、德育管理与评价等要素构成的整体，德育管理是贯通德育各要素和德育全过程的一种主导要素。首先，德育管理的整体性体现在学校德育工作有整体的规划和统一的工作目标、各项规章制度协调配合，具有整体联系；其次，围绕学校德育工作整体目标，各德育职能机构分工明确，协调配合，德育管理具有整体效益。

德育评价是德育管理的重要手段，德育管理的整体性体现为德育评价的整体性。德育评价的整体性主要表现在德育评价指标体系的整体性上。整体性的德育评价指标体系，在学段层次上包括小学、初中、高中、大学各学段各年级相互衔接的评价体系；在评价的对象和人员上，包括对学校德育评价、班级德育评价、学生品德评价诸方面具有整体联系的评价体系；在评价的内容上，包括对学校德育规划、德育组织、德育环境、德育经费等德育条件的评价，对德育常规、德育活动、德育科研等德育过程的评价和对德育整体效果的评价。德育评价的整体性还体现在评价的方式上，如定性评价与定量评价相结合、阶段性评价与终结性评价相结合、静态评价与动态评价相结合、外部评价与自我评价相结合等评价方式。

2. 德育的主体性

课题研究认为，在德育过程中，“教育者与受教育者具有主体和客体的双重属性，都是主客体的统一。”德育的主体是双主体。经过四年来的研究与实践，课题深化了对教育者主体和受教育者主体的整体认识。其基本认识角度，是从双方主体性形成的基础、形成的过程和表现特点、各自主体形成的结果的全过程来考察，即认识和把握双主体互动关系的产生和发展过程。

(1)双主体形成的基础。教育者主体性的形成基础主要指教育者参加教育实践时的工作素质基础，教育者是作为社会主体的代表先于德育过程而存在的，教育者的工作素质(包括主体性意识)相对于受教育者的素质水平而言，具有先行社会化的实践基础，是相对成熟的道德主体，其社会职责和实践目的是育德育人。受教育者主体性的形成基础主要体现在他们作为独立的生命个体，自身具有成长发展的需要，在学习过程中表现出积极性、自觉性、主动性、创造性和“我要学”等主体意识，从其社会化水平来看，受教育者是未成熟的社会个体，他们的主体性，包括学习主体性、道德主体性都处在形成发展状态。因此，在德育过程中，教育者要尊重和培养受教育者的主体性。

(2)双主体的形成过程和表现特点，教育者主体性表现在对受教育者素质能力的培养规划，对教学内容(社会主体的“物化”形式)的改造、调整与活化，对教育途径的创设和方法的设计运用等主体意识和主体活动。“主导”是教育者主体性的总体特征。教育者主体的实践过程具有重复性，受教育者主体性的主要特点是主动性和发展性，其发展过程一般是不可重复的。在二者的对象性关系中，受教育者的整体素质状态(包括其主体性程度)对教育者的主体意识和主体性活动具有规定性，教育者的实践活动要以此为根据，这是双主体整体联系的内在动因；受教育者在教育者组织的教育活动中不断发展着自身的主体性，其主体性的形成既是自身素质发展的阶段标志，又是教育者主体性的对象化体现。培养受教育者的主体性是教育者的一种主体意识，这种主体意识主导着教育者的实践活动。在以班级授课为基本形式的学校教育中，教育者与受教育者的主体际关系有群体—群体、群体—个体、个体—群体、个体—个体等联系形式。在现实的教育生活中，德育双主体的对象关联非都是师生双边活动，更多是学生自主活动。在师生共同参与的实践活动中，双方互为主客体，教育者与受教育者是直接的对象性关系，这是受教育者主体性的基本生长点，在学生自主性的实践活动中，教育者与受教育者是间接的对象性关系，所谓“间接”对象关系是指教育者虽然“不在场”，但教育者的主体性仍在起作用，表现为受教育者自觉把教育者的要求内化为自己的主体意识，并外化为主体行为，如文化课中的自学和道德生活中的自律等；整体认识受教育者主体性的形成过程和表现特点，应包含师生共同活动和学生自主活动两种情境，学生在自主性活动中的主体性更具根本性和目的性。

(3)双主体的形成和发展结果。教育者和受教育者主体性形成于不同的基础，因而其形成的目的和结果也是不尽相同的。教育者通过自身的主体性以培养受教育者的主体性，是践行自己的社会职责，为社会培养合格人才；教育者对主体性的研究和实践既包含着科学育人的观念和目的，又具有探索教育规律、提高教育者群体主体素质的手段意义，其归结点是为了更有效地参与教育实践。受教育者在教育者的引导、指导和培养下发展自身的主体性，是为了提高自身的素质能力，以利更有效地继续学习和参与社会生活，实现人生理想。

3. 德育的实践性

道德来源于社会生活，社会生活是实践的，因而实践是道德的发生基础，也是道德的存在形态。离开人的实践活动孤立地研究道德的本质、特性、结构是不能真正认识道德以及德性培养的。本课题研究认为，德育的实践观是德育首要的基本的观点。

(1)德育目标在本质上是实践的

德育目标是德育过程的起点。德育目标是对德育结果的预期规定，因而其制定的依据和标准，是品德的整体形成状态。德育目标既包括对学生道德认知、道德情感的培养，也包括对学生道德意志、道德行为的锻炼，归根到底是道德信念(知、情、意)和道德行为的统一，落脚点在学生的道德行为上。只有培养出来的学生在实践中践行、践言了，才标志德育目标的实现，这说明德育目标在本质上是实践的。

(2)德育过程是实践活动

德育实践活动是学生品德形成的基本形式，德育实践活动贯穿德育全过程。德育过程是教育者和受教育者共同参与的活动过程，双方互为主客体关系只有在实践活动中才能确立和形成，双主体只有在实践活动中才能达到辩证的统一。学生的道德认知、道德情感、道德意志是在德育实践活动中发生发展的，并通过道德行为表现出来。活动和交往是学生经常性的德育实践活动。德育实践活动有多种形式，既有课堂德育活动，又有课外德育活动；既有校内德育活动，又有校外德育活动。这些德育活动主题明确、针对性强，内容丰富多彩，形式生动活泼，是学生品德形成和发展的有效途径。德育实践活动是品德形成的根本基础。

(3)道德实践能力是学生品德评价的根本标准

学生的品德素质只有在现实的生活实践中才能表现出来，这是因为学生在面临的生活情境中，其道德认识、道德情感转化为道德行为，潜在的品性变为显性的德行，只有在这种状态中才能根据学生的具体行为表现来认识和评定其品德素质水平。同时，只有在生活实践中才能认识个体品德对人、对社会的价值和意义。在德育过程中，学生如果不把认识理解的道德知识运用到道德实践中，不仅自身品德素质不能得到切实提高，而且会出现“知行不一”的情况。只有把品德培养引向道德实践，德育才能取得实效，同时，德育实践也是克服学生言行不一情况的最好途径。因此，真实的道德实践能力是品德形成和品德评价的根本标准。

德育的整体性是整体构建德育体系的实践依据，德育的主体性和实践性从德育活动的特点、德育过程的本质角度说明德育体系的运作主体和运作性质。

德性论原理和德育论原理共同说明整体构建德育体系的必要性和必然性。

(三)整体构建学校德育体系的系统论原理

系统是由相互联系的要素通过有层次的组织结构形成的具有系统功能的整体。根据德性的整体性和德育的整体性原理，我们认为可以把学校德育工作作为一个系统进行研究和实践。

1. 系统科学的基本理论原则

系统科学的思想原则和方法主要体现在整体性、有序性、和谐性、动态性、开放性和最优化等几个方面。整体性是指认识主体始终把研究对象视作一个整体对待，认为世界上的各种事物、过程都不是彼此孤立的杂乱无章的偶然堆积，而是一个合乎规律的，由各要素组成的有机整体。系统整体的性质和规律只存在于各要素的有机联系和相互作用之中，各要素的孤立活动的特征不能反映系统整体的功能和特征，即整体大于组成它的各部分之和。

系统的有序性、和谐性是指系统内部要素组织结构的层次性、等级性及其相互联系、相互作用的和谐性。所有的系统都由要素构成，系统和要素的区分是相对的，一个系统只有相对于构成它的要素而言才是系统，而相对于由其他事物构成的较大系统而言，它又是一个要素，也可称为一个子系统或分系统，因此，系统具有层次性和等级性，系统中要素的组织结构方式，相互联系、相互作用的和谐程度，决定着系统的功能。

系统的动态性和开放性是相互联系的，任何系统都不是凝固不变、孤立存在的，系统总是在同外部环境的相互作用中调整着自己的要素和结构，系统是在从无序到有序、低序向高序和从有序又向无序的反复过程中，以整体性的运动方式得以形成、演化和发展的。最优化是用系统科学方法研究问题的最终目标。

总括起来说，系统科学研究方法始终立足于从要素、结构、功能与所处环境的相互联系和制约的关系中，分析系统中各要素的结构功能，有意识、有目的地使系统内各要素达到最佳建构和配置，以求系统形成结构最优和功能最优的整体效应。

2. 学校德育系统的层级结构

根据德育系统的性质和特点，参考系统科学关于系统分类的研究方法，我们按照“子系统”和“分系统”这样两种方式来划分学校德育系统的层级结构。

子系统主要反映系统的等级性，即系统的每一等级包含有相对独立的多个子系统，系统可以视为在这些子系统的相互联系中产生的整体。我们可以把大、中、小三个学段的德育工作作为三个相对独立的子系统，三者的集合构成学校德育系统。三个学段是学校德育系统的第一级子系统，在每个学段中，各年级德育工作是学段德育系统的子系统，即第二级子系统。第三级子系统是班级德育工作。

所谓分系统，是指系统的各级子系统在某些方面具有意义关系或实体联系，由这些意义联系的方面或有贯通性质的要素以一定秩序组织起来的系统构成所属系统的分系统。就学校德育系统的构成要素来看，无论哪个学段的德育工作，都可以分成德育目标、内容、途径、方法、管理、评价六个方面，当我们把这六个方面作为各级子系统中的共有因素进行贯通性研究时，就形成学校德育系统的六个分系统。子系统与分系统的关系可以通俗地称为“块”与“条”的关系。

3. 学校德育体系的整体构建

整体构建学校德育体系就是以德性论、德育论、系统论为理论基础，以德育的目标、内容、途径、方法、管理、评价六个分系统为纬，以大、中、小学德育工作三个子系统为径，横向贯通、纵向衔接、横纵交织，构建成一个整体和谐的德育实施体系。

从纵向看，是小学、中学、大学三个子系统的纵向衔接。这种衔接要求每一个子系统的德育目标、内容、途径、方法、管理、评价都应遵循不同学段学生的年龄特点和品德形成发展的规律，建立分层递进、螺旋上升、和谐衔接的有机联系。

从横向看，是德育目标、德育内容、德育途径、德育方法、德育管理、德育评价六个分系统的横向贯通。这种贯通要求每个分系统都要落实到小学、中学、大学三个子系统之中去，遵循德育工作的规律，使德育目标、内容、途径、方法、管理、评价环环相扣、互相依存、和谐贯通。通过这种联系做到分系统自身构建的整体性。

整体构建学校德育体系就是运用系统科学的思想方法，将大、中、小学三个子系统和目标、内容、途径、方法、管理、评价六个分系统进行合理的配置，进而构成一个时间上具有全程性，空间上具有全面性的，能够产生更大整体效应的德育系统——学校德育体系。这是一项较大规模的系统工程。

《整体构建德育体系总论》第四章至第九章分项对这一体系进行了较全面的阐述。

根据教育模式构建原理，《整体构建德育体系总论》可以看作一种以“整体构建”为主要特征的德育模式。科学意义上的教育模式，具有理论建构和实践概括的双重属性。从理论建构的属性来看，《总论》综合运用了马克思主义哲学、系统科学、伦理学、社会学、文化学、教育学、心理学、美学、法学等基础理论和德育思想史、品德发展心理学、德育原理等学科理论，在这些理论基础上结合德育改革实践进行应用性研究，建构成整体构建德育体系的理论体系。从实践概括的属性看，《总论》建立在对古今中外德育实践经验特别是改革开放以来我国大、中、小学校德育工作正反两方面实践经验的考察总结基础之上，建立在四年来各实验区、校课题研究和工作实践成果的基础上，从中研究德育基本规律，选择提炼出体现德育规律的具有典型性的实践方式，经归纳概括建构成切近德育改革实际的、可操作的、整体化的德育实践体系。《总论》的这种德育模式的建构属性，为“十五”期间的深化研究和推广实验奠定了重要基础。

三、整体构建学校德育体系深化研究的内容

本课题的研究内容是在“九五”的基础上进行“深化研究”。要在“深化”上下功夫，在“深化”上做文章，在“深化”上出成果，在“深化”上要实效。深化研究的内容包括德育体系的深化研究、《德育》读本的深化研究和《成长册》的深化研究三个方面。

(一)德育体系的深化研究

1. 德育体系深化研究的基础

“九五”期间，我们以德性论、德育论、系统论为理论基础，以贯通古今、融会中西、继承借鉴、发展创新为基本原则，以系统研究法、实验研究法、文献研究法为基本方法，以德育目标、德育内容、德育途径、德育方法、德育管理、德育评价等要素系统为纬，以小学德育、中学德育(含中职德育)、大学德育等层次系统为经，进行横向贯通、纵向衔接、分层递进、螺旋上升，整体构建出学校德育体系。这个德育体系集中表现在总课题组“九五”课题的最终成果《整体构建

德育体系总论》中。《整体构建德育体系总论》等4部著作，以及各实验区关于小学、中学、大学德育体系构建的研究成果，是“十五”深化研究的基础和参照。

2. 德育体系深化研究的总体思路

以《整体构建德育体系总论》等“九五”成果为基础，进行分年级德育的科学化、系统化、规范化研究，分别构建小学、初中、高中、中等职业学校、高等职业学校、普通高等学校的德育体系。为教育部制定或修订德育大纲提供决策依据，为各级各类学校德育工作从盲目性走向科学性、从零散性走向系统性、从随意性走向规范性提供理论参照和实践模式。

3. 德育体系深化研究的重点内容

“九五”期间，整体构建学校德育体系对德育目标、内容、途径、方法、管理、评价进行了全面的、系统的研究，取得了一批重要成果。随着时间的推移，面对一些新问题需要与时俱进，也发现一些薄弱环节需要加强，一些面上的问题需要深入，一些粗糙的问题需要精细化。这些问题构成了深化研究的主要内容。

(1)关于德育目标和内容。江泽民同志《在庆祝中国共产党成立八十周年大会上的讲话》指出：“改革开放以来，我国的社会阶层构成发生了新的变化，出现了民营科技企业的创业人员和技术人员、受聘于外资企业的管理技术人员、个体户、私营企业主、中介组织的从业人员、自由职业人员等社会阶层。他们与工人、农民、知识分子、干部和解放军指战员团结在一起，他们也是有中国特色社会主义事业的建设者。”①如何与时俱进，深刻理解德育总目标“培养社会主义事业的建设者和接班人”的时代内涵？这是德育目标深化研究的首要问题。其次，德育的分学段目标和分年级目标如何表述？如何体现年龄特点和德性形成和发展的规律？这是德育目标深化研究的难点。第三，德育内容——思想教育、政治教育、道德教育、法纪教育、心理教育“五要素”各自的具体内容、特点和规律是什么？如同智育的各门学科：数学、物理、化学、生物、语文、外语有着不同的教学内容、特点和规律一样，德育中的道德教育、思想教育、政治教育、法纪教育、心理教育也有不同的内容、特点和规律。如果不能正确划分其内容，不能正确认识其特点，不能正确遵循其规律，就难以实现德育的科学性，也就难以收到实效性。因此，这是德育内容深化研究的难点。第四，中共中央颁布的《公民道德建设实施纲要》把“爱国守法、明礼诚信、团结友善、勤俭自强、敬业奉献”确定为基本道德规范。如何把基本道德规范具体化为若干个“德目”？这些德目怎样形成序列、循序渐进地分布到各个学段？每个年级又如何把这些德目化为教师可操作、学生可接受的具体内容？这是德育内容深化研究的重点。第五，随着科学技术的迅猛发展，环境污染的日趋严重，网上垃圾的令人忧虑，全世界普遍关注和呼唤“科技道德、环境道德和网络道德”。如何对青少年学生加强科技道德、环境道德和网络道德教育？这是德育内容深化研究的又一个重点。

(2)关于德育途径和方法。学校的德育途径包括思想品德和思想政治课(中职德育课、高校“两课”)、德育活动课、学科德育、三育人

① 江泽民：《在庆祝中国共产党成立八十周年大会上的讲话》，北京：人民出版社，2001年版，第31页。

（教书育人、管理育人、服务育人）、班主任工作、党团队工作、校园文化建设、校外基地建设、心理咨询和职业指导、学校教育与家庭教育及社会教育三结合等。各条途径如何发挥各自的功能，协调配合，形成全员育人、全程育人、全方位育人的德育工作格局？这是德育途径深化研究的难点。德育的本质是实践的，实践的观点是德育首要的和基本的观点。在改革思想政治课的同时，建设一门德育活动课，并使二者互为补充，互相结合，如同高校“两课”一样才是德育工作的主渠道和主阵地。如何加强德育的实践环节？如何建设德育活动课？这是德育途径深化研究的重点。班主任和任课教师是学校德育工作的主力军。如何深化研究班主任工作？如何加强学科德育和任课教师的教书育人？这是德育途径深化研究的又一个重点。家长是孩子的第一任教师，家庭是青少年的第一所学校。在社会生活和家庭生活发生很大变化的今天，在面对独生子女教育的特殊年代，如何加强家庭教育？如何搞好学校教育与家庭教育的结合？如何办好家长学校？这是学校德育途径深化研究向家庭教育的延伸。

（3）关于德育管理和评价。德育评价的深化研究是本课题的重点和难点。说它是重点，是因为德育评价是德育管理工作中的重要环节，是检查、督导、评估德育质量的重要机制，是切实加强和改进学校德育工作，使德育由虚变实、由软变硬、由弱变强的不可缺少的重要措施。说它是难点，是因为德育评价难以量化，难以建立一套科学、有效、便于操作的评价指标体系。德育评价与智育评价不同，智育评价通过考试，就可以测量学生的知识和能力的水平，而德育评价只靠考知识、考能力是不够的，还需要对学生的情感、意志、信念、行为进行评价，而这方面的评价是不太容易量化的。因此，增加了德育评价的难度。“九五”期间，我们已经总结出德育评价的原则和方法。德育评价的原则是：①定性评价与定量评价相结合；②终结性评价与形成性评价相结合；③全面评价与特色评价相结合；④他人评价与自我评价相结合。评价方法是：①评语鉴定测评法；②等级评定测评法；③综合记分测评法；④评语、评分、评等综合测评法。德育评价深化研究的任务是：如何建立健全学校、班级、学生三级评价体系？如何运用德育评价的原则和方法构建一套科学、实用、有效的德育评价指标体系？如何运用现代信息技术手段研制德育评价电脑软件？

4. 德育体系深化研究的基本要求

(1)各学段要分别构建小学德育体系、初中德育体系、高中德育体系、中等职业学校德育体系、高等职业学校德育体系、普通高等学校德育体系。各学段德育体系要包括德育目标、内容、途径、方法、管理、评价六项子体系。每一项子体系原则上要具体化到年级，小学可分为低年级、中年级、高年级三段，初中以上每学年分为一段，做到具体化、可操作化。

(2)各学段德育体系的构建要坚持科学性、系统性、规范性的原则。

根据系统论的理论，我们认为学校德育也是一个系统。系统科学的基本原则是系统具有整体性、有序性和动态性。从整体性原则来看，学校德育是由德育目标、德育内容、德育途径、德育方法、德育管理、德育评价等子要素系统构成的一个统一的整体。从有序性原则来看，学校德育是由小学德育、中学德育(中职德育)、大学德育等子层次系统组成的一个统一的整体。整体构建学校德育体系就是以要素系统为纬，以层次系统为经有序排列，有机组合而成。从动态性的原则来看，学生健康的心理素质，文明的行为习惯，良好的道德品质，正确的民主、法制、纪律观念，科学的世界观、人生观、价值观，崇高的理想信念，坚定正确的政治方向，是通过小学、中学、大学等各个阶段的教育逐步形成的。就某一学段而言，是通过各个年级的教育逐步形成的。各教育阶段，其中包括各个年级的德育目标的高低，德育内容的深浅和侧重点，德育途径和方法的选择，德育管理和评价方式的运用，要针对学生不同年龄阶段的身心特点和理解接受能力的不同，由浅入深，由低到高，由感性到理性，由具体到抽象，循序渐进，逐步提高。

整体构建学校德育体系，就是要使德育目标、德育内容、德育途径、德育方法、德育管理、德育评价等要素系统横向贯通，环环相扣，形成合力，以保证在整个德育过程中要素结构的完整性和连续性。同时，使小学德育、中学德育、中职德育、高职德育、大学德育等层次系统，特别是分年级德育的二级层次系统纵向衔接，分层递进，螺旋上升，以保证各个教育阶段和各个年级德育工作的层次性和渐进性。各个教育阶段和各个年级都应有德育整体意识，总览全局，加强相邻阶段的衔接，防止简单重复或脱节，以发挥德育系统的整体功能，提高德育工作的整体效果。

(3)各学段德育体系的构建要求在 2002 年年底完成，2003 年 3 月出成果，2003 年 4 月召开年会暨第六届学术研讨会上交流研究成果，研讨实验方案，2003 年秋季新学年开始在实验学校中进行实验。2004 年年底总课题组向实验区、实验校征集实验报告，2005 年第八届年会进行总结评审表彰。会后将各学段德育体系实验总结报告报教育部和全国教育科学领导小组办公室，为制定德育大纲或德育规程提供决策依据。

(二)《德育》读本的深化研究

1.《德育》读本深化研究的基础

“九五”期间，我们编写了一套《德育》系列实验读本(其中包括小学、初中、高中、中师、中职每学年一册共18册)。总体思路是：遵循青少年儿童品德形成发展规律和德育工作规律，坚持解放思想、实事求是的思想路线和唯物辩证法的系统论原则，整体构建小学、中学(中等职业学校)、大学的德育内容体系。德育内容体系的构建，就是把德育内容的要素结构和层次结构划分出来，以五大要素(即政治教育、思想教育、道德教育、法纪教育、心理教育)为纬，以各项要素的不同层次为经，按照整体性、有序性、动态性的原则，把它们有机地结合起来，依据学生不同年龄阶段的身心特点、知识水平和品德形成发展规律，由浅入深，由低到高，由近及远，由具体到抽象，由感性到理性，螺旋式上升，构建从小学一年级到大学毕业每个年级的德育内容，全面提高学生的思想道德素质，克服小学、中学、大学德育内容的倒挂、脱节、过频变动和不必要重复，形成科学化、系统化、规范化的德育内容体系。《德育》系列实验读本就是德育内容体系在各级各类学校贯彻实施的一个载体，是建立德育活动课的一种模式，是对思想品德课和思想政治课的一个补充，是推进各级各类学校德育课程改革的一种探索。

《德育》系列实验读本的研究与实验得到了有关领导和专家的高度评价，受到了实验区、实验校领导和师生们的普遍欢迎和积极反馈。广大实验教师在《德育》读本实验过程中撰写出一大批优秀的实验报告、教案教参、活动方案，录制了一批优秀的活动课录像带或光盘。这些为《德育》读本的深化研究奠定了坚实理论基础和实践基础。

2.《德育》读本深化研究的总体思路

以《德育》系列实验读本为基础，以“整体构建”为基本思路，以国家新课程标准为基本依据，以“新三中心论”为基本原则，以德育活动课为基本形式，研究编写新的德育实验教材，研究制作与之配套的德育课教学软件，为教育部德育课程改革提供决策依据，为各级各类学校德育课程建设提供理论指导和实践操作模式。

3.《德育》读本深化研究的重点内容

(1)认真贯彻和落实素质教育的两个重点即培养创新精神和实践能力

创新是一个民族进步的灵魂，是一个国家兴旺发达的永恒的动力。德育在培养创新精神和创新人才方面肩负着特殊的使命。德育不仅有规范性的内容和要求，更应有创新性的内容和要求。我们应教育学生解放思想、实事求是、开拓创新、锐意进取，而不能使学生思想僵化、因循守旧、故步自封。学生的观察、记忆、注意、想象、思维等智力活动，必须而且必然以兴趣、动机、情感、意志、理想、信念等非智力因素为前提。培养创新精神和创新能力是德育的生长点，是德育与智育的结合点。《德育》读本的深化研究必须突出创新精神，培养学生的好奇心、求知欲，帮助学生自主学习、独立思考。鼓励学生探索创新，营造崇尚科学、追求真理的氛围，开发学生潜在的创新能力。《德育》读本的深化研究还必须突出实践能力的培养，在活动设计上狠下功夫，引导学生自觉、主动地参与德育活动的全过程，包括活动设计、活动准备、活动组织、活动评价等，增强他们的道德实践能力。

(2)认真贯彻和落实中央关于课程改革的意见即加强课程的综合性和实践性

中共中央和国务院在深化教育改革，全面推进素质教育的《决定》

中指出："改革课程中过分强调学科体系、脱离时代和社会发展以及学生实际的情况"，要"加强课程的综合性和实践性"。课程改革所要求的综合性和实践性，正是《德育》读本的基本思路和主要特色，德育课程是一门综合性的应用学科，它应当而且必须依靠和借助于哲学、政治学、经济学、法学、教育学、心理学、伦理学、社会学、美学等相关学科的基本理论来整体构建德育体系和活动内容。德育课程不是上述各门学科的简单相加，而是运用这些学科的基本理论和基本知识对学生进行政治教育、思想教育、道德教育、法纪教育和心理教育。《德育》读本的深化研究必须实现自身的超越，在综合性上应体现三个方面：一是德育内容的综合性，即把政治教育、思想教育、道德教育、法纪教育、心理教育五大要素融为一体；二是德育过程的综合性，即把知、情、意、行融为一体；三是德育体系的综合性，即把德育目标、内容、途径、方法、管理、评价融为一体。《德育》读本的深化研究必须突出实践性，不以认知为主，而是以活动为主，以实践为主。德行的本质是实践的，实践的观点是德育首要的、基本的观点。德育课不同于智育课或文化课，它不仅要解决学生知不知、会不会的问题，而且更重要的是解决学生信不信、行不行的问题。即不但要授之以知、晓之以理，而且更要动之以情、导之以行。德育课必须避免单纯传授知识、空洞讲解理论、死记硬背概念等脱离实际的倾向。

(3)深入研究和开创德育活动课程的原理与方法

为了提高增强《德育》读本的科研含量和理论依据，我们必须下气力学习和研究普通课程论的原理和方法(因为目前无成熟的德育课程论的专著问世)，从中吸收和借鉴课程设计和教材编写的一般理论，以创建有特色的德育活动课程论。德育活动课程与学科课程相对，它是打破学科逻辑体系，以学生成长的需要为基础，在教师的指导下，通过学生自己组织的一系列活动而实施的课程。德育活动课不同于学科课或文化课，必须坚持“双主体论”(即教师主体和学生主体)。教师主体性表现在活动的策划、设计和导演上；学生主体性则体现在活动的参与，在活动中认知，在活动中体验，在活动中锻炼，在活动中自我评价。德育活动课还应当坚持“新三中心论”，即以学生为中心，以活动为中心，以体验为中心；不搞以教师为中心，以教材为中心，以课堂为中心的“旧三中心”。

(4)深入研究和开发德育活动课教学软件

随着信息网络技术的迅猛发展，我国大中小学的教学系统，正进一步朝着网络化、远程化的方向发展，网络走进平民百姓，闯入中小学生的学习生活已成现实，然而，德育在运用信息网络技术方面则相对滞后，引发和正在引发社会、家庭、学校的诸多焦虑。传统德育向互联网转型已成为不可逆转的趋势。为此，德育研究中心在成立十周年之际(2001 年 12 月 26 日)正式开通了“中国德育网”。软件是网络建设中首先要解决的大问题，而网络德育，也毫不例外地要从软件开发做起。因此，《德育》读本深化研究的一个重点内容就是研究和开发德育活动课教学软件。其中包括：德育活动课方案设计文字软盘、德育活动课优秀课例实录、德育活动实录集锦、德育活动课教学软件等。德育软件的开发研制要遵循育德性、系统性、交互性、生动性、仿真性的原则。目前正在向实验区、实验校征集。经过德育专家和网络技术专家评审后择优制成光盘，供实验区、实验校使用，并通过中国德育网向全国乃至全世界播出。为中国德育的现代化、网络化做出贡献。

4.《德育》读本深化研究的基本要求

总的要求是：要密切关注教育部正在制定的新的课程标准，并以此为基本依据，研究编写新的德育实验教材。

(1)小学的课程标准已经把思想品德课与自然生活、社会等课程综合起来，小学一、二年级定名为《品德与生活》，小学三、四、五、六年级定名为《品德与社会》。新的课程标准提出的编写理念和原则是综合性、实践性、创新性和生活化，这与我们《德育》读本的德育理念和编写原则基本一致。这说明“九五”课题的研究成果在一定程度上影响了教育部关于德育课程改革的决策。同时也说明德育课程的特点和规律逐渐被大家所认识并形成共识。这种情况使小学《德育》读本与《品德与生活》《品德与社会》实现“并轨”成为可能。因此，我们才提出《德育》读本的深化研究要“以国家新课程标准为依据”，编写新的德育实验教材。以国家新课程标准为依据，以整体构建为特色的新编实验教材要争取通过国家教材审定委员会的审定。这样将为总课题组和实验区、实验校的长远目标开辟更广阔的前景。

(2)初中、高中的新课题标准正在招标。我们要密切关注，积极参与，抓住机遇，争取使初中、高中《德育》读本与未来的新课程标准实现“对接”和“并轨”。中等职业学校改革后的德育教学大纲和教材已经出台，我们为此已经做出了贡献。中职的《德育》读本的深化研究要在与之“配套”和“补充”上下功夫。

(3)高等职业学校(其中包括高等专科学校、重点大学的高职学院、优秀中专学校升格、民办高等学校四部分)是近几年教育结构调整出现的新生事物。它的“两课”建设尚未定型。我们要抓住机遇，填补空白，深化研究，努力编写出适合高等职业学校特点的“两课”实验教材，为教育部决策提供依据，为高等职业学校德育课程建设提供理论支持和实践模式。普通高等学校的“两课”教材，经过几年努力已经比较完善。我们要在教学方法改革和配套读物上下功夫，为增强“两课”教学的现代化和实效性做出贡献。

(4)各学段新编德育实验教材的起动时间和编写。进度要以教育部新制定的课程标准的颁布时间为依据。幼儿阶段是个空白，可提前操作；小学可能在今年年底起动；中学可能推迟到明年才能开始，高职可参考普通高校“两课”教学大纲，结合高职特点，尽快起动。

(三)《成长册》的深化研究

1.《成长册》深化研究的基础

“九五”期间，我们以中共中央、国务院《深化教育改革，全面推进素质教育的决定》为指导，以建立以思想品德为核心的综合素质评价体系为目标，以思想道德、科学文化、身体心理、审美艺术、劳动技能和个性特征、创新能力、自育能力(亦即学会做人、学会求知、学会健体、学会健心、学会审美、学会劳动、学会创新、学会自护)等八个方面为评价内容，以培养学生自订成长目标、自析成长环境、自寻成长动力、自研成长方法和自评成长效果为基本理念，研究编写了《成长册》(小学、初中、高中、中师、中职每学年一册，共 18 册)。《成长册》在部分实验学校进行了 1—2 轮实验，受到了实验学校师生的普遍欢迎和高度评价，对引导和激励学生全面发展，推进素质教育的实施，发挥了积极的推动作用。为“十五”深化研究奠定了良好的基础。

2.《成长册》深化研究的总体思路

以《成长册》为基础，以建立和完善以思想品德为核心的综合素质评价体系为目标，以《公民道德建设实施纲要》提出的 20 字公民道德基本规范为新的生长点，对《成长册》进行修订，研究制作与之配套的学生综合素质评价电脑软件，为教育部建立学生综合素质评价体系提供决策依据，为各级各类学校建立学生综合素质评价手册提供理论指导和实践操作模式。

3.《成长册》深化研究的基本原则

(1)导向性和激励性原则。《成长册》的实验研究及编写以整体推进素质教育，全面提高学生整体素质和创新能力为目标。因此，必须坚持导向性和激励性的原则，以便充分发挥学生整体素质评价的导向性和激励性功能。在编写框架坐标系的设计上，要体现“全面、发展、创新”的精神。横坐标要包括思想道德、科学文化、身体心理、审美艺术、劳动技能和个性特征、创新能力、自育能力等八个方面；纵坐标要依据不同年龄阶段学生的身心特点和知识水平设计出学生全面发展的阶梯。总之，要体现整体素质，全面发展，循序渐进，螺旋上升，引导和激励学生全面提高自身素质。

(2)科学性和系统性原则。评价指标体系应当是科学化、系统化的全面反映素质教育要求的，既相互关联又体现层次性和相对独立性的一系列指标的总和。一级指标包括上述八项内容，要把这八项抽象的一级指标分解为可观测性、可操作性、可量化的具体指标，就必须进行科学性、系统性的分类、分级和分层，形成三级指标。第三级指标即细目应当具有代表性、简明性、独立性、可行性、可测性的特点。

(3)形成性和阶梯性原则。形成性评价，在评价体系的纵向发展上，必须坚持形成性和阶梯性原则，着眼过程，注重发展，鼓励创新，引导前进。学生整体素质的形成和发展不可能是“一刀切”“齐步走”的，它必须呈现出渐进性、动态性，总的趋势是螺旋式上升。但是从静态“定格”观察，亦可表现为层次性、阶段性，我们可以把它划分为若干个阶梯，引导和激励学生沿着阶梯达到理想的境界。不同学段、不同年级评价体系的构建，要贯彻形成性和阶梯性原则，注重衔接，螺旋上升。

(4)主体性和个体性原则。《成长册》在评价主体上坚持学生主体性和个体性原则，以学生个体自评为主，充分发挥学生在整体素质评价中的主体性、自觉性和主观能动性。同时辅之以学生群体互评、家长助评、教师导评、校长审评。把整体素质评价作为学生、教师、家长三者之间联络感情、交流思想、传递友谊的桥梁和纽带，形成推动学生整体素质全面发展的合力。《成长册》在形式设计上要给学生留有充分的空间，引导和培养学生自订成长目标，自析成长环境，自寻成长动力，自开成长渠道，自研成长方法和自评成长效果，使学生成为自身整体素质全面发展的主人。

(5)操作性和趣味性原则。《成长册》的编写要求坚持操作性和趣味性原则。总的要求是图文并茂、生动活泼、富于时代气息，使学生喜欢使用。小学阶段设计得更卡通化，插图更多一些。中学阶段还可插入名人名言、学习要诀、行为规范、趣闻轶事等。在版式设计、图文制作、表格设计、字体变化等方面都应更新颖、更活泼、更实用，增强可读性、可视性和可操作性。

4.《成长册》深化研究的基本要求

(1)贯彻落实《公民道德建设实施纲要》，加强道德素质评价的比重。依据不同年龄阶段学生的身心特点和品德形成发展规律，把“20字基本道德规范”具体化为若干德目，遵循分层递进，螺旋上升的原则，分布到各个年级，并列出可操作、可量化的具体评价指标。评价指标应包括认知、情感、行为三个层次。其他各项素质的评价指标同样应遵循具体化、层次化的要求。

(2)认真研究学生综合素质评价电脑软件。学生综合素质评价软件分为两种：一种是学生成长档案，真实记录每一个学生思想道德、科学文化、身体心理、审美艺术、劳动技能、个性特长、创新能力、自育能力等8个方面在每学年的成长状况。另一种是8个方面素质发展水平的评价指标，每项指标都设优秀、合格、不合格三个等级。指标体系具有系统性和交互性，每一个学生都可以在此软件系统中看到自我成长的真实记录，并能进行自我评价，也可看到同学、老师对自己的评价的综合平均值。

(3)2002年重点进行《成长册》实验，总课题组将在2002年年底征集实验区(校)对《成长册》的实验报告、修订意见和评价软件，作为2003年4月第六届年会评审表彰的重点内容。第六届年会后开始启动《成长册》修订工作，总课题组将从获奖作品中择优选拔《成长册》修订的作者。修订工作计划于2003年年底完成，2004年3月正式出版。2004年4月第七届年会交流研究成果，研讨实验方案。2004年9月新学年开始进行《成长册》修订版的实验。2005年第八届年会进行修订版《成长册》实验的总结表彰。会后将实验总结报告报教育部和全国教育科学规划领导小组，为建立学生综合素质评价体系提供决策依据。

四、整体构建学校德育体系推广实验的方法

(一)实验研究的基本方法

德育实验是运用科学实验的原理和具体方法来研究德育现象和问题，以揭示德育活动规律或某些德育内容、方法的有效性，是一种综合性研究活动。

德育实验是教育实验的一个组成部分，而教育实验则是从自然科学实验中引申和移植过来的。因此，德育实验与科学实验有共同性，但也有特殊性。德育实验既要遵循科学实验的一般规律，但又不能照搬科学实验的具体操作方法。有人把科学实验称之为“人与自然的对

话”，而德育实验则是“人与人的对话”。其复杂性远远超过了探索自然的活动，尤其是德育行为与德育结果之间的因果联系错综复杂，且德育外部环境对德育活动的干扰也极难控制，因而很难达到经典科学实验所要求的“封闭度”(如无法将实验环境与外部环境完全隔离)，故人们一般认为德育实验是一种自然状态下的实验，而不是像自然科学实验那样在实验室里进行的“封闭式”实验。

德育实验活动的展开，可描述为一个从提出理论假说、设计实验方案、控制实验变量、评价实验效度、形成实验报告的过程。

1. 德育实验假说

德育实验假说所假定的是关于某类德育行为在某些人为控制的条件下，与某类道德结果之间的因果关系。

德育假说与自然科学假说的共同之处在于假定性和科学性。所谓假定性是说它带有推测的性质，即这种判断所陈述的事实或联系是现实中暂不存在或未被确认的，它对未知的构想是由已知推断而出的，有可能被实践证实，也有可能被证伪。但是，假说又绝非臆断，它总是有一定的科学事实或经验事实做依据，并且经过了初步的科学论证，因而，假说又是具有科学性的。

德育假说与自然科学假说的区别亦即它的特点主要有两点：其一，德育实验假说对结果的描述只能是概率描述。由于自然科学实验可以人为制造“纯化”状态，从而可能在实验结果与实验假说之间做出精确的相符性判断或因果判断，但在活生生的德育活动中显然做不到这一点。因为德育实验不能在完全隔绝的状态中进行，被试(学生)的先期经验上的差异，也不能像计算机程序一样完全清除掉。德育实验既然不能作高度精密的控制，也就无法保证在结果与假说之间精确地“归因”，故一般只能做出像“较大幅度提高”“达到百分之几十”之类的概率性说明。其二，德育实验假说偏重于“有效性”假定。一切研究活动按其目的可分为“求真”与“求善”两类，前一类意在发现真理，其假说陈述的是真理性事实，后一类意在追求对人的有利和有效，其假说要推测价值事实。在自然科学实验中，两类可作严格区分，而在德育实验中，真与善总是统一在同一命题之中。德育实验难以精确控制，它在逼真度上要低于自然科学实验。

2. 德育实验方案的设计

德育实验方案包括：总体方案、执行方案(也称实验工作计划)和评价方案。总体方案是对实验课题的总规划，是对实验假说、实验设计、实施进程和实验结果的总体设想，也是执行方案和评价方案制订的基本依据，它的内容至少有如下方面：问题(课题)的提出、理论假说、变量控制、效度评价、组织管理和预期成果。执行方案具体表现为工作计划。实验工作计划一般有年度计划、项目计划、学校(班级)年度工作计划或学期工作计划、专项工作计划等多种形式，其基本内容有：指导思想、步骤及阶段要求，基本方法及检测手段，组织与管理等等。这一方面的计划主要是保证自变量的操纵。执行方案由实验区、实验校根据总体方案自行设计。

评价方案实际上是对实验因果预期变化的设想，由于德育实验的成果主要体现在教育对象身上，所以，评价方案首先应包括学生思想道德素质是否提高和提高的程度如何；其次应包括教师科研能力和德育工作水平是否提高和提高的程度如何；第三应包括学校德育工作科学性、系统性、规范性是否提高和提高的程度如何；第四还应检验自变量即《德育》读本、《成长册》、各学段德育体系的科学性和实用性，并做出客观评价，提出修改意见，使之不断完善。

3. 德育实验的变量控制

变量，是实验设计理论的一个专用术语，某个与实验有关的因素或条件如果变成了可测量的、数量化的东西，则可称之为“变量”。

实验中需要考虑的变量可分为三大类，即自变量、因变量和无关变量。

自变量指的是呈现给被试的刺激变量，一种原因变量，是由实验者主动操纵的变量。我们这个实验主要是以《德育》读本、《成长册》为教育内容的德育活动课教学形式，以构建各学段德育体系。

因变量是指被试对所显现的刺激的反应，是一种结果变量，是在自变量作用下可能产生的结果。因变量通常与教育目的有关，例如知识的掌握、能力的增进、优良品质的形成等。我们这个实验主要是指学生思想道德素质的发展与变化。

无关变量泛指除自变量以外一切可能影响因变量而对实验有可能起干扰作用的因素。说它“无关”，是指它与自变量无关，与实验目的无关。但由于它对实验有影响，所以应给予尽可能的控制。在我们的实验中主要有学校德育氛围、社会家庭及其他德育途径的影响等。

变量控制从广义上讲，对无关变量的控制和对自变量的操纵都可叫作变量的控制。对无关变量的控制是指采用消除、恒定、抵消或平衡等方式限制乃至排除某些条件对实验进程及其结果的影响；对自变量的操纵是一种主动支配，即由实验者决定将自变量施加于何人、如何施加。从狭义上理解，控制仅指对无关变量的控制，而对自变量则使用“操纵”一词。

本课题在《德育》读本、《成长册》和各学段德育体系的实验过程中，充分发挥了广大实验教师的积极性、主动性和创造性，在对自变量的操纵方面，编写了大量的教案教参，设计了丰富的活动方案，组织了许多优秀的德育活动课，收到了良好的教育效果。

4. 德育实验的效度评价

要评价一项实验的效度，主要看它的内在效度和外在效度。

所谓内在效度是指因变量的变化在多大程度上来自自变量。如果一项实验研究能够提出充分的证据说明，因变量的变化确由自变量引起，而不是由其他变量引起，那么这一实验设计的内在效度就高。内在效度实质上反映了实验对变量间因果关系揭示的准确程度，它是一项实验功能发挥得如何的标志。

外在效度是指实验结果的可推广程度。实质上也就是实验研究结论对所研究领域的涵盖程度。德育实验研究不仅要关心变量间因果关系的探索，更要顾及实验结果在较大范围内的推广应用，否则，便失去了实验的意义。如果说，内在效度反映的是实验的认识论意义，那么，外在效度则标志其价值论意义。

5. 德育的实验报告

撰写实验报告是实验研究的最后一个程序，也是科研工作的总结。它概括实验研究的进程，反映科研成果，体现科研的水平和价值，反映研究者的治学态度，同时也便于科研成果的推广和交流。因此，实验研究人员应当实事求是认真负责地写好实验报告。

实验报告主要包括下列内容：

(1)题目。题目实际上是实验报告的主题思想。它必须准确地概括报告所要阐述的内容，一般应体现出自变量与因变量的因果关系。实验报告的题目可根据实验范围的大小分为宏观、中观、微观三个层次。宏观层次的题目适合实验学校的负责人撰写，如：《小学德育体系整体构建与德育科学性、系统性、实效性研究》《中学德育活动课对提高学生思想道德素质的意义》等。中观层次的题目适合年级组负责人撰写，如《小学二年级德育读本对学生文明礼貌教育的作用》《初中一年级〈成长册〉激励学生健康成长》等。微观层次的题目适合实验教师撰写，如《我教“关心父母”一课的体会》《“成功的等式”主题班会总结》等。

(2)基本情况。概要叙述实验的过程、内容、方法等。

(3)变量分析。分析自变量即《德育》读本的内容和形式的优点或缺点；分析自变量即活动课的形式和方法的优点或不足；分析因变量即学生思想品德和行为习惯的进步和变化，最好有具体事例。或分析自变量小学(或中学、中职、高职、大学)德育体系对学校德育工作科学化、系统化、规范化的影响；或分析自变量《成长册》对学生综合素质全面发展的作用和意义。

(4)理论探讨。对德育读本编写的思路、原则、结构、体系等做理论探讨；对活动课的理论、原则、方法进行探讨，并提出自己的观点、意见、建议或对《成长册》的内容、原则、方法进行讨论，并提出自己的观点、意见、建议；或对某学段德育体系的内容、原则、方法进行讨论，提出自己的观点、意见、建议。

(5)结论。对自变量和因变量之间的因果关系的事实判断和价值判断，即通过《德育》读本，或《成长册》，或德育体系的实验对增强学校德育工作的科学性、系统性、规范性和实效性，对提高教师科研能力和德育水平，对提高学生思想道德素质某方面或几方面的事实判断和价值判断。

(二)推广实验的主要措施

1. 建立实验区、实验校两级实验基地

“十五”期间，本课题将在“九五”实验研究的基础上进行推广实验。推广实验的主要措施是建立实验区、实验校两级实验基地。实验基地的建设继续坚持16字方针：“严格审批、合理布局、加强管理、认真指导。”

(1)严格审批。申请加入中央教科所“十五”国家重点课题“整体构建学校德育体系”实验基地的基层教委或学校，必须具备三个条件并履行申报审批手续。这三个条件是：教委(局)或学校应重视德育科研工作，具有“科研领先，科研兴校，科研治教”的办学思想；具有一支较强的德育教师队伍和德育科研力量；申请一项子课题并承担总课题组研究成果的实验任务。

(2)合理布局。为了增强实验的信度、效度和推广的价值和范围，实验基地的布局是从两方面考虑的。首先考虑全国的覆盖面，实验区和实验校的分布要覆盖东北、华北、华东、中南、西南、西北六大区域。特别要配合“西部大开发战略”，适当向西部地区发展。其次考虑大城市、小城镇和农村的代表性，比如北京市实验基地就分布在城区、近郊区和远郊县。

(3)加强管理。根据本课题参加人员多，涉及范围广的特点，本课题的管理实行总课题组组长领导下的分级管理制度，总课题组下分一级子课题组、二级子课题组、三级子课题组。总课题组下设的幼儿组、小学组、初中组、高中组、中职组、高职组、大学组为一级子课题组，实验区成立二级子课题组，实验校成立三级子课题组。一级子课题组和二级子课题组由总课题组直接管理和指导。三级子课题组由二级子课题组进行管理和指导。

(4)认真指导。总课题组建立实验区、实验校的业务档案，以便了解情况，加强指导。总课题组对实验区、实验校的指导主要通过现场考察指导、通信(书信、电话、电传)指导、召开研讨会交流指导、《中国德育》杂志指导、中国德育网指导等五种渠道进行。实验区成立由当地教育行政领导和教育专家组成的指导组，负责对所辖实验校进行课题研究与实验的管理和指导。

2. 制定课题研究与实验的管理制度

在扩大实验的情况下，我们必须加强对实验区、实验校的管理，以保证课题的研究与实验沿着科学、规范的轨道运行。

本课题研究与实验的管理制度包括：关于子课题申报的若干规定；实验区、实验校管理细则；关于实验研究成果的申报评审和表彰的规定；关于子课题结题鉴定验收的规定；关于评选表彰课题实验研究先进实验区、先进实验学校和先进工作者的规定等五部分。

3. 确立课题研究与实验的工作方式

根据系统科学的研究方法，总课题组确立了“自下而上，总分结合；先块后条，条块结合”的工作方式。

(1)“自下而上，总分结合”，指的是实验校、实验区承担的子课题与总课题的关系。实验校先把本校的三级子课题的研究成果报到实验区。实验区汇总实验校的研究成果，拿出小学或中学的德育目标、内容、途径、方法、管理、评价某一方面的二级子课题的研究成果，报德育中心总课题组，总课题组根据各实验区的研究结果召开专题研讨会，共同研讨德育目标和内容体系、途径和方法体系、管理和评价体系。上下之间的关系是：下为基础，上为指导。工作程序是：先分后总，总分结合。

(2)“先块后条，条块结合”，是指总课题组内部分工合作问题。总课题组按学段分为幼儿组、小学组、初中组、高中组、中职组、高职组、大学组，我们称之为“块”。每一块先研究和构建各学段的德育体系。为了整体构建并搞好大、中、小学德育体系的衔接，总课题组又分为德育目标和内容体系研究小组、德育途径和方法体系研究小组、德育管理和评价体系研究小组，我们称之为“条”。每一条在各块研究的基础上，负责统揽幼儿、小学、初中、高中、中职、高职和大学。条与块二者关系是：块为基础，条为指导。工作方式是：经常是块，集中是条。

同志们！我们承担的这个课题是一项复杂而艰巨的系统工程，我们要坚持为决策服务、为实践服务的宗旨，走科研工作者与行政领导和一线教师相结合的道路。我相信，只要总课题组与实验区、实验校之间保持密切联系，团结协作，与时俱进，开拓创新，深化研究，推广实验，我们就一定能够完成预定的研究任务，为建立 21 世纪的科学化、系统化、规范化、现代化的有中国特色的社会主义德育体系做出贡献！

2003年第六届无锡德育年会主题报告

同志们：

我代表中央教育科学研究所德育研究中心和总课题组作主题报告，请各位代表研究讨论。报告包括四部分：

一、《德育》读本的深化研究与推广实验。

二、《成长册》的深化研究与推广实验。

三、《当代家长》的创新研究与启动实验。

四、各学段德育体系整体构建（学段分论）的研究编写工作。

本课题是以马列主义、毛泽东思想、邓小平理论和“三个代表”重要思想为指导，全面贯彻十六大精神，坚持解放思想、实事求是、与时俱进、开拓创新的思想路线，坚持为教育决策服务、为素质教育和课程改革实践服务、为德育科研服务的宗旨，坚持系统科学的理论原则，把各级各类学校德育作为一个系统加以统筹规划，整体构建学校德育体系。在此基础上进行深化研究和推广实验，为建立科学化、系统化、规范化、现代化的具有中国特色社会主义的、代表先进文化前进方向的、适应素质教育的学校德育体系提供理论参照和实践模式。

一、《德育》读本的深化研究与推广实验

(一)《德育》读本研究与实验的成绩与贡献

《德育》读本自1998年开始进行实验，至今已经走过了五年的历程。五年之间我们不断总结经验，与时俱进，进行了两次修订。总课题组成员与实验区、校的领导和老师为此付出了艰苦的劳动，取得了可喜的成果，积累了丰富的经验。实验校的德育工作因此走上了科学化、系统化、规范化的轨道，出了成果，出了经验，出了人才。同时，也为教育部的课程改革和新课程标准的制定提供了理论依据和实践模式。

教育部于2002年4月颁布了小学《品德与生活》《品德与社会》新课程标准，于2003年5月颁布了初中《思想品德》新课程标准。经过认真学习和研究新课标，我们发现《德育》读本与新课标在教育理念、编写思路、编写原则、内容体系、呈现方式等方面是基本一致的，同时我们也要研究《德育》读本在新形势下的创新点和生长点。

(二)《德育》读本与新课程标准的比较分析

1. 关于课程的性质

新课程标准提出了本门课程具有思想性、人文性、实践性、综合性等主要特点。

(1)思想性。新课程标准关于思想性的基本内容，已经包含在整体构建学校德育体系研究的指导思想之中，其内容要点是以马列主义、毛泽东思想、邓小平理论和“三个代表”重要思想为指导，紧密联系社会生活和学生思想实际，帮助学生逐步形成良好的道德品质和心理素质，养成遵纪守法和文明礼貌的行为习惯，增强爱国主义、集体

主义的思想情感，逐步树立中国特色社会主义的共同理想，为学生逐步形成正确的世界观、人生观和价值观奠定基础。

(2)人文性。本课题研究和《德育》读本教学实验主要在两个方面进行了研究和实践。一是对人自身的关注，包括对人的德性、人生、人格和人自身成长发展需要的关注。二是注重以优秀文化陶冶学生，把培育和弘扬民族精神作为学校德育的核心目标。“将构建学校德育体系放在社会主义先进文化建设的视野中认识和实践，植根于中外优秀文化的深厚沃土中，贯通古今、融会中西、继承借鉴、发展创新，是本课题研究的基本原则和努力探索的方向。”

初中《思想品德》课程标准关于人文性提出的内容包括：“注重以民族精神和优秀文化培养学生，关注学生的成长需要与生活体验，尊重学生学习与发展规律，不断丰富学生的思想情感，引导学生确立积极进取的人生态度，培养坚强的意志和团结合作的精神，促进学生人格健康发展。”

(3)实践性。本课题研究提出的基本观点是：“实践活动观是德育首要的基本的观点。”“学生品德是在活动和交往中形成的，活动和交往是学生品德形成的基础。”提出了“双主体互动”“新三中心”和“四环节”的观点。

初中《思想品德》课程标准对实践性的阐述是：“注重与学生生活经验和社会实践的联系，通过学生自主参与的、丰富多样的活动，扩展知识技能，完善知识结构，提升生活经验，促进正确思想观念和良好道德品质的形成和发展。”

(4)综合性。《德育》读本在综合性上进行了三个方面的研究与实践，一是德育内容的综合，即把道德、法纪、心理、思想、政治教育五项要素融为一体；二是品德要素的综合，即把知、情、意、行融为一体；三是德育过程要素的综合，即把德育目标、内容、途径、方法、管理、评价融为一体。

初中《思想品德》课程标准所作的阐述是："从学生适应社会公共生活和思想品德形成与发展的实际出发，以成长中的我，我与他人的关系，我与集体、国家和社会的关系为主线，对道德、心理健康、法律和国情等方面的学习内容进行有机整合。"

2. 关于课程的基本理念

本课题研究认为："道德是社会生活的规范和准则，真正的道德学习必须在社会生活过程中进行。"《德育》读本编写的一个重要特点就是"贴近生活，联系实际，启发引导，主体参与"，教学内容的选择设计和活动方式体现"近、小、实、亲"，切忌"高、大、空、远"。

综合小学、初中新课程标准提出的本门课程的基本理念的要点是：道德存在于儿童的生活中，学生逐步扩展的生活是本课程建构的基础，要引导学生积极参与社会生活，做负责任的公民，通过独立思考，体验探究和道德践行促进思想品德的形成与发展。

3. 关于课程目标的分类

本课题在整体构建德育目标体系的研究中论述了由"认知目标、情感目标和行为目标群"构成的"三维德育目标体系"。这个目标体系的横向结构由道德、法纪、心理、思想、政治五项德育目标群构成，其每一项都含有认知目标、情感目标和行为目标。纵向结构的每一学段都含有认知目标、情感目标和行为目标。

新课程标准把课程目标分为三类：一是情感、态度、价值观目标；二是能力目标；三是知识目标。

4. 关于课程的教学内容

本课题研究根据德性论和德育论原理，认为人的完整的思想品德素质应由思想素质、政治素质、道德素质、法纪素质、心理素质构成，五种素质紧密联系、互为基础，共同构成人的完整的德性。与此相对应，德育的内容应由思想、政治、道德、法纪、心理五项要素构成。本课题提出的德育内容五要素的思想，已经先后在党和国家领导人的讲话和国家关于德育的各种专门文件中得到确认。

新课程标准关于德育内容的确定，如初中《思想品德》课程标准确定的道德、心理健康、法律和国情等方面的学习内容也已同“五要素说”会通一致了。

5. 关于课程的设计思路

《德育》读本的设计思路是：以道德、法纪、心理、思想、政治五要素为纬线，以小学、初中、高中、中职(师)、大学为经线，依据学生不同年龄阶段的身心特点、知识水平和品德形成发展规律，由浅入深、由低到高，由具体到抽象，由感性到理性，横向贯通，纵向衔接，分层递进，螺旋上升，整体构建德育内容体系。

“课程标准采取以道德、心理、法律、国情等相关内容为横坐标，以成长中的我、我与他人的关系、我与社会和国家的关系为纵坐标，形成组织内容的逻辑网络。”

6. 关于课程的体例结构

《德育》读本根据学生不同的生活时空组合教学内容，如小学读本采用中心扩散式的“五环结构”按自我修养、我与家庭、我与学校、我与社会、我与自然的顺序组合教学内容。

新课程标准小学《品德与社会》按我在成长、我与家庭、我与学校、我的家乡(社区)、我是中国人、走近世界的顺序；初中《思想品德》采用成长中的我，我与他人，我与集体、国家和社会的关系组合教学内容。

7. 关于教学活动形式

新课程标准提出的活动形式与《德育》读本中的活动设计的类型是相同的，如小学《品德与生活》课程标准提出了讨论、资料调查、现场调查、情景模拟与角色扮演、操作性和实践性活动、教学游戏、参观访问、欣赏作品、行为练习、讲故事、讲授等活动形式，这些活动形式在《德育》读本教学实验中已成为实验教师常用的教学方法。

8. 关于教材的呈现方式

《德育》读本注意适合儿童青少年的思维特点和审美习惯，教材呈现方式生动活泼，图文并茂，富于时代感，有利于激发学生的学习兴趣和学习愿望。新课标对教材呈现方式提出的要求与读本特色相同。《德育》读本创设的许多情境化、生活化的活动栏目和版式设计，为新一轮教材编写提供了参用模式。

9. 关于课程的评价

《德育》读本和《成长册》对德育评价进行了多角度的研究和实践，《成长册》运用的导向性和激励性、科学性和系统性、形成性和阶梯性、主体性和个体性、操作性和趣味性等评价原则，家校结合、亲子互动、师生互动、生生互动等评价方法，以及“五自目标”，在新课程标准中得到了确认和使用。新课程标准提出的“成长足迹袋”，与《成长册》可以说是异曲同工。

(三)《德育》读本推广实验的任务

1. 根据新一轮教材研制和进入使用的周期，基础教育由原课程体系过渡到完全使用新教材，大致需要 2—3 年时间。因此在今后2—3年内，《德育》读本作为体现新课标理念的实验教材或过渡性教材仍可继续使用。

2. 依据新课程标准编写的新教材，是由品德与生活、品德与社会、思想品德专任教师使用，占用的是学科教学的课时。它不可能取代班主任工作，也不可能占用班会和团队活动时间。因此，作为以主题班会、团队活动为基本组织形式的德育活动课的载体——《德育》读本仍然有其生存和发展的空间和时间。即使是2—3年以后新教材普遍被使用，《德育》读本仍然可以作为校本课程的教材继续发挥作用。

3. 总课题组要求各实验区要继续做好《德育》读本的推广实验工作。为了使《德育》读本的征订工作健康、有序、规范地进行，总课题组决定与实验区签订协议，以维护双方的共同利益与合法权益。为了使实验工作科学、规范、有效地开展，总课题组和实验区指导组要加大实验指导的力度，扩大实验的范围，各实验区都要适当增加实验学校和实验班级的数量，进一步提高社会效益和社会影响。

(四)《德育》读本深化研究的任务

《德育》读本深化研究向两个方面发展，一是以新课程标准为依据，编写国家审定教材；二是以整体构建德育体系的基本理念为依据，编写主题班会校本教材。

1. 关于国家教材。德育中心已经开始进行研究，并把它概括为“六个特色”，欢迎实验教师参加编写。

(1)价值导向正确，思想性与科学性相结合

遵循编写目的和指导思想，以马列主义、毛泽东思想、邓小平理论和“三个代表”重要思想为指导，为使学生成为有理想、有道德、有文化、有纪律的好公民奠定基础，但同时切忌“高、大、空、远”和“空洞说教”。既要符合课程理论的内在逻辑，又要符合学生的年龄及心理特征，遵循思想品德的发展规律。做到思想性与科学性相结合。

(2)主题确立鲜活，主体性与生活化相结合

学生是自身思想品德发展的主体，生活是思想品德发展的源泉，

思想品德发展水平的高低最终要在生活中体现。因此，教材要回归生活，按生活逻辑而不是按知识的逻辑来编写教材，将正确的价值引导蕴涵在鲜活的生活主题当中，以初中学生生活为主线，选取学生自身成长，自我与他人，自我与集体、国家、社会之间关系中所遇到的重点、难点、热点、焦点问题确立每一课鲜活、鲜明的主题，引导学生负责任地、积极健康地生活，使学生主体性与生活化相结合。

(3)内容编排合理，综合性与层次性相结合

学生思想品德的发展具有整体性。因此教材的编写要打破不同学科的分割，打破学科内部的知识体系，不追求学科知识的逻辑线索，不以传授各学科的知识体系为教材内容和教学目标，而应当把心理健康、道德、法律、国情等方面的内容有机整合，在每一册、每一课都要体现综合性。学生思想品德的发展还具有层次性，不同年龄阶段的学生心理特点不同，面对的学习生活问题也不同，因此不能“一刀切”“齐步走”，而应当分层递进，螺旋上升，把综合性与层次性紧密结合起来。

(4)体系结构清晰，模块式与栏目化相结合

教材遵循课程标准的设计思路，以道德、心理、法律、国情等相关内容为横坐标，以成长中的我，我与他人的关系，我与集体、社会和国家的关系为纵坐标，形成教材体系结构。每册教材设四个单元(九年级全一册设五个单元)，每个单元设两课。单元下设“成长主题”，每课设“时空点击”“开放平台”“尝试体验”三个栏目，每单元两课后设“成长足迹”。这样使生活主题模块与栏目化相结合，既符合学生认识规律，又符合一般教学规律，既有利于学生学，又有利于教师教。

(5)素材选取精当，继承性与创新性相结合

价值导向是教材的灵魂，体系结构是教材的骨架，内容素材则是教材的血肉。教材要做到有血有肉，必须在选材上下功夫。素材的选取要突出时代感和创新性，努力选取学生生活中的鲜活事例、学生关心的具有教育意义的现实生活和社会问题，以及先进人物的感人事迹作为主要素材。同时适当选取历史上爱国志士、民族英雄、圣人贤者的典型事例和人生格言，努力弘扬和培育民族精神，把继承性与创新性结合起来。

(6)呈现方式活泼，实践性与开放性相结合

教材的呈现方式力求生动活泼、丰富多彩。既有文字描述，又适当配以图片；既有文本教材，还要开发相应的音像资料；做到文图并茂、音像配套。体现教材的生动性和多样性。每课中的三个栏目，“时空点击”，展现了学生丰富多彩的生活画卷；“开放平台”，引导学生独立思考，通过讨论、辨析、调查等活动使学生体会教学内容中的知识和道理，主动探索社会生活和自我成长的问题；“尝试体验”，通过丰富多样的主题活动，激发学生健康向上的情绪、情感，深化道德认识，巩固、扩展或延伸教学内容，将课程的价值引导转化为学生的内在需求和自主选择，从而使教材的实践性与开放性相结合。

2. 关于校本教材。以《品德与生活》《品德与社会》《思想品德》新课程标准为指导，以新编国家审定教材为依据，以“新三中心论”为理念，以主题班会、团队会为基本形式，编写校本教材，继续在实验学校推广实验。把《德育》读本的编写理念与新课程标准相融合，把校本教材与国家教材相配套，实现“九五”开题报告中所预见的“互补”“并行”的理想目标。

二、《成长册》的深化研究和推广实验

(一)《成长册》研究和实验的成绩与贡献

“九五”期间，我们以《中共中央国务院关于深化教育改革全面推进素质教育的决定》为指导，以建立思想品德为核心的综合素质评价体系为目标，以思想道德、科学文化、身体心理、审美艺术、劳动技能和个性特长、创新能力、自育能力等八个方面为评价内容，以培养学生自订成长目标、自析成长环境、自寻成长动力、自开成长渠道、自研成长方法和自评成长效果为基本理念，研究编写了《成长册》(小学、初中、高中、中职每学年一册，共15册)。

从1999年10月起进行了实验，当时正处全国“减负”的形势，发行、实验受到较大的影响。但从2002年4月“十五”课题开题后，实验《成长册》的学校、班级明显增加。许多实验校都是全校使用，如中职全国重点校北京财经学校、北京经济技术开发区实验学校等，许多实验区、校在使用《成长册》推进实验方面取得明显成果，如：《将外部规范内化为学生的个体素质小学低年级〈成长册〉实验报告》(重庆)；《在活动中评价，在评价中活动，小学〈成长册〉实验报告》(北京)；《结合〈德育〉读本进行的〈成长册〉实验实效明显》(天津)；《个性化自我教育方式尝试》(哈尔滨)。

《中国教育报》于2002年专门介绍了《成长册》并发表了学生使用后的收获。中国教育电视台于2002年也播放了关于《成长册》的介绍。

除本课题实验区、校广泛深入推进《成长册》的实验外，《成长册》的教育理念、编写原则及内容也在许多省市教育行政部门产生影响，一个时期，冠以《成长册》《成长本》《成长袋》《成长日记》书名的学生用书如雨后春笋般地出现，一些教育行政部门对半个世纪一贯制的《成

绩册》也进行了修改。这说明《成长册》的实验已取得了明显的效果，产生了广泛的影响；也说明《成长册》的实验，在理论依据和实践模式上为决策服务做出了贡献。

(二)《成长册》深化研究的任务

1. 依据中央的有关精神进行修订

从《成长册》第一版实验以来，中央发布了一系列重要文件，这都与《成长册》的修订有密切关系。除了以党的十六大报告精神作为指导思想外，江泽民同志的《关于教育问题的谈话》(2000.2)、《在北师大建校百年大会上的讲话》(2002.9)、中共中央《公民道德建设实施纲要》(2001.9)、《国务院关于基础教育改革与发展的决定》(2001.6)、《学术艺术教育工作规程》教育部13号令(2002.9)，特别是2002年12月颁布的《教育部关于推进中小学评价与考试制度改革的通知》等都是修订的理论政策依据。

(1)对照文件中的六条原则，研究《成长册》修订方案

中小学评价与考试制度改革，要全面贯彻党的教育方针，从德、智、体、美等方面综合评价学生的发展，培养学生热爱党、热爱社会主义、热爱祖国、诚实守信、助人为乐的高尚道德品质、终身学习愿望和能力、健壮的体魄、良好的心理素质以及健康的审美情趣。

中小学评价与考试制度改革的根本目的是为了更好地提高学生的综合素质和教师的教育水平，为学校实施素质教育提供保障，充分发挥评价的促进发展的功能，使评价的过程成为促进教学发展与提高的过程。

对学生、教师与学校的评价的内容要多元，既要重视学生的学习成绩，也要重视学生的思想品德以及多方面潜能的发展，注重学生的创新能力和实践能力；既要重视教师业务水平的提高，也要重视教师

的职业道德修养；既要重视学校整体教学质量，也要重视在学校的课程管理、教学实施等管理环节中落实素质教育思想，形成生动、活泼、开放的教育氛围。评价标准既应注意对学生、教师和学校的统一要求，也要关注个体差异以及对发展的不同需求，为学生、教师和学校有个性、有特色发展提供一定的空间。

评价方法要多样，除考试或测验外，还要研究制定便于评价者普通使用的科学、简便易行的评价方法，探索有利于引导学生、教师和学校进行积极的自评与他评的评价方法。

对学生、教师和学校的评价不仅要注重结果，更要注重发展和变化过程。要把形成性评价与终结性评价结合起来，使发展变化的过程成为评价的组成部分。

重视学生、教师和学校在评价过程中的作用，使评价成为教育行政部门、学校、教师、学生和家长共同参与的交互活动。

(2)对照文件中的发展目标研究《成长册》七项目标的修订

道德品质。爱祖国、爱人民、爱劳动、爱科学、爱社会主义；遵纪守法、诚实守信、维护公德、关心集体、保护环境。

公共素养。自信、自尊、自强、自律、勤奋；对个人的行为负责；积极参加公益活动；具有社会责任感。

学习能力。有学习的愿望与兴趣，能运用各种学习方式来提高学习水平，有对自己的学习过程和学习结果进行反思的习惯；能够结合所学不同学科的知识，运用已有的经验和技能，独立分析并解决问题；具有初步的研究与创新能力。

交流与合作能力。能与他人一起确立目标并努力去实现目标，尊重并理解他人的观点与处境，能评价和约束自己的行为；能综合地运用各种交流和沟通的方法进行合作。

运动与健康。热爱体育运动，养成体育锻炼的习惯，具备锻炼健身的能力、一定的运动技能和强健的体魄，形成健康的生活方式。

审美与表现。能感受并欣赏生活、自然、艺术和科学中的美，具有健康的审美情趣；积极参加艺术活动，用多种方式进行艺术表现。

学科学习。各学科课程标准已经列出本学科学习的目标和各个学段学生应达到的目标，并对评价方式提出了建议。

(3)对照文件中的评价措施与方法，研究《成长册》实验措施

教师要在教育教学的全过程中采用多样的、开放的评价方式(如行为观察、情感测验、学生成长记录等)了解每个学生的优点、潜能、不足以及发展的需要。

建立每个学生的成长记录。成长记录应收集能够反映学生学习过程和结果的资料。包括学生的自我评价、最佳作品(成长记录及各种作品)，社会实践和社会公益活动记录，体育与文艺活动记录，教师、同学的观察和评价，来自家长的信息，考试和测验的信息等。

学生是成长记录的主要记录者，成长记录要始终体现诚信的原则，要有教师、同学、家长开放性的参与，使记录的情况典型、客观、真实。

考试是评价的主要方式之一，考试应与其他评价方式相结合，要根据考试的目的、性质、内容和对象，选择相应的考试方法，要充分利用考试促进每个学生的进步。

每学期、学年结束时学校要对每个学生进行阶段性的评价。评价内容应包括各学科的学业状况和教师的评语。评语应在教师对搜集到的学生资料进行分析，并与同学、家长交流、沟通的基础上产生。评语应多采用激励性的语言，客观地描述学生的进步、潜能以及不足。同时要制订明确、简要的促进学生发展的改进计划，帮助学生认识自

我、树立自信。

小学生的学习成绩评定应采用等级制，不得将学生的成绩排队、公布。

2. 依据实验区、校对《成长册》实验研究成果进行修订

从 1999 年 10 月至 2003 年 10 月《成长册》已经历四年的实验，参加实验的有数十万名学生、数千名教师，其中还有众多的家长。大家在肯定《成长册》这一重要创新研究成果的同时，也提出许多宝贵的意见、建议，有不少学校、教师已着手修改。总课题组将吸纳实验区、校的经验、意见、建议，作为修订《成长册》的重要参考。

《成长册》的修订，从 2002 年 4 月株洲开题会后，不少实验区、实验校已经启动，并作为本届年会参评研究成果之一。本届年会后总课题组将全面启动《成长册》修订工作，届时不仅要吸纳实验区、校研究成果的精华，而且要吸收部分优秀成果作者参与修订。修订工作设计 2004 年 7 月完成，9 月实验修订后的《成长册》。

3. 在株洲开题报告中，曾提出研制开发与《成长册》配套的学生综合素质评价软件，这在中职《职业道德与职业指导》德育课助学测评软件已进行尝试、出版，效果良好。总课题组曾考虑研制《成长册》学生助评光盘，以充分发挥现代教育手段在素质教育评价上不可取代的优势。但大家意见不一致，主要考虑到难度大，可操作性如何，实验校教师、学生需求如何，是否会增加学生经济负担，学生的家长能否承受，尚需在各实验区、校广泛征求意见。

(三)《成长册》推广实验的任务

我们要乘教育部《关于推进中小学评价与考试制度改革的通知》的东风，加大《成长册》实验的力度、广度和深度。

1. 加大实验指导的力度

《成长册》的实验起步较晚，又受“减负”的限制，因此不少实验区、实验校没有专门组织过《成长册》的培训，许多实验教师对《成长册》实验的意义、内容、方法，还不十分理解、了解和掌握。总课题组和实验区指导组要加大实验指导的力度，组织培训、研讨和交流，评审实验研究成果，表彰优秀实验教师。

2. 扩大实验推广的范围

从《成长册》实验学校、实验教师和实验学生的数量来看，还远远落后于《德育》读本。要借教育部文件的东风，推广《成长册》的实验范围。实验区要扩大实验校，实验校要扩增实验班。同时要扩大实验区，向没有实验区的省份，特别是西部地区发展，使《成长册》充分发挥对中小学生综合素质评价的导向、动力和保障作用。

3. 加大实验研究的深度

加大实验指导的力度，关键在实验研究的深度。扩大实验推广的范围，关键也在实验研究的深度。加大实验研究的深度，就要认真学习《教育部关于推进中小学评价与考试制度改革的通知》，认真学习《中共中央国务院关于深化教育改革全面推进素质教育的决定》，认真研究整体构建德育体系的理论，认真研究中小学生成长的规律，认真研究家校互动、师生互动，亲子互动、生生互动的方法，认真研究《成长册》与《当代家长》的结合点、生长点和创新点。

三、《当代家长》的创新研究与启动实验

(一)目的意义

1. 贯彻党和国家方针政策及领导人讲话精神

2000年2月1日，江泽民同志在《关于教育问题的谈话》中指出：

"现在，大多数家庭都是独生子女，生活条件也好了，家长有'望子成龙'的心情，希望子女都能够受到更好的教育，也是自然的。我们的学校，教育部门以及党和国家的其他部门，都要注意做工作，把家长希望子女成才的迫切愿望、教师教书育人的心情和学生学习的积极性，引导到正确的方向上来，全面提高青少年的素质。"

李岚清同志在谈到家庭教育时指出："家庭教育应当由经验育人向科学育人转变，由片面注重书本知识向注重教孩子怎样正确做人转变，由简单命令向平等转变……家长必须学点教育学、心理学知识，了解现代教育的特点、规律和发展趋势。"

2002 年 5 月 20 日，全国妇联、教育部联合下发了《全国家庭教育工作"十五"计划》，提出了家庭教育的总体目标、具体目标、分期要求、实施措施、检查评估办法。

2. 指导家庭教育实践

当代家长在育儿教子上遇到许多新情况、新问题。从孩子角度说，由于绝大多数是独生子女，孩子生活条件越来越好了；由于大众传媒的发展，孩子可以从电视、电影、互联网、报刊、图书中获得的信息越来越多了；由于社会价值观呈现多元化的趋势，孩子受到的影响越来越复杂了。

从家长的角度看，由于绝大多数父母只有一个孩子，所以他们无法亲身积累养育子女的经验；由于希望在孩子身上弥补自己童年时期在那特殊年代失去的一切，因此对孩子有着很高的期望值；孩子升学、就业的竞争压力和带有片面性的人才观在社会上还有相当的影响，使家长在如何帮助孩子成人、成才方面产生许多困惑。

从学校角度看，不少学校把家长会办成了情况通报会甚至"批判会"，打击了家长配合学校教育的积极性。从社会角度看，当前市场上五花八门的教育书籍，使家长们眼花缭乱、无所适从。所以，迫切需要对其进行科学化、规范化、系统化、现代化的指导。

3. 深化课题研究

“九五”期间，在总课题组专家和全国各地实验区、实验校德育科研人员及实验教师的共同努力下，我们初步整体构建了学校德育体系，画好了学校教育这“一竖”；但在实践中，我们越来越深切地感到，由于家庭教育、社区教育比学校教育相对滞后，甚至存在着较大反差，从而致使学校德育的实效性大打折扣，不少老师甚至痛心地提出了“5＋2＝0”的说法。

“十五”期间，我们在深化、细化研究的同时，决定将学校德育与家庭教育、社区教育紧密结合起来，画好“一横”，使三者自然衔接。所以，“十五”开题伊始，我在开题报告中就提出：“家长是孩子的第一任‘教师’，家庭是青少年儿童的第一所‘学校’。在社会生活和家庭生活发生很大变化的今天，在面对独生子女教育的特殊年代，如何加强和改进家庭教育？如何搞好学校教育与家庭教育的结合，如何办好家长学校？这是学校德育途径深化研究向家庭教育的延伸。”

我们研究编写《当代家长》丛书、启动家庭教育研究，就是为了使学校教育中《德育》读本和《成长册》的实验与家长学校运用《当代家长》对家长的培训融为一体，使学校教育与家庭教育价值取向一致，教育理念趋同，教育过程同步，教育途径互补，进一步拓展德育时空，提高德育实效，这对于整体构建学校德育体系的深化研究具有重要的理论意义，对于全面推进以德育为核心的素质教育具有重要的实践意义。

（二）总体思路

《当代家长》丛书的研究与编写，以党的十六大报告中关于“大力发展社会主义文化，建设社会主义精神文明”的思想和《中共中央国务院关于深化教育改革全面推进素质教育的决定》，以及教育创新的思想为指导，以整体构建德育体系的理论基础、基本原则和德育理念为基础，以提高每一个家庭和中华民族的整体素质为目标，以指导孩子学会做人、学会求知、学会健身、学会健心、学会审美、学会劳动(实践)、学会创新、学会生活等家庭教育的八大内容为纬线，以婴幼儿、小学生、初中生、高中生、中职生、大学生六个成长阶段为经线，针对不同年龄阶段学生的身心特点、知识水平和成长中遇到的问题，由低到高，由浅入深，分层递进，螺旋上升，整体构建家庭教育体系。

(三)内容特色(以小学学段为例)

1.《当代家长》各学段通用：《当代家庭教育新理念》上册；

2.《当代家长》各学段通用：《当代家庭教育新理念》下册；

3.《当代家长》小学版之一：《指导孩子学会做人》；

4.《当代家长》小学版之二：《指导孩子学会求知》；

5.《当代家长》小学版之三：《指导孩子学会健体》；

6.《当代家长》小学版之四：《指导孩子学会健心》；

7.《当代家长》小学版之五：《指导孩子学会审美》；

8.《当代家长》小学版之六，《指导孩子学会实践》；

9.《当代家长》小学版之七：《指导孩子学会创新》；

10.《当代家长》小学版之八：《指导孩子学会生活》。

为了编好这套书，我们在北京、天津、河北、辽宁、吉林、黑龙江、河南、山东、湖北、四川、广西等十几个省(自治区、直辖市)的17个实验区进行了调查。共发放问卷2000份，回收1945份，统计结果表明：家长最关心的排在前三位的是求知(85.95%)、做人

(83.67%)、健体(41.35%)，最忽视的排在前三位的是实践(40.88%)、创新(39.24%)、审美(36.80%)，最困惑的是“孩子的逆反心理”“与孩子心灵上的沟通”“面对孩子，感到束手无策”。

《当代家长》“之一”到“之八”，按小学、初中、高中、中职四个学段分别编写，幼儿学段拟根据幼儿身心特点和幼儿家教特点，做适当调整修改，如：《呵护宝贝的安全》《关注宝贝的睡眠》……中职学段以《指导孩子学会择业》取代《指导孩子学会生活》。大学阶段比较特殊，大学生的自我意识、自主性、独立性普遍增强，家庭教育相对不再重要，但家长仍然关注、牵挂、期冀孩子的学业、健康、交友、恋爱、就业、考研、出国等人生重大问题。因此，大学阶段各本书的书名和内容目前尚未最后确定，学段主编和编著者仍在调查研究。

(四)结构体例

1. 标题：每本书列出约10个家教观点为标题。标题所揭示的内容都是孩子成长亟须解决的、家长感到困惑的、社会发展需要的，标题所表达的家教观点都是符合家教新理念的。标题的形式具有可读性、艺术性、感染力。

2. 典型案例：每篇课文都有1—2条典型案例。一条是成功家教的启示录，一条是失误家教的警示录。有利于家长对比分析，掌握正确的家教理念和方法。案例以当代的、典型的、鲜活的、生动的、实际的为主，有故事情节，生动感人，具有震撼作用。

3. 交流研讨：在讲述1—2个典型案例之后，教材列出了1—3个思考题，引导家长们思考、交流、研讨。列举了几种常见的不同观点引导家长分析思辨，进一步充实典型案例，使其内容更加丰满。

4. 专家点评：根据典型案例的启示或警示，针对交流研讨中列举的正确、错误、模糊、极端的家教观点进行点评，提出科学、现代的家教理念，进行明确的正面引导。

5. 家教名言：紧扣标题内容给出1—2条家教名言。其中既有古今中外教育家的，也有成功家长的，但都具有引导、启发、警戒作用。

6. 答疑解难：对家教实践中具体的、特殊的疑难问题具体分析，一把钥匙开一把锁，使家教主题观点得到深化和应用。

7. 家庭自测：这实际上是给家长留的作业。自测题紧紧围绕本课题所表达的家教观点，留有答案空格，评分标准和方法，便于统计考核。

8. 供您参考：给家长提供了一些家教应了解的常用规则、指标、数据、信息、标志等多方面的参考资料，有利于丰富家长的知识。如：小学生日常行为规范、礼仪常规、名人家训、中国7—12岁孩子体格指标、智商测量表、心理测量表、交通安全常识、交通信号标志等等。

(五)实验启动

1.《当代家长》实验研究的界定

《当代家长》的实验研究是总课题组和实验区、实验校在“十五”期间的一项重要任务。这项研究与实验以提高家长素质和家教水平为目标，以整体构建德育体系的理论、原则和理念为理论基础，以《当代家长》丛书为教材，以家长学校和家长委员会为主要途径，以培训家长(面授或函授)为主要形式，以家校结合、亲子互动为主要方法进行实验研究。

2. 实验研究的目标

通过《当代家长》的实验研究，使学校教育与家庭教育价值取向一致，教育理念趋同，教育过程同步，教育途径互补。引导家庭教育走上科学化、系统化、规范化、现代化的轨道，从而提高家长素质和家教水平。

3. 实验研究的任务

(1)实验《当代家长》。各实验区、校，凡学生使用《德育》读本、《成长册》者，其家长也应使用《当代家长》，要将《德育》读本、《成长册》、《当代家长》三者融为一体，同步使用，发挥整体教育的作用。以期增强家校结合、家校共育效果。

(2)制订计划，加强管理。各实验校要制订家长培训计划，在使用《当代家长》丛书时，也像函大、夜大那样采用学分制，进行学科结业和学段毕业考试，使家长学校切实成为家长们提高素质和水平的学校，发挥名副其实的作用。

(3)跟踪调查，总结经验。各实验单位应对家长的家教理念、方法等进行跟踪调查，对学生的变化情况进行跟踪调查；既可通过家长会、家长问卷、家访等形式调查，又可通过学生反映、反馈情况调查。各实验校每年撰写一份实验报告，参加年会的成果评奖。

(4)设立子课题开展研究。各实验区、校可根据本地、本校实际，结合《当代家长》的内容设立子课题，就家庭教育的目标、内容、方法、管理、评价诸方面进行深化研究，撰写研究论文，参加年会的成果评奖。

四、各学段德育体系整体构建(学段分论)的研究编写工作

(一)研究编写的指导思想和基本思路

1. 研究编写的指导思想

(见本报告开头部分所述本课题指导思想)

2. 研究编写的基本思路

以《整体构建德育体系总论》等“九五”成果为基础，进行分年级德育的科学化、系统化、规范化、现代化研究，分别构建小学、初中、高中，中等职业学校、高等职业学校、普通高等学校的德育体系。为各级教育行政部门教育决策提供依据，为各级各类学校德育工作从盲目性走向科学性，从零散性走向系统性、从随意性走向规范性提供理论参照和实践模式。

各学段德育体系应包括德育目标、内容、途径、方法、管理、评价六项子体系。每一项子体系原则上要具体化到年级，小学可分为低年级、中年级、高年级三段，初中以上每学年分为一段，做到具体化、可操作化。

各学段德育体系要做到横向贯通，纵向衔接，分层递进，螺旋上升，以保证各个教育阶段和各个年级德育工作的层次性和渐进性。同时，各学段都应有德育整体意识，总揽全局，加强相邻阶段的衔接，防止倒挂、脱节和简单重复，以保证各个教育阶段和各个年级德育工作的完整性和连续性，更好地发挥德育系统的整体功能，提高德育工作的整体效果。

(二)研究编写要正确处理的五大关系

根据本课题研究的指导思想和宗旨，学段分论编写要处理好以下五大关系。

1. 分论与《引论》和《总论》的关系

分论是《引论》《总论》从理论到实践的中介和桥梁。分论是将《总论》所构建的理论形态的德育体系转化为实践形态的德育体系的文本形式，《总论》是分论的理论指导和综合概述，分论是《总论》分段分项的细化研究和具体实施。因此，分论的编写要注意以下五点：(1)在内容结构上要包括德育目标、内容、途径、方法、管理、评价六项子体系。(2)在功能上要提供具体的操作模式，对学校教育实践有明确的引导和示范作用。(3)所构建的六项子体系要具体化到年级。(4)德育体系的科学化、系统化、规范化、现代化作为贯穿全书的着力点，突出课题自身特色。(5)要与学校德育工作的实践形态相对应，立足于调动教师、学生两个主体的主动性，最大限度地保证体系实施的实效性。

2. 分论与“九五”“十五”子课题成果的关系

“九五”和“十五”开题以来，实验区、实验校出了一批子课题研究成果，其中正式出版的著作和文集就有近50部，内容涉及诸方面，一是小学、中学的德育目标、内容、途径、方法、管理、评价子体系的研究；二是关于德育活动课、主题班(团、队)会活动方案、班主任工作、学科德育、心理健康教育、校园文化建设、学校家庭社会三结合教育等专题研究。其中“九五”成果已由各学段负责人筛选、分类、加工整合后发布在中国德育网上。随着课题实验研究的深入进行，还会有新的成果被不断地纳入。这些成果，直接来源于第一线德育工作者的创造和实践经验，针对性、实用性、可操作性强，是分论编写的基本素材和实践基础。因此分论的编写要注意以下三点：(1)要系统收集和分类整理这些研究成果，把它们作为基本素材加以归纳和提炼，作为各学段德育体系构建的基础材料。(2)要注意发现这些成果中的闪光点，吸收、借鉴、运用其中有价值的东西为体系构建服务。(3)要注意发现这些成果中的优秀作者，选拔他们作为体系构建的作者，形成专家学者和一线教师相结合的作者队伍。

3. 分论与分论的关系

学段德育系统是学校德育系统的第一级子系统，分论之间的关系为“块”与“块”的关系。因此各学段分论在结构体例上应基本一致；分论与分论之间要有层次性，体现“横向贯通、纵向衔接、分层递进、螺旋上升”，避免倒挂、脱节、简单重复，尤其要解决好相邻学段的衔接问题。

4. 分论与学段德育论、普通德育论的关系

在我国目前的德育理论研究中，有影响的普通德育论或学段德育论已不少见。如鲁洁教授的《德育新论》、班华教授的《现代德育论》、戚万学教授的《现代德育论》、朱小蔓教授的《中小学德育专题》，此外还有《小学德育论》《中学德育论》《高校德育新论》等。这些专著应当成为各学段德育体系构建的重要参考书。分论的编写要认真学习和研究上述普通德育论和学段德育论的著作，以它们为理论指导，同时也要避免照抄照搬，注意突出我们的特色。我们的特色，一是“整体构建”，二是“具体化到年级”，三是“实践操作”。

5. 分论与新课程体系的关系

教育部于2001年6月印发了《基础教育课程改革纲要(试行)》。随后陆续印发了小学、初中德育学科新课程标准。新课程体系适应素质教育要求，在课程的性质、理念、目标、内容结构、教学方式、课程评价管理等方面都体现出创新性，开展对新课程体系的学习培训、掌握使用新课程和课程资源的开发研制将成为今后基础教育的一个工作重点。因此，处理好分论与新课程体系的关系是课题研究坚持与时俱进、发展创新的一个重要环节。分论与新课程体系的关系具体表现为新课程体系与德育的目标、内容、途径、方法、管理、评价各子体系的融合关系。学段分论要把新课程体系纳入德育目标、内容、途径、方法、管理、评价各子系统中进行专项和相互贯通的综合研究。本报告已对《德育》读本与新课程标准的关系做了初步研究，分论可以

此为参照进行更具体的研究。

同志们，整体构建学校德育体系是一项复杂而艰巨的系统工程。要完成课题预定的上述四项研究任务，还有许多繁重的工作需要我们去努力完成。本次会议，我们特别强调要进一步深化学习过程，要深入学习整体构建学校德育体系的基本原理和德育基础理论，学习本课题“九五”和“十五”的研究成果，同时，加强教育基础理论和教育文件政策的学习。通过深入的学习，切实提高教育者的理论素养和参与改革实验的能力。加强学习环节，是本课题深化研究与推广实验的前提和基础，也是深化研究与推广实验的一个基本特点。我们正站在一个新的起点上，我们对既定的工作目标充满信心。让我们密切地团结起来，加强联系，加强协作，在深化研究中出成果，在推广实验中创业绩，为建立21世纪科学化、系统化、规范化、现代化的有中国特色的社会主义德育体系，为发展创新中国的教育事业做出新的贡献！

2004年第七届信阳德育年会主题报告

同志们：

我代表中央教育科学研究所学校教育研究部、德育研究中心和总课题组作主题报告，请各位代表研究讨论。报告包括四个部分：

一、抓住机遇，完善具有时代性、规律性、实效性的德育体系。

二、深化研究，构建具体化、个性化、可操作的学段德育模式。

三、推广实验，建立全面的、和谐的、可持续的成果实验机制。

四、开拓创新，建设出成果、出经验、出人才的“六个一百”工程。

一、抓住机遇，完善具有时代性、规律性、实效性的德育体系

中共中央、国务院发布了《关于进一步加强和改进未成

年人思想道德建设的若干意见》《关于进一步加强和改进大学生思想政治教育的意见》，胡锦涛总书记对此发表了重要讲话。总书记从国运兴衰、民族振兴以及现代化建设全局的高度，对我国思想道德建设的重大问题做了深刻思考和精辟阐述，他指出："全党同志要以对党和国家前途命运高度负责的态度，充分认识新形势下进一步加强和改进青少年思想道德建设的重要性、紧迫性，增强做好青少年思想道德建设各项工作的自觉性、坚定性"，"大力推动思想道德建设的改进创新，重点在体现时代性、准确把握规律性、大力增强实效性三个方面下工夫"。中央文件和总书记的谈话，体现了党中央对德育工作的高度重视，是我们全面贯彻党的教育方针、坚持正确的教育方向、改进和加强德育科研与德育工作的思想武器和行动指南，是指导我们今后进行深化课题研究的重要历史文献。这标志着我国青少年思想道德建设进入了统一思想、全面实施的新的历史发展阶段，也标志着我们的研究课题迎来了千载难逢的发展契机。

抓好青少年思想教育是学校坚持社会主义办学方向、培养社会主义事业建设者和接班人的根本任务。在当前，能不能抓住机遇加快发展，是一个地区、一所学校，也是我们课题能否赢得主动、赢得优势的关键所在。我们要抓住机遇，开拓创新，在继承前面研究的"科学化、系统化、规范化、现代化的整体构建学校德育体系"成果的基础上，充分体现时代性，准确把握规律性，大力增强实效性，进一步完善"具有中国特色社会主义的、代表先进文化前进方向的、贯彻依法治国与以德治国相辅相成方略的、适应素质教育要求的学校德育体系"。

(一)与时俱进，充分体现时代性

学校德育是一个永恒的课题。不同的时代应赋予不同的内容以适应时代发展的需要。因此，学校德育具有鲜明的时代性。所谓时代性，就是指一个事物发展的历史必然性、现实选择性和动态生成性。就学校德育而言，时代性可以从三个层面来认识：其一，当代社会生活的总体特点，主要包括经济生活、政治生活和文化生活的时代特点；其二，青少年在社会生活影响下所形成的思想道德素质的时代特点；其三，针对社会生活的特点和青少年思想道德素质的特点所形成的学校德育工作的时代特点。这三个层次是相互联系、相互影响、相互作用的。社会生活的时代特点决定着青少年的思想道德素质的时代特点，制约着学校德育的时代特点。学校德育要适应社会生活的时代特点，在适应中超越，在超越中促进社会生活的发展，还要适应青少年思想道德素质的特点，同时对青少年思想道德素质的发展起着导向、动力和保证作用。加强和改进青少年的思想道德教育，必须与时俱进，充分体现时代性。

1. 充分体现与市场经济相适应的时代特点

时代性的第一个特点是市场经济的建立及其对思想道德建设的影响。当前，随着我国社会主义市场经济体制的逐步建立和完善，社会成员思想观念多元化、价值取向多样化日趋明显。市场经济就像一把双刃剑，既激发了人们主体意识的生成，同时也诱发了个人主义倾向；既增强了效益观念和求实精神，同时也诱发了拜金主义和重利轻义思想，造成一些领域道德失范、诚信缺失、假冒伪劣、欺骗欺诈活动蔓延，甚至某些地方封建迷信、邪教和黄赌毒黑等社会丑恶现象沉渣泛起，这一切都给青少年的成长带来不可忽视的负面影响。在观念多元化的社会，如果没有一个先进的主导意识来统率全局，必将造成人们思想的混乱，行为的失范，生活的无序。对于青少年来说，在他们的意识形态还没有定型，世界观、人生观、价值观尚未完全形成的时候，对他们的思想道德教育必须始终坚持把马列主义、毛泽东思想、邓小平理论和“三个代表”重要思想作为根本指针，整体建构与培育“四有”新人目标一致、与社会主义市场经济相适应、与社会主义法律规范相协调、与中华民族传统美德相承接的思想道德教育体系，正确处理好适应性和超越性的关系，处理好思想观念一元导向与多元存在的矛盾。一方面立足于市场经济自主经营、平等互利的实际，引导学生增强主体意识，树立平等互利、公平公正、诚实守信的道德观念；另一方面立足市场经济的竞争性、求利性的实际，引导学生树立开拓、进取、创新的观念和功利、信息等功效性价值观念，并基于市场经济的风险性、不确定性，培养学生适应市场经济的良好心理素质。

2. 充分体现与对外开放相适应的时代特点

时代性的第二个特征是对外开放的扩大及其对思想道德建设的影响。进一步扩大对外开放是我国的一项基本政策，由此引进的西方科学技术、信息技术和管理经验，为广大青少年了解世界、增长知识、开阔视野提供了更加有利的条件。同时，我们也应该看到，国际敌对势力与我们争夺接班人的斗争也日趋尖锐和复杂，西方的思想文化、价值观念、生活方式也以各种形式渗透进来。青少年对中国历史、民族文化、民族精神了解甚少，多数学生懂得“ABCD”，却不懂诗、词、歌、赋；知道“XYZ”，却不知道“四书”“五经”，国学基础令人忧虑。

面对这种新情况和新问题，思想道德建设必须紧跟时代和社会发展的步伐，在马克思主义指导下实现中西文化的碰撞、互补与融合。整体构建学校德育体系要进一步贯彻“贯通古今，融会中西，继承借鉴，发展创新”十六字原则。一方面，根据不同学段学生身心发展特点、规律和认知水平分阶段、分层次、有针对性地把民族精神教育纳入学校教育的全过程，弘扬和培育以爱国主义为核心的团结统一、爱好和平、勤劳勇敢、自强不息的伟大民族精神，加强中国近代史、现代史和国情教育，加强中华民族传统美德和革命传统道德教育，使“天下兴亡，匹夫有责”的爱国主义精神，“天下为公”“修齐治平”的集体主义精神，“刚健有为，自强不息”的开拓进取精神，“先天下之忧而忧，后天下之乐而乐”的无私奉献精神等等，在改革开放的今天放射出时代的光芒；另一方面，采取分析、鉴别、学习、借鉴、吸收、利用的策略，正确对待西方文化，将西方的崇尚民主、维护法律、尊重人权、公平竞争、讲求效率等观念融入我国改革开放的时代潮流中，使之成为我国社会主义思想道德建设的思想素材。

3. 充分体现与网络化社会相适应的时代特点

时代性的第三个特征是网络化迅猛发展及其对思想道德建设的影响。互联网等信息媒体的快速发展，给青少年学习和获得信息开辟了新的渠道，为他们的交往提供了方便、快捷、高效的工具。但由于网络立法的滞后性、网络技术的欠完善性，给“黄、赌、毒、邪”等腐朽落后文化和有害信息的网络传播以及不法分子不择手段引诱青少年痴迷网吧牟取暴利以可乘之机，致使少数青少年精神空虚、行为失范，有的甚至走上违法犯罪的歧途。

面对这些新兴信息传播渠道带来的挑战，思想道德建设必须跟进时代网络化趋势，迅速更新德育观念，积极抢占“网络思想道德教育阵地”，增强信息传播渠道的可控性，做好学校德育工作。第一，化被动为主动，调整德育方法，努力“建设融思想性、知识性、趣味性、服务性于一体的主题教育网站或网页”，变德育内容静态化、抽象化为动态化、形象化，增强德育工作的主动性。第二，开发新的德育资源，发挥“中国德育网”“校园网”等主阵地的效能，建立思想道德教育网络平台，形成正确的校园信息导向。第三，德育工作方式科学化、现代化，充分利用现代信息技术，延伸德育时间，拓展德育空间，使德育学科小课堂、学校中课堂、社会大课堂融合成一个有机的整体，形成网上网下思想道德教育合力。第四，开发和研制德育软件，加强对不良信息、有害信息进行有效监控和屏蔽，使网络德育具有可操作的运行载体。第五，提高网络思想道德工作队伍的信息素养，全面提高网络思想道德教育水平。

(二)不断探索，准确把握规律性

任何事物的发展都会遵循一定的规律，德育也有其自身发展的规律。准确把握德育的规律性，是增强青少年思想道德建设的科学性和实效性的关键环节。思想道德建设的规律包括青少年思想道德形成发展规律、学校德育工作规律、社会思想道德建设规律以及教育发展规律等等，这些规律都对学校德育效能产生深刻的影响，我们必须正确把握它们之间的辩证关系，使之发挥“1＋1＞2”的“合力”功能。

1. 遵循青少年思想道德形成发展规律，正确处理知情意行的关系

青少年的思想道德形成发展都有其自然规律，都要经过道德认知—道德情感—道德意志—道德行动这样一个发展过程。这四个方面既相对独立，又相互联系、相互渗透、相互促进。一般来说，学生的道德认识是思想道德形成的基础，学生道德认知的全面性、深刻性决定他们道德情感的明确性、道德意志的坚定性、道德行为的正确性。道德情感是在道德认识的基础上产生和发展起来的，同时对道德行为起着巨大的调节作用。道德意志与道德行为关系密切，并体现在道德行为之中，但是它又与道德行为有区别，是调节道德行为的精神力量。意志薄弱的学生在道德行为上缺乏毅力，一遇困难便动摇不前，在品德修养上进步慢而且易反复；而意志坚强的学生则往往能经受考

验，坚持践履道德规范，对缺点改正更快。道德行为是实现道德动机的行为意向及外部表现，是衡量品德的重要标志。道德行为受道德观念、道德情感和道德意志调节，同时道德行为对道德观念的巩固和发展，对道德情感的加深和丰富，以及对意志的锻炼又有很大的作用。

在实施德育工作的过程中，我们必须遵循青少年思想品德形成发展规律，把知、情、意、行四个方面有效整合在一起，既不可片面强调一方，忽视其他任何一方，也不能把它们简单堆积，必须有目的、有计划、多方式地向学生传授道德规范，把社会意识转化为学生的个人意识；采取“以心发现心，以心交换心”的工作方式，灵活运用“目标激励、榜样示范、情境感染”等方法，让学生在自主体验的生活情境里激发、涵养道德情感，形成正确的道德观点和人文信念，实践道德行为。

2. 遵循学校德育工作规律，正确处理整体规划与分层实施的关系

按照系统论的观点，学校德育是一个由多种要素相互联系构成的系统，具有整体性、层次性、有序性和动态性等特征。一个和谐的系统，离不开系统要素的有机整合与层次要素的有机排序。首先，要素必须服从系统的安排。世界上一切事物、现象和过程几乎都是一个有机联系的系统，既自成系统，又相互关联，部分在目标上、功能上、效果上都必须服从整体的要求，部分若失去整体控制，也就失去了自己存在的全部价值。学校德育课程的目标、内容、途径、方法、管理、评价等子要素只有构成一个统一的整体，才会在相互关联、相互作用的关系中获得最佳德育效果。其次，要素的组合与安排必须层次分明而秩序井然。学校德育的整体规划有一个从小学、中学(中职)到大学(高职)发展变化的过程，也有一个德育目标、内容、途径、方法、管理、评价等子要素分层递进、螺旋上升、和谐统一的过程。

学生身心发展特点以及德育规律要求各教育阶段的德育目标有高低之分，德育内容有深浅之别，德育途径和方法有不同选择。这就要求我们依照青少年学生不同人生阶段的不同发展需要，遵循其全面素质和谐发展的规律与特点，整体规划大中小学德育。一方面，要提供符合其身心发展水平和需要的内容；另一方面，也要考虑其品德发展的目标，保持德育要求与现有发展水平之间的张力。整体构建学校德育体系以要素系统为横坐标，以层次系统为纵坐标，进行横向贯通，纵向衔接，有序排列，有机组合，既保证了整个德育过程中要素结构的完整性和连续性，也保证了各个教育阶段德育工作的层次性和渐进性。

3. 遵循德育过程规律，正确处理师生双主体互动的辩证关系

德育过程是教师根据一定的德育目标在具体的德育情境里和学生共同参与、协同互动的过程。把握德育过程规律，主要就是把握师生双主体的辩证关系。所谓“主体”是相对于客体而言的，是指人在与周围环境相互作用过程中是社会实践者、行为主动发起者、改造者、控制者和活动承担者。学校德育过程包含教师的施教过程和学生的受教过程。教师是施教活动中的主体，学生是受教过程的主体。在施教过程中，教师以主体面目出现，学生作为教育的对象，是教育的客体；而在学生受教活动中，学生成为教育的主体，教师就成为客体。这两个主体所主导的活动各有其相对的独立性，并按照主体性产生与发展规律，主导两个活动的方向、性质、深度和广度。但这两个活动又是彼此联系、相互制约、相互依存的。

正确把握师生双主体的辩证关系，首先，必须改变学生在道德教育过程中处于接受者、被塑者的地位，培养学生的主体意识，涵养学生的主体情意，发展学生的主体能力，从而确立学生在德育中的主体

地位，真正调动起他们作为自身道德发展主体的自主性、创造性和独特性。其次，要建立充分民主的新型师生关系，在德育过程中师生平等交往、积极互动、共同发展。最后，教育者必须加强自身修养，以开放、宽容的教育胸怀和为人师表的人格魅力给学生以榜样激励。

4. 遵循社会思想道德建设规律，正确处理学校德育与家庭德育、社区德育的关系

社会思想道德建设是全党全社会的共同责任。遵循社会思想道德建设规律，就是要用全局观念做指导，有机地整合各种德育资源，发挥全社会各级部门齐抓共管、协调统一的德育功效。学校德育与家庭德育、社区德育之间始终是相互联系、相互渗透、相互作用、相互影响的。我们在实际工作中必须注意处理学校德育与家庭德育、社区德育建设的关系；充分发挥各自思想道德建设的独特功能，使学校德育与家庭德育、社区德育价值取向一致，教育理念趋同，教育过程同步，教育途径互补，形成教育合力。在学校教育与家庭教育的关系上，要加强对家庭教育的研究和指导，发挥学校德育主渠道的作用，开办家长学校，举办家庭教育讲座，提高家长素质，同时注意加强与家长的联系与沟通，使家庭教育与学校教育紧密结合起来。在学校德育与社区德育的关系上，要充分利用各地的爱国主义教育基地、博物馆、文物古迹等教育资源以及各种有益的影视、网络、社区、企业、乡村等文化资源，协调社会各方面力量，将社会公德、民族精神的培育融入社区文化建设之中，使中小学道德的培育与社区精神文明建设紧密结合起来。

(三)求真务实，大力增强实效性

德育实效性的根本基础是对时代性和规律性的把握和实践运用。实效性是德育工作体现时代性、把握规律性的目的和结果。在现实的

教育工作中，时代性、规律性、实效性是同步体现的。就德育实效性的发生特点来看，可以包括长时实效性和即时实效性。长时实效性是指在一个阶段、一个时期德育工作体现出持续、稳定的实效性。即时实效性具有情境性，如一堂课、一次参观活动、一次谈话的德育效果，这种效果是个体的现场经历和真实感受。长时实效具有全局性、整体性，即时实效表现为局部性、个体性。长时实效性以即时实效性为基础，即时实效性以长时实效性为归结。我们要在实效性问题上求真务实，必须同时注重两种实效的会通一致。

1. 尊重学生是增强德育实效性的前提

每一个学生都有渴望关爱、得到鼓励、学习新知、表达自我的成长需要。尊重学生的人格，有效地满足学生合理的需要，发挥学生自我教育的主动性，是开展德育工作的前提条件。发挥学生自我教育的主动性，就是要求广大德育工作者尊重学生的主体地位，承认学生是学习的主体、认识的主体、发展的主体。在德育活动中充分调动学生的学习积极性、主动性和创造性，让“师本”观念让位于“生本”观念，坚持“以学生为中心、以活动为中心、以体验为中心”的“新三中心”，淡化“以教师为中心、以教材为中心、以课堂为中心”的“旧三中心”，使学生最大限度地参与整个德育过程，让学生把外在的德育学习活动逐步内化为自身需要的实践活动，促进学生在德育实践过程中体验生活、感悟道德、养成良好的行为习惯。

2. 回归生活是增强德育实效性的基础

道德是调整人与人之间关系的行为规范的总和。人与人之间的关系无非是人们之间的活动关系、交往关系，即生活关系。生活世界是道德产生和道德发展的基础，也是道德内容的现实来源。因此，道德总是生活的道德，生活也是离不开道德的生活；生活需要并产生道德，道德适应并满足生活的需要。“回归生活”，其要义就在于使德育的内容、途径和方法“近、小、实、亲”。近，就是贴近生活，贴近学生，贴近实际；小，就是从小处着眼，从小处入手，从小事做起；实，就是倾注真情实感，讲述真实情形，做诚实守信的人；亲，就是亲切融洽，可亲可信，亲身践行。

3. 知行统一是增强德育工作实效性的关键

道德是知与行的统一。知是行的基础，行是知的体现。“知行统一，身体力行”是中华民族传统美德，是成就事业的基本原则。德育作为一种培养人的思想品德活动，它应在实践中进行，实践的观点是德育首要的观点。学生的思想品德不仅是教师在课堂上“教”出来的，也不仅是学生在课堂上“学”出来的，更重要的是学生在生活实践中形成的。我们在德育课程体系建设实践中，不仅要开好德育学科课程，而且还要建设德育活动课程；在德育方法上，要变教师主导的“独角戏”为双主体互动的“协奏曲”；在学习方式上，变单一的“结果—验证”式学习为“过程—探索”式学习；在德育评价上，将静态的结果定量评价和动态的过程定性评价和谐地统一起来，促使学生在德育活动中“自致其知、自导其行”，达到“自健其德”的理想效果。

4. 德育科研是增强德育工作实效性的保障

德育科研是探索和把握学校德育规律，增强学校德育工作实效性的重要一环。将学校德育工作与德育科研结合起来，是进一步加强学校思想道德建设工作的必然选择。实践证明，从分析现状入手，经由学习理论、小范围试验、总结提炼、逐步推广的过程，是一种增强学校德育实效性的工作方式；实践证明，校长重视德育科研，具有科研兴校、科研治教，以科研为先导推动教育教学工作的办学理念，学校的德育工作就能提高水平，增强实效；实践也证明，一线教师参与德育科研，就能增强科研意识，提高科研能力，成为科研型、学者型、专家型的教师，从而增强德育工作实效。

新的形势，给我们的课题带来了新的机遇，同时也提出了新的挑战。机遇与挑战同在，我们要抓住机遇，迎接挑战，开拓创新，在体现时代性，把握规律性，增强实效性上狠下功夫，进一步深化研究，推广实验，发挥德育科研的诊断、校正和辐射功能，为中国学校德育的科学化、系统化、规范化、现代化做出新的贡献。

二、深化研究，构建具体化、个性化、可操作的学段德育模式

整体构建各学段德育体系《分论》是本课题深化研究的重点，也是本届年会学术研讨的重点。我在2003年年会的主题报告中已对各学段分论研究编写工作提出了实施意见，一年来的深化研究证明，这些意见是符合教育发展实际的。下一步主要任务是在中共中央、国务院两个《意见》的指导下抓好落实，并在落实的过程中开拓思路，把握实际，与时俱进，深化研究，高质量地完成《分论》的编写任务。

(一)准确把握三个要点，构建具有课题研究特色的德育模式

“整体构建”是我们这个课题一以贯之的突出特色。怎样把握这一主体特色？根据《引论》《总论》的研究结论，主要包括三个方面，这三个方面的研究特色，各学段《分论》要一以贯之。

1. 整体构建德育体系研究的目标指向非常明确

这个目标是通过课题研究构建科学化、系统化、规范化、现代化的社会主义学校德育体系。科学化、系统化、规范化的核心是引导教育者探索、掌握和运用德育规律。现代化即德育工作的时代性，主要

指德育的思想理念和内容方法是“三个面向”的、代表先进文化前进方向的、适应素质教育要求的。掌握规律和体现时代性的目的与结果是增强德育的实效性。时代性、规律性、实效性要求是与“整体构建”同步展现的课题研究特色。

2. 整体构建德育体系的思维路向非常明确

这个思路是：运用系统科学的整体性、层次性、有序性、动态性和相互联系的理论设计德育体系，优化德育的要素和结构，追求整体效应。通过德育目标、内容、途径、方法、管理、评价各要素的横向贯通和小学、初中、高中(含中职)、大学(含高职)各学段纵向衔接，增强教育合力和教育过程的系统性，促进学生品德及整体素质和谐发展，促进学校德育工作整体地、和谐地发展。

3. 整体构建德育体系的基本原则非常明确

这个原则是：贯通古今，融会中西，继承借鉴，发展创新。整体构建德育体系是对德育理论和实践的一种创新性研究，同时也是一种德育文化建设的创新研究。构建代表先进文化前进方向的德育体系，要继承中华民族优秀传统文化，传承民族精神，同时也要吸收借鉴国外优秀文明成果，建构时代精神。在文化的融会和整合中发展创新中国特色德育文化。民族精神是文化建设的精神支撑，要把弘扬和培育民族精神贯穿到整体构建德育体系的各项研究之中。

(二)正确处理五种关系，构建从宏观研究到微观指导的德育模式

1. 正确处理五种关系

五种关系是：(1)《分论》与《引论》《总论》的关系，强调《分论》是将《引论》《总论》所建构的理论形态的德育体系转化为实践形态的具体化的德育体系；(2)《分论》与“九五”“十五”研究成果的关系，强调要系统整理课题已有成果，作为各学段德育体系构建的基础材料，选拔这些成果中的优秀作者参加《分论》的研究编写工作；(3)《分论》与《分论》的关系，强调各学段《分论》之间纵向衔接、分层递进的关系；(4)《分论》与普通德育论、学段德育论的关系，强调《分论》编写要以德育基础理论为指导，同时要避免照搬理论，注意突出课题自身特色；(5)《分论》与新课程体系的关系，强调《分论》与新课程体系是相互融合、相互促进的关系(具体内容见2003年年会主题报告)。这五种关系的和谐建构，反映着课题研究的与时俱进和深化发展。处理好这五种关系，首先给我们提出了深入学习的任务。要深入学习一年来中央下发的一系列有关德育工作的文件，深入学习研究《总论》及“九五”“十五”课题研究成果，深入学习研究中外德育基础理论，深入学习研究新课程体系。要把学习作为分论研究的前提和必备基础。

2. 德育模式的宏观研究

在构建具有课题自身特色的德育模式的研究过程中，《总论》已经进行了一次集中探索。根据教育模式构建原理，《整体构建德育体系总论》涵盖了小学、初中、高中、中职、高职、大学六个学段的纵向衔接和德育目标、内容、途径、方法、管理、评价六项要素的横向贯通，可以看作一种以“整体构建”为主要特征的宏观德育模式。科学意义上的教育模式，具有理论建构和实践概括的双重属性。从理论建构的属性来看，《总论》综合运用了马克思主义哲学、系统科学、伦理学、社会学、文化学、教育学、心理学、美学、法学等基础理论和德育思想史、品德发展心理学、德育原理等学科理论，在这些理论基础上结合德育改革实践进行应用性研究，建构成整体构建德育体系的理论体系。从实践概括的属性看，《总论》建立在对古今中外德育实践经验特别是改革开放以来我国大、中、小学校德育工作正反两方面实践经验的考察总结基础之上，建立在七年来各实验区、校课题研究和工作实践成果的基础上，从中研究德育基本规律，选择提炼出体现德育规律的具有典型性的实践方式，经归纳概括建构成切近德育改革实际的、整体化的学校德育体系。《总论》的研究与编写，具有开创性、原创性的意义和价值，为“十五”期间的深化研究和推广实验奠定了重要基础，对各学段德育体系《分论》的研究与编写具有重要的指导意义。

3. 德育模式的微观研究

根据素质教育和德育工作的实践需要，我们要通过《分论》的编写进行微观德育模式的具体研究与实践。微观德育模式的研究要以《总论》为指导，把德育目标、内容、途径、方法、管理、评价进一步贯彻落实到小学、初中、高中、中职、高职、大学各个学段的各个年级，构建各学段各年级的德育模式，与学校一线教育教学实际相对应，以实现科研成果对教育实践的直接指导价值。

(三)明确三个编写要求，构建具体化、个性化、可操作的学段德育模式

各学段《分论》编写的要求十分明确，就是建立具体化、个性化、可操作的学段德育模式。

1. 具体化是《分论》在呈现方式上的要求

主要体现在三个方面：第一，各学段德育体系应包括德育目标、内容、途径、方法、管理、评价六项子体系，每一项子体系原则上要具体化到年级，小学可分为低年级、中年级、高年级三段，初中以上每学年分为一段。每段要按层次列出目标内容和评价指标的细目，各学段在把握时代性、规律性和实效性基础上制定出德育管理实施细则，为学校构建德育体系提供基本参考模式。第二，具体化即生活化，分论编写也要体现“近、小、实、亲”的原则，各章节都应有来自教学一线的工作实例，以具体形象的语言说明整体构建德育体系的生活形态，运用鲜活可感的教育实例阐释课题实验研究提出的新理念。第三，分论要把“整体构建”的理论内容贯穿始终，这种理论阐述应是具体的、平实的、易于广大教育者理解和运用的。

2. 个性化是《分论》在学段特点上的要求

个性与共性的关系普遍存在于生活之中。相对于《总论》来说，《分论》具有一定的个性；相对于各学校的德育工作来说，《分论》具有一定的共性，每个学校的德育工作具有自己的个性。各学段《分论》在确定德育目标、选择德育内容、运用德育途径、设计德育方法等方面都要从具体的教育实际出发，以学段或年级序列目标内容为参考构建方案，形成体系，充分体现德育工作的针对性、主动性和科学性，增强德育的实效性。《分论》要处理好个性与共性的关系，构建具有个性特色的德育模式，同时，又要引导教育者从不同的德育模式中把握其中的共性因素，认识和掌握规律。

《分论》的个性特点主要体现在三个方面：第一，每个学段分论要体现本学段学生年龄、心理和品德教育的特点。要全面深入地研究本学段学生身体、心理和品德在成长发展中的特点、成因和规律，为学校和教师开展德育工作提供科学依据和实践依据。第二，每个学段分论要体现本学段学校德育工作的特点。大、中、小学的德育工作都有各自的特点，各学段分论在德育目标、内容、途径、方法、管理、评价的研究中都要充分体现本学段德育工作的特点。第三，各学段要解决好与相邻学段的和谐衔接，避免倒挂、脱节、简单重复和脱离实际，把分层递进、螺旋上升的研究理念具体落实到年级、学段的体系构建之中。

3. 可操作是《分论》在实施上的要求

具体化、个性化是德育模式可操作的重要基础，可操作是教育科研成果能否转化为教育生产力的关键环节。可操作是在“是什么”的基础上重点解决“怎么样”的问题。分论各章节都要在“怎么样”上下功夫。第一，在学校德育体系整体构建的层面上，从基本原则到实施方法都要具有可操作性；第二，每个子体系的实施要有可操作性，如怎样制定德育目标，怎样选择德育内容，怎样运用德育途径，怎样设计德育方法等都要便于实际操作；第三，对教师的德育过程、德育方法、德育科研要给予具体的实例引导，利于教师参考借鉴，使分论成为学校制定校本德育体系实施细则和教师开展德育工作更直接的理论指导和实践参考模式。

将具体化、个性化和可操作性分项表述是为了更清楚地认识《分论》应具备的这几个最基本的特点，在现实的教育生活和德育过程中，这三个特点是融为一体、相互体现、不可分割的。同时，这三个特点在“整体构建”的研究实践过程中，以更切近学段和年级教育现实的形式同步体现着德育工作的时代性、规律性和实效性，也同步体现着德育体系的科学化、系统化、规范化、现代化。《分论》应在引导教育者认识德育规律、掌握教育规律、推进素质教育和社会精神文明建设方面做出特有的贡献。

(四)分论研究及编写工作进度

1.2004年11月—12月，实验区、校申报参编内容，确定参编单位及人员。

2.2005年1月—4月，召开编委会议，主编组织分论编写。2005年5月，各学段主编统稿，交总课题组。

3.2005年6月—7月，总课题组统稿、定稿、交出版社。

4.2005年8月，出版。

5.2005年10月，第八届年会介绍分论研究成果，进入推广实验。

6.2005年10月—12月，实验区、校负责人及骨干教师培训。

7.2005年12月—2006年7月，实验区、校进行实验，并在《总论》和《分论》的指导下制定校本德育大纲及实施细则，作为实验学校结题验收的重要标准。

8.2006年7月—8月，实验区、校撰写实验报告。

9.2006年10月，结题，报全国规划办评审、鉴定、验收。

三、推广实验，建立全面的、和谐的、可持续的成果实验机制

(一)课题研究取得的成果及课题实验取得的成效

本课题研究的一项重要任务就是做好研究成果的推广实验。自“九五”规划以来，本课题组在科研专家、行政领导、一线教师的共同努力下，先后研制开发出了供德育活动课使用的《德育》读本，供学生综合素质评价使用的《成长册》，供家长学校使用的《当代家长》，供幼儿园使用的《好孩子 好习惯》系列成果。

1.《德育》读本的推广实验成绩与效果

《德育》读本自1998年开始实验，至今已经走过了6年的历程。6年间我们不断总结经验，与时俱进，进行了三次修订，完善出版了幼儿、小学、初中、高中、中职、中师、高职、大学8个学段的系列《德育》读本(幼儿、高职、大学另有别的书名)。同时，广大实验教师撰写了一大批优秀的实验报告、教案教参、活动方案，录制了一大批优秀的活动课录像或光盘。总课题组成员与实验区、校的领导和广大实验老师为此付出了艰苦的劳动，取得了可喜的成果，积累了丰富的经验。通过几年的实验，我们提出的德育活动课基本理念已经在实验

区和实验校深入人心，操作方法已经被广大实验教师所掌握。广大实验教师的德育理论水平、德育科研水平明显提高，实验学校德育工作的实效性明显提高，德育工作走上了科学化、系统化、规范化的轨道。同时，为课程改革和新课程标准的制定提供了理论基础和实践模式。

2.《成长册》的推广实验成绩与效果

《成长册》自1999年10月实验以来，受到了实验教师、学生和家长的普遍欢迎，取得了明显效果。实验教师掌握了《成长册》的实验研究方法，提高了工作水平；实验学生基本学会了“六自”，增强了全面发展的意识和能力；实验学校对全面推进素质教育做出了贡献。由《成长册》的研究与实验所形成的“成长记录评价法”已经被教育部有关文件所吸纳和肯定，被许多中小学采纳和运用。《成长册》的教育理念、编写原则及内容体系对许多省市的教育科研及行政部门产生了重要影响，在理论依据和实践模式上为教育决策做出了贡献。今年上半年，总课题组对《成长册》进行了全面修订，使其更加新颖、富有时代气息，更适合学校的实际，有利于学生成长。

3.《当代家长》的推广实验成绩与效果

2002年，基于画好大、中、小学德育体系纵向衔接“一竖”的基础，为画出学校德育与家庭教育相结合的“一横”，总课题组针对当前家庭教育存在的主要问题，研制编写了《当代家长》系列教材。这套教材以提高每一个家庭和中华民族的整体素质为目标，以指导孩子学会做人、学会求知、学会健体、学会健心、学会审美、学会实践(劳动)、学会创新、学会生活等家庭教育的八大内容为横坐标，以婴幼儿至大学生六个成长阶段为纵坐标，针对不同年龄阶段学生的身心特点、知识水平和成长中遇到的问题，在整体构建学校德育体系思想、理论的指导下，整体构建出了家庭教育体系。通过两年的实验与应用，实验学校的家庭教育水平有了明显提高，家庭教育资源得到了有效整合，学校教育与家庭教育价值取向趋于一致，教育理念趋于统一，教育过程趋于同步，教育途径得到互补，正在引导家庭教育走上科学化、系统化、规范化、现代化的轨道。

4.《好孩子 好习惯》的启动实验与初步成效

《好孩子 好习惯》是总课题组经过几年的深入研究，研制开发的又一新的成果。它以情感教育和培养良好的行为习惯为主线，以幼儿的生活习惯、健体习惯、交往习惯、学习习惯、安全习惯为横坐标，以托班、小班、中班、大班为纵坐标，根据不同年龄幼儿身心发展规律，以本课题的理念为指导，吸纳了国内外最新的幼儿道德教育成果，提出了系统的幼儿良好行为习惯培养和教育的方法、步骤、措施，为幼儿园老师设计“好孩子 好习惯”主题教育活动方案，指导实验幼儿园的老师撰写观察日记、教育随笔和实验报告等，为幼儿园老师及幼儿家长培养幼儿良好行为习惯提供了系列教材。这套教材既有适合幼儿学习的“宝宝的歌”“宝宝能做到”“宝宝自己说”等栏目，又有适合老师和家长学习的“专家提示”“活动建议”等栏目，是一套可供师生共读、亲子共读的综合教材，是引导和促进幼儿全面发展、健康成长的指导性读物。一些幼儿园已经先期加入了这项实验并初见成效，为这套教材的推广实验打下了坚实的基础。

(二)继续进行推广实验的政策依据

1.《德育》读本推广实验的依据

中央〔2004〕8 号文件指出：“未成年人思想道德建设要坚持贴近实际、贴近生活、贴近未成年人的原则。既要遵循思想道德建设的普遍规律，又要适应未成年人身心成长的特点和接受能力，从他们的思想实际和生活实际出发，深入浅出，寓教于乐，循序渐进。多用鲜活通俗的语言，多用生动典型的事例，多用喜闻乐见的形式，多用疏导的方法、参与的方法、讨论的方法，进一步增强工作的针对性和实效性，增强吸引力和感染力；坚持知与行相统一的原则。既要重视课堂教育，更要注重实践教育、体验教育、养成教育，注重自觉实践、自主参与，引导未成年人在学习道德知识的同时，自觉遵循道德规范。”这些原则和我们课题关于《德育》读本、德育活动课的实验原则是完全一致的；关于中小学思想品德课、思想政治课教学方法的改革也与我们课题关于《德育》读本、德育活动课的理念是一致的。《德育》读本理念、体例、内容等已经被中央文件肯定，被中小学的思想品德的新教材所吸纳。因此，做好《德育》读本的推广实验既是课题研究的需要，也是贯彻中央 8 号文件、中央 16 号文件的具体体现。

中央〔2004〕8 号文件还指出：“努力构建适应 21 世纪发展需要的中小学德育课程体系，积极改进中小学思想品德、思想政治课教学方法和形式，采用未成年人喜闻乐见、生动活泼的方式进行教学，把传授知识同陶冶情操、养成良好的行为习惯结合起来。”德育课程体系包括国家课程、地方课程和校本课程；包括学科课程和活动课程。《德育》读本的研究与实验，是德育课程体系建设的重要组成部分。今后，《德育》读本推广实验的重要任务是：贯彻落实中央〔2004〕8 号文件精神，坚持整体构建德育体系的基本理论，完善《德育》读本的编写理念，与实验区、实验校所属的教育行政部门合作，联合编写德育活动课的地方教材或校本教材。

2.《成长册》推广实验的依据

中央〔2004〕8 号文件指出：要“建立科学的学生思想道德行为综合考评制度。”《教育部关于积极推进中小学评价与考试制度改革的通知》指出："教师要在教育教学的全过程中采用多样的、开放式的评价方法(如行为观察、情景测验、学生成长记录等)了解每个学生的优点、潜能、不足以及发展的需要，建立每个学生的成长记录。成长记录应收集能够反映学生学习过程和结果的资料，包括学生的自我评价、最佳作品(成绩记录及各种作品)、社会实践和社会公益活动记录、体育与文艺活动记录，教师、同学的观察和评价，来自家长的信息，考试和测验的信息等。学生是成长记录的主要记录者，成长记录要始终体现诚信的原则，要有教师、同学、家长开放性的参与，使记录的情况典型、客观、真实。"

可以看出，《成长册》的评价理念、评价内容、评价方法，与中央和教育部的文件要求是一致的。《成长册》的实验为中小学在基础教育课程改革背景下落实对学生综合素质评价的理念和政策提供了可操作的模式。继续进行《成长册》的推广实验是贯彻落实中央〔2004〕8号文件和教育部通知精神的重要措施。今后，《成长册》推广实验的重要任务是：贯彻落实中央〔2004〕8号文件的精神，加大实验指导的力度，扩大实验推广的范围，加大实验研究的深度，与实验区、实验校所属的上级主管教育行政部门合作，以《成长册》的编写理念为依据，联合编写学生思想道德行为综合考评手册。

3.《当代家长》推广实验的依据

中央〔2004〕8号文件指出："家庭教育在未成年人思想道德建设中具有特殊重要的作用。要把家庭教育与社会教育、学校教育紧密结合起来。各级妇联组织、教育行政部门和中小学校要切实担负起指导和推进家庭教育的责任。要与社区密切合作，办好家长学校、家庭教育指导中心，并积极运用新闻媒体和互联网，面向社会广泛开展家庭教育宣传，普及家庭教育知识，推广家庭教育的成功经验，帮助和引导家长树立正确的家庭教育观念，掌握科学的家庭教育方法，提高科学教育子女的能力。充分发挥各类家庭教育学术团体的作用，针对家庭教育中存在的突出问题，积极开展科学研究，为指导家庭教育工作提供理论支持和决策依据。”国务院颁布的《九十年代中国儿童发展规划纲要》提出：“在城市以社区为依托，举办婴幼儿、小学生、中学生的家长学校，向不同年龄阶段儿童的家长提供较全面的家庭教育知识和方法；在农村，通过广播父母学校与县、乡、村的家长学校、家庭教育辅导站、辅导员相结合的方式，推广正确的保育、教育方法。”“有关学术机构和学术团体要开展家庭教育的理论研究，为改善儿童成长的家庭、社会环境提供理论支持。”

《当代家长》系列研究成果的编写理念与实验宗旨与中央文件精神是一致的。全面推广《当代家长》的实验与培训，是贯彻落实中央文件的重要举措。今后，《当代家长》推广实验的任务是：以中央〔2004〕8号文件为指导，积极支持与配合全国妇联的工作，各实验学校要积极开办家长学校，做好《当代家长》的实验。实验区要建立《当代家长》函授站和培训点，认真组织家长培训工作，举办读书活动和知识竞赛活动。

4.《好孩子 好习惯》的实验依据

《教育部幼儿园工作规程》指出：“幼儿园应当保障幼儿的身体健康，培养幼儿的良好生活、卫生习惯；促进幼儿的智力发展；培养幼儿热爱祖国的情感以及良好的品德行为。”《好孩子 好习惯》系列教材的实验是整体构建学校德育体系研究与实验的重要组成部分，是本课题在“十五”期间深化研究的一个创新点和增长点，也是落实《幼儿园工作规程》的重要举措。这项实验的开展将为新时期幼儿良好行为习惯和品德行为的培养、为幼儿热爱祖国的情感培养、为幼儿园深入贯彻中央〔2004〕8号文件精神提供重要的理论依据和实践模式。各实验区要把培养和发展实验幼儿园，推广《好孩子 好习惯》的实验，加强幼儿学段德育研究作为今后的一项重要工作任务和重要评价指标抓紧抓好，抓出成效。

总之，我们要在中央〔2004〕8号文件指导下，进一步扩大实验的范围，加大实验指导的力度。在推广实验的同时，积极主动地与地方教育行政部门合作，联合编写地方教材或校本教材，使《德育》读本、《成长册》、《当代家长》、《好孩子 好习惯》的推广实验全面地、和谐地、可持续地发展。

(三)进一步加强对实验的管理和指导

通过总课题组专家到实验学校的检查指导和每年的科研成果申报可以看出，各学校的实验工作发展很不平衡，北京、天津、重庆、南京、哈尔滨等一些大中城市和高中、中职学校的实验工作开展得比较扎实，这些学校的实验教师的研究成果水平普遍较高。而一些农村学校和一些刚加入的学校，对本课题的理念、研究的方法还没有很好地把握，研究的水平相对较低，德育科研对学校工作的促进也不够突出，这些问题严重阻碍着课题实验的健康发展。针对这些问题，总课题组准备采取如下措施：

1. 加强对实验工作的管理

为促进本课题研究的健康发展，总课题组制定了一系列课题管理的文件，主要有：《实验区、实验校子课题研究实验管理细则》《实验区指导组工作制度》《总课题组“十五”期间研究实验工作规划》《总课题组“十五”期间各届年会规划》《关于子课题结题验收的若干规定及结题评审》等。这些文件全部收集在总课题组编辑的《课题实施指南》之中，既有课题研究的目标任务，也有课题研究管理规章制度，是课题研究得以顺利开展的组织保证和制度保证。各实验区、实验校要按照总课题组课题管理的有关规定，切实做好对实验工作的管理。此外，各实验区也要制定一套本实验区的课题管理制度，如年会制度、评审制度、研讨制度、下校指导制度、聘请当地德育专家的制度等等。要定期召开现场会、学术研讨会等，为每个实验学校、实验教师提供展示科研成果的平台，促进实验工作的开展，保证课题研究与实验达到预期的目标。

2. 加强对实验工作的指导

为了加大实验指导的力度和效度，总课题组决定聘请部分大专院校和科研院所的德育专家、学者组成实验指导组，同时发挥伴随本课题成长起来的百所德育科研名校、百名德育科研专家、百名德育科研名师的指导和示范作用，满足各实验区、实验校对实验指导的需要。各实验区要加强对各实验校的指导，要组织指导组的有关成员，聘请本地的德育专家，定期到学校听取实验工作的汇报，开展专题讲座，帮助学校解决实验工作中存在的问题，提高广大教师的理论水平和研究水平。

3. 促进课题研究全面、和谐、可持续发展

总课题组将建立实验学校黄牌警告制度。凡是不按照总课题组的要求认真开展有关实验的，不申报研究成果的，总课题组将对其提出警告，连续两次被警告的，将报中央教育科学研究所科研管理处取消其实验学校的资格。与此同时，总课题组已经启动了课题研究的“六个一百”工程建设，鼓励各实验区、实验校出经验、出人才、出成果，促进课题研究全面、和谐、可持续发展。

四、开拓创新，建设出成果、出经验、出人才的“六个一百”工程

本课题研究的根本目的是出成果、出经验、出人才，从而推动各级各类学校的德育工作沿着科学化、系统化、规范化、现代化的轨道前进，努力培育有理想、有道德、有文化、有纪律的，德、智、体、美全面发展的中国特色社会主义事业建设者和接班人。今年，是本课题进入攻坚阶段的关键一年。为了达到上述目的，总课题组决定建设“六个一百”工程，即“百项德育科研优秀成果、百所德育科研名校、百名德育科研专家、百名德育科研名师、百名德育科研优秀学生、百名德育科研优秀家长”。

（一）建设“六个一百”工程的重要意义

1. 认真贯彻中央两个《意见》的重要举措

两个《意见》明确指出：“要加强对未成年人成长规律的科学研究，为做好未成年人思想道德建设工作提供科学依据。”要“建立专项评优奖励制度，定期评比表彰思想道德教育工作先进集体和个人，树立、宣传、推广一批先进典型”。教育部在学习贯彻两个《意见》的实施意见中还明确提出要“大力表彰优秀班主任和德育先进工作者”。这对于我们课题的发展来说，是难得的机遇和强大的动力。我们建设“六个一百”工程就是抓住机遇，乘势而上，认真落实中央两个《意见》精神的具体行动。我们要站在对党的事业、国家前途和民族命运极端负责的高度，进一步增强德育科研的责任感和使命感，弘扬求真务实、开拓创新的科研精神，让才华创造业绩，让业绩推进发展，不断推进整体构建学校德育体系的建设。为贯彻落实中央两个《意见》做出积极的贡献。

2. 全面推进课题研究上水平的重要决策

科研上水平，人才是关键。谁拥有人才，谁就能赢得胜利；谁能够培养人才，谁就能赢得未来。总课题组早在“九五”伊始就制定了课题研究“出成果、出经验、出人才”的任务和目标。科研成果是检验课题成功与否的标志，实践经验是科研成果转化为现实教育生产力的标准，优秀人才是课题研究出成果、出经验的关键。基于这样的科研理念，我们始终坚持以人为本、“人才资源是第一资源”的指导思想，走科研工作者与行政领导和一线教师相结合的道路，努力创造一个民主、宽松的德育科研环境，着力发现、培养、爱护和扶持各种科研人才。在过去表彰大批先进实验区、先进实验校、先进工作者的基础上，从现在开始，全力打造“六个一百”工程，其主要目的就在于培养一批德育专家、德育名校、德育名师、德育名生、德育名家长，期待他们成为开辟德育理论前沿的先锋，成为攀登德育实践高峰的勇士，成为发挥课题辐射功能的将帅，使德育科研事业兴旺发达，继往开来，使我们的课题走上全面的、和谐的、可持续的发展道路。

3. 切实促进德育科研兴旺发达的重要保证

本课题坚持走出一条科研工作者与教育行政领导、一线教师相结合的科研道路。实践证明这是一条正确的、宽广的、光明的、兴旺发达的德育科研之路。在课题不断深化研究和推广实验过程中，前所未有的群众性德育研究和实验活动在全国各地实验区、实验校中蓬勃开展，涌现出一大批德育科研的先进学校，培养、锻炼和造就了一大批优秀德育科研专家、名师、名学生和名家长，使实验区、实验校出了成果、出了经验、出了人才。同时，实验区、实验校的研究成果又为总课题组提供了可靠的实践依据，奠定了坚实的研究基础。一切真知来源于第一线的伟大实践。广大研究人员和实验教师是整体构建德育体系真正的探索者和实践者，是这一宏伟工程的中坚力量。他们理应受到褒奖，得到荣誉，受到尊重。推介、宣传我们的德育科研名校、专家、名师、名学生和名家长，必将有力促进德育科研事业的兴旺发达和德育实效的不断增强。

建设“六个一百”工程旨在把精品的优秀成果向全国推广，以便相互学习和借鉴；把在课题研究中涌现出的德育科研名校的资源和理念在全国共享并起到应有的先导作用；把伴随着课题研究成长起来的德育科研名师和专家的开拓创新的科研精神和求真务实的科研作风发扬光大；把受到课题研究的德育理念熏陶和滋养成长起来的优秀中小学生树立为全国的青少年学生可亲、可信的学习榜样；把关心、支持、参与到课题研究实验中来的优秀家长的经验向全国推广，帮助和引导千万家庭树立科学的家庭教育新理念；从而更好地保证我们课题既定目标的实现，促进德育科研的兴旺发达。

同志们，建设“六个一百”工程是一项复杂而艰巨的系统工程。它需要科学的、实事求是的精神，需要认真严肃、不求虚荣的态度，需要严格、过硬的有说服力的评审条件，需要科学、规范、严谨的评审程序。为了保证“六个一百”工程的权威性、可信性，保证其立得住、叫得响，并且能够经得起实践的检验和时间的考验，真正发挥导向功能和示范作用，总课题组成立了评委会，制定了评审条件和评审程序，并且严格按照这些条件和程序认真、严肃、慎重地进行评审，今年评审出50%，明年再评审出50%的名额作为提名奖，会后还要一一指导、帮助他们总结、提高、完善，到2006年结题时正式命名、颁奖、出书。我相信，各实验区和实验校的领导和老师在对建设“六个一百”工程给予热情欢迎、高度重视、大力支持的同时，也能够给予充分的理解和积极的配合，让我们团结协作，共同努力，实现预期目的。

(二)建设“六个一百”工程的评选条件

1. 百项德育科研优秀成果的评选条件

(1)在往届和本届年会一等奖的基础上产生“百项德育科研优秀成果”。

(2)申报成果必须是总课题组批准立项的子课题成果，包括以下类别：紧紧围绕德育的目标内容、途径方法、管理评价三大体系构建的成果；《德育》读本实验研究成果；《成长册》实验研究成果；《当代家长》实验研究成果；《好孩子 好习惯》实验研究成果；按照总课题组要求进行研究开发的音像软件资源成果；德育活动方案设计研究成果；在总课题组管理指导下的两项教育部重点课题“德育跟进网络”和“休闲德育”课题研究成果。

(3)申报成果应体现正确的政治思想观点和科学的学术理念。

(4)申报成果应对我国或本地区、本学校现实的德育体系构建问题提出切实、合理的新思路、新对策，论证在观点、角度或引用材料方面有一定新意，研究方法科学，力戒低水平重复研究。

(5)应用性成果应对本地区本学校和实验班级的德育决策提出具有一定价值的意见和改革方案；经验性成果应有进一步从理论上深入研究的价值，有较强的可操作性，对于推动本地区本学校的德育工作、大面积提高德育实效方面做出较充分的说明。

2. 百所德育科研名校评选条件

(1)充分认识本课题实验研究在本实验区、实验校德育改革与发展中的先导作用和推广应用价值。

(2)遵守总课题组制定的《实验区指导组工作制度》，按照总课题组要求申报子课题并进行研究实验，认真做好所承担子课题的组织实施与管理，组织制定研究方案并进行经常性的指导、检查、评估，保证课题研究始终在科学、规范、有效的轨道上开展。

(3)坚持理论联系实际、求真务实、开拓创新的科研作风，对总课题组提出的德育理念有深刻的理解，并紧密联系本实验区、实验校教育改革与发展实际展开课题研究。

(4)对本实验校教师的课题研究有到位的培训、指导，并积极创造条件促进实验教师取得有推广、交流价值的研究成果，在历届年会上有获得一、二等奖的优秀成果，有学校集体的课题研究专集，有校长或教师的专著等研究成果。

(5)重视德育科研信息交流和先进经验的推广，积极通过《中国德育》杂志和中国德育网等多种有效媒体加强和总课题组、全国各实验区、校的联系沟通。及时了解和掌握德育改革和发展的新动向，始终站在德育科研的前沿。

3. 百名德育科研专家评选条件

(1)积极承担本实验区指导组组长、副组长或学术秘书等工作，充分认识本课题深化研究的重要意义和推广价值，并努力工作。

(2)深刻理解总课题组提出的德育理念，充分运用总课题组的研究成果，认真指导所属实验校实验教师的课题研究，成为实验教师实验研究的良师益友。

(3)重视德育理论学习，有求真务实、开拓创新的科研作风，认真调查研究，能够围绕本地区本学校德育的热点、难点问题给予到位的研究指导，为群众性德育科研做出积极的引领和贡献。

(4)所指导的实验校或实验教师取得较高水平、有明显实效的德育理论成果，并在《中国德育》杂志发表、在中国德育网交流、在年会上申报优秀成果。

(5)在《德育》读本、《成长册》、《当代家长》、《好孩子 好习惯》等系列研究成果中曾担任分册主编，或本人出版过与本课题有关的专著，或主编过本地区的论文集，或主编过总课题组管理指导下的“休闲德育”和“网络德育”两项教育部重点课题的研究成果。

4. 百名德育科研名师评选条件

(1)重视德育理论学习，有求真务实、开拓创新的科研作风。

(2)深刻理解总课题组提出的德育理念，充分运用总课题组的研究成果进行实验研究并取得突出成绩。

(3)能够围绕本地区德育的热点、难点问题认真调查研究，创造性地开展学校德育工作，进行德育活动课的教学尝试，取得明显德育实效。

(4)在历届年会上曾有过两次以上获得一、二等奖的成果或有专著出版，所取得的研究成果在《中国德育》杂志发表、在中国德育网交流。

(5)在参加本课题研究实验过程中曾获得本学校、本区县、本市乃至全国“优秀教师”、“优秀教育工作者”等荣誉称号。

5. 百名德育科研优秀学生评审条件

(1)在本课题实验研究成果《德育》读本、《成长册》的实验研究中或在总课题组管理指导下的两项教育部重点课题实验研究中有明显的进步。

(2)在日常的行为表现中被公认为品学兼优，在学生中有良好的表率作用。

(3)在参加本课题实验过程中被评为三好学生、优秀学生干部，或获得其他奖励、荣誉。

6. 百名德育科研优秀家长评选条件

(1)积极参加学校组织的家长学校活动，积极配合学校教育，树立家校共育、亲子互动的教育理念。

(2)积极运用本课题实验研究成果《当代家长》、《德育》读本、《成长册》、《好孩子 好习惯》或在总课题组管理指导下的两项教育部重点课题研究成果等更新教子观念，改进教子方法，围绕家庭中的教子难点问题创造性地设计行动方案并进行积极的尝试。

(3)孩子有明显的成长进步。

(三)建设“六个一百”工程的评审规则

1. 制定评审方案

评审方案的制定必须严格按照课题性、科学性、创新性、实效性和规范性的标准，为此，总课题组在制订“六个一百”评选条件的基础上专门研究成立了优秀成果评审委员会和“三先”及“六个一百”评审委员会，对主任委员、副主任委员、委员和工作人员进行明确分工。既制定了严格而又科学的评审原则，又确立了严密而又规范的评审工作程序，还研究制定了“六个一百”推荐材料的审核参数，确定了评审“先进示范实验区(校)”“德育科研管理专家”和“德育科研先进实验教师”意见。这对建设“六个一百”工程无疑起到了组织保证作用，使评审工作得以有条不紊、健康规范地开展。

2. 成立评审委员会(略)

3. 确定评审原则

不论成果和各类先进评选，还是初审、复审及终审均坚持三条评审原则。

(1)正确的政治导向原则。必须以马列主义、毛泽东思想、邓小平理论、“三个代表”重要思想和十六大精神为指导。

(2)实事求是原则。必须坚持解放思想、实事求是、与时俱进的思想路线，坚持理论联系实际的原则。

(3)客观公正原则。必须认真负责，公正无私，严禁学术腐败。

4. 制定审核参数

“六个一百”推荐材料审核参数具体有十个方面。

(1)2003 年、2004 年研究成果获奖情况；(2)2003 年被评为本课题先进校(工作者)；(3)曾接待过年会观摩和实验区之间的交流；(4)承担总课题组《德育》读本、《成长册》、《当代家长》、《好孩子 好习惯》、《乘“e”高翔》的研究编写任务；(5)实验的学生数 100 人以上；(6)实验课题研究成果 100 本以上，是《中国德育》、中国德育网用户；(7)在历届年会上介绍过经验；(8)在报纸杂志刊登过德育方面的文章，出版过德育专著，在理论和实践方面有创造性成果；(9)所在实验区、校同意推荐；(10)网上投票得票情况。

5. 规定评审程序

(1)申报。先进实验区、先进实验校通过自我评价决定是否申报；先进工作者仅限在各实验区指导组组长、副组长、学术秘书及各实验校主管德育校长、子课题负责人及学术秘书范围内申报。评选比例为每一实验区指导组限报 2 人，每一实验校限报 1 人。“百所德育科研名校”“百名德育科研专家”“百位德育科研名师”“百名德育科研优秀学生”“百名德育科研优秀家长”符合评选条件推荐申报，已被推荐为本课题实验研究的先进工作者、全国优秀教师、全国优秀教育工作者、国家级示范校的单位、个人可优先申报。优秀成果由各实验区组织所辖实验校申报，直属实验校由学校子课题组组织实验教师申报。百项德育科研优秀成果在年会成果一等奖中评选。

(2)初审。各实验区指导组或直属实验校子课题组根据“六个一百”评选条件对申报材料进行初审，严格把好第一关。

(3)上报。各实验区指导组或直属实验校子课题组根据评选条件对申报材料进行初审后，确定出推荐名单，按照统一的规格要求准备的推荐资料寄达总课题组，同时发出A4纸小四号字Word文档至专用邮箱：dy2626@126.com。

(4)资料接收有电子版和纸介质两种形式。

电子版接收由总课题组在接收到邮件三日内通知发件人。

纸介质接收由总课题组责成专人负责由收发室接收成果原件在电脑上登记。然后，对申报资料进行分类，登记后的申报原件由专人按学段不同项别分类，向各学段负责人提交“六个一百”的申报名录及申报材料原件。

我们还充分利用现代网络技术手段，在中国德育网上制作申报资料的网页并组织网上投票。在评选办法上，首先，进入登录界面，输入你的投票号码及验证号码，并选择相应的类别，进入投票系统。此投票系统共设有6大类别，每位投票者只有6次投票机会，一次投不完可累计，在每个类别中只能投一票。每位参与者的投票都是推荐“六个一百”的重要依据。

(5)复审。各学段负责人集中对申报材料进行复审。复审内容包括：对申报署名进行确认；对题目进行规范；审读申报材料；提交签署了复审结果的候选名录及申报材料原件。

(6)终审。评审委员会召开会议，各学段负责人汇报“三先”及“六个一百”复审情况，评委会集体讨论候选名单，评委会主任审定签字盖章，最后，提交年会进行表彰。

同志们！整体构建学校德育体系是一项复杂而艰巨的系统工程，任重而道远。我们要在中央两个《意见》精神的指引下，抓住机遇，完善具有时代性、规律性、实效性的德育体系；深化研究，构建具体化、个性化、可操作的学段德育模式；推广实验，建立全面的、和谐的、可持续的成果实验机制；开拓创新，建设出成果、出经验、出人才的“六个一百”精品工程。让我们乘借这次德育科研盛会的东风，紧密地团结起来，加强联系、密切协作，在深化研究中出成果，在推广实验中创业绩。为建立21世纪科学化、系统化、规范化、现代化的中国特色社会主义德育体系，为发展创新中国的教育事业做出新的更大的贡献。

2005年第八届伊宁德育年会主题报告

同志们：

我代表中央教育科学研究所学校教育研究部、德育研究中心总课题组，同时代表中国伦理学会德育专业委员会，向大会作主题报告。报告分为四个部分。

第一部分：服务决策，为整体构建科学化、系统化、规范化的学校德育体系做出贡献。

第二部分：指导实践，为整体构建具体化、特色化、可操作的校本德育体系提供指导。

第三部分：推广实验，为课题研究出成果、出经验、出人才圆满结题做好充分准备。

第四部分：深化研究，为整体构建学校、家庭、社会三维和谐德育体系再立新功。

一、服务决策，为整体构建科学化、系统化、规范化的学校德育体系做出贡献

本课题研究始终坚持为决策服务，为实践服务的科研

宗旨。“八五”规划我们在调查报告中提出“整体构建学校德育体系”的建议，得到了中央领导肯定性的批示，并被《中共中央关于进一步加强和改进学校德育工作的若干意见》所采纳。经过“九五”“十五”两个五年规划的研究，整体构建学校德育体系的研究思路、基本理念、主要成果已经被今年 4 月颁布的《教育部关于整体规划大中小学德育体系的意见》所吸纳。我们可以欣慰地说，整体构建学校德育体系的研究与实验为中央和教育部的科学决策做出了贡献。

(一)课题德育理念对决策的贡献

本课题自 1997 年开题以来，提出了一系列德育新理念。例如：“双主体说”“五要素说”“三中心说”“四原则说”“四环节说”等。这些德育新理念，基本上被中共中央、国务院、教育部有关德育文件所采纳。我们的课题研究为党和国家的科学决策做出了贡献。

1.“双主体说”对决策的贡献

1997 年，“九五”开题报告中运用人的主体性理论，明确提出了“德育双主体说”。“双主体说”，即教师是教育主体，学生是受教育主体，教师和学生应当互相尊重对方的主体地位，在德育目标的确定上，不仅要考虑社会的要求，更要重视学生自身成长的需要；在德育内容的安排上，不仅要依据社会规范，更要遵循学生的年龄特征和品德形成发展规律；在德育途径和方法的运用上，不仅要发挥教师的主导作用，更要强调学生的主体参与；在德育活动课的实施上，教师的主体性表现在活动的策划、设计和导演上，教师的教育理念、师德风范和人格魅力则蕴含其中；学生的主体性则体现在活动的“主角”地位上，学生积极主动地在活动中认知，在活动中体验，在活动中锻炼，在活动中自我评价。师生双主体在德育活动中平等交往、积极互动、共同发展。总之，在德育体系的构建上，要充分体现学生的主体性，以学生为本，“一切为了学生，为了一切学生，为了学生一切。”①人的主体性理论和“双主体说”德育新理念，为“以人为本”教育思想的确立奠定了理念基础，为中央的科学决策提供了理论依据。2001年中共中央宣传部颁布了《公民道德建设实施纲要》，首次把“以人为本”写入了中央文件中。② 2004年中共中央、国务院颁布了《关于进一步加强和改进未成年人思想道德建设的若干意见》③再次把“以人为本”写入了文件中。“以人为本”教育思想的确立，是过去曾经奉行的“教育必须为无产阶级政治服务”“教育要为社会主义经济建设服务”这种“以社会为本”的传统教育思想的重大变革，在中国教育史上具有划时代的意义。

2.“五要素说”对决策的贡献

德育概念的界定是整体构建德育体系的逻辑起点。然而，我国德育学界对德育概念的理解却众说纷纭，莫衷一是。概括起来至少有五种不同的观点：“一要素说”认为“德育是道德教育的简称”；“二要素说”认为“德育是思想政治教育的同义语”；“三要素说”认为“德育是思想教育、政治教育、道德教育的总称”；“四要素说”认为在思想、政治、道德之后还应加上法制纪律教育；“五要素说”认为德育应当包括道德教育、思想教育、政治教育、法纪教育和心理教育。

德育“五要素说”，是德育研究中心成立之初首先提出来的。我认为德育是一门综合性的应用学科，它要运用哲学、经济学、伦理学、

---

① 詹万生：《整体构建德育体系引论》，北京：教育科学出版社，2001年版，第16页。

② 《公民道德建设实施纲要》，北京：人民出版社，2001年版。

③ 《中共中央国务院关于进一步加强和改进未成年人思想道德建设的若干意见》，北京：人民出版社，2004年版。

社会学、法学、教育学、心理学等学科的理论和知识，对学生进行思想品德教育，是引导学生正确做人的教育。道德教育、思想教育、政治教育、法纪教育、心理教育，各有自己的特定内涵，但又互相联系，互相渗透，互为条件，互相制约，构成了德育统一体。这五要素不可割裂，更不能互相取代。如果在理论上仅仅把德育视为"思想政治教育的同义语"或"道德教育的简称"，那么在德育实践上就会失之偏颇。这两方面的教训是极其深刻的，必须永远汲取。① 1997 年，"九五"开题报告对德育概念进一步做了明确的界定：德育是教育者按照一定社会的要求，有目的、有计划、有组织地对受教育者进行系统的影响，通过教育者和受教育者双主体在实践活动中的互动，把一定社会的政治准则、思想观点、道德规范、法纪规范和心理要求，转化为受教育者个体的政治素质、思想素质、道德素质、法纪素质和心理素质的教育。② 德育"五要素说"的提出及其层次结构的划分，为整体构建小学、初中、高中、大学德育内容体系奠定了基础，同时也为中央和教育部科学决策提供了理论依据。2000 年，江泽民同志发表了《关于教育问题的谈话》，他明确指出：要对青少年学生进行思想政治教育、品德教育、纪律教育、法制教育，以及心理健康教育。2000 年 6 月教育部召开中小学德育工作会议，会议的主报告对德育内容的概括也是这个提法。2001 年 1 月中共中央办公厅和国务院办公厅颁布的《关于适应新形势进一步加强和改进中小学德育工作的意见》，同样

① 詹万生：《德育新论》，北京：首都师范大学出版社，1996 年版，第 69—73 页。

② 詹万生：《整体构建德育体系引论》，北京：教育科学出版社，2001 年版，第 20—24 页。

坚持了这个提法。[1] 至此，德育“五要素说”得到了中央和教育部的肯定，并写入了党中央和国务院的文件之中。

3.“三中心说”对决策的贡献

1997年，“九五”开题报告中明确指出：要改变传统德育课程的“以教师为中心，以教材为中心，以课堂为中心”的“旧三中心”，建构“以学生为中心，以活动为中心，以体验为中心”的现代德育“新三中心”，使学生在自主参与的德育活动中体验生活，感悟道德，养成良好的行为习惯。“新三中心”是学生自为性、自主性、能动性的集中表现。现代德育应当充分发挥学生的主体性，教育和激励学生自尊、自爱、自信、自立、自强，引导和培养学生自定成长目标，自析成长环境，自寻成长动力，自开成长渠道，自研成长方法和自评成长效果，使他们成为自身全面发展的主人。[2] 德育“新三中心说”把“师本”观念让位于“生本”观念，增强了学生的主体参与；使单纯的传授知识转变为既重视知识，更重视实践，突出了德育的实践环节。为体验教育和加强德育实践提供了理论依据。2001年中共中央办公厅、国务院办公厅《关于适应新形势进一步加强和改进中小学德育工作的意见》强调了德育的实践环节，对小学生、初中生、高中生参加社会实践的天数做了明确规定。2001年5月团中央提出少先队工作要加强“体验教育”，我出席了会议并为“体验教育”进行了论证。我提出“新三中心”是体验教育的核心的观点，被团中央所采纳。

---

① 中共中央办公厅、国务院办公厅：《关于适应新形势进一步加强和改进中小学德育工作的意见》，载《中国教育报》，2001-1-17。

② 詹万生：《整体构建德育体系引论》，北京：教育科学出版社，2001年版，第16页。

4.“四原则说”对决策的贡献

1997 年，“九五”开题报告依据“八五”调查报告指出了学校德育不同程度地存在着“倒挂”“脱节”“简单重复”“过频变动”和“脱离实际”问题，并把这些问题概括为“三个不能”，即不能很好地遵循学生不同年龄阶段的身心特点；不能很好地贴近生活、贴近实际；不能对学生思想品德的发展产生直接的帮助，因此实效性较差。针对这些问题提出了转变德育观念的“三要三不要”原则，即不要“一刀切”，要分层次；不要“高、大、空”，要“近、小、实”；不要只讲“应然”，要讲实然、应然、必然。① 这些观点逐渐形成了“近、小、实、亲”四原则说，并且赋予了明确的规定性。近，就是贴近生活，贴近学生，贴近实际；小，就是从小处着眼，从小处入手，从小事做起；实，就是倾注真情实感，讲述真实情形，做诚实守信的人；亲，就是亲切融洽，可亲可信，亲身践行。

“四原则说”通俗地回答了当前德育工作应当“怎样做”的问题，对于解决德育曾经存在过“高、大、空、远”的问题，使德育从“天上”落到“人间”，从空洞说教回归生活具有重要意义，同时也为科学决策提供了依据。2004 年《中共中央国务院关于进一步加强和改进未成年人思想道德建设的若干意见》把“贴近实际、贴近生活、贴近未成年人”作为思想道德建设的一个重要原则写入了文件。②

5.“四环节说”对决策的贡献

1997 年，“九五”开题报告明确提出：德育过程是知、情、意

① 詹万生：《整体构建德育体系引论》，北京：教育科学出版社，2001 年版，第 10 页，第 34 页。

② 《中共中央国务院关于进一步加强和改进未成年人思想道德建设的若干意见》，北京：人民出版社，2004 年版。

(信)、行诸环节构成的。实践的观点是德育首要的、基本的观点。德育不同于智育，智育的任务是传授知识兼培养能力，它主要解决知不知、会不会的问题；而德育只到此并没有完结，它不仅要解决知不知、会不会的问题，而且更要解决信不信、行不行的问题，即不但要授之以知、晓之以理，而且更要动之以情、导之以行，只有知识传授，而无情感陶冶、意志磨炼和行为引导不是完整的德育。①

“四环节说”揭示了德育过程与智育过程的区别与联系，强调了德育的情感陶冶和行为引导环节，避免了单纯传授知识的倾向，有利于增强德育的实效性。它不仅有效地指导了实验学校的德育工作，同时为科学决策提供了理念依据。2004年《中共中央国务院关于进一步加强和改进未成年人思想道德建设的若干意见》强调了知行统一的原则，明确指出“既要重视课堂教育，更要注重实践教育、体验教育、养成教育，注重自觉实践、自主参与，引导未成年人在学习道德知识的同时，自觉遵守道德规范。”②

综上所述，我们课题研究所创立的“双主体说”“三中心说”“四环节说”“四原则说”“五要素说”等德育新理念，为中央和教育部的科学决策做出了贡献。

(二)课题研究思路对决策的贡献

本课题在开题之初就提出了整体构建德育体系的目标指向、研究思路和基本原则。经过几年来的不断深化研究，其中的研究成果已被中共中央、国务院或教育部的文件所采纳，为科学决策做出了贡献。

---

① 詹万生：《整体构建德育体系引论》，北京：教育科学出版社，2001年版，第16页。

② 《中共中央国务院关于进一步加强和改进未成年人思想道德建设的若干意见》，北京：人民出版社，2004年版。

1. 课题目标指向对决策的贡献

这个目标指向是：中国特色、先进文化、素质教育、德育首位，即整体构建中国特色的代表先进文化前进方向的，适应素质教育要求的，落实德育首位的学校德育体系。

1997年“九五”开题报告从本课题研究的重要意义的角度，把整体构建学校德育体系的目标指向概括为：社会主义精神文明建设的需要，全面实施素质教育的需要，加强和改建学校德育工作的需要。[①]经过几年的研究，在“九五”结题报告中对本课题研究的指导思想和目标指向做了进一步的总结和概括：整体构建出来的学校德育体系，应当是面向21世纪有中国特色的德育体系，应当是代表先进文化前进方向的德育体系，应当是适应全面推进素质教育的德育体系。构建21世纪有中国特色的德育体系，必须坚持解放思想、实事求是的思想路线，坚持从市场经济建设的实际出发，坚持“三个面向”的发展方向。构建代表先进文化前进方向的德育体系，就必须以马克思主义为指导，继承弘扬中华民族优秀传统文化，使德育体系具有鲜明的中国特色；借鉴吸收国外优秀文明成果，使德育体系具有鲜明的时代特点。构建适应全面推进素质教育的德育体系，就要以中央关于素质教育的精神为指导，突出提高国民素质的根本宗旨，致力于培养学生的创新精神和实践能力。[②] 这个目标是通过课题研究构建科学化、系统化、规范化、现代化的社会主义学校德育体系。科学化、系统化、规范化的核心是引导教育者探索、掌握和运用德育规律。现代化即德育工作

---

① 詹万生：《整体构建德育体系引论》，北京：教育科学出版社，2001年版，第16页。

② 同上书，第12—16页。

的时代性，主要指德育的思想理念和内容方法是“三个面向”的、代表先进文化前进方向的、适应素质教育要求的。掌握规律和体现时代性的目的与结果是增强德育的实效性。2004 年 5 月，胡锦涛同志在全国加强和改进未成年人思想道德建设工作会议上的讲话，提出的体现时代性、把握规律性、增强实效性的要求，正是本课题研究所追求的价值目标。

2. 课题思维路向对决策的贡献

这个思维路向是：横向贯通，纵向衔接，分层递进，螺旋上升。1997 年“九五”开题报告明确指出：根据系统论的理念，我认为学校德育也是一个系统。从整体性原则来看，学校德育是由德育目标、德育内容、德育途径、德育方法、德育管理、德育评价等子要素系统构成的一个统一的整体；从有序性原则来看，学校德育是由小学德育、中学德育、中职德育、高职德育、大学德育等子层次系统组成的一个统一的整体。整体构建学校德育体系，就是以要素系统为横坐标，以层次系统为纵坐标，进行横向贯通，纵向衔接，分层递进，螺旋上升。德育的总体目标要统一制定，一以贯之，以保证在整个德育过程中要素结构的完整性和连续性。各教育阶段的具体目标的高低，德育内容的深浅和侧重点，德育途径和方法的选择，德育管理方式的运用，要针对学生不同年龄阶段的身心特点和理解接受能力的不同，由浅入深，由低到高，由感性到理性，由具体到抽象，逐步提高，以保证各个教育阶段德育工作的层次性和渐进性。各个阶段都应有德育整体意识，总揽全局，加强相邻阶段的衔接，防止简单重复或脱节，以便发挥德育系统的整体功能，不断提高德育的整体效果。① 经过几年的研究与实验。在“九五”结题报告中，对整体构建德育体系的总体研究思路进一步进行了概括和总结：以德性论、德育论、系统论为基础，以贯通古今、融会中西、继承借鉴、发展创新为基本原则，以德育目标、德育内容、德育途径、德育方法、德育管理、德育评价等要素系统为横坐标，以幼儿园、小学、初中、高中、中职、高职、大学等层次系统为纵坐标，进行横向贯通、纵向衔接、分层递进、螺旋上升，整体构建21世纪中国特色的、代表先进文化前进方向的、适应素质教育要求的学校德育体系，为增强学校德育工作的科学性、系统性、规范性和实效性提供理论参照和实践模式。② 2004年下半年，为了贯彻落实中共中央、国务院颁布的〔2004〕8号文件和16号文件，教育部开始制订《整体规划大中小学德育体系的意见》，教育部委托我作为文件起草小组的牵头人，我自始至终参与了起草工作，先后修改20稿，我们课题组的其他同志也参与了部分起草工作。今年5月11日《教育部关于整体规划大中小学德育体系的意见》终于正式颁布了。我们课题组关于整体构建德育体系的总体思路和主要观点被教育部的文件所采纳，我们的课题研究为教育部的科学决策做出了贡献。

3. 课题基本原则对决策的贡献

这个基本原则是：贯通古今，融会中西，继承借鉴，发展创新。这个16字原则是我于1996年出席在美国召开的国际学术研讨会上发表论文的题目，副标题是：21世纪中国德育发展的大趋势。这篇论

---

① 詹万生：《整体构建德育体系引论》，北京：教育科学出版社，2001年版，第18—19页。

② 同上书，第27—30页。

文发表在《教育研究》上，先后被人大报刊资料和有关杂志转载。1997年我又把它写入“九五”开题报告，作为课题研究的基本原则。

中国是一个具有悠久历史和优秀文化传统的国家，素以“礼仪之邦”著称于世。在中国传统文化中，传统道德占有十分重要的地位。中国历代哲学家、思想家、教育家对道德教育的思考和论述源远流长，博大精深。虽然，中华民族的传统道德是在小农生产和封建宗法制度的基础上建立起来的，不可避免地带有保守性和局限性的一面。但是，只要我们正确地坚持批判继承，取其精华，去其糟粕，古为今用，发展创新的原则，就能够剥去它的封建性外衣，发现它的合理内核，使其成为构建新的德育体系的思想材料。

在中国悠久的文明史中，传统道德经过千百年的积淀，有些光辉的思想已构成了我们的民族之魂。例如：“天下兴亡，匹夫有责”的爱国主义精神；“天下为公”“修齐治平”的集体主义精神；“刚健有为、自强不息”的积极进取精神；“先天下之忧而忧，后天下之乐而乐”的先人后己的精神；“见利思义”“先义后利”的价值取向；“富贵不能淫、贫贱不能移、威武不能屈”的浩然正气；“杀身成仁”“舍生取义”的高风亮节；“勤劳简朴、诚实守信”的求实精神；“仁者爱人”“成人之美”的友爱思想；“孝敬父母”“尊老爱幼”的道德品质，等等。这些民族之魂曾经哺育了中华民族亿万儿女的健康成长，曾经激励过无数志士仁人、英雄豪杰为民族的兴旺发达，为祖国的繁荣富强写下了人生的壮丽篇章。毫无疑问，这些中华民族传统道德的精华，在社会主义现代化建设的今天也是值得继承和发扬光大的。

以对待西方文化的问题上，我们有过正反两方面的经验。现在可以清醒地认识到，采取闭关自守、全盘否定，或崇洋媚外、全盘西化这两种极端的观点都是错误的。正确的态度应当是分析、鉴别、学习、借鉴、吸收、利用。对先进的科学技术和管理经验，要大胆地学习和引进；对文化艺术，它的形式可以学习、借鉴，内容可以改造、利用；对思想道德，属于共同心理、共同美感、共同道德方面的东西，也要大胆地学习和借鉴。特别是那些适用于市场经济的价值观念，如改革开放观念、民主法制观念、权利义务观念、公平竞争观念、效率效益观念、互利互惠的观念、公关信息观念、商品市场观念、文明消费观念、照章纳税观念等，更要借鉴和吸收，做到洋为中用。① 这些思想观点不同程度地被有关文件所采纳，2003 年我参加了教育部关于弘扬培育民族精神教育实施纲要的起草工作，我们课题组关于弘扬中华民族传统文化和培育民族精神的一些具体建议，已被教育部《中小学弘扬和培育民族精神教育实施纲要》所采纳。

总之，整体构建学校德育体系的目标指向、总体思路和基本原则为中央和教育部的科学决策做出了贡献。

(三)课题研究成果对决策的贡献

本课题自“九五”开题以来，先后推出了《德育》读本(18 册)、《成长册》(18 册)、《当代家长》(34 册)等系列研究成果。这些成果为中央和教育部的科学决策做出了贡献。

1.《德育》读本对决策的贡献

“九五”期间，我们编写了一套《德育》系列实验读本(其中包括小学、初中、高中、中师、中职每学年一册共 18 册)。总体思路是：把德育内容的要素结构和层次结构划分出来，以五大要素(即政治教育、思想教育、道德教育、法纪教育、心理教育)为纬，以各项要素的不

① 詹万生：《整体构建德育体系引论》，北京：教育科学出版社，2001 年版，第 32—33 页。

同层次为经，按照整体性、有序性、动态性的原则，把它们有机地结合起来，依据学生不同年龄阶段的身心特点、知识水平和品德形成发展规律，由浅入深，由低到高，由近及远，由具体到抽象，由感性到理性，螺旋式上升，构建从小学一年级到大学毕业每个年级的德育内容，形成科学化、系统化、规范化的德育内容体系。《德育》系列实验读本就是德育内容体系在各级各类学校贯彻实施的一个载体，是建立德育活动课的一种模式，是对思想品德课和思想政治课的一个补充，是推进各级各类学校德育课程改革的一种探索。

《德育》读本自 1998 年开始实验，至今已经走过了七年历程。七年间我们不断总结经验，与时俱进，进行了四次修订。得到了有关领导和专家的高度评价，受到了实验区、实验校领导和师生们的普遍欢迎和积极反馈。广大实验教师在《德育》读本实验过程中付出了艰苦的劳动，取得了可喜的成果，积累了丰富的经验。经过几年的实验，我们提出的德育活动课基本理念已经在实验区和实验校深入人心，操作方法已经被广大实验教师所掌握。广大实验教师的德育理论水平、德育科研水平明显提高，实验学校德育工作的实效性明显增强，德育工作走上了科学化、系统化、规范化的轨道。

《德育》读本的研究与实验为课程改革和新课程标准制定提供了理论基础和实践模式。教育部于 2002 年 4 月颁布了小学《品德与生活》、《品德与社会》新课程标准，于 2003 年 5 月颁布了初中《思想品德》新课程标准，于 2004 年颁布了高中《思想政治》新课程标准。经过认真学习和研究新课标，我们发现《德育》读本与新课标在教育理念、编写思路、编写原则、内容体系、呈现方式等方面是基本一致的。我们有理由说，《德育》读本的研究与实验为教育部德育课程改革的科学决策做出了贡献。

中央〔2004〕8号文件指出："努力构建适应21世纪发展需要的中小学德育课程体系，积极改进中小学思想品德、思想政治课教学方法和形式。采用未成年人喜闻乐见、生动活泼的方式进行教学，把传授知识同陶冶情操、养成良好的行为习惯结合起来。"德育课程体系包括国家课程、地方课程和校本课程；包括学科课程和活动课程。《德育》读本的研究与实验，是德育课程体系的建设的重要组成部分。为德育课程体系建设做出了贡献。

2.《成长册》对决策的贡献

"九五"期间，我们以中共中央、国务院《深化教育改革，全面推进素质教育的决定》为指导，以建立以思想品德为核心的综合素质评价体系为目标，以思想道德、科学文化、身体心理、审美艺术、劳动技能和个性特长、创新能力、自育能力(亦即学会做人、学会求知、学会健体、学会健心、学会审美、学会劳动、学会创新、学会自护)等八个方面为评价内容，以培养学生自订成长目标，自析成长环境，自寻成长动力、自研成长方法和自评成长效果为基本理念，研究编写了《成长册》(小学、初中、高中、中职每学年一册共18册)。

《成长册》自1999年10月实验以来，受到了实验教师、学生和家长的普遍欢迎，取得了明显效果。实验教师掌握了《成长册》的实验研究方法，提高了工作水平；实验学生基本学会了"六自"，增强了全面发展的意识和能力；实验学校对全面推进素质教育做出了贡献。由《成长册》的研究与实验所形成的"成长记录评价法"已经被教育部有关文件所吸纳和肯定，被许多中小学采纳和运用。《成长册》的教育理念、编写原则及内容体系对许多省市的教育科研及行政部门产生了重要影响。

中央〔2004〕8号文件指出：要"建立科学的学生思想道德行为综

合考评制度。”《教育部关于积极推进中小学评价与考试制度改革的通知》指出：“教师要在教育教学的全过程中采用多样的、开放式的评价方法(如行为观察、情景测验、学生成长记录等)了解每个学生的优点、潜能、不足以及发展的需要，建立每个学生的成长记录。”由此可见，《成长册》的研究与实验为中央和教育部关于学生思想道德综合考评制度的建立做出了贡献。

3.《当代家长》对决策的贡献

2002年，基于画好大、中、小学德育体系纵向衔接“一竖”的基础，为画出学校德育与家庭教育相结合的“一横”，总课题组针对当前家庭教育存在的主要问题，研制编写了《当代家长》系列教材。《当代家长》以提高每一个家庭和中华民族的整体素质为目标，以指导孩子学会做人、学会求知、学会健体、学会健心、学会审美、学会实践(劳动)、学会创新、学会生活等家庭教育的八大内容为横坐标，以婴幼儿至大学生六个成长阶段为纵坐标，针对不同年龄阶段学生的身心特点、知识水平和成长中遇到的问题，在整体构建学校德育体系思想理论的指导下，整体构建出了家庭教育体系。

通过两年的实验与应用，实验学校的家庭教育水平有了明显提高，家庭教育资源得到了有效整合，学校教育与家庭教育价值取向趋于一致，教育理念趋于统一，教育过程趋于同步，教育途径得到互补，正在引导家庭教育走上科学化、系统化、规范化、现代化的轨道。

中央〔2004〕8号文件指出：“家庭教育在未成年人思想道德建设中具有特殊重要的作用。要把家庭教育与社会教育、学校教育紧密结合起来。各级妇联组织、教育行政部门和中小学校要切实担负起指导和推进家庭教育的责任。要与社区密切合作办好家长学校、家庭教育指导中心，并积极运用新闻媒体和互联网，面向社会广泛开展家庭教育宣传，普及家庭教育知识，推广家庭教育的成功经验，帮助和引导家长树立正确的家庭教育观念，掌握科学的家庭教育方法，提高科学教育子女的能力。充分发挥各类家庭教育学术团体的作用，针对家庭教育中存在的突出问题，积极开发科学研究，为指导家庭教育工作提供理论支持和决策依据。”可见，《当代家长》的研究与实验为中央的科学决策做出了贡献。

二、指导实践，为整体构建具体化、特色化、可操作的校本德育体系提供指导

整体构建全国大中小学德育体系，决定了它只能忽略差异性而寻求共同性与统一性。这种普通的、共同的、统一的德育体系对地方德育体系和校本德育体系的构建具有宏观指导作用，然而它不能取代地方性德育体系，更不能取代校本德育体系。因此，构建具体化、特色化、可操作的校本德育体系，是本课题今后深化研究的重要任务，也是实验学校结题验收的必备条件。

校本德育体系，是指为了增强学校德育工作的针对性和实效性，各级各类学校以中共中央、国务院〔2004〕8号和16号文件为指导，贯彻教育部《整体规划大中小学德育的意见》，按照总课题组整体构建学校德育体系《引论》《导论》《总论》和各学段《分论》的研究思路，依靠本校教师集体而构建的具有特色化、具体化、可操作的学校德育系统。

构建校本德育体系的原则与要求体现在如下几个方面。

(一)校本德育体系具体化

所谓校本德育体系具体化，指的是构成校本德育体系的德育目

标、内容、途径、方法、管理、评价等要素的细化、优化与科学化。细化是指将构成校本德育体系各要素分解到细微的程度；优化是各要素之间组合的关系以及整体发挥作用的效度；科学化是校本德育体系的构建适应学生年龄特征和品德发展规律。

1. 目标内容具体化

校本德育目标，是指学生在德育方面所要达到的要求和水平。它对构建整个校本德育体系具有导向、激励、调节、控制等作用，是选择、构建德育内容的前提和基础，也是提高整个校本德育科学性与实效性的关键。因此，校本德育目标要具体化，要“近、小、实、亲”，不要“高、大、空、远”。

校本德育目标体系分为总体目标、层次目标和阶段目标。按照“总体目标，一以贯之；学段目标，各有侧重；年级目标，具体明确；情意兼顾，知行统一”①的原则，整体构建德育目标体系应由“认知目标、情感目标和行为目标”构成“三维德育目标体系”。其横向结构由道德、法纪、心理、思想、政治五项德育目标群构成，每一项都含有认知目标、情感目标和行为目标；纵向结构是学生成长的各个年级，要根据循序渐进的规律，对不同年级的学生分步要求，螺旋上升。

德育内容体系的具体化，就是指根据学生的年龄特点和思想品德的发展规律，以道德、心理、法纪、思想、政治等相关内容为横坐标，以低年级、中年级到高年级为纵坐标，理顺德育内容自身的逻辑关系，将生活中的鲜活事例、学生关心的具有教育意义的现实生活和社会问题，爱国志士、民族英雄、圣人贤者的典型事例和人生格言以

---

① 詹万生：《整体构建德育体系引论》，北京：教育科学出版社，2001 年版，第 54 页。

及各地、各校的德育资源等内容由浅入深、由低到高、由感性到理性、从现实到理想进行合理部署与安排，这样就保证了“德育内容，循序渐进；德目规范，形成序列；要素完整，层次清楚；注意衔接，螺旋上升”①，做到思想性与科学性相结合，继承性与时代性相结合。

2. 途径方法具体化

德育途径是开展学校德育工作的渠道。构建具体化的校本德育途径体系，指的是把七大类德育途径：课程类、实践类、组织类、环境类、管理类、咨询类、传媒类具体化为可操作的实施途径，主要根据“德育途径，对应内容；一项内容，多条途径；有主有辅，协调配合；分工合作，形成合力”的原则，把它们运用到各年级的德育工作中去。其一，课程类德育途径的具体化，就是要构建各个年级的学科课程与活动课程相结合、必修课程与选修课程相结合、显性课程与隐性课程相结合的课程类德育途径体系，并且找准各门各课的寓德点。要改革学科德育课程，在新课程标准中把诸如《论语今译》《三字经新编》等传承民族精神的校本德育课程融入到学科教学中去。其二，管理类德育途径的具体化，就是要使德育校长、德育主任、班主任的管理职能具体化。比如班主任工作具体化就是要建立以主题班会为基本形式，贯彻落实“双主体”“三中心”“四环节”等德育新理念的班主任工作规程。其三，环境类德育途径具体化，充分发挥校园环境的育人功能，精心设计校园物质文化和精神文化，使校园里每一堵墙，每一片绿，每一棵树都会说话，使整个校园成为一部立体的、多彩的、富有吸引力的生活教科书。

① 詹万生：《整体构建德育体系引论》，北京：教育科学出版社，2001年版，第55页。

与德育途径紧相关联的是校本德育方法体系的构建。所谓德育方法，指的是为了实现德育目标，完成德育任务所采取的手段与方式。校本德育方法体系具体化，就是把语言说理类、榜样示范类、修养指导类、实践锻炼类、行为训练类、规范制约类、评价激励类等方法具体化，按照"根据内容，对应途径；多种方法，优选组合；辩证思维，法无定法；留有余地，鼓励创新"的原则分布到各年级的德育工作中去。[①] 比如，运用语言说理的德育方法时，有的学校就把班主任教师与学生谈话的方式细化为商讨式谈话、谈心式谈话、点拨式谈话、触动式谈话、渐进式谈话、突击式谈话等多种方式，针对不同年级的学生灵活运用；在运用评价激励的德育方法时，坚信"好学生是夸出来的"，根据不同的对象采取登榜表彰法、上报表彰法、写信表扬法、大拇指称赞法、微笑点头法、背后夸奖法等，收到良好育人效果。

3. 管理评价具体化

校本德育管理，是以学校德育为本位或以学校德育为基础的管理。建立具体化的校本德育管理体系，就是按照"理顺健全领导机制，稳定提高教师队伍，建立健全规章制度"的要求，把学校领导体制、规章制度、队伍建设、督导检查、考核测评等要素进行优化组合。就学校领导体制构建而言，其具体化主要表现在如下几个方面：(1)依据国家对学校领导体系的规定，确定校长的职责和学校党组织的职责；(2)成立由党政主要领导、德育骨干各方面责任人、社区、家长代表参加的校本德育领导小组，具体组织领导校本德育工作；(3)建立相应的校本德育工作机构，确立各机构的职责、任务、工作制度。

① 詹万生：《整体构建德育体系引论》，北京：教育科学出版社，2001年版，第56—57页。

学校德育队伍建设具体化主要指的是按照德才兼备的原则，聘任、组织学校德育骨干队伍，建立优化德育队伍的机制，培养与选拔班主任、团(队)干部、心理咨询教师以及科任教师的培训的要求与办法应制度化。总之，校本德育管理体系构建应处理好如下几种关系。一是发挥学生自我管理的自主性与教师示范管理的主导性；二是整体规划、周密设计的预设管理与创新生成、灵活安排的开放管理相结合；三是一致性的、刚性的制度管理与多样性的、柔性的情感交流相辅相成，和谐互动。营造一种相互信任、相互支持、宽松民主的人际关系，既保证校本德育的创造力，又增强校本德育的凝聚力。

校本德育评价，是校本德育的监督保障机制，具有导向和激励功能。校本德育评价体系具体化即要求按照导向性和激励性、科学性和系统性、形成性和阶梯性、主体性和个体性、操作性和趣味性等评价原则，运用评分、评等、评语相结合的方法，从知识与能力、过程与方法、情感态度与价值观等角度，制定科学简明的学校德育、班级德育和学生品德三级评价指标体系。对学生思想品德的评价要通过家校结合、亲子互动、师生互动、生生互动等评价方法，对学生的思想道德素养进行评价，既要注意评价的客观性，也应注意评价的发展性，学校领导、教师和家长要从各方面观察、记录、分析和帮助学生了解自己的优势和弱点，不断强化学生的成功意识，有效地引导学生从小成功走向大成功。

(二)校本德育体系特色化

特色，就是事物表现出来的独特色彩和风格。校本德育体系特色化，主要是指学校所处的地区特色、层次特色和办学特色在学校德育工作中表现出来的独特风格。特色化是校本德育体系的显著特征，也是校本德育体系构建的出发点。

1. 地方特色化

我国幅员辽阔，人口众多，不同的地区，如东部和西部、城市和农村存在着很大的经济、文化差异，城区与农村的校本德育资源互不相同；山区与沿海学校的德育资源也是各有千秋。校本德育体系构建与学校的区域优势有密切的关系。所谓校本德育体系地方特色化就是要求各级各类学校立足地方经济文化建设的需要，努力挖掘地方德育资源，建设富有各地风土民情的、具有地域独特性的校本德育体系。比如新疆伊宁市针对多民族的现状，构建了《民族之花常开》《我的中国心》等具有浓郁的边疆地方特色的校本德育体系，突出了民族团结、建设边疆、保卫边疆的主题；河南信阳市发挥鄂豫皖革命根据地的德育资源优势，构建了《将军哺育我成长》《我为家乡添光彩》等具有革命老区特色的校本德育体系，培养青少年继承革命传统，热爱家乡、建设家乡，热爱祖国、建设祖国的真挚情感。在社会生活日趋多元和发展变化日益迅速的当今时代，地方特色化的校本德育能够及时反映各地科技进步的成果、各地社会生活和社会发展需求的实际变化，充分尊重和满足广大师生以及学校教育环境的独特性和差异性，有利于调动地方和学校教师、学生的积极性，使学校德育更有地方特色、教师的教学更有特点、学生的发展更有特长。

2. 层次特色化

所谓层次，顾名思义，就是构成系统各要素的等级与顺序。构建层次特色化的德育体系，指的是根据各级各类学校办学层次上的区别，结合学生各年龄段的特点、个性差异和学校德育本身的发展规律，将德育目标内容、途径方法以及管理评价进行分层处理，力求凸显层次的特征与个性。针对各个层次学校的不同办学目标、不同的文化背景、不同的办学条件，将德育目标、内容、途径、方法等进行分层处理，尊重了各个年龄阶段学生发展的需要，同时也照应了处在同一阶段的不同类型学生个性发展的需求。比如道德教育，小学校本德育体系建设应从一般的文明礼貌、行为规范做起，强调道德行为习惯的养成；中学阶段则应当对道德原则、规范进行系统教育，使学生对传统道德与社会主义道德有较深刻的认识；到了大学阶段，则应进行伦理学和道德基本理论教育，使学生对道德的起源、本质、功能有深刻的理解。校本德育体系层次特色化，适应不同年龄阶段学生的身心特点、知识水平和品德形成发展规律，避免了大、中、小学德育的倒挂、脱节、简单重复和脱离实际的问题，使校本德育体系能够贴近实际，贴近生活，贴近学生，从而增强德育的实效性。

3. 办学特色化

所谓校本德育体系的办学特色化，就是学校在构建校本德育体系的过程中根据本校的文化传统、办学优势、师生特点、德育资源和学校环境以及教育者的办学追求和情趣，努力形成独特的德育风格，确立学校德育工作独特的发展方向。简言之，就是在具有一般校本德育体系的共性基础上，突出与众不同的个性，即“人无我有，人有我优，人优我精”。一个合理的、富有生命力的校本德育体系必然有其特色所在、优势所在、风格所在。如果没有特色，就没有强大的生命力，也就没有优势。过去单一的国家德育大纲统辖之下，造成了学校德育体系千篇一律、千校一面的现象，不利于实事求是地贯彻落实国家的教育方针，有效地促进学生个体和社会的持续、健康发展。因此，学生的发展、学校的发展乃至社会的发展需要构建富有特色的校本德育体系。反过来，富有特色的校本德育体系的构建也能够满足学校发展的需要，提高学校的教育质量，最终形成个性鲜明的学校德育特色。

(三)校本德育体系可操作

校本德育体系可操作是指把理论形态的德育体系转化为实践形态的、可以适合本校实践运用的德育体系。校本德育体系是否有可操作性，主要从全程可操作、全面可操作、全员可操作三个方面来衡量与检验。具体分析，它由如下几个要素组成。

1. 全程可操作

全程是一个时间概念，指学生从入学到毕业的时间过程。所谓校本德育全程可操作，是指德育工作贯穿于学生从入学到毕业的整个过程之中，德育无时不在，环环相扣，贯穿始终。整个校本德育体系的构建过程如同一个生产流程，学生从低年级发展到高年级，每一个成长阶段、每一节课、每一个教学环节都是生产流程上的一道道工序。如初中校本德育体系从操作体系构建而言，根据初中生从童年向少年的身心发展的特点、品德的发展特点可以将三年六个学期分成12个阶段处理。第一学年主要构建“迈好中学第一步、法律保护我成长、学会交往、创造和谐的成长环境、登上知识之船、扬起理想的风帆”等内容；目的在于帮助学生了解、熟悉进而热爱新学校、新集体、新老师，热爱集体，遵规守纪、知法守法、热爱学习。第二学年主要构建“花季困惑指南、塑造健全人格、不断完善自我、讴歌民族精神”等专题，帮助学生正确认识自己的身体与心理的变化，初步学会自我控制、自我调节、自我评价的技巧；形成自尊、自爱、自信、自强的心理品质，养成热爱家乡，热爱祖国的情怀，形成强烈的有民族自尊心、自豪感。第三学年考虑到学生初中毕业在即，面临升学压力，可以构建“鼓起勇气，迎接挑战；调整自我，增强自信；脚踏实地，自强不息；找准定位，确定理想坐标”等内容，帮助他们鼓起勇气，树立理想，迎接挑战。操作性贯穿整个校本德育活动全过程，有利于把德育理论成果变成实践，有利于从整体上对处在不同阶段学生因势利导，扬长避短，实施具有针对性的指导，保证校本德育的序列性与完整性。

2. 全面可操作

全面是一个空间概念，是指学生生活、学习的全部环境。校本德育全面可操作，是指学校德育工作全方位地深入到学生学习、生活活动的全部领域。学校是一个典型的场环境，在学校里，教师的德育信息、学生的德育信息、管理者的德育信息以及学校物质形态所包含的信息相互作用，形成一定的张力作用，构成一种立体的德育空间。构建全面可操作的校本德育的要义在于营造像电场、磁场、引力场一样的校本德育场，使德育主体与客体、德育对象与德育环境、德育情感与德育情景相契合。工作的着力点主要体现在如下两个方面，其一，要把构成校本德育体系较为抽象或理论性较强的德育原理、原则、规范，分解为使人容易接受的、较为具体的、个人的行动纲领或条例分布到学校教学楼、餐厅、宿舍、文化广场，使德育信息无处不在，使学生触目可见；其二，通过场景设置、示范引导、巧妙训练等手段，使受教育者在德育实践过程中，亲身体验或感受，了解自己的行为对他人、对团体的影响，从而把德育原理、原则、规范，深入到心里，落实到具体行为中去。全面可操作的校本德育能够让学生“风声雨声读书声声声入耳，家事国事天下事事事关心”。

3. 全员可操作

全员是指学校领导和全体教职员工所组成的教育集体。所谓全员可操作的校本德育体系，是在“人人都是教育者”的观念指导下，通过强化全员意识，建立全员机制，开辟全员渠道等手段，使每一个教职员工均能根据自己的职责分工做到“教书育人、管理育人、服务育人”。所谓全员意识，就是强化党、政、工、团齐抓共管，班主任、科任教师和职工通力合作，学校、家庭、社会相结合的德育意识；全员机制可操作主要指在建立学校德育管理机制的基础上逐步健全完善年级校本德育负责制，搭建以年级组为基础单元的德育平台：年级组长主持全面工作，负责全年级组班主任及学生思想工作，着力打造以班集体为核心的校本德育实体；开辟全员渠道，即针对每一阶段的校本德育主题将“学校、政教处德育工作，年级组长、班主任德育工作，学科德育工作方面、共青团、学生会德育工作，心理辅导工作，学校、家庭、社会德育工作”的工作要点、工作方法与工作方式予以细化。

具体化、特色化是校本德育体系可操作的重要基础，可操作是教育科研成果能否转化为教育生产力的关键环节。在“整体构建校本德育体系”的研究与实践过程中，这三个特点是融为一体、相互体现、不可分割的。

三、推广实验，为课题研究出成果、出经验、出人才圆满结题做好充分准备

总课题组早在“九五”伊始就制定了课题研究“出成果、出经验、出人才”的任务和目标。科研成果是检验课题成功与否的标志，实践经验是科研成果转化为现实教育生产力的标准，优秀人才是课题研究出成果、出经验的关键。基于这样的科研理念，我们在大力表彰课题研究先进实验区、先进实验校、先进工作者的基础上，从2004年开始启动，全力打造的“六个一百”工程，作为认真贯彻中央两个《意见》的重要举措，是全面推进课题研究上水平的重要决策，切实促进德育

科研兴旺发达的重要保证。我们将大力推出原创性、继创性、精品性成果，大力推出时代性、规律性、实效性经验，大力推出管理型、理论型、实践型人才，为课题研究2006年圆满结题做好充分准备。

(一)大力推出原创性、继创性、精品性成果

科学研究的本质是创新。创新的结果是研究者用心血和智慧凝结而成的成果。成果的形式和类别有多种多样，但从成果创新性上划分大体可分为原创性成果和继创性成果；从成果质量上划分可分为一般性成果和精品性成果。我希望广大实验教师要开阔学术视野，强化科研意识，明确质量追求，勇于超越自己，继续开拓创新，力争多出原创性、继创性、精品性成果。

1. 原创性成果

原创即原始性创新，原创性是学术研究的生命。“原创性是学术研究必须遵循的基本原则”,① “原创性是学术评价的最高准则”,② 并日益成为学术界的共识。我们的德育科研应该致力于提高自己的原创性水平。

原创性成果，是指科研人员和实际工作者为解决理论与实践中的原发性问题，通过各种有效的途径获取原始性素材，进行独立或合作的研究和实验，得出具有创造性的研究成果，并产生引导性的影响，成为推动后续研究和实验的源泉和基础。

德育是一个永恒的主题，整体构建德育体系是一个极广大和致精微的系统工程。横向包括德育目标、内容、途径、方法、管理、评价

---

① 陆敏，胡梅娜：《原创性——学术研究的基本准则》，载《政法论坛》，2002(1)。

② 何凯：《原创性：学术研究的最高准则》，载《四川行政学院学报》，2002(2)。

六个分系统；纵向包括幼儿、小学、初中、高中、中职(师)、高职、大学七个子系统。从框架结构到“内部装修”，从宏观研究到微观研究，从基本理论到实际应用，都需要我们去发现原发性问题，寻找原始性素材，推出原创性成果。

首先，要善于发现原发性问题，“发现问题是解决问题的一半”，原创性成果源于原发性问题。原创性研究要以实践过程中所遇到的问题为研究的本原。整体构建德育体系中的德育生长点、发展点和关节点等一些原发性问题，还有待于科研人员、实验教师在德育实践中去发现。只有善于观察和思考，才能触及德育的前沿性和关键性问题；只有善于沉潜在热衷的德育事业之中，才能发现德育的魅力和德育问题的症结；只有对学生付出真挚的爱心，才能发现学生心灵世界的美好和德育不适应的一面。只有善于发现原发性问题，才能开辟德育泉水的源头，推出原创性德育研究成果。

其次，要善于寻找原始性素材，德育素材不外乎教育者、受教育者和教育环境三大要素。寻找原始性素材是原创性成果形成进行整理加工前的关键因素，否则，将是“巧妇难为无米之炊”。德育对象是活生生的人。① 每个学生都有不同的家庭背景、年龄特征、身心特点和个性差异；每位教师都有不一样的教育经历、知识水平、教育观念和心路历程；教育环境有学校、家庭、社会和多媒体等多种资源。对教师来说，只有正确处理好共性和个性的关系，才能获得研究的第一手资料和真实信息；只有通过各种有效途径亲自探究学生的实际问题，才能得到一个个鲜活的德育案例。

---

① 詹万生：《整体构建德育体系总论》，北京：教育科学出版社，2001年版，第24页。

第三，要善于提出独特的研究思路。研究思路包括研究视角、思维方式和研究方法。研究问题虽有共性，但也可以独辟蹊径，去探索和实验。我们鼓励广大的实验教师研究问题的视角要新颖，要善于捕捉“灵感”，它来自于对德育的注意力完全集中到所关注的事业和关怀对象上。研究思维方式和方法要科学。做到分析思维和直觉思维的统一，辐合思维和发散思维的统一；[①] 既要有思辨，又要有实证；既要有定性分析，又要有定量研究。我们希望课题的德育新理念能够转化和运用到具体的德育实践中去，改变德育实践者常规的思维和行为方式，激发德育创新意识和欲望；拓展已有研究对象的范围，超越德育领域某一问题的已有认识，达到一个新的认识高度，去丰富德育理论，真正地实现原创性德育成果春天的到来。在研究影响的引导上能够有效地影响和改变德育工作，推动德育实践。

2. 继创性成果

继创性是学术研究继承借鉴中的发展创新性。继创性成果是课题研究和实验在凭借和传承前人成果研究的基础上，面对不断出现的新情况、新问题做出新的理性分析、科学论证和理论解答，并提出新思路、新对策和新观点，是研究内容上的纵向深化和发展，形式上的横向引申和拓宽，整体上的全面综合和提升。

首先是在研究内容上纵向深化和发展，进行整合与融会。要把培育和弘扬民族精神作为学校德育的核心目标。民族精神是激发民族自尊心、自信心和自豪感的力量源泉。从德育的内容构成上看，民族精神与爱国意识、爱国情感是相互映现的统一体。作为一个民族的文化传统，民族精神是历史的、发展着的。根据不同时代民族所面临的共

---

① 林崇德：《教育与发展》，北京：北京师范大学出版社，2004 年版。

同追求，民族精神的内容需要进行时代的充实和更新，以使民族精神更加适应时代的要求。在当代，我们可以根据时代的需要，将西方文化的个性精神、科学精神融入自强不息精神，自强不息本身就内在地包含着并可以生发出这两种精神。同样，西方的民主精神、法制精神、功利精神可以和谐地融入厚德载物精神。经过文化的整合与融会，使民族精神现代化又归根于民族文化，民族精神就更富有凝聚力和先进性。把培育民族精神作为学校德育的核心目标，明确意义而力行，是学校德育的历史责任，也是建设继创性成果的内容之一。

其次是在形式上横向引申和拓宽，进行吸收与改进。要把改进民族思维方式作为学校德育的实体要素。民族思维方式是民族文化的深层本质，在社会生活中民族思维方式表现为人的道德思维方式。道德思维方式对道德思维具有制约作用。中西方民族思维方式各有短长，对中国传统文化的发展创新，要求我们在中西方文化的比较中改进传统的民族思维方式。着眼 21 世纪先进文化建设，我们要在保留传统思维方式的合理因素的基础上，吸收西方思维方式的优秀方面，实现东西方思维方式的优势互补。学校德育要把改进民族思维方式作为教育过程的一个实体要素，使文化的发展具有先进的内在机制，是建设继创性成果的内容之二。

第三是在整体上全面综合与提升，进行构建和培育。要构建对学生进行世界观、人生观、价值观教育的学校德育体系。科学的世界观、人生观、价值观教育是培育“四有”人才的主导内容。培育“四有”人才是先进文化建设的首要目标，因此，科学的世界观、人生观、价值观对文化建设的先进性具有决定性的意义。科学的世界观是先进文化建设的根本保证，科学的人生观是文化主体的精神动力，科学的价值观是决定文化先进性的重要标志。民族精神的先进性，民族思维方式的先进性，世界观、人生观、价值观的先进性共同聚合为社会主义文化先进性的主导要素。我们始终把建设社会主义先进文化作为课题研究与实验的核心领域，这是我国学校德育肩负的历史任务和赋予我们的时代重任，也是我们的课题在这个领域将要永远进行的系统研究与实践，这是建设继创性成果的内容之三。

构建21世纪学校德育体系是一种社会文化的创造实践。贯通古今，融会中西，继承借鉴是这种文化创造的实践方式和创造过程，是一种文化的"整合"，它使我们能够站在人类已有文明的高度上来建构思维的视野；发展创新是在这种高度上的文化传承、引申和创造，是我们课题研究与实验建设继创性成果所追求的目标。①

3. 精品性成果

精品性成果是原创性成果和继创性成果在内容和形式上高标准、高质量的成果。不论是研究论文，还是实验报告，其研究与实验的内容、过程、方法、结论都体现创造性的本质，具有科学和实事求是的精神。做到精益求精，至善至美，而不是浅尝辄止，粗制滥造。这样的精品性成果具有权威性、可信性，并且能够经得起实践的检验和时间的考验，在课题研究和实验中真正发挥导向功能和示范作用。

学术研究重视课题研究的结果，但更重视课题实验的过程。我们课题要求建设的精品性成果不仅可以是高屋建瓴、博大精深、茹古涵今的理论成果，而且可以是贴近学生、贴近生活、贴近实际，解决了长期困惑学校德育工作的某一个实际问题，也可能是未完全解决问题，但却找到了解决问题的思路，能够启迪大家共同走向解决问题的

---

① 詹万生：《整体构建德育体系总论》，北京：教育科学出版社，2001年版，第96—100页。

有效途径。

学术规范虽然是标准化的，但学术上的精品成果可以是多姿多彩的。因此，各实验区、实验校建设精品性成果，需要根据当地工作实际，实事求是制订科研计划，不要盲目攀比；需要尊重广大实验教师的个性，努力营造宽松自由的研究和实验氛围；需要实验教师潜心研究，埋头耕耘，尽情发挥自己的创造性才华，以期推出更好的精品成果，不要追求数量和存有浮躁思想；需要争取当地教育行政部门在科研管理方面加大行政支持力度，在人力、物力、财力等方面都要给予保证，才能使广大实验教师聚精会神搞科研，力求多出精品性成果，不要说起来重要，忙起来次要，做起来不要。建设精品性成果是我们每一个实验区、实验校和每一位德育科研人员孜孜追求的目标，也是课题研究2006年圆满结题的基本要求。

(二)大力推出时代性、规律性、实效性经验

德育的时代性与规律性是新时期德育工作的战略思想。它要解决的是我们如何使德育工作满足21世纪的时代要求，创造能够符合21世纪需要的新德育问题，而增强德育的实效性是当前德育工作的一个突出问题。德育实效性的根本基础是对时代性和规律性的把握和实践运用。实效性是德育工作体现时代性、把握规律性的目的和结果。在现实的德育工作中，时代性、规律性、实效性是同步体现的。因此，在当前和今后一个时期，必须大力推出具有时代性、规律性、实效性经验，并与时俱进进行认真总结提升，以便更具有针对性，有效指导我们的德育工作实践。

1. 时代性经验

所谓时代性，就是指一个事物发展的历史必然性、现实选择性和动态生成性。不同的时代应赋予不同的内容以适应时代发展的需要。

学校德育具有鲜明的时代性。就学校德育而言，时代性经验可以从三个层面来认识和总结：其一，当代社会生活的总体特点，主要包括经济生活、政治生活和文化生活的时代特点；其二，青少年在社会生活影响下所形成的思想道德素质的时代特点；其三，针对社会生活的特点和青少年思想道德素质的特点所形成的学校德育工作的时代特点。这三个层次是相互联系、相互影响、相互作用的。社会生活的时代特点决定着青少年的思想道德素质的时代特点，制约着学校德育的时代特点。学校德育要适应社会生活的时代特点，在适应中超越，在超越中促进社会生活的发展，还要适应青少年思想道德素质的特点，同时对青少年思想道德素质的发展起着导向、动力和保证作用。加强和改进青少年的思想道德教育，必须认真总结提炼时代性的经验。

2. 规律性经验

任何事物的发展都要遵循一定的规律，德育也有其自身发展的规律。准确把握德育的规律性经验，是增强青少年思想道德建设的科学性和实效性的关键环节。思想道德建设的规律性经验包括青少年思想道德形成发展规律、学校德育工作规律、社会思想道德建设规律以及教育发展规律性经验等等，这些规律性经验都对学校德育效能产生深刻的影响，我们必须正确把握它们之间的辩证关系，使之发挥“1＋1＞2”的“合力”功能。

在具体工作实践中，我们要认真总结遵循青少年思想道德形成发展规律，正确处理知情意行关系的经验；认真总结遵循学校德育工作规律，正确处理整体规划与分层实施关系的经验；认真总结遵循德育过程规律，正确处理师生双主体互动辩证关系的经验；认真总结遵循社会思想道德建设规律，正确处理学校德育与家庭德育、社区德育关系的经验。只有把规律性经验运用到德育实践中去，并接受实践的检验，才能推动德育工作实践的开展。

3. 实效性经验

实效性可以包括长时实效性和即时实效性。长时实效具有全局性、整体性，即时实效表现为局部性、个体性。长时实效性以即时实效性为基础，即时实效性以长时实效性为归结。在德育工作中，长时实效性是指在一个阶段、一个时期德育工作体现出持续、稳定的实效性。即时实效性具有情境性，如一堂课、一次参观活动、一次谈话的德育效果，这种效果是个体的现场经历和真实感受。

我们总结德育实效性经验，要求真务实，并同时注重两种实效的会通一致。充分认识到尊重学生是增强德育实效性的前提；回归生活是增强德育实效性的基础；知行统一是增强德育工作实效性的关键；德育科研是增强德育工作实效性的保障。经验证明，从分析现状入手，经由学习理论、小范围试验、总结提炼、逐步推广的过程，是一种增强学校德育实效性的工作方式；经验证明，校长重视德育科研，具有科研兴校、科研治教、以科研为先导推动教育教学工作的办学理念，学校的德育工作就能提高水平，增强实效；经验也证明，一线教师参与德育科研，就能增强科研意识，提高科研能力，成为科研型、学者型、专家型的教师，从而增强德育工作实效。

新的形势，给我们课题带来了新的机遇，同时也提出了新的挑战。机遇与挑战同在，我们要抓住机遇，迎接挑战，开拓创新，大力推出具有时代性、规律性、实效性的好经验和好办法。并进一步发挥辐射功能，深化研究，推广实验，为中国学校德育的科学化、系统化、规范化、现代化做出新的贡献。

(三)大力推出管理型、理论型、实践型人才

学校德育工作不可能也不会是一个自发的过程，它需要德育管理体系的构建和实施，需要广大德育工作者的理论和实践。德育管理体系是一个和谐的系统。在这个系统中，既有理论形态的系统，又有实践形态的系统。理论形态系统主导、支持实践形态系统，而实践形态系统是对理论形态系统的具体落实，并且丰富着理论形态系统的内容，联结两个系统的中介则是管理形态系统。在实际工作中，德育管理和德育理论的程度越高，内容越丰富和完善，它的实践方向、作用及可检验性才会越明确和具体。我们的德育事业繁荣发展和德育队伍建设，既需要管理型人才，又需要理论型人才，更需要实践型人才。

1. 管理型人才

德育管理是学校管理的重要组成部分，是依据党和国家有关要求，按照学生身心发展的基本规律和思想品德形成的规律，组织、协调德育的组织与组织、组织与德育工作者之间的关系，使德育组织保持良好的机能状态，使德育工作者具有良好的精神状态，从而合理组织各种力量，提高德育实效，完成德育目标和任务的有效手段。① 由此可见，德育管理型人才必须始终把坚定正确的政治方向放在首位，全面贯彻党和国家的教育方针，做到"六个坚持"。首先，坚持培养德智体美等全面发展的中国特色社会主义事业的建设者和接班人的目标；其次，坚持学校德育管理工作必须有整体的规划和计划，统一的奋斗目标，用以统一协调德育管理内部各要素之间相互联系和工作；第三，坚持理论联系实际、求真务实、开拓创新的科研作风，遵循德育规律、科学管理规律和学生成长的规律；第四，坚持树立学校的教职工和学生既是管理的客体又是管理的主体，是学校主人的意识，不

① 詹万生：《整体构建德育体系总论》，北京：教育科学出版社，2001 年版，第 486 页。

断提高民主精神和民主作风；第五，坚持创新，必须使管理者与被管理者在实现德育管理的过程中潜在的创造性品质都得到发现与开发；第六，坚持做到用最少的投入取得最好的效果，增强德育的实效性。在实际工作中，完善德育领导体制，有机整合德育管理诸要素之间的关系，加强德育队伍和谐管理，健全德育制度人本管理，实施德育环境优化管理和强化德育评价激励机制。

我们的课题要求推出的管理型人才，具体来说，就是能够充分认识本课题研究和实验在德育改革与发展中的先导作用和推广应用价值，及时了解和掌握德育改革和发展的新动向，始终站在德育科研的前沿；认真做好所承担子课题的组织实施与管理，组织制定研究方案并进行经常性的指导、检查、评估，保证课题研究始终在科学、规范、有效的轨道上开展；对总课题组提出的德育理念有深刻的理解，并紧密联系本实验区、实验校教育改革与发展实际展开课题研究；对实验教师的课题研究有到位的培训、指导，成为实验教师研究实验的良师益友，并积极创造条件促进实验校、实验教师取得较高水平、具有推广交流价值和有明显实效的德育研究成果；重视德育科研信息交流和先进经验的推广，积极通过《中国德育》杂志和中国德育网等多种有效媒体加强和总课题组、全国各实验区、校的联系沟通，为群众性德育科研做出积极的引领和贡献。

2. 理论型人才

21世纪是人类社会发生深刻变化的时代，也是中华民族实现伟大复兴的时代，伟大的时代需要与时俱进的理论。同样，我们的德育科研事业也需要德育理论，更需要德育理论型人才的具体指导。

所谓理论型人才是指在意识上能够准确把握整体构建德育体系的思想，深刻理解德育规律，对某些德育现象有真知灼见；专业上能够通晓中外德育思想及发展趋势，理论基础扎实，精专某一研究领域；学术上能够驾驭和创新德育原理和方法，具有科研精神和推动课题发展的意识，不断探索德育实践新领域。

理论型人才在德育原理上对学生德性的整体性认识能从本体论、道德论、品德心理结构的角度去加以考察；对学生德性的建构性能从外在规范的制约、内在德性的自觉性和人的主体性及其相互关系来把握；对学生德性的发展性能从宏观上整体把握，从微观上具体分析，认识到客观的社会实践和主体道德需要是德性发展的动力；深刻理解德育论是以德育的本质、德育的构成要素及其发展规律为研究对象；能用系统科学的理论和方法作为整体构建德育体系的理论基础。①

具体来说，能充分认识本课题深化研究和推广实验的重要意义和价值，深刻理解总课题组提出的德育新理念；充分运用总课题组的研究成果，开展课题研究，进行科学实验；能够围绕本地区、本学校德育的热点、难点问题给予实验教师到位的研究指导，成为实验教师研究与实验的良师益友，所指导的实验校或实验教师取得较高水平、有明显实效的德育理论成果。

3. 实践型人才

一切真知来源于第一线的伟大实践。广大实验教师和一线德育工作者是整体构建学校德育体系真正的研究者、探索者和实践者，是推进德育工作和提高德育实效的中坚力量。在课题研究和实验的过程中，涌现出了一大批优秀的德育工作实践型人才。

实践型人才是指在实际工作中能用德育理论指导生活实践，并通

① 詹万生：《整体构建德育体系总论》，北京：教育科学出版社，2001 年版，第 120—187 页。

过反复实践验证和丰富理论的德育工作者。实践型人才要正确把握师生双主体的辩证关系，善于发现问题，解决问题，创新工作。首先，改变学生在道德教育过程中处于接受者、被塑者的地位，培养学生的主体意识，涵养学生的主体精神，发展学生的主体能力，从而确立学生在德育中的主体地位，真正调动起他们作为自身道德发展主体的自主性、主动性和创造性。其次，建立充分民主的新型师生关系，在德育过程中师生平等交往、积极互动、共同发展。加强自身修养，以开放、宽容的教育胸怀和为人师表的人格魅力给学生以榜样激励。

具体来说，实践型人才在德育科研上，重视德育理论学习，求真务实，开拓创新，能够围绕本地区、本学校德育的热点、难点问题进行认真调查研究，创造性地开展学校德育工作，取得明显德育实效；在教学实践上，深刻理解总课题组提出的德育新理念，充分运用总课题组的研究成果进行实验研究，开展德育活动课和教学公开课，并取得突出成绩；在工作方式上，充分利用科学化、现代化的信息技术，延伸德育时间，拓展德育空间，使德育学科小课堂、学校中课堂、社会大课堂融合成一个有机的整体，形成思想道德教育合力；在工作方法上，灵活运用“目标激励、榜样示范、情境感染”等方法，让学生在自主体验的生活情境里激发、涵养道德情感，形成正确的道德观点和人文信念，实践道德行为。

同志们，我们建设“六个一百”工程，大力推出原创性、继创性、精品性成果，大力推出时代性、规律性、实效性经验，大力推出管理型、理论型、实践型人才，就是抓住机遇，乘势而上，认真落实中央〔2004〕8号和16号文件精神的具体行动。我们要站在对党的事业、国家前途和民族命运极端负责的高度，进一步增强德育科研的责任感和使命感，弘扬求真务实、开拓创新的科研精神，让才华创造业绩，让业绩推进发展，不断把整体规划大中小学德育体系的建设向前推进。

四、深化研究，为整体构建学校、家庭、社会三维和谐德育体系再立新功

(一)和谐德育的历史渊源

1. 中国教育史上的和谐德育观

在中国传统文化中，“和”是一个含意极为丰富、深邃的范畴。按照《说文解字》的解释：“和，相应也。”而“谐”是“配合得当”。“和谐”就是“相应”并且“配合得当”。早在原始社会，“和”的思想就已萌芽，其基本含义即“调”之义。《周易》提出了“太和”的观念：“乾道变化，各正性命，保合太和，乃利贞。”意思是，天道的大化流行，万物各得其正，保持完满的和谐，万物就能顺利发展。西周末年，幽王的史官史伯提出了著名的“和同论”。他说：“夫和实生物，同则不继。以他平他谓之和，故能丰长而物归之，若以同裨同，尽乃弃矣。”《国语·郑语》。辩证地说明了事物多样性与统一性的关系，赋予了“和”“以他平他”的深刻内涵。“五行说”与“阴阳说”都是“和”的思想的具体运用。

孔子是和谐德育思想的奠基人。他提出“礼之用，和为贵。先王之道，斯为美……知和而和，不以礼节之，亦不可行也”。《论语·雍也》。这其实就是说任何矛盾，都可以充分发挥道德教育的作用，力争以“礼”调和与解决。其价值指向的是天人、群我、他我关系，即人与自然、人与社会、人与人三重生态的和谐统一；其主旨在于使人格完善和谐。孔子所追求的和谐人格就是“仁”与“礼”。在孔子看来，人之为人，就在于懂“礼”识“仁”，人只有具备“爱人”的高尚道德品质，才会很好地处理人与人之间的关系，才能摆正人与自然、人与社会的关系，将个人纳入群体之中，获得自我价值。《中庸》认为：“喜怒哀

乐之未发，谓之中；发而皆中节，谓之和。致中和，天地位焉，万物育焉。”《大学》对和谐人格的养成进行高度概括——“大学之道，在明明德，在亲民，在止于至善”。孟子更进一步提出“尽其心者，知其性也；知其性，则知天矣。”(《孟子·尽心上》)。孟子指的“性”就是天赋的道德，本然的善性；“尽心”就是把仁、义、礼、智等人的本性发挥出来，通过人的道德品质去“知天”，从而达到天道与人道和谐发展，天人合德的最高目标。① 荀子主张培养“成人”应做到知识、才智、品质全面、完美地融合。② 随后，各个朝代均有和谐德育思想涌现。

2. 西方教育史上的和谐德育观

在西方，“和谐德育”的实践及理论早在古希腊时期雅典城邦的学校教育中已出现。“和谐发展”一词最早出现于希腊语“calocagatia”，其义是表示健美体格与高尚道德的结合。在雅典的教育中，“和谐”的思想贯穿德育的始终，身心的和谐发展是德育的重要内容。他们认为德育塑造的最伟大的艺术品是人，这种人是内在美与外在美的和谐统一。其主要措施是通过文法、音乐、体操、舞蹈等内容，培养学生在德、智、体、美诸方面的全面发展。古希腊教育家柏拉图认为，如果“一个儿童从小受到好的教育，节奏和谐浸入了他的心灵深处，在那里牢牢地生了根，他就会变得温文有礼，如果受了坏教育，结果就会相反”。③ 亚里士多德强调德育要与人的自然发展相适应，与人的心

---

① 詹万生：《中国传统人生哲学》，北京：中国工人出版社，1996年版，第368—369页。

② 王炳照等：《中国教育思想通史》(第1卷)，长沙：湖南教育出版社，1997年版，第279—292页。

③ 曹孚：《外国教育史》，北京：人民教育出版社，1998年版，第26页。

理活动相适应。①

人文主义思想家维多里诺、洛克、卢梭等人均强调培养多方面和谐发展、人格完美的人，使“和谐德育”思想具有承前启后作用。17世纪，捷克教育家夸美纽斯强调人的身心和谐发展的必要性。认为“人不过身心两方面和谐而已”。② 在其后的裴斯太洛齐也提出同样的主张。他说：“为人在世，可贵者在于发展，在于发展各人的天赋的内在力量，使其经过锻炼，使人各尽其才，能在社会上达到他应有的地位。”③并提出了体育、劳动教育、德育、智育的和谐教育思想。现代，和谐德育思想集大成者就是苏联伟大的教育家苏霍姆林斯基。他说，人的和谐发展，意味着他有能力担当多方面的任务，他应该是社会物质生产和精神生活整个领域中的创造者、享用者、鉴赏者和保护者，是有文化素养和道德风貌的人，是积极参加社会活动的公民和具有道德基础的新家庭的建立者。

3. 中西德育和谐观的比较与反思

比较中西德育和谐观，它们的目标都是指向和谐人格的培养，均认为人格形成与发展是有序的、协调的、和谐的。但是，中西和谐德育思想产生的经济基础、凭借的哲学依据以及达成和谐人格的方式与途径各不相同，决定了它们的差异性。中国教育史上的和谐德育思想，产生于以自给自足的小农经济为基础的农业社会。封闭自足的环境使汉民族感悟到个体的命运与家族、国家的命运浑然一体，天地人圆融互摄。“天人合一论”“和合论”的哲学思想使汉民族形成“整体”

① 单中惠：《西方教育思想史》，太原：山西人民出版社，1995年版，第22页。

② 同上。

③ 曹孚：《外国教育史》，北京：人民教育出版社，1998年版，第56—57页。

“统一”的意识，因而中国的和谐德育思想在很大程度上更多地具有综合性特征，但综合性特征凸现的同时自然少不了封闭性的弊端。

至于达成和谐人格的途径与方式不外乎“内圣外王”。所谓“内圣”就是追求自身完美、自我完善的自我修养；“外王”就是为国家建功立业，为社会做贡献，为他人谋幸福，二者是水乳交融的。以修身为本，从格物、致知、诚意、正心等“整体”修养做起，去实现齐家、治国、平天下和谐“统一”的人生理想目标，这就是中国传统和谐德育的核心内容。当然，这一理想和谐人格的描画表现了中国传统教育家、政治家和思想家善良、诚挚和美好的愿望，体现了中华民族“整体思维、散点透视、综合知解”①。伦理型文化的精华，但同时存在着空想的成分。

西方和谐德育思想的形成与发展是从以游牧民族手工业、商品经济为主要特征的工业社会基础上产生的。其民族性格具有扩张性、冒险性。因此，个体自由的思索代替了统一的意识。这就使得西方教育家、思想家提出的和谐德育思想渗透着功利主义的价值取向和民主与法治的政治倾向，具有明显的开放性特征。其哲学基础深源于“自然适应论”。一方面，把人的身心发展看作自然的一部分；一方面，主张一切顺应自然，遵照儿童本性，因势利导地实施自然教育，坚决反对压制儿童天性来束缚儿童自由。达成和谐人格的方式只能是顺性而为。由于没有显现影响个体人格和谐发展外部关系的复杂性，没有充分认识社会发展与人的发展和谐性、整体性，个体德育的和谐发展事实上也难以实现。如同李约瑟在《东方与西方的对话》所言：从欧洲思

① 申小龙：《语言与文化的现代思考》，郑州：河南人民出版社，2000 年版，第 46 页。

想史肇始之时起，欧洲人的世界观就不断从一个极端走向另外一个极端，从来没有能够综合起来。

总之，“和谐是事物要素与要素、要素与系统、系统与环境之多样的统一，关系的协调，力量的平衡，功能的互补”。[①] 尽管中西方提出的和谐德育思想存在各自的局限性，也从来没有真正能够变为现实，但是，从中外教育史中，我们可以披沙拣金，吸取前人有益的思想和经验去发现规律，开拓创新，寻求一条实现当代和谐德育的途径。

(二)和谐德育的现实价值

从和谐德育思想在国内外的发展历史来看，实施和谐德育对我国建设和谐社会、推进和谐教育以及学校德育工作改革均具有十分重要的现实意义。

1. 对建设和谐社会的价值

党的十六届四中全会第一次在党的文献中提出了构建社会主义和谐社会(以下简称“和谐社会”)的战略任务。所谓和谐社会，我们认为是指物质文明、精神文明、政治文明共同发展，公平、合理和有序的社会，是以人为本，全面、协调与可持续发展的新型社会。而和谐社会能够可持续发展，取决于经济、科技、社会与环境、资源、生态以及人的发展相互作用、相互影响、综合与协调发展的程度与水平，特别是人本身的发展进步程度与思想道德水平，这是整个社会可持续发展的核心和目的。

当前，我国社会的发展正处于关键时期。2003 年，我国人均国

① 黄志斌：《绿色和谐管理论》，北京：中国社会科学出版社，2004 年版，第 63 页。

民生产总值已突破1000美元，正在向人均3000美元的新目标跨越。① 许多国家的发展进程表明，人均GDP在1000美元到3000美元之间的发展阶段，往往既是一个国家经济发展的黄金期，也是矛盾凸显期。随着改革开放和社会主义市场经济的深入发展，我国经济社会生活也发生了深刻变化，社会经济成分、组织形式、就业方式、利益关系和分配方式日益多样化，社会利益关系更为复杂，出现了许多新情况、新问题。现代物质文明的非和谐发展，不仅造成了“自然和谐”的破坏，而且也造成了“人和自然”“人与人”之间和谐的破坏。市场经济就像一把双刃剑。它激发了人们主体意识的生成，同时诱发个人主义倾向；增强了效益观念和求实精神，同时诱发了拜金主义和重利轻义思想；也造成一些领域道德失范，诚信缺失、假冒伪劣、欺骗欺诈活动的蔓延，甚至某些地方封建迷信、邪教和“黄赌毒”等社会丑恶现象沉渣泛起，这一切都给社会的和谐发展造成不可忽视的负面影响。建构和谐德育，以提高个体的道德水平为起点，推及社会道德水平的提升，能够纾解社会矛盾，促进社会稳定。这就为社会的和谐发展创造有利条件。

2. 对推进和谐教育的价值

所谓和谐教育，就是以全面贯彻党和国家的教育方针为指导，通过建立民主和谐的师生关系、和谐有序的教学过程以及优化教育教学环境等措施，有效地消除教育系统中各子系统及其要素之间因不和谐而产生的内耗，使学校教育系统中各子系统及其各要素之间协同作用，产生教育合力，从而促使学生在德育、智育、体育、美育和劳动

---

① 严书翰：《构建社会主义和谐社会的立论依据和基本思路》，载《山东社会科学》，2005(3)。

教育等方面全面而和谐地发展。作为承载教育理想的大中小学校，毋庸置疑，经过几十年的跋涉探索，办学业绩卓有成效。但不可否认的是在复杂多变的社会形势面前，在教育健康发展的主流上也附着很多深层次的情况和问题，需要我们德育工作者去正视它、分析它、解决它。特别是近年来，随着市场经济日益快速发展，我国学校教育实践过程中出现的诸多不和谐因素，如学生与老师、学生与管理者、学生与社会在学习、思想、生活观念的不和谐等等。有的学校重“智”轻“德”，有的老师只“教”不“育”，导致学生道德、心理、思维方式以及非智力因素的非平衡发展，造成部分学生人格的裂变和人与人冲突的加剧。

在以知识和信息生产、分配和使用为基础，以人力资源及其创造性为支柱，以市场为依托的知识经济浪潮扑面而来的今天，人们对培养具有完善人格和综合素质和谐发展人才的呼声，成为时代的最强音。我们的德育工作者只有从切实关心学生身心健康入手，大力提倡并建立“和谐德育”作为制衡机制，才会推进教育和谐化。从教育学意义看，“和谐德育”的主要功能指促进人的身体与心灵、智力与德性、知识与能力、理性与审美的普遍的、和谐的发展。其价值在于发挥德育的灵魂统帅作用，将构成教育系统的要素予以优化，形成教育合力，提升教育者和受教育者的主体地位，增进教育效益，促使学生在知识与技能、过程与方法、情感态度与价值观等方面素质的和谐并进，从而保证“整体性人”的生成与发展。

3. 对发展学校德育的价值

在改革开放和建立社会主义市场经济体制的过程中，我国学校德育工作，同样受到功利主义价值取向的影响，同样凸显出越来越多的新情况和新问题。德育还没有像智育那样形成一套科学化、系统化、规范化、相对稳定的传授系统；大中小学的德育内容不同程度地存在着“倒挂”“脱节”“简单重复”“过频变动”和脱离学生身心特点和知识水平实际，脱离社会生活实际的现象；学校德育工作习惯采用灌输禁戒的传输方式，致使知德分离、智德脱节，造成德育对象、德育目标、德育内容、德育方法、德育评价等方面应然与实然的二元对立，学校德育变得苍白而乏味。

培养学生做什么样的人，怎样做人？无论哪一个国家的教育都回避不了这个问题。知识是力量，道德更是力量。人们越来越具有这样的共识：智育不合格者是次品，体育不合格者是残品，而德育不合格者则是危险品。虽然世界各国道德教育的目的、内容、标准、方法不尽相同，但有一点是相同的，就是都越来越重视和谐德育，重视和谐德育的价值。和谐德育不是将道德行为简单地、片面地归因于道德认识，完全忽视了道德需要、情感、意志的基础地位。坚持以和谐的方式促使“知情意行”高度融合，既直接面向实然的“生活世界”，也指向应然的“理想世界”，既注重编码化明示性德育信息的言语表达，也注重非编码化隐含德育缄默信息的内在体悟。这使得德育更多地充满张力，富于跳跃性、亲缘性、亲和力。

(三)和谐德育的基本内涵

所谓和谐德育，指的是德育以满足社会发展需要和受教育者个体发展需要的统一为出发点，在遵循受教育者身心发展规律的基础上，调控构成德育体系诸要素之间的关系，使之发生和谐共振效应，从而促进学生思想品德全面而和谐发展的一种德育模式。和谐德育是对全面发展教育理论的继承与创新，它的内涵主要包括如下几个方面。

1. 民主融合的师生观：教师、学生“双主体”和谐

师生关系是学校教育中最基本的人际关系。和谐融洽的师生关系

不仅是有效进行教育活动、完成教育任务的重要条件，而且本身也是一种重要的教育力量，能够对学生思想品德的发展产生极大的教育效应。学生由生物人向社会人的发展，并不是简单地被动地接受先天条件和外部刺激的结果，学生的思想品格、人格精神不是“教”出来的，而是学生在良好、健康的人际环境中耳濡目染，逐渐养成的。德育过程主要是教师与学生之间、学生与学生之间的多元互动过程，这一过程是一个链条式的循环往返的过程，其互动的效果决定了学生思想品德发展的方向与程度，其效应是由师生关系和谐程度决定的。在德育活动中，教师与学生如果能够平等相处，诚恳相待，学生人格就会得到充分尊重，个性潜能得以展示。教师自己的高尚道德情操，优良的个性品质就能够潜移默化地影响和感染学生。反之，在传统的“师道尊严”师生关系影响下，师生间由于缺乏双向的情感交流和平等的合作沟通，往往造成不和谐的师生关系，就会严重地削弱德育效益。

2. 整体优化的大德育观：学校、家庭、社会“三教”和谐

学校德育与社区环境、家庭环境以及校园环境之间始终是相互联系、相互渗透、相互作用、相互影响的。实践证明，家庭、学校、社会在教育主体、内容、方式、方法上各有优势，只有在学校、家庭、社会三方面教育力量和谐一致的时候，学生的品德发展才是健康的积极的。所谓整体化大德育观，指的是从学校、家庭和社会三个方面同时采取强有力的措施，使“三教”相互协调，取长补短，充分发挥各自的优势，产生多渠道、多方位教育和谐整体的德育效应。首先，“三教”和谐，有利于实现德育目标一致，德育观念趋同，德育过程同步，德育途径方法互补，德育资源共享。其次，有利于把学校德育工作置身于社区大环境中来运作，为建立学习型家庭、学习型社区、学习型学校的和谐社会做出贡献；再次，“三教”和谐，有利于建立广泛的社

会联系，发挥学校、社区、家庭各方面德育功能，使学生成为学校的好学生、家庭的好孩子、社会的好公民，保证德育工作的连续性与整体性。

3. 和谐有序的德育过程观：知情意行“四环节”和谐

和谐有序的德育过程观就是指教育者根据一定社会的德育要求，遵循受教育者的思想品德形成、发展规律，对受教育者有意识地传授道德知识、陶冶道德情感、培养道德意志，引导道德行为的过程。简言之，就是“知情意行”的过程。所谓“知”，即认知，指教育者引导受教育者对客观世界和主观世界进行感知和理解；所谓“情”，即情感，是指在教育者影响下，学生对“人与自然”“人与社会”以及“人与自我”关系的态度；所谓“意”，即意志，指学生为了达到一定的目的而形成的主观能动性；所谓“行”指的是道德行为与实践。“知”是学生道德品质形成发展的基础，“情”是在认知的基础上产生的，但它又是“知、意、行”内在动力，“意”对“知、情、行”具有促进作用，“行”以道德认知为指导，受道德情感与意志的支配，同时它又对道德认知、情感与意志起到检验作用。“知情意行”是德育工作的四个相辅相成的环节。他们各司其职，又相互融合。学校德育工作要取得较大的成功，取决于四个环节的和谐统一的程度。因此，提倡和谐德育观，应遵循青少年思想品德形成发展规律，将“知、情、意、行”巧妙地整合在一起，不能片面强调一方，忽视其他任何一方，而应以传授道德认知作基础，涵养道德情感为关键，培养道德意志作保证，把社会意识巧妙转化为学生的个人意识，实践道德行为，获得“和谐互动，相互促进”的理想实效。

4. 全面发展的教育质量观：德智体美劳“五育”和谐

所谓全面发展的教育质量观，就是指学生思想道德素质、科学文化素质、身体心理素质、审美艺术素质、劳动技能素质的全面而和谐的发展。根据马克思人的全面发展理论，人的全面发展是人的劳动能力、人的社会生活能力、人的精神生活能力与个性自由发展辩证统一的过程。就本质而言，人是一切“社会关系的总和”。[①] 这就是说，人在社会生活中，必然要受到政治、经济、文化等社会关系的制约。人生的真谛就是要正确处理各种社会关系，这正是德育的本质所在。我们提倡的全面发展的教育质量观其实质在于从人的全面发展视角出发，全面实施素质教育。和谐德育就是要正确处理“五育”之间的关系。一方面，强调德育首要地位，充分发挥德育对智育、体育、美育、劳动教育的导向、动力和保证作用；另一方面，使德育寓于“智育、体育、美育、劳动教育”之中，充分发挥“智育、体育、美育、劳动教育”对德育的传输、内化和巩固功能。“五育”相互交织、相互渗透、相互融合。

5. 整体构建的德育体系观：横向系统“六要素”和谐

现代系统科学认为，任何事物都是作为系统而存在的。德育无论就其内容还是作为行为过程，都是一个系统。所谓“整体构建德育体系观”，就是指学校德育理论和德育实践的各种元素按其内在规律相互联系、相互制约、相辅相成、辩证统一而构成的一个有机整体。这个有机的整体主要由德育目标、内容、途径、方法、管理、评价“六要素”构成的横向系统与幼儿园、小学、初中、高中(中职)、高职、大学、研究生教育“七学段”构成的纵向系统组成。这与我们课题组多年来的研究成果是一脉相传的。就学校德育体系的横向系统而言。德育目标是学校德育工作的价值导向系统，是其他要素发挥作用的出发

① 《马克思恩格斯选集》(第1卷)，北京：人民出版社，1995年版，第60页。

点和归宿；德育内容是德育工作的媒介系统，它是其他德育要素发挥作用的凭借与依托；德育途径与方法是德育工作的实施系统，决定了德育工作的效率与业绩，而管理与评价则是德育工作的监督保障系统。“六要素”职责分明，环环相扣，他们只有构成一个统一的整体，才会在相互关联、相互制约、相互作用的关系中获得最佳德育效果，保证了整个德育过程的完整性和连续性。

6. 整体构建的德育体系观：纵向系统“七学段”和谐

学生身心发展特点以及德育规律既要求各教育阶段的德育目标有高低之分，德育内容有深浅的侧重，德育途径和方法有不同选择，又要求随着学生年龄的增长，“德育目标、内容、方法、途径、管理、评价”能够保证教育的连续性和继承性。因此，就构成和谐德育体系的纵向系统而言，幼儿园、小学、初中、高中(中职)、高职、大学、研究生教育“七学段”在保证学段特色的前提下，应做到分层递进，螺旋上升，而不能条块分割，倒挂脱节，简单重复。

和谐德育，就体系而论，以要素系统为横坐标，以层次系统为纵坐标。在两维坐标轴规定的教育目标平面里，灵活地兼顾整体性和层次性的原则。不但使系统要素和层次要素进行由浅入深，由低到高，由感性到理性，由具体到抽象，循序渐进地整合与建构，而且使时间维度的层次系统纵向衔接，分层递进，螺旋上升，保证了各个教育阶段德育工作的层次性和渐进性，发挥德育系统的整体功能，提高德育工作的整体效果。

总之，探索并建构和谐德育，是当前建设和谐社会的客观要求，是现代德育科学理论在学校德育工作中的具体运用，是推进教育和谐发展的必然选择。当然，它也将成为我们课题必须认真思考并深化研究的重大理论与实践问题。随着人们对建构和谐德育价值认识的深入和运用能力的提升，它将在社会主义现代化建设和社会主义教育改革以及学校德育工作的实践中焕发无穷的魅力。

同志们，本届年会结束后，我们的课题将进入结题阶段。课题研究有结束，但德育科研无止境。“十一五”规划期间，我们将承担与“九五”“十五”前后相继、一脉相承的德育课题：整体构建学校、家庭、社会三维和谐德育体系的研究与实验。中国伦理学会德育专业委员会的成立，为德育科研的深入发展搭建了更为广阔而持久的平台。我们的实验学校和实验教师可以自愿申请转入研究会的单位会员和个人会员。德育科研是永恒的，我们因德育科研结下的深厚友谊也是永恒的。让我们更加紧密地团结起来，不断深化研究，发展创新，拓展领域，为整体构建学校、家庭、社会三维和谐德育体系再立新功！

2006年“十五”国家重点课题结题报告

一、课题提出的背景与缘由

本课题是对全国教育科学“九五”规划国家重点课题“整体构建学校德育体系的研究与实验”的延续性的纵深研究，因而课题提出的缘由由两个时间段的背景情况构成。

(一)“九五”立项研究的发端与背景

“整体构建学校德育体系的研究与实验”发端于“八五”规划。“八五”期间，中央教科所德育研究中心承担了国家教委重点课题——“我国各级各类学校德育现状调查研究”。这项调查研究既包括大、中、小学德育工作现状的调查研究，又包括大、中、小学生思想道德素质现状的调查研究。调查样本涉及23个省(自治区、直辖市)，225所学校，12500名学生。这个课题可以说是首次全国性、系统性、全方位的大型德育现状调查研究。在大面积问卷调查研究的基础上，还分别召开了各种类型的座谈会进行典型调查，把定量分析与定性分析相结合，撰写了45份分门别类的调查报告。在此基础上，撰写了总体研究报告。

总报告指出：在改革开放和建立社会主义市场经济体制的过程中，学校德育面临着许多新情况和新问题。例如：在经济体制转轨、经济形式多元存在的情况下，如何坚持社会主义意识形态的一元导向？在扩大对外开放，吸收国外先进技术、经验的情况下，如何振奋民族精神，树立民族自信心和自豪感？在社会生活中存在着“一切向钱看”思想的影响下，如何树立正确的人生观、价值观？在社会生活中出现“黄毒赌”“假冒伪劣”“坑蒙拐骗”等消极影响的情况下，如何教育学生增强遵纪守法观念和诚信意识？在人际交往日益频繁、复杂的情况下，如何培养学生具有待人接物和立身处世的良好道德品质？在升学考试、就业竞争激烈的情况下，如何培养学生承受挫折、适应环境、积极进取的健康心理素质？面对这些问题，德育工作者做了大量工作和坚持不懈的努力。但是，从总体上来看，学校德育还有许多不和谐、不适应的地方，还存在不少亟待解决的问题。

首先，大、中、小学没有形成整体化德育大纲。现行的《小学德育纲要》《中学德育大纲》和《高等学校德育大纲》是分别制定的，对大、中、小学德育的衔接没有给予充分的考虑，因此不同程度地存在着倒挂、脱节、不必要的重复、脱离学生身心发展特点和品德形成发展规律的问题。这三个大纲都是“八五”规划以前制定的，随着时间的推移和形势的发展，它们也需要不断地发展和完善。

其次，大、中、小学的德育途径没有形成有效的教育合力。小学思想品德课、中学思想教育课、大学马克思主义理论课和思想品德课，是德育的主要实施途径。但是这些课程并不能涵盖德育的全部内容，有的甚至已经学科化、应试化，削弱了德育功能。尽管可以把其他德育内容放在学校的党团工作、班主任工作、“三育人”、课外活动、社会实践中来实施，但是这些德育实施途径并没有整体规划、明确分工和形成合力，在时间、空间、人力、物力上得不到保证，容易落空或流于形式。

第三，大、中、小学没有建立起可行的德育评价机制。目前，学校德育工作没有建立起科学、简明、便于操作的评价体系。没有形成检查、督导、评估德育质量的有效机制。因此，智育一手硬，德育一手软的问题依然在一些地方和学校严重存在着，德育“说起来重要，干起来次要，忙起来不要”的情况难以得到根本转变。

总报告的结论部分是《加强和改进学校德育工作的对策性建议》，共提出六项建议，其中包括制定大、中、小学整体化德育大纲，制定大、中、小学德育课程系列教学大纲，整体构建大、中、小学德育体系，建立科学化、系统化、规范化的，整体和谐的，有中国特色的社会主义德育体系。这个建议初稿刊登在中央教科所的内部刊物《科研与决策》1994 年第 4 期上。中共中央政治局常委、国务院副总理李岚清同志看到这个材料之后，于 5 月 14 日做了明确批示：“教委：调查中的有些建议，可以纳入‘加强和改善德育工作’讨论稿。”国家教委有关领导也做了批示，要求“组织文件起草小组的同志仔细商量一下，与全教会主报告、中央常委讨论意见一并吸收有关精神，写入文件稿。”这里所说的“文件稿”就是 1994 年 8 月 31 日颁布的《中共中央关于进一步加强和改进学校德育工作的若干意见》，这个文件的第 5 条明确规定要“整体规划学校的德育体系”。

为了贯彻落实中央文件关于“整体规划学校的德育体系”的精神，在对《小学德育纲要》《中学德育大纲》和《高校德育大纲》进行认真研究的基础上，我们写出了涵盖大、中、小学的、系统的、整体化的《有中国特色的社会主义德育体系的初步构想》。与此同时，还出版了《中国德育全书》(200 万字)，对大、中、小学校德育进行了系统的、全面的研究，为本课题的提出奠定了良好的基础。

本课题的提出经过了一个自下而上、自上而下的过程，经过了一个从实践中来、通过研究再到实践中去的过程。

(二)“十五”深化研究的背景与基础

1. 新世纪新时期社会发展对学校德育提出的新要求

(1)全面推进素质教育对学校德育提出的新要求

1999年6月，党中央、国务院做出了《深化教育改革，全面推进素质教育的决定》(以下简称《决定》)，为我国新世纪教育改革明确了方向和任务。《决定》把培养学生的创新精神和实践能力确定为素质教育的重点内容。人的创造能力的形成是人的思想道德素质和科学文化素质和谐统一的结果。人的实践能力与人的创新精神和创新能力紧密相连，都是人的道德品质的构成要素。素质教育的这两个重点在新世纪我国社会发展特别是在知识经济社会背景下意义重大。在全面实施素质教育的过程中，怎样科学地认识和落实德育的首要地位，充分发挥德育对智育、体育、美育、劳动教育的导向、动力和保证作用；怎样改变“应试教育”重智轻德的倾向，建立德育与其他各育整体和谐的联系；怎样把握培养学生的创新精神和实践能力与德育的关系，形成长效教育机制；需要运用整体构建的思维方式和工作方式来解决。《决定》对德育要进行思想、政治、道德、法纪、心理五个方面的教育进行了阐述，对德育的目标内容体系构建，提出了“按德育总目标和学生成长规律，确定不同学龄阶段的德育内容和要求，在培养学生的思想品德和行为规范方面，要形成一定的目标递进层次”的要求；在德育途径方法上，提出了“加强学校德育与学生生活和社会实践的联系，讲究实际效果”的要求；同时《决定》还提出了“建立符合素质教育要求的对学校、教师和学生的评价机制”的要求。这些要求均需通过整体构建德育体系才能得到落实。

(2)公民道德建设对学校德育提出的新要求

2001年10月，中共中央颁发了《公民道德建设实施纲要》(以下简称《纲要》)，首次构建了社会主义道德建设实施体系的总体框架，这一体系包括公民道德建设的指导思想、主要内容、途径形式、方法手段、管理机制等方面。《纲要》在指导思想中提出了“以人为本”的观点。对学校教育，《纲要》指出：“学校是进行系统道德教育的重要阵地。各级各类学校必须认真贯彻党的教育方针，全面推进素质教育，把教书与育人紧密结合起来。要科学规划不同年龄学生及各学习阶段道德教育的具体内容，坚持贯彻学生日常行为规范，加强校纪校风建设。要发挥教师为人师表的作用，把道德教育渗透到学校教育的各个环节。要组织学生参加适当的生产劳动和社会实践活动，帮助他们认识社会、了解国情，增强社会责任感。”《纲要》还指出：“家庭、学校、机关、企事业单位和社会在公民道德建设教育方面各有侧重、各有特点，是相互衔接、密不可分的统一整体。必须把家庭教育、学校教育、单位教育和社会教育紧密结合起来，相互配合，相互促进。”

(3)社会主义先进文化建设对学校德育提出的新要求

2001年7月1日江泽民同志在建党八十周年大会的讲话中指出：“加强社会主义思想道德建设，是发展先进文化的重要内容和中心环节。”2002年11月，党的十六大报告关于文化建设的任务中指出：“切实加强思想道德建设。依法治国和以德治国相辅相成。要建立与社会主义市场经济相适应、与社会主义法律规范相协调、与中华民族传统美德相承接的社会主义思想道德体系。”“必须把弘扬和培育民族精神作为文化建设极为重要的任务，纳入国民教育全过程，纳入精神文明建设全过程。”“深入进行党的基本理论、基本路线、基本纲领和‘三个代表'重要思想的宣传教育，引导人们树立中国特色社会主义共同理想，树立正确的世界观、人生观和价值观。认真贯彻公民道德建设实施纲要，弘扬爱国主义精神，以为人民服务为核心、以集体主义为原则、以诚实守信为重点，加强社会公德、职业道德和家庭美德教育，特别要加强青少年的思想道德建设，引导人们在遵守基本行为准则的基础上，追求更高的思想道德目标。加强和改进思想政治工作，广泛开展群众性精神文明创建活动。”

上述中央文件的精神，为本课题研究提供了前所未有的宏观背景、政策导向和思想理论基础，对整体构建学校德育体系的深化研究和推广实验具有重要的指导意义。

2. 新世纪新时期学校德育工作面临的新情况新问题

进入新世纪后，教育界对学校德育工作的认识和采取的措施呈持续加强态势。同时，学校德育工作存在的问题仍然比较严峻。中共中央办公厅、国务院办公厅于2001年初下发的《关于适应新形势进一步加强和改进中小学德育工作的意见》在肯定学校德育工作成绩的同时，全面客观地分析了当前学校德育工作存在的问题：“面对国内外形势的新变化，教育改革与发展的新任务和青少年思想工作的新情况，中小学德育工作还很不适应。突出表现在：‘重智育轻德育’‘一手硬一手软’的现象依然在一些地方和学校严重存在；德育工作不适应青少年学生身心发展的特点，不适应社会生活的新变化，不适应全面推进素质教育的要求，方法与手段滞后，针对性和实效性不强；重课堂教学轻社会实践，重校内教育轻校外教育的倾向比较严重；全社会关心和支持教育的风气尚未全面形成，一些地区的社会环境不利于青少年学生健康成长；一些教师的思想道德素质与教书育人、为人师表的要求存在较大差距，教师职业道德建设亟待加强；德育工作的保障措施不够有力，体制、机制、队伍建设和经费投入等政策措施不到位。”这些问题形成于20世纪80年代发展于90年代，并且是现在和今后德育工作仍然面对的严峻问题和真实情况。在“九五”课题研究过程中，学校和教师已经形成了“问题就是课题”的科研意识，实验校确立的子课题一般都是以学校德育存在的突出问题为切入点的。事实上，学校和教师正是在解决面临的问题中感受德育科研的价值和作用的。就是通过德育科研认识问题形成的原因，又通过德育科研探索解决问题的方法，从中把握德育的规律性。学校德育存在的现实问题，增强了学校和教师的教育责任感；“九五”课题研究与实验的成效，坚定了教师通过德育科研解决现实问题的信心。

上述几个方面的背景情况表明，学校德育面临的任务和要解决的问题是整体性的、全方位的，某些方面的专题研究和单项改革是不能从根本上完成和解决我国学校德育工作面临的任务和问题的。本课题“九五”期间对上述社会发展要求和学校德育工作中的问题已经运用整体构建德育体系的方式进行了初步研究和实验，在一定程度上体现了理论思维对社会发展要求和教育实践的分析、概括和预见的作用。整体构建学校德育体系的研究要略就是把大、中、小学德育工作视为一个由德育的目标、内容、途径、方法、管理、评价六个子体系构成的整体，整体构建德育体系就是研究如何使六个子体系在各学段横向贯通，纵向衔接，分层递进，螺旋上升。上述德育工作面临的任务和存在的问题都可以归结到德育的目标、内容、途径、方法、管理、评价上来。我们认为：整体构建学校德育体系的思想方法和工作方式是符合实际的，需要继续深化研究和推广实验。通过研究，能够从整体上推进学校德育问题的解决。本课题“九五”研究成果《整体构建德育体系引论》《整体构建德育体系总论》《整体构建德育体系实验报告集》《整体构建德育体系研究论文集》，从思想理论和实践模式上为“十五”时期的深化研究与推广实验建构了研究基础和实验参照。

二、深化研究的内容与过程

本课题的指导思想和总体目标是：以马列主义、毛泽东思想、邓小平理论、“三个代表”重要思想和科学发展观为指导，坚持解放思想、实事求是、与时俱进、开拓创新的思想路线，坚持系统科学的理论原则，把各级各类学校德育作为一个系统加以统筹规划，整体构建学校德育体系。为建立科学化、系统化、规范化、现代化的具有中国特色社会主义的、代表先进文化前进方向的、适应素质教育要求的学校德育体系提供理论参照和实践模式。

整体构建学校德育体系深化研究以本课题“九五”成果为基础，以各个学段学校德育工作的实践形态为中心，依序分层整体构建各学段德育体系实践导引和校本德育体系。整体深化研究的内容与过程如下页图所示。

图示反映了本课题从“九五”(1997—2001)到“十五”(2002—2006)研究的主体内容及深化发展过程，全部过程可以分为三个阶段。这三个阶段紧密联系，逐步深化，体现了从宏观到微观、从抽象到具体、从理论到实践的总体研究思路。

(一)整体构建大中小学德育体系总论的研究

第一阶段，“九五”时期在对学校德育工作现状调查研究基础上，组织指导实验区、实验校进行整体构建学校德育体系的分学段、分专题的研究与实验。最后，由总课题组全面总结提炼实验区、实验校的研究成果，形成《整体构建德育体系总论》等“九五”四部最终成果。《整体构建德育体系总论》以德性论、德育论、系统论为理论基础，以

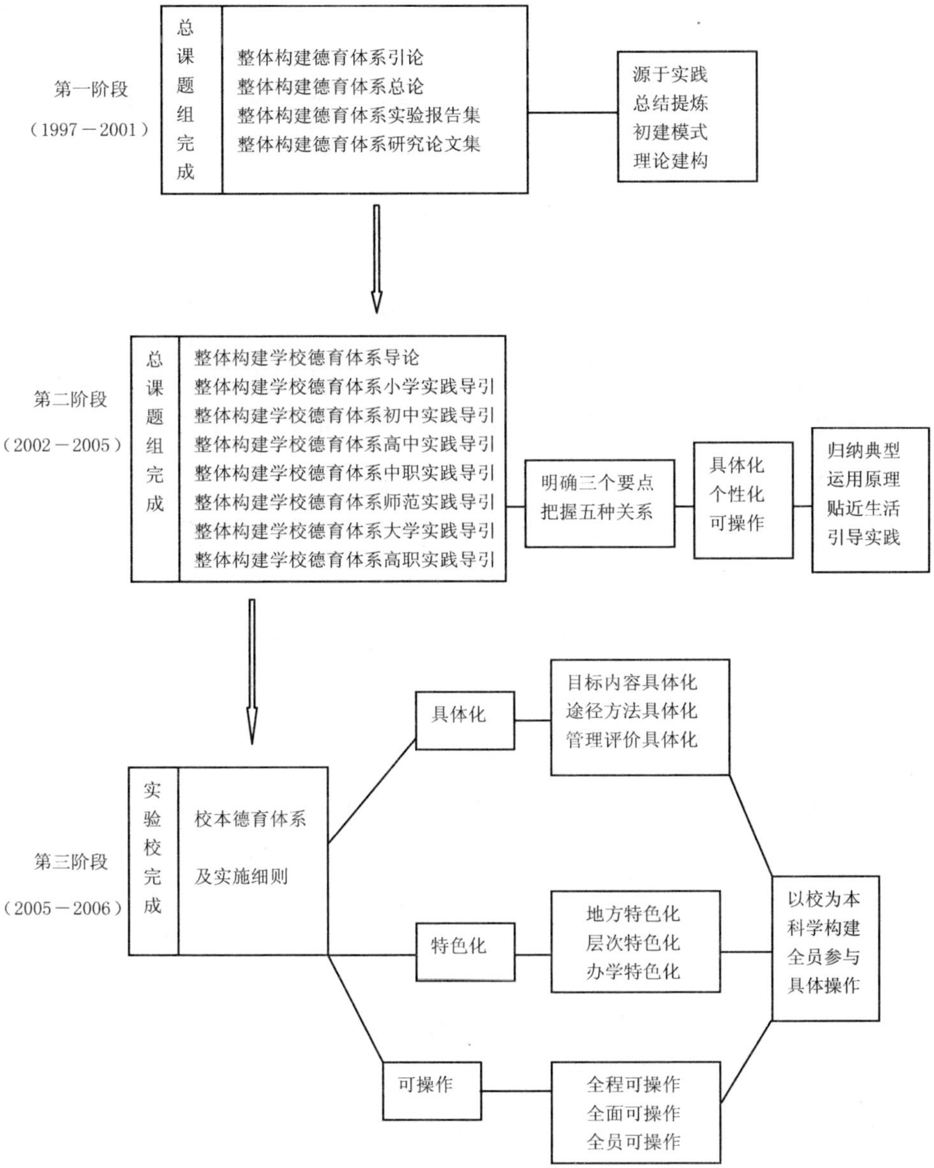

贯通古今、融会中西、继承借鉴、发展创新为基本原则，以德育目标、德育内容、德育途径、德育方法、德育管理、德育评价等要素系

统为横坐标，以小学德育、中学德育(中职德育)、大学德育等层次系统为纵坐标，进行横向贯通、纵向衔接、分层递进、螺旋上升，整体构建 21 世纪有中国特色的、代表先进文化前进方向的、适应素质教育要求的学校德育体系，为增强学校德育工作的科学性、针对性和实效性提供了理论参照和实践模式。

《整体构建德育体系总论》首次整体构建了总括大中小学各学段的理论形态学校德育体系，初步归纳出部分创新性实践模式。进入新世纪，学校德育工作面临着新形势和新问题，我们必须与时俱进，不断开拓创新。《整体构建德育体系总论》是认识的发展阶段，而不是认识发展的终结，理论形态德育体系仍是动态发展中的理论体系。理论形态德育体系的发展应继续坚持开放的观点、实践的观点、继承借鉴和发展创新的观点。密切关注实践形态德育体系的动态发展情况，注意发现和总结其中的规律性问题，进行深入研究和实验，在新的认识基础上充实和完善理论形态德育体系，做到在实践中检验理论，在理论的运用中发展理论。

(二)整体构建各学段德育体系分论的研究

第二阶段是“十五”承接“九五”深化研究的开端。其重点研究内容是整体构建各学段德育体系(因是《总论》的分学段具体展开，故简称《分论》)。

1. 整体构建各学段德育体系深化研究的重点内容

以《整体构建德育体系总论》等“九五”成果为基础，进行分年级德育的科学化、系统化、规范化、精细化研究，分别构建小学、初中、高中、中等职业学校、高等职业学校、普通高等学校的学段德育体系。为教育部制定或修订德育大纲提供决策依据，为各级各类学校德育工作从盲目性走向科学性、从零散性走向系统性、从随意性走向规范性提供理论参照和实践模式。

(1)关于德育目标和内容。首先，深入研究怎样落实德育的总目标，即教育和引导学生树立中国特色社会主义的理想信念和正确的世界观、人生观、价值观，养成高尚的思想品质和良好的道德情操，努力培育有理想、有道德、有文化、有纪律的，德、智、体、美全面发展的中国特色社会主义事业建设者和接班人。其次，研究德育的分学段目标和分年级目标如何表述，如何体现年龄特点和德性形成的发展规律，这是德育目标深化研究的重点。第三，研究德育内容——思想教育、政治教育、道德教育、法纪教育、心理教育“五要素”各自的具体内容、特点和规律，如同智育学科的数学、物理、化学、生物、语文、外语有着不同的教学内容、特点和规律一样，德育中的道德教育、思想教育、政治教育、法纪教育、心理教育也有不同的内容、特点和规律。如果不能正确划分其内容，不能正确认识其特点，不能正确遵循其规律，就难以实现德育的科学性，也就不能收到实效性。因此，这是德育内容深化研究的难点。第四，中共中央颁布的《公民道德建设实施纲要》把“爱国守法、明礼诚信、团结友善，勤俭自强、敬业奉献”确定为公民基本道德规范。如何把基本道德规范具体化为若干个“德目”，怎样构建与培育“四有”新人目标相一致、与社会主义市场经济相适应、与社会主义法律规范相协调、与中华民族传统美德相承接的德育内容体系，这些内容怎样形成序列、循序渐进地分布到各个学段，每个年级又如何把这些内容化为教师可操作、学生可接受的具体内容，这是德育内容深化研究的重点。第五，随着科学技术的迅猛发展，环境污染的日趋严重，网上垃圾的令人忧虑，全世界普遍关注和呼唤“科技道德、环境道德和网络道德”。如何对青少年学生加强科技道德、环境道德和网络道德教育，这是德育内容深化研究的又一个重点。

(2)关于德育途径和方法。学校的德育途径包括思想品德和思想政治课(中职德育课、高校“两课”)、德育活动课、学科德育、三育人(教书育人、管理育人、服务育人)、班主任工作、党团队工作、校园文化建设、校外基地建设、心理咨询和职业指导、学校教育与家庭教育及社会教育三结合等。各条途径如何发挥各自的功能，协调配合，形成全员育人、全程育人、全方位育人的德育工作格局，这是德育途径深化研究的难点。德育的本质是实践的，实践的观点是德育首要的和基本的观点。在改革思想政治课的同时，建设一门德育活动课，并使二者互为补充，互相结合，如同高校“两课”一样使之共同成为德育工作的主渠道和主阵地。如何加强德育的实践环节，如何建设德育活动课，如何使学校德育贴近实际、贴近生活、贴近学生，这是德育途径深化研究的重点。班主任和任课教师是学校德育工作的主力军。如何深化研究班主任工作，如何加强学科德育和任课教师的教书育人，这是德育途径深化研究的又一个重点。家长是孩子的第一任教师，家庭是青少年的第一所学校。在社会生活和家庭生活发生很大变化的今天，在面对独生子女教育的特殊年代，如何加强家庭教育，如何搞好学校教育与家庭教育的结合，如何办好家长学校，这是学校德育途径深化研究向家庭教育的延伸。

(3)关于德育管理和评价。德育管理深化研究的重点是，坚持以人为本，构建具有时代特点的、体现德育规律的、有利于增强德育实效性的学校德育体制、机制、德育队伍、德育环境管理体系。德育评价的深化研究是本课题的重点和难点。说它是重点，是因为德育评价是德育管理工作中的重要环节，是检查、督导、评估德育质量的重要机制，是切实加强和改进学校德育工作，使德育由虚变实、由软变硬、由弱变强的不可缺少的重要措施。说它是难点是因为德育评价难以量化，难以建立一套科学、有效、便于操作的评价指标体系。德育评价与智育评价不同，智育评价通过考试，就可以测量学生的知识和能力的水平，而德育评价只靠考知识、考能力是不够的，还需要对学生的情感、意志、行为进行评价，而这方面的评价是不太容易量化的。因此，增加了德育评价的难度。经过研究，我们已经总结出德育评价的原则和方法。德育评价的原则是：①定性评价与定量评价相结合；②终结性评价与形成性评价相结合；③全面评价与特色评价相结合；④他人评价与自我评价相结合。评价的主要方法有：①评语鉴定测评法；②等级评定测评法；③综合记分测评法；④评语、评分、评等综合测评法。德育评价深化研究的任务是：如何建立健全学校、班级、学生三级评价体系，如何运用德育评价的原则和方法构建一套科学、实用、有效的德育评价指标体系，如何运用现代信息技术手段研制德育评价电脑软件。

2. 各学段《分论》研究把握的三个重点

(1)整体构建学校德育体系研究的目标指向

这个目标是：通过课题研究构建科学化、系统化、规范化、现代化的社会主义学校德育体系。科学化、系统化、规范化的核心是引导教育者探索、掌握和运用德育规律。现代化即德育工作的时代性，主要指德育的思想理念和内容方法是“三个面向”的、代表先进文化前进方向的、适应素质教育要求的。掌握规律和体现时代性的目的与结果是增强德育的实效性。时代性、规律性、实效性是与“整体构建”同步展现的课题研究特色。

(2)整体构建学校德育体系的思维路向

这个思路是：运用系统科学的整体性、层次性、有序性、动态性和相互联系的理论设计德育体系，优化德育的要素和结构，追求整体效应。通过德育目标、内容、途径、方法、管理、评价各要素的横向贯通和小学、初中、高中(含中职)、大学(含高职)各学段纵向衔接，增强教育合力和教育过程的系统性，促进学生品德及整体素质和谐发展，促进学校德育工作整体和谐地发展。

(3)整体构建学校德育体系的基本原则

这个原则是：贯通古今，融会中西、继承借鉴、发展创新。整体构建学校德育体系是对德育理论和实践的一种创新性研究，同时也是一种德育文化建设的创新研究。构建代表先进文化前进方向的德育体系，要继承中华民族优秀传统文化，传承民族精神，同时也要吸收借鉴国外优秀文明成果，建构时代精神。在文化的融会和整合中发展创新中国特色德育文化。民族精神是文化建设的精神支撑，要把弘扬和培育民族精神贯穿到整体构建德育体系的各项研究之中。

3. 各学段《分论》把握的五种关系

五种关系是：(1)《分论》与《引论》《总论》的关系，强调《分论》是将《引论》《总论》所建构的理论形态的德育体系转化为实践形态的具体化的德育体系；(2)《分论》与试验区、实验校研究成果的关系，强调要系统整理课题已有成果，作为各学段德育体系构建的基础材料，选拔这些成果中的优秀作者参加《分论》的研究撰写工作；(3)《分论》与《分论》的关系，强调各学段《分论》之间纵向衔接、分层递进的关系；(4)《分论》与普通德育论、学段德育论的关系，强调《分论》编写要以德育基础理论为指导，同时要避免照搬理论，注意突出课题自身特色；(5)《分论》与新课程体系的关系，强调《分论》与新课程体系相互融合、相互促进的关系。

4. 各学段《分论》编写的重点要求

各学段《分论》编写的重点要求，就是建立具体化、个性化、可操作的学段德育模式

(1)具体化是《分论》在呈现方式上的要求

主要体现在三个方面：第一，各学段德育体系应包括德育目标、内容、途径、方法、管理、评价六项子体系。每一项子体系原则上要具体化到年级，小学可分为低年级、中年级、高年级三段，初中以上每学年分为一段。每段要按层次列出目标内容和评价指标的细目，各学段在把握时代性、规律性和实效性基础上制定出德育管理实施细则，为学校构建校本德育体系提供基本参考模式。第二，具体化即生活化，分论编写要体现"近、小、实、亲"的原则，各章节都应有来自教学第一线的工作实例，以具体形象的语言说明整体构建德育体系的生活形态，运用鲜活可感的教育实例阐释课题实验研究提出的新理念。第三，分论要把"整体构建"的理论要点贯穿始终，这种理论阐述应是具体的、平实的、易于广大教育者理解和运用的。

(2)个性化是《分论》在学段特点上的要求

个性与共性的关系普遍存在于社会生活之中。相对于《总论》来说，《分论》具有一定的个性；相对于各学校德育工作来说，《分论》具有一定的共性，每个学段的德育工作具有自己的个性。各学段《分论》在确定德育目标、选择德育内容、运用德育途径、设计德育方法等方面都要从具体的教育实际出发，以学段或年级序列目标内容为参考构建方案，形成体系，充分体现德育工作的针对性、主动性和科学性，增强德育的实效性。《分论》要处理好个性与共性的关系，构建具有个性特色的德育模式，同时，又要引导教育者从不同的德育模式中把握其中的共性因素，认识和掌握德育规律。

《分论》的个性特点主要体现在三个方面：第一，每个学段分论要体现本学段学生年龄、心理和品德教育的特点。要全面深入地研究本学段学生身体、心理和品德在成长发展中的特点、成因和规律，为学校和教师开展德育工作提供科学依据和实践依据。第二，每个学段要体现本学段学校德育工作的特点。大、中、小学的德育工作都有各自的特点，各学段分论在德育目标、内容、途径、方法、管理、评价的研究中都要充分体现本学段德育工作的特点。第三，各学段要解决好与相邻学段的和谐衔接，避免倒挂、脱节、简单重复和脱离实际，把分层递进、螺旋上升的研究理念具体落实到年级、学段的体系构建之中。

(3)可操作是《分论》在实施上的要求

具体化、个性化是德育模式可操作的重要基础，可操作是教育科研成果能否转化为教育生产力的关键环节。可操作要在“是什么”的基础上重点解决“怎么样”的问题。《分论》各章节都要在“怎么样”上下功夫。第一，在学校德育体系整体构建的层面上，从基本原则到实施方法都要具有可操作性；第二，每个子体系的实施要有可操作性，如怎样制定德育目标，怎样选择德育内容，怎样运用德育途径，怎样设计德育方法等都要便于实际操作；第三，对教师的德育过程、德育方法、德育科研要给予具体的实例引导，利于教师参考借鉴，使《分论》成为学校制定校本德育体系及实施细则和教师开展德育工作的理论指导和实践参考模式。

(三)整体构建校本德育体系及实施细则的研究

第三阶段的主要研究内容就是在第二阶段已经构建各学段德育体系基础上，深化到学校现实的德育工作层面，即校本德育体系的研究与构建。校本德育体系及其实施细则的研究与构建是在总课题组和实验区指导组的指导下由各实验校自主完成。

整体构建校本德育体系，是指为了增强学校德育工作的针对性和实效性，各级各类学校以《中共中央国务院关于进一步加强和改进未成年人思想道德建设的若干意见》和《中共中央国务院关于进一步加强和改进大学生思想政治教育的意见》为指导，贯彻教育部《整体规划大中小学德育的意见》，按照总课题组整体构建学校德育体系《引论》《导论》《总论》和各学段《分论》的研究思路，依靠本校教师集体研究而构建的具体化、特色化、可操作的学校德育实施系统。

构建校本德育体系的原则与要求体现在如下几个方面。

1. 校本德育体系具体化

所谓校本德育体系具体化，指的是构成校本德育体系的德育目标、内容、途径、方法、管理、评价等要素的细化、优化与科学化。细化是指将构成校本德育体系各要素分解到细微的程度；优化是各要素之间组合的关系以及整体发挥作用的效度；科学化是校本德育体系的构建适应学生年龄特征和品德发展规律。

(1)目标内容具体化

校本德育目标，是指学生在德育方面所要达到的要求和水平。它对构建整个校本德育体系具有导向、激励、调节、控制等作用，是选择、构建德育内容的前提和基础，也是提高整个校本德育科学性与实效性的关键。因此，校本德育目标要具体化，要“近、小、实、亲”，不要“高、大、空、远”。

校本德育目标体系分为总体目标、层次目标和阶段目标。按照“总体目标，一以贯之；学段目标，各有侧重；年级目标，具体明确；情意兼顾，知行统一”的原则，整体构建德育目标体系应由“认知目标、情感目标和行为目标”构成“三维德育目标体系”。其横向结构由道德、法纪、心理、思想、政治五项德育目标群构成，每一项都含有认知目标、情感目标和行为目标；纵向结构是学生成长的各个年级，要根据循序渐进的规律，对不同年级的学生分步要求，螺旋上升。

德育内容体系的具体化，就是指根据学生的年龄特点和思想品德的发展规律，以道德、心理、法律、思想、政治等相关内容为横坐标，以低年级、中年级到高年级为纵坐标，理顺德育内容自身的逻辑关系，由浅入深、由低到高、由感性到理性、由具体到抽象进行合理部署与安排，做到“德育内容，循序渐进；德目规范，形成序列；要素完整，层次清楚；注意衔接，螺旋上升”。

(2)途径方法具体化

德育途径是开展学校德育工作的渠道。构建具体化的校本德育途径体系，指的是把七大类德育途径：课程类、实践类、组织类、环境类、管理类、咨询类、传媒类具体化为可操作的实施途径，主要根据“德育途径，对应内容；一项内容，多条途径；有主有辅，协调配合；分工合作，形成合力”的原则，把它们运用到各年级的德育工作中去。其一，课程类德育途径的具体化，就是要构建各个年级的学科课程与活动课程相结合、必修课程与选修课程相结合、显性课程与隐性课程相结合的课程类德育途径体系，并且找准各门各课的寓德点。其二，管理类德育途径的具体化，就是要使德育校长、德育主任、班主任的管理职能具体化。比如班主任工作具体化就是要建立以主题班会为基本形式，贯彻落实“双主体”“三中心”“四环节”等德育新理念的班主任工作规程。其三，环境类德育途径具体化，充分发挥校园环境的育人功能，精心设计校园物质文化和精神文化，使校园里每一堵墙、每一片绿、每一棵树都会说话，使整个校园成为一部立体的、多彩的、富有吸引力的生活教科书。

德育方法是为了实现德育目标，完成德育任务所采取的手段与方式。校本德育方法体系具体化，就是把语言说理类、榜样示范类、修养指导类、实践锻炼类、行为训练类、规范制约类、评价激励类等方法具体化，按照“根据内容，对应途径；多种方法，优选组合；辩证思维，法无定法；留有余地，鼓励创新”的原则分布到各年级的德育工作中去。比如，语言说理的德育方法还可以细化为商讨式谈话、谈心式谈话、点拨式谈话、触动式谈话、渐进式谈话、突击式谈话等多种方式，可针对不同的学生、不同的情况灵活运用；在运用评价激励的德育方法时，坚信“好学生是夸出来的”，根据不同的对象采取登榜表彰法、上报表彰法、写信表扬法、大拇指称赞法、微笑点头法、背后夸奖法等，可收到良好育人效果。

(3)管理评价具体化

建立具体化的校本德育管理体系，就是按照“理顺健全领导机制，稳定提高教师队伍，建立健全规章制度”的要求，把学校领导体制、规章制度、队伍建设、督导检查、考核测评等要素进行优化组合。主要表现在如下几个方面：①确定校长的职责和学校党组织的职责；②成立由学校党政主要领导、德育骨干、社区和家长代表参加的德育领导小组；③建立相应的德育工作机构，确立各机构的职责、任务、工作制度；④建立优化德育队伍的机制，培养与选拔班主任、团(队)干部、心理咨询教师。总之，校本德育管理体系构建要营造一种团结的、民主的、和谐的校园人际关系，形成齐抓共管的学校德育工作格局。

校本德育评价，是校本德育的监督保障机制，具有导向和激励功能。校本德育评价体系具体化即要求按照导向性和激励性、科学性和系统性、形成性和阶梯性、主体性和个体性、操作性和趣味性等评价原则，运用评分、评等、评语相结合的方法，制定科学简明的学校德育、班级德育和学生品德三级评价指标体系。对学生思想品德的评价要通过家校结合、亲子互动、师生互动、生生互动等评价方法，对学生的思想道德素质进行评价，既要注意评价的客观性，又要注意评价的导向性，学校领导、教师和家长要从各方面观察、记录、分析学生的优势和弱点，特别要注意发现每一个学生的特点和闪光点，引导和激励学生健康成长。

2. 校本德育体系特色化

特色，就是事物表现出来的独特色彩和风格。校本德育体系特色化，主要是指学校所处的地区特色、层次特色和办学特色在学校德育工作中表现出来的独特风格。特色化是校本德育体系的显著特征，也是校本德育体系构建的出发点。

(1)地方特色化

校本德育体系地方特色化就是要求各级各类学校立足地方经济文化建设的需要，努力挖掘地方德育资源，建设富有各地风土民情的、具有地域独特性的校本德育体系。比如新疆伊宁市针对多民族的现状，构建了《民族之花常开》《我的中国心》等具有浓郁的边疆地方特色的校本德育体系，突出了民族团结、建设边疆、保卫边疆的主题；河南信阳市发挥鄂豫皖革命根据地的德育资源优势，构建了《将军哺育我成长》《我为家乡添光彩》等具有革命老区特色的校本德育体系，培养青少年继承革命传统，热爱家乡、建设家乡，热爱祖国、建设祖国的真挚情感。校本德育体系地方特色化充分体现学校教育环境的独特性，有利于调动学校教师、学生的积极性，使学校德育更有地方特色、教师的教学更有特点、学生的发展更有特长。

(2)层次特色化

校本德育体系层次特色化，指的是根据各级各类学校办学层次上的区别，结合学生各年龄段的特点，针对各个层次学校的不同办学目标、不同的文化背景、不同的办学条件，制定校本德育目标、内容、途径、方法、管理、评价的具体内容。比如道德教育，小学应从一般的文明礼貌、行为规范做起，强调道德行为习惯的养成；中学则应当对道德原则、规范进行系统教育，使学生对传统道德与社会主义道德有较深刻的认识；到了大学阶段，则应进行伦理学和道德基本理论教育，使学生对道德的起源、本质、功能有深刻的理解。校本德育体系层次特色化，适应不同年龄阶段学生的身心特点、知识水平和品德形成发展规律，避免了大、中、小学德育的倒挂、脱节、简单重复和脱离实际的问题，使校本德育体系能够贴近实际、贴近生活、贴近学生，从而增强德育的实效性。

(3)办学特色化

校本德育体系的办学特色化，就是学校在构建校本德育体系的过程中根据本校的文化传统、办学优势、师生特点、德育资源和学校环境以及教育者的办学追求和情趣，努力形成独特的德育风格，确立学校德育工作独特的发展方向。简言之，就是在具有一般校本德育体系的共性基础上，突出与众不同的个性，即“人无我有，人有我优，人优我精”。一个富有生命力的校本德育体系必然有其独特的优势和风格。学校德育千篇一律、千校一面的现象，不利于学生的发展、学校的发展乃至社会的发展需要。富有特色的校本德育体系则能够满足学校发展的需要，提高学校的教育质量，为培养个性鲜明、特长突出的优秀学生搭建成长平台。

3. 校本德育体系可操作

校本德育体系可操作是指把理论形态的德育体系转化为实践形态的、可以适合本校实践运用的德育体系。校本德育体系是否有可操作性，主要从以下三个方面来衡量与检验。

(1)全程可操作

全程是一个时间概念，指学生从入学到毕业的时间过程。全程可操作，是指学校德育工作贯穿于学生从入学到毕业的整个过程之中，德育无时不在，环环相扣，贯穿始终。校本德育体系如同一个生产流程，学生从低年级发展到高年级，每一个成长阶段都是生产流程上的一道道工序。如初中校本德育体系可以将三年六个学期分成 12 个阶段，每一个阶段设计一个德育主体活动。第一学年主要有“迈好中学第一步、法律保护我成长、学会交往，创造和谐的成长环境、登上知识之船，扬起理想的风帆”等内容；第二学年主要有“花季困惑指南、塑造健全人格、不断完善自我、讴歌民族精神”等专题；第三学年考虑到学生初中毕业在即，面临升学压力，可以构建“鼓起勇气，迎接挑战；调整自我，增强自信；脚踏实地，自强不息；找准定位，确定理想坐标”等内容。德育贯穿学校教育的全过程，针对学生成长的每一个阶段的需要开展主题教育活动，有利于增强德育的针对性和实效性。

(2)全面可操作

全面是一个空间概念，是指学生生活、学习的全部环境。全面可操作，是指学校德育工作全方位地深入到学生学习、生活活动的全部领域。学校是一个德育信息场，教师的德育信息、学生的德育信息、管理者的德育信息以及学校物质形态所包含的德育信息相互作用，形成一定的张力作用，构成一种立体的德育空间。构建全面可操作的校本德育的要义在于营造像电场、磁场、引力场一样的校本德育场。全面可操作的工作的着力点主要体现在如下三个方面，其一，要把德育内容具体化为学生喜闻乐见、易于接受的名言警句、温馨提示等形式，分布到学校教学楼、餐厅、宿舍、文化广场，使德育信息无处不在；其二，通过情景感染、榜样示范等手段，使学生耳濡目染、亲身体验，养成良好的行为习惯；其三，通过检查督导、评比竞赛等手段，引导和激励学生自觉遵守学校的规章制度，树立社会主义荣辱观。

(3)全员可操作

全员是指学校领导和全体教职员工所组成的教师集体。全员可操作是在“人人都是教育者”的观念指导下，通过强化全员意识，建立全员机制，开辟全员渠道等措施，使每一个教职员工均能根据自己的职责分工做到“教书育人、管理育人、服务育人”。所谓全员意识，就是强化党、政、工、团齐抓共管，班主任、科任教师和职工通力合作，学校、家庭、社会互相结合的德育意识；全员机制主要指在建立学校德育管理机制的基础上，逐步建立年级组长负责本年级德育工作，班主任负责本班德育工作，全体教职工责任到人的全员德育工作机制；开辟全员渠道即针对每一阶段的德育主题，分别确定“学校、政教处德育工作，年级组长、班主任德育工作，学科德育工作，共青团、学生会德育工作，心理辅导工作，学校、家庭、社会德育工作”的工作要点、工作方法，使德育工作真正落到实处。

三、推广实验的内容与过程

整体构建学校德育体系深化研究与推广实验各有侧重，相辅相成。深化研究侧重于体系构建，推广实验侧重于研究成果中实践载体的实验。德育体系实施载体推广实验的重点是：以《德育》读本为载体的德育内容体系的实验；以《当代家长》为载体的德育途径方法体系的实验；以《成长册》为载体的德育评价体系的实验。在推广实验的发展阶段上，与德育体系深化研究共同分为相互融合、协调一致的三个阶段。

推广实验的内容与过程如下图所示：

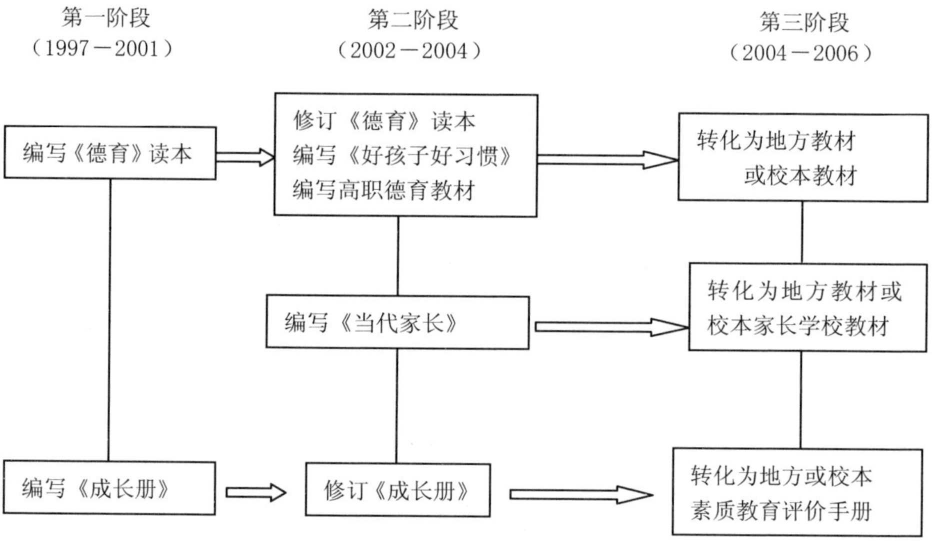

(一)《德育》读本等的深化研究与推广实验

1.《德育》读本的深化研究与推广实验

《德育》系列实验读本(其中包括小学、初中、高中、中师、中职，每学年一册，共18册)的深化研究与推广实验的总体思路是：把德育内容的要素结构和层次结构划分出来，以五大要素(即道德教育、法纪教育、心理教育、思想教育、政治教育)为横坐标，以各项要素的不同层次为纵坐标，按照整体性、有序性、动态性的原则，把他们有机地结合起来，依据学生不同年龄阶段的身心特点、知识水平和品德形成发展规律，由浅入深，由低到高，由近及远，由具体到抽象，由感性到理性，螺旋上升，构建从小学一年级到大学毕业每个年级的德育内容，形成科学化、系统化、规范化的德育内容体系。《德育》系列实验读本就是德育内容体系在各级各类学校贯彻实施的一个载体，是建立德育活动课的一种模式，是对思想品德课和思想政治课的一个补充，是推进各级各类学校德育课程改革的一种探索。

《德育》读本深化研究与推广实验的重点内容是：

(1)培养学生的创新精神和实践能力

为了贯彻落实中共中央、国务院《深化教育改革，全面推进素质教育的决定》精神，我们把培养学生的创新精神和实践能力作为深化研究的重点内容，激发学生的好奇心、求知欲，帮助学生自主学习、独立思考。鼓励学生探索创新，营造崇尚科学、追求真理的氛围，开发学生潜在的创新能力。在活动设计上狠下功夫，引导学生自觉、主动地参与德育活动的全过程，包括活动设计、活动准备、活动组织、活动评价等，增强他们的道德实践能力。

(2)加强课程的综合性和实践性

坚持课程的综合性和实践性，是《德育》读本的基本思路和主要特色。《德育》读本的深化研究始终坚持综合性，首先是德育内容的综合性，把道德教育、法纪教育、心理教育、思想教育、政治教育五大要素融为一体；其次，坚持德育过程的综合性，把知、情、意、行融为一体；第三，坚持德育体系的综合性，把德育目标、内容、途径、方法、管理、评价融为一体。《德育》读本的深化研究始终突出实践性，不仅着眼于解决学生知不知、会不会的问题，而且着力于解决学生信不信、行不行的问题。即不仅授之以知、晓之以理，而且更注重动之以情、导之以行。避免了单纯传授知识、空洞讲解理论、死记硬背概念等脱离实际的倾向。

(3)深入研究和开创德育活动课程的新理念

在《德育》读本深化研究与推广实验中，我们提出了德育活动课程的新理念。

一是“双主体论”，即教师是教育主体，学生是受教育主体，教师和学生应当互相尊重对方的主体地位。在德育目标的确定上，不仅要考虑社会的要求，更要重视学生自身成长的需要。在德育内容的安排上，不仅要依据社会规范，更要遵循学生的年龄特征和品德形成发展规律。在德育途径和方法的运用上，不仅要发挥教师的主导作用，更要强调学生的主体参与。在德育活动课的实施上，教师的主体性表现在活动的策划、设计和导演上，教师的教育理念、师德风范和人格魅力则蕴含其中；学生的主体性则体现在活动的“主角”地位上，学生积极主动地在活动中认知，在活动中体验，在活动中锻炼，在活动中自我评价。师生双主体在德育活动中平等交往、积极互动、共同发展。

二是“新三中心论”，在德育活动中充分调动学生的积极性、主动性和创造性，把“师本”观念让位于“生本”观念，建构“以学生为中心、以活动为中心、以体验为中心”的“新三中心论”。淡化传统的“以教师为中心，以教材为中心，以课堂为中心”的“旧三中心论”。使学生在自主参与的德育活动中体验生活，感悟道德，养成良好的行为习惯。

三是“四环节论”，德育过程是知、情、意(信)、行诸环节构成的。实践的观点是德育首要的、基本的观点。德育不同于智育，智育的任务是传授知识兼培养能力，它主要解决知不知、会不会的问题；而德育到此并没有完结，它不仅要解决知不知、会不会的问题，而且更要解决信不信、行不行的问题，即不但要授之以知、晓之以理，而且更要动之以情、导之以行。只有知识传授，而无情感陶冶、意志磨炼和行为引导不是完整的德育。

四是“四原则论”，在德育活动中，要坚持“近、小、实、亲”四原则。近，就是贴近生活，贴近学生，贴近实际；小，就是从小处着眼，从小处入手，从小事做起；实，就是倾注真情实感，讲述真实情形，做诚实守信的人；亲，就是亲切融洽，可亲可信，亲身践行。

(4)深入研究和开发德育活动课教学软件

随着信息网络技术的迅猛发展，我国大中小学的教学系统，正进一步朝着网络化、远程化的方向发展，网络走进平民百姓，闯入中小学生的学习生活已成现实。然而，德育在运用信息网络技术方面则相对滞后，引发和正在引发社会、家庭、学校的诸多焦虑。传统德育向互联网转型已成为不可逆转的趋势。2001年12月26日，德育研究中心在成立十周年之际正式开通了“中国德育网”(www.chinamoraledu.com)，搭建了德育走向信息化的平台。从此，我们把研究和开发德育活动课教学软件作为《德育》读本深化研究的重点之一，遵循育德性、系统性、交互性、生动性、仿真性的原则，开发了德育活动课方案设计文字软盘、德育活动课优秀课例实录、德育活动课教学软件等，丰富了中国德育网的内容，为中国德育的现代化、网络化做出了贡献。

2. 幼儿园《好孩子 好习惯》的研究与推广实验

“十五”期间，我们对“九五”期间已经整体构建的小学、初中、高中(中职)高职、大学德育内容体系向幼儿教育阶段进行了纵向延伸，研究编写了幼儿系列德育读本《好孩子 好习惯》。以情感教育和培养良好的行为习惯为主线，以幼儿应该养成的生活习惯、健体习惯、交往习惯、学习习惯、安全习惯等为横坐标，以托班、小班、中班、大班等幼儿成长的轨迹为纵坐标，根据不同年龄幼儿身心发展规律，以本课题的理论为指导，吸纳了国内外最新的幼儿道德教育成果，提出了系统的幼儿良好行为习惯培养和教育的方法、步骤、措施，为幼儿园老师设计《好孩子 好习惯》主题教育活动方案，指导实验幼儿园的老师撰写观察日记、教育随笔和实验报告等，为幼儿园老师及幼儿家长培养幼儿良好行为习惯提供了系列教材。这套教材既有适合幼儿学习的“宝宝的歌”“宝宝能做到”“宝宝自己说”等栏目，又有适合老师和家长学习的“专家提示”“活动建议”等栏目，是一套可供师生共读、亲子共读的综合教材，是引导和促进幼儿全面发展、健康成长的指导性读物。《好孩子 好习惯》的研究实验使幼儿园的德育工作更符合儿童成长实际。

3. 高等职业学校《思想道德修养》等教材的研究与实验

近年来，我国高等职业教育作为一种新的办学类型发展很快。高等职业教育大发展的形势，对其思想政治理论课程的建设提出了新的艰巨任务和较高要求。然而，该课程的建设却相对滞后，还不能适应我国高等职业教育快速、健康、持续发展的要求。随着高等职业教育的发展，高职院校思想政治理论课的教学环境、对象和实际要求均发生了较大变化，迫切要求根据新的形势和客观需要对该课程的教学模式和方法进行新的思考和探索，运用教学设计的理论和方法构建教学新模式。在整体构建德育体系的过程中，我们根据德育目标和高职生思想品德发展的基本规律，针对高职生的特点和高等职业学校的办学模式编写了《思想道德修养》《法律基础》《就业指导》教材，编写了《思想道德修养教学参考书》、《德育活动》读本等教学辅导用书和《思想道德修养》课程多媒体教学课件。其中，《思想道德修养》以人生观、价值观、道德观、职业观教育为主线，以提高高职生思想道德素质为主要内容，将“三个代表”重要思想、依法治国与以德治国思想、《公民道德建设实施纲要》有关精神、教育部《“思想道德修养”教学基本要求》、中华民族优良传统道德、职业道德基本理论渗透到教材中去；《法律基础》以教育部《“法律基础”教学基本要求》为依据，以提高高职生法律意识和法律素质为主线，充实了与世贸组织相关的法律常识的有关内容，增加了诉讼维权、案例说明等内容，突出了职业教育的特点；《就业指导》紧密结合高等职业教育的特点和就业新形势，帮助高职生树立正确的就业观，了解高校毕业生的就业政策、就业形势与就业市场，明确求职择业的方法和技巧，为高职生顺利就业、适应社会、走向成功提供必要的指导。教材中设计有“篇首辨析”“典型事例”“自我测试”“案例分析”“交流研讨”“道德活动”“资料参考”等板块，将情境化的教学环节引入教学过程中，使德育过程的知、情、信、意、行，理论教学与实践教学，师生之间的“双主体互动”等教学环节和谐地统一起来。情境化的教学方案设计具体明确，有可操作性，有助于增强教学的针对性、实用性和有效性。

(二)《当代家长》的深化研究与推广实验

1.《当代家长》深化研究与推广实验的总体思路

2002年，基于画好大、中、小学德育体系纵向衔接“一竖”的基础，为画出学校德育与家庭教育相结合的“一横”，总课题组针对当前家庭教育存在的主要问题，研制编写了《当代家长》系列教材。这套教材以提高每一个家庭和中华民族的整体素质为目标，以指导孩子学会做人、学会求知、学会健体、学会健心、学会审美、学会实践(劳动)、学会创新、学会生活等家庭教育的八大内容为横坐标，以幼儿至大学生六个成长阶段为纵坐标，针对不同年龄阶段学生的身心特点、知识水平和成长中遇到的问题，在整体构建学校德育体系思想、理论的指导下，整体构建家庭教育体系。我们将实验的目标定位为

“通过《当代家长》的实验研究，使学校教育与家庭教育价值取向一致，教育理念趋同，教育过程同步，教育途径互补。引导家庭教育走上科学化、系统化、规范化、现代化的轨道，从而提高家长素质和家教水平”。

2.《当代家长》教材的主要内容

在内容设计方面，我们针对当前家庭教育存在的误区和家长最关心的问题确定从“指导孩子学会做人、指导孩子学会求知、指导孩子学会健体、指导孩子学会健心、指导孩子学会审美、指导孩子学会实践、指导孩子学会创新、指导孩子学会生活”八个方面编写。每一个方面均有 10 个左右的选题，根据孩子成长的需要和家长亟待解决的问题设计。例如初中“指导孩子学会健心”就包括“警惕心灵荒漠化、成长的烦恼、学习中的无形杀手、自信无价、让孩子心里充满阳光、意志力是健心的‘钙’、交往伴随孩子成长、孩子当自强、尊重是一首无言的诗、学会倾听”十项内容。

3.《当代家长》教材的编写特色和实验情况

根据家庭教育的特质，按照科学性、时代性、系统性、实用性原则革新了编写体例：每本书列出约 10 个家教观点作为标题。每篇课文都精选了 1—2 条典型案例。根据案例的内容附上两条家教名言，一条是成功家教的启示录，一条是失误家教的警示录。然后列出 1—3 个思考题，引导家长们思考、交流、研讨。根据典型案例的启示或警示，针对交流研讨中列举的正确、错误、模糊、极端的家教观点进行点评，提出科学、现代的家教理念，进行明确的正面引导。对家教实践中具体的、特殊的疑难问题具体分析，一把钥匙开一把锁，使家教主题观点得到深化和应用。围绕本课题所表达的家教观点配备相关自测题，留有答案空格、评分标准和方法，便于统计考核。最后给家长提供了一些家教应了解的常用规则、指标、数据、信息、标识等多方面的参考资料，有利于丰富家长的知识。如：小学生日常行为规范、礼仪常规、名人家训、中国 7—12 岁孩子体格指标、智商测量表、心理测量表、交通安全常识、交通信号标志等等。这项研究与实验以提高家长素质和家教水平为目标，以整体构建德育体系的理论、原则和理念为理论基础，以《当代家长》丛书为教材，以家长学校和家长委员会为主要途径，以培训家长为主要形式，以家校结合、师生互动、亲子互动为主要方法进行实验研究。

（三）《成长册》的深化研究与推广实验

“九五”期间，我们以中共中央、国务院《深化教育改革，全面推进素质教育的决定》为指导，以建立综合素质评价体系为目标，以思想道德、科学文化、身体心理、审美艺术、劳动技能和个性特长、创新能力、自育能力（亦即学会做人、学会求知、学会健体、学会健心、学会审美、学会劳动、学会创新、学会自护）等八个方面为评价内容，以培养学生自订成长目标、自析成长环境、自寻成长动力、自开成长渠道、自研成长方法和自评成长效果为基本理念，研究编写了《成长册》（小学、初中、高中、中职每学年一册，共 18 册）。“十五”期间，我们坚持与时俱进，对《成长册》进行了深化研究与推广实验。

1. 依据中央文件精神，研究《成长册》修订原则

第一，要全面贯彻党的教育方针。《成长册》作为学生综合素质评价手册，要从德、智、体、美、劳等方面综合评价学生的发展，培养学生热爱党、热爱社会主义、热爱祖国、诚实守信、助人为乐的高尚品质，终身学习的愿望和能力、健壮的体魄、良好的心理素质以及健康的审美情趣。

第二，要全面推进素质教育。中小学评价与考试制度改革的根本

目的是为了更好地提高学生的综合素质和教师的教育水平，为学校实施素质教育提供保障，充分发挥评价的促进发展的功能，使评价的过程成为促进教学发展与提高的过程。对学生、教师与学校的评价的内容要多元，既重视学生的学习成绩，也注重学生的创新能力和实践能力；既重视教师业务水平的提高，也重视教师的职业道德修养；既重视学校整体教学质量，也重视在学校的课程管理、教学实施等管理环节中落实素质教育思想，形成生动、活泼、开放的教育氛围。评价标准既注意对学生、教师和学校的统一要求，也关注个体差异以及对发展的不同需求，为学生、教师和学校有个性、有特色的发展提供一定的空间。

第三，要全面探讨评价方法。评价方法要多样，除考试或测验外，还要研究制定便于评价者普遍使用的科学、简单易行的评价方法，探索有利于引导学生、教师和学校进行积极的自评与他评的评价方法。

对学生、教师和学校的评价不仅要注重结果，更要注重发展和变化过程。要把形成性评价与终结性评价结合起来，使发展变化的过程成为评价的组成部分。重视学生、教师和学校在评价过程中的作用，使评价成为教育行政部门、学校、教师、学生和家长共同参与的交互活动。

2. 研究学生成长目标，修订《成长册》七项内容

根据素质教育的要求，我们深入地研究了学生的成长目标，确立了《成长册》修订的七项主要内容。(1)道德品质方面：爱祖国、爱人民、爱劳动、爱科学、爱社会主义；遵纪守法、诚实守信、维护公德、关心集体、保护环境。(2)公共素养方面：自信、自尊、自强、自律、勤奋；对个人的行为负责；积极参加公益活动；具有社会责任

感。(3)学习能力方面：有学习的愿望和兴趣，能运用各种学习方式来提高学习水平，有对自己的学习过程和学习结果进行反思的习惯；能够结合所学不同学科的知识，运用已有的经验和技能，独立分析解决问题；具有初步的研究与创新能力。(4)交流与合作能力方面：能与他人一起确立目标并努力去实现目标，尊重并理解他人的观点与处境，能评价和约束自己的行为；能综合运用各种交流和沟通的方法进行合作。(5)运动与健康方面：热爱体育运动，养成体育锻炼的习惯，具有锻炼健身的能力。一定的运动技能和强健的体魄，形成健康的生活方式。(6)审美与表现方面：能感受并欣赏生活、自然、艺术和科学中的美，具有健康的审美情趣；积极参加艺术活动，用多种方式进行艺术表现。(7)学科学习方面：各学科课程标准已经列出本学科学习的目标和各个学段学生应达到的目标，并对评价方式提出了建议。

3. 研究评价措施与方法，指导《成长册》推广实验

采用多样的、开放的评价方式。教师要在教育教学的全过程中进行行为观察、情感测验、学生成长记录等，了解每个学生的优点、潜能、不足以及发展的需要。

建立每个学生的成长记录。成长记录应收集能够反映学生学习过程和结果的资料。包括学生的自我评价、最佳作品(成长记录及各种作品)、社会实践和社会公益活动记录、体育与文艺活动记录、师生的观察和评价、来自家长的信息、考试和测验的信息等。学生是成长记录的主要记录者，成长记录要始终体现诚信的原则，要有教师、同学、家长开放性的参与，使记录的情况典型、客观、真实。

考试与其他评价方式相结合。考试是评价的主要方式之一，要根据考试的目的、性质、内容和对象，选择相应的考试方法，充分利用考试促进每个学生的进步。

每学期，学年结束时学校要对每个学生进行阶段性的评价。评价内容应包括各学科的学业状况和教师的评语。评语应在对搜集到的学生资料进行分析，并与同学、家长交流、沟通的基础上产生。评语应多采用激励性的语言，客观地描述学生的进步、潜能以及不足。同时要制定明确、简要的促进学生发展的改进计划，帮助学生认识自我、树立自信。

四、深化研究与推广实验的方法与范式

(一)研究方法的创新

本课题研究主要运用了系统研究法、实验研究法和行动研究法。

1. 系统研究法的运用与创新

系统科学研究方法是马克思主义的唯物辩证法普遍联系原理的具体化和深化，是研究事物整体联系和运动发展规律的科学。将系统科学理论原则作为整体构建学校德育体系的方法论基础，在德育研究中尚属首次，是本课题在研究方法上的创新。系统论的基本理论原则是整体性、层次性、有序性、动态性。根据系统论原理，我们把学校德育作为一个系统进行整体性研究，并按照“子系统”和“分系统”这样两种方式来划分学校德育系统的层级结构。把小学、初中、高中、中职、高职、大学六个学段作为六个相对独立的子系统；把德育目标、内容、途径、方法、管理、评价作为学校德育的六个分系统，形成“块”与“条”的关系，以六个分系统为横坐标，以六个子系统为纵坐标，进行横向贯通、纵向衔接、分层递进、螺旋上升，以纵横坐标的关系建构起来，使整体构建学校德育体系具有较强的科学性。

系统研究法的操作要点是：整体、联系、和谐、合力。在构建学段德育体系和校本德育体系的研究中，面向现实的学校生活，系统研

究法得到深化发展，出现了许多创新模式。例如在构建小学养成教育目标内容体系研究中，结合小学生品德形成发展规律和特点，首先制定小学学段养成教育“共性”系列目标：做人——明礼诚信、有爱心；做事——讲效益、守规则；学习——会学、乐学、创新。与“共性”目标内容相配合，制定出每个年级的养成教育“个性”培养系列标准，年级之间既相互连接，又逐步加深。与年级“个性”相配合，制定出家庭养成教育系列标准。由这三方面的相互承接和对应关系，构建成一个既有统一要求，又利于个性发展；既按年级分层递进，又与家庭教育相互配合的德育目标内容体系。又如“螺旋式行为习惯训练法”实验，提炼出小学品德教育的四个重点习惯，即礼貌习惯、秩序习惯、环保习惯、学习习惯，每个习惯分成四个层次的行为要求，每周重点培养一种习惯，一个月一循环。每个月四种习惯在原基础上有所丰富提升。每周的教育主题编成童谣，供学生诵读，班级引导学生自主训练自主评价。这种教育模式把整体规划、和谐联系、分层递进、螺旋上升的系统构建原则情境化、生活化，既有即时实效，又有长时时效，富于创新性。

2. 实验研究法的运用与创新

本课题在《德育》读本和《成长册》实验中，实验研究法得到广泛使用。

第一，认真学习实验研究的基本方法。德育实验是运用科学实验的原理和具体方法来研究德育现象和问题，以揭示德育活动规律或某些德育内容、方法的有效性，是一种综合性研究活动。德育实验活动的展开，可描述为一个从提出理论假说、设计实验方案、控制实验变量、评价实验效度、形成实验报告的过程。德育实验是一种自然状态下的实验，而不是像自然科学实验那样在实验室里进行的“封闭式”实验。德育实验假说所设定的是关于某类德育行为在某些人为控制的条件下，与某类德育结果之间的因果关系。通过学习，广大实验教师基本掌握了实验研究的基本方法，学会了实验方案的设计，明确了本课题这项实验的理论假说是：运用活动课对德育系列读本进行教学试验，可以增强德育实效，提高学生的思想道德素质。

第二，操纵自变量是实验的关键。我们这项实验的自变量有两个，一是德育读本，二是活动课。德育读本是按照每学年全一册编写的，每两周一课，一周师生做准备，一周使用读本上活动课。德育读本不是按照学科体系编写的，而是根据德育工作的实际需要和学生品德形成发展的规律而设计编写的。在使用过程中可以打破编写的顺序，经过实验小组的认真研究重新排序。德育活动课是以德育读本为载体，以主题班会、团队会为基本组织形式的活动课程。德育活动课必须贯彻“师生双主体互动”“新三中心”“知、情、意、行四环节”“近、小、实、亲四原则”等德育新理念，不能单纯传授知识，让学生死记硬背，必须让学生主体参与，充分调动学生的主观能动性。这是能否提高德育实效的关键，也是本次实验成败的关键。广大实验教师认真操纵自变量，设计出了丰富多彩、行之有效的德育活动课方案，德育新理念已经在实验学校深入人心。

第三，认真做好实验效度评价。要评价一项实验的效度，主要看它的内在效度和外在效度。评价内在效度的方法，实验学校主要运用了前侧后侧评价法。这是一种自身纵向比较的方法，可以判断被试在参与实验前后思想道德素质的发展变化，是一种有效的评价方法。结果显示，实验学校参加实验的学生思想道德素质有了明显的提高。实验教师主要采用了观察法，它的主要优点是简便易行，获得资料可靠性高。广大实验教师普遍建立了实验笔记，把学生在活动课中的表现、教师自身的印象和体会如实记录下来，获得了实验效度的第一手资料。从教师们的实验报告来看，说明参加实验的学生思想道德素质有了不同程度的提高。评价外在效度的方法，我们主要运用了在不同地区进行重复性实验的方法。这种方法不仅有助于完善实验方案、增进实验效益，而且可以验证实验的外在效度。十年来，实验区、实验校不断滚动发展，从最初的十个实验区、百所实验校，发展到现在的百个实验区、千所实验校，分布在28个省(自治区、直辖市)。实验规模之大，持续时间之长，在以往的教育科研中是罕见的。由此证明，这项实验的外在效度是良好的，具有广泛的推广价值。

3. 行动研究法的运用与创新

“行动”和“研究”，在西方社会科学工作者那里，是两个用以说明由不同的人从事的不同性质的活动的概念。“行动”主要指实践者、实际工作者的实践活动和实际工作；“研究”则主要指受过专门训练的专业工作者、学者专家对人的社会活动和社会科学的探索。人们把这两个词结合起来，表述为“行动研究”(action research)是20世纪三四十年代的事情。

行动研究法在本课题的研究实践中得到最充分的运用。因为它是适用于本课题的研究主体和行动主体，德育科研工作者与教育行政领导、一线教师、学生家长、广大学生相结合的一种研究方法。本课题运用行动研究法，边研究边行动，边行动边研究；在研究中行动，在行动中研究；注重研究结果，更强调研究过程；探索出一条德育科研工作者与教育行政领导、一线教师相结合的德育科研之路。

行动研究的主要特点是：其一，行动研究以提高行动质量，改进实际工作为首要目标。其二，行动研究强调研究过程与行动过程的结合。注重研究者与行动者之间的合作。其三，行动研究要求行动者参与研究，对自己从事的实际工作进行反思。本课题在研究方法上的一个突出特点，就是实验学校的校长和教师根据本校德育工作存在的问题，进行调研，制定实验方案，并亲身参加研究实验的全过程。教师的责任心和师德行为是培养学生思想品德的必要条件，即教师的行为是实验的自变量的构成要素。同时教师的教书育人能力和师德素质也是实验的因变量，即在实验中提高教师整体育人能力和师德素质也是实验的目的之一。教师在实验中撰写的实验随笔、专题论文、实验报告都是教师进行“反思”的物化形式。本课题对行动研究法综合运用的主导因素体现在：第一，课题实验研究的重心和归结在校本，学校是课题研究实践操作的实体。第二，课题研究始终坚持行政领导、科研人员和一线教师相结合的研究方式。第三，课题研究的实质层面在班级和教师个体，其常态研究对象是教师和学生在班级的组织结构中的心理和行动。第四，课题研究的理念与行动研究相对应，如“双主体”“新三中心”“四环节”和“四原则”这四个理念决定了行动研究成为课题研究深化发展的主体研究方法和“行动”方式。

(二)研究范式的创新

本课题研究坚持德育科研为决策服务、为实践服务的宗旨，组建了科研人员、地方行政领导、一线教师相结合的研究队伍，形成了总课题组、实验区、实验学校相结合的科研管理体系，创新了德育科研范式。

1. 确立了理论研究、政策研究、实践研究相结合的研究方针

本课题研究始终坚持为德育决策服务，在党和国家有关方针政策的指导下进行研究的指导思想。每当党和国家有新的德育政策出台时，我们不但组织总课题组的全体成员认真学习，将其纳入研究的范围，保证研究方向始终沿着正确的轨道发展，而且还及时组织相关培

训，帮助地方行政领导、一线教师更好地理解这些政策，促进这些政策的贯彻落实。在学习政策和指导实践的过程中，我们不断深入研究德育基础理论，进行国内外学术交流，把理论研究、政策研究、实践研究紧密结合起来，架起了理论指导实践，实践丰富和检验理论的立交桥。实践证明，这是一种受到地方行政领导和广大教师普遍欢迎的德育科研范式。

2. 组建了专职研究人员、地方行政领导、一线教师相结合的研究队伍

德育科研的根本目的在于提高德育工作的实效性，而德育实效性的提高最终要依赖于一线教师教育能力的提高，让一线教师参加德育科研是提高他们教育能力的最佳途径。通过德育科研，唤醒了实验教师的科研意识，普及了实验教师的科研知识，提高了实验教师的科研能力和德育工作水平。就目前我国的教育管理体制来看，要让学校、一线教师积极参加德育科研，就必须要取得地方教育行政领导的支持和参与。实验区指导组一般由地方教育局分管德育的局长任组长，教科所所长或进修校校长任副组长，德育教研员任学术秘书。有的教育局局长亲自担任实验区指导组组长，把参加本课题研究作为"一把手工程"。我们认为，本课题研究之所以能够健康发展，与我们研究队伍的这种组建模式是密不可分的。

3. 形成了总课题组、实验区、实验学校相结合的管理体系

为规范课题研究，我们相继下发了关于课题研究、课题管理的文件十几个。明确了总课题组、实验区指导组、实验学校指导组的任务和职责。每年，总课题组都要召开一次实验区负责人工作会议，对一年来的研究工作进行总结，对下一年的研究工作进行部署，引领课题不断深入发展。每年，总课题组还要召开一次学术年会，邀请中宣

部、教育部的领导和德育学界的专家到会作学术报告，并举行学段分论坛给实验教师搭建零距离对话和学术交流的平台。历届学术年会都是由地方政府承办，得到了有关地方党委、政府、人大、政协和军分区领导的大力支持和良好合作。各实验区指导组经常深入到实验学校进行实验工作指导、实验教师培训、优秀德育活动课评比等项工作。各实验校组织实验教师开展了丰富多彩的实验研究活动，大多数实验学校还建立了课题研究档案。十年来，总课题组的专家先后多次深入各个实验区、部分实验校进行课题研究和实验指导。这些有效的管理和指导工作，保证了课题深化研究与推广试验的顺利开展。

五、深化研究与推广实验的成效

(一)为党和国家的德育决策提供了理论参照和实践模式

“十五”期间，本课题组成员先后参与了党和国家几个文件的起草和几种文件配套普及教育读本的编写工作，既为党和国家的德育决策提供了理论参照和实践模式，又将党和国家的德育政策具体化、可操作化，贯彻落实到德育实践中去。

2001 年，受中宣部、教育部、团中央三部委委托，编写了与《公民道德建设实施纲要》配套的大、中、小学生读本《青少年道德修养读本》(3 册)；

2003 年，参与了中宣部、教育部《中小学开展弘扬和培育民族精神教育实施纲要》的起草工作，并编写了贯彻该文件的中小学生普及教育读本《民族精神代代传》(2 册)；

2004 年，受全国妇联、教育部等九部委委托，编写了《怎样做父母》家庭教育读本(3 本)；受中央综治委委托，编辑制作了《为了母亲的微笑》法制教育系列光盘(10 集)；为贯彻实施教育部颁布的新的

《中小学生守则》和《中学生日常行为规范》《小学生日常行为规范》，编写了《中小学生日常行为规范解读》(2册)；

2005年，为认真贯彻《中共中央国务院关于进一步加强和改进未成年人思想道德建设的若干意见》，受教育部委托，起草了《教育部关于整体规划大中小学德育体系的意见》；

2006年，受中宣部委托，参与了《大学思想道德修养与法律基础》教材的修改工作。

现仅以《教育部关于整体规划大中小学德育体系的意见》为例简述课题组的工作成效。

《教育部关于整体规划大中小学德育体系的意见》指出：“整体规划大中小学德育体系，充分发挥学校教育的主渠道、主阵地、主课堂的作用，是一项极为紧迫和重要任务，是加强和改进大学生思想政治教育和中小学生思想道德教育的重要举措，是贯彻党的教育方针的必然要求。”这个文件提出的整体规划大中小学德育体系的总体要求是：“以邓小平理论和‘三个代表’重要思想为指导，全面贯彻党的教育方针，坚持以人为本，遵循学校德育工作规律和青少年学生成长规律，适应社会发展要求，贴近实际、贴近生活、贴近学生，把理想信念教育、爱国主义教育、公民道德教育和基本素质教育贯穿始终，使大中小学德育纵向衔接、横向贯通、螺旋上升，不断提高针对性、实效性和吸引力、感染力，更好地促进青少年学生健康成长。”文件要求“推动整体规划大中小学德育体系研究”，指出“整体规划大中小学德育体系的科学性、政策性很强，有其自身规律。要组织力量深入研究，为增强整体规划大中小学德育体系的系统性、前瞻性和创造性提供理论支持和决策依据”。

本课题经过十年的研究与实验，分三个阶段整体构建了侧重于理论形态的大中小学德育体系，侧重各个学段的整体构建德育体系实践导引，侧重与学校德育工作和学生生活实际紧密相连的校本德育体系及实施细则。整体构建学校德育体系的基本思路：“纵向衔接、横向贯通、分层递进、螺旋上升”，基本原则：“贯通古今、融会中西、继承借鉴、发展创新”，以及“整体构建、和谐有序、分层实施、动态发展”的系统科学方法，为教育部关于整体规划大中小学德育体系的意见提供了较为系统的理论参照。整体构建学校德育体系小学、初中、高中、中职、高职、大学等各学段实践导引的研究，以及校本德育体系及其实施细则的研究，为贯彻落实教育部整体规划大中小学德育体系提供了丰富多样的实践模式。

(二)对区域性推进素质教育提供了理论指导和工作思路

在整体构建各学段德育体系和校本德育体系过程中，我们重点在市、县两级实验区进行了以综合素质评价为重点的区域性推进素质教育的研究。各实验区结合本地实际，适应地方教育改革和社会发展需求，在总体设计和方式方法上多有创新。由本课题带动的区域性教育改革成效明显，并产生了积极的社会影响。

吉林省四平市自2002年加入“整体构建学校德育体系”实验以来，根据总课题研究的科研成果以及指导思想，结合本市教育改革的实际情况，求真务实、开拓创新，探索出了具有四平特色同时具有推广价值的“经历教育”行动研究，通过有计划的“主体经历的德育活动”，引导学生作为德育的主体、活动的主角，在教育活动和各种实践中获得各种经历，引导学生在经历中体验生活、感悟人生、追求成功、学会发展。其本质是实践育人，核心是体验感悟，关键是教师的科学引导和学生主体作用的发挥。该项研究已在该实验区全面铺开，初显了其特有的理论价值和应用价值，有力地促进了四平市德育工作的改革与发展。课题实验促使各级教育行政部门不断转变观念，加大对德育工作的领导力度，树立“以德治教”观念，切实把德育放在学校各项工作的首位；促使实验校校长从管理型向专家型转变，树立“以德治校”观念，增强学校管理的针对性、科学性和实效性；促使广大实验教师向科研型教师转变，树立“以德育人”观念，做到以德育德、以情育情，促进了实验区中小学生思想道德素质的提高。本课题组于2006年1月在四平市召开了实验区负责人会议，推广了他们的经验。

浙江省湖州市南浔区于2003年5月加入本课题，申报了“区域性推行学生成长导师制的实践与研究”子课题。他们在全区范围尝试新的育人机制，让教育更适合学生成长发展的需要，为每一个学生的健康成长导航。通过试行家长导师制、创设法制教育导师制、建立社区青少年导师制、创新“导育”模式以及形式多样的主题活动，坚持对学生思想上引导、学业上辅导、心理上疏导、生活上指导，有效地转变了教育观念，融洽了师生关系，提高了学生的综合素质，有机地整合了教育资源，构建并形成了“区域性推行学生成长导师制”的运行机制和操作模式，取得了很好的教育效果。“区域性推行学生成长导师制”体现了一切为了学生、为了一切学生、为了学生一切的以学生为本的教育理念，适应了个性化教育的时代特点，是对班集体教育的有效补充。本课题组于2006年5月在南浔区召开了学生成长导师制经验交流与学术研讨会议，他们的经验受到了与会代表的好评。

除此以外，在总课题的直接指导下，各实验区结合地方需要，相继构建了和谐德育十几种模式并切实地进行区域性深化研究与推广实验。如：(1)北京市朝阳区的“三礼教育”；(2)北京市平谷区的“家校共育”；(3)天津市河西区的“网络德育”；(4)天津市和平区的“社区教育”；(5)天津市红桥区的“班集体教育”；(6)新疆维吾尔自治区伊宁市的“民族团结教育”；(7)黑龙江省哈尔滨市南岗区的“主题活动教育”；(8)贵州省仁怀市的“校本德育体系”；(9)河南省新县的“红色文化”教育；(10)重庆市渝中区的“荣辱观教育”；(11)江苏省无锡市的“心理健康教育”；(12)江西省定南县的“感恩教育”；(13)内蒙古自治区赤峰市的“养成教育”；(14)深圳市的“学科德育”；……这些模式各具特点，针对性强，对推进区域性教育改革，加强改进德育工作和实施素质教育发挥了积极的引导和带动作用。

(三)指导实验学校整体构建了校本德育体系及实施细则

在《整体构建学校德育体系总论》和各学段《整体构建学校德育体系实践导引》的指导下，实验学校构建了具体化、特色化、可操作的校本德育体系。这是一项具有根本意义的进展和突破。它使实验学校的德育工作开始走向科学化、系统化、规范化、现代化的发展轨道。为全面落实《中共中央国务院关于进一步加强和改进未成年人思想道德建设的若干意见》和《教育部关于整体规划大中小学德育体系的意见》提供了不同类型的实践模式。

北京景山学校依据总课题组“整体构建学校德育体系”的理念，认真总结了本校长期以来德育工作经验，于 2004 年形成指导全校德育工作的《北京景山学校德育序列纲要及实施细则(初稿)》。此研究成果在逐一分析从小学一年级至高中三年级共 12 个年级学生的生理、心理、思想品德发展特点的基础上，依据“德育目标，一以贯之；德育内容，循序渐进”的原则，从道德、思想、法纪、政治、心理五个方面构建了 12 个年级德育目标及内容，各年级又分两个学期四个阶段构建了学校、年级、班主任、学科、团队组织工作要点，内容具体，可操作性强，形成了景山学校全程育人、全员育人的实施蓝图。许多实验学校已经或正在构建自己的校本德育体系，例如贵州省仁怀市 56

所实验学校结合长征文化和国酒文化全部构建了校本德育体系。

新疆维吾尔自治区伊宁市于 2003 年加入本课题后，把整体构建学校德育体系的基本理念与本地、本校实际有机地结合起来，在保证德育内容渐进性和层次性的同时，体现边疆特色、民族特色，创设地方特色浓郁的校本德育课程体系，如《讲究礼节》，教育学生了解新疆各民族的礼仪和风俗，尊重少数民族的生活习惯，为民族交往奠定了良好的基础；《走近林则徐》，通过创设情景、收集史料，了解民族英雄林则徐对祖国、对伊犁人民所做的贡献及他的爱国主义精神和伟大民族气节；《走进西迁》可以让学生了解锡伯族的民俗及西迁的历史，领会锡伯人的爱国主义精神和团结奉献的精神；《天山好卫士——悠悠屯垦情》，让学生了解新疆生产建设兵团，感知兵团精神，学习兵团精神，发扬兵团精神等等。伊宁市实验区遵循总课题组的要求，将地方实际与《德育》读本有机结合起来，有效地开发地方德育资源，营造一个特色化、地域化的德育环境，既弥补国家统编教材地域性不足的缺陷，又实现与国家课程“互补”“并行”的目标。

校本德育体系的构建，提高了德育工作的实效性，促进了德育工作水平的显著提高。例如：2004 年 10 月北京德育大会表彰的 106 个德育先进集体中，有 52 所学校是本课题的实验校，占 49%，而实验校仅占全市学校的 10%。北京市示范高中评比时，密云二中、日坛中学、大峪中学、平谷中学、北京 17 中、北京 55 中、北京 166 中、北京 171 中学等学校参加本课题的研究成果得到了北京市教委的高度赞扬，成为北京市高中示范校认定的重要条件之一。

(四)促进实验教师提高了德育科研能力和师德素养

十年来，特别是“十五”以来，实验教师结合自己的研究实践撰写了大量的实验随笔、活动方案、研究论文和实验报告，客观地反映了教师们教书育人及科研能力逐步提高的发展过程。在德育课教学领域，教师们在本课题提出的德育活动课的理念指导下，运用《德育》读本和转化的校本教材，不断探索，反复体验，大胆创新，总结出了适应不同地区、不同年级的风格多样化的德育课实践模式。这个领域的教学理念和实践模式与新课程标准的理念及教学要求相辅相成。课题研究引导教师在理论及素质能力上为进入新课改准备了良好的实践基础。在各学科教学中的思想品德教育、班主任和团队工作、心理健康教育等领域，在深化研究中产生了一大批创新性成果。在本课题研究发展过程中，实验教师个人也与课题一起成长，取得了丰富的研究成果，教书育人水平、科研能力和师德素养普遍提高，一大批科研型教师成长起来，成为各地教育改革持续发展的带头人。

如：2004 年 10 月北京市两委召开的德育大会上表彰的优秀德育工作者中有近 60 名是本课题实验教师，占 17%左右，其中 22 人是本课题实验校负责人，而表彰的德育工作者占全市教师总数的比例仅有 0.3%。北京史家胡同小学，参加本课题的 42 名实验教师，5 人被评为北京市优秀班主任(紫金杯)，2 人被评为区级优秀班主任；景山学校，参加本课题的实验教师 32 名，4 人被评为市级优秀班主任，10 人被评为区级优秀班主任；平谷一职，67 人参加实验，2 人被评为市级优秀班主任，24 人被评为区级优秀班主任；财经学校实验教师中有 5 名成为全区骨干教师。“科研伴我成长”已成为参加本课题实验教师的心声。

又如辽宁省本溪市卫生学校王荣媛老师，2002 年初以“中职学校分年级德育目标内容体系的深化研究”为子课题，被总课题组批准立项。从此，她就成了学校德育科研的设计者和学校工作最忙的人。她抱定了“要么不做，要做就做得最好”的做事原则，提出了“解放思想，更新观念，以科研为龙头，全面推进学校德育工作"课题实施方略，带领课题组全体成员，连续四年进行了《德育》读本、《职业道德与职业指导》、《成长册》深化研究与推广实验，努力打造一所德育理念先进，德育氛围清新，德育实效显见的品牌学校。四年实验的过程中，她与学生一起活动，阅览室里钻研、实验室中训练、课堂上授课、医院中实践、办公室里培训、家中挑灯夜战，她以一种强烈的责任心，把辛苦和欢乐都融入了德育科研工作之中。成为辽宁省职教界的"教育科研能手""德育专家""心理咨询专家"和深受学生爱戴的知心朋友。各个实验区都有一批像王荣媛老师这样的科研骨干。

(五)促进实验学生提高了思想品德与综合素质

根据各实验区、实验校研究报告的统计数据，经过本课题的研究与实验，学生的思想品德如爱国、爱党、爱家乡、爱集体、爱科学、团结友爱、孝亲敬长、遵守公德、诚实守信、文明礼貌、勤劳节俭、勇于创新、遵纪守法、自我保护等均有明显提高。其中，一大批"问题"学生得到成功转化。实验学校学生的整体素质，特别是创新精神和实践能力得到了发展和提高。例如本课题实验学校重庆西藏中学一直为汉藏学生和谐相处的问题所困扰。由于生长环境、风俗特点、生活习惯的差异，独生子女自私、任性的普遍问题，两地孩子相处时经常发生矛盾。该校申报"内地西藏班(校)育德环境建设的研究"子课题后，在总课题整体构建德育体系的思想指导下，通过建设和谐校园，达到了建立和谐人际关系的目的。以前不爱洗衣洗澡的藏族学生开始勤换衣服勤洗澡了；以前随口乱吐的毛病得到了纠正；以前乱扔乱丢成习惯，如今果皮纸屑进垃圾桶成为自觉行为。汉藏学生加强了了解，增进了友谊，和谐相处，综合素质普遍提高。

为客观、公正评定经过课题实验学生品德素质的提高情况，实验校按总课题组关于实验方法规范化的要求，运用定性、定量相结合的测试方法在实验的前期和后期实施测评，获得了第一手实验资料。如河北省石家庄市长安东路小学通过开展“培养小学生责任心的深化研究”与实验，低年级实验班学生自己穿衣、自己洗脸、自己洗袜子等“对自己的生活负责”的做到率，分别由实验前的24%、28%、18%提高到62%、66%、44%；中年级实验班在“对家庭负责、对自己负责”方面的做到率，由实验前的25%提高到70%；高年级在“对集体负责、对自己负责”的做到率由实验前的20.6%提高到57%。高年级实验班学生“对自己的学习负责，坚持写阅读笔记”的做到率由实验前的8.5%提高到100%，学生的责任感、意志品格明显增强。

北京市2005年、2006年两年全市推出了优秀学生代表共12名，在全市巡回报告，其中本课题实验学校学生5名，占41%，“身残志不残”十七中的王帅就是试验班的学生，他不仅德智体全面发展，而且在2004年残疾人运动会上为国争光。

(六)引导学校德育与家庭教育互相结合与共同发展

经过《当代家长》和构建学校、家庭、社会整体育人体系的研究与实验，实验学校的家庭教育水平有了明显提高，家庭教育资源得到了有效整合，学校教育与家庭教育价值取向趋于一致，教育理念趋于统一，教育过程趋于同步，教育途径得到互补，家庭教育开始走上科学化、系统化、规范化、现代化的轨道。例如哈尔滨市第十七中学的一位学生家长向学校反映，他从前望子成龙心切，总是用挑剔的眼光审视孩子的一切，责备孩子成绩不够理想，一家人整天生活在不和谐的气氛之中。自从看到《当代家长》中《好孩子是夸出来的》这篇文章后，他的眼里发现的渐渐都成了孩子的优点，家长和孩子能够和睦相处了，不但孩子的学业成绩、思想品德进步明显，而且家长的生活态度也得到了彻底的改变。

在其他实验区，许多实验校把《当代家长》与《成长册》结合起来进行实验，做到师生互动、亲子互动、生生互动，使学校和家庭相互沟通、相互配合，活动的内容丰富多彩，活动的方式活泼有趣，在和谐的氛围中，促进了家长和孩子的共同成长。实验校还把学校与家庭相结合教育与构建德育管理评价体系融为一体，为家长编制了与学校品德评价指标相一致的家庭品德评价指标，对促进学校与家庭教育的和谐互动，培养学生良好的道德品质产生了明显的效果。课题实验促进了许多家庭向学习型家庭转变，出现了许多研究型的家长。家长们以主人翁的姿态积极地与老师沟通教育情况，探讨教育方法，为学校工作献计献策。通过家校合作、共同发展的研究与实验，家庭教育正在发生着喜人的变化。

六、深化研究与推广实验的结论

(一)和谐德育应成为德育理论与实践继续发展的一种基本理念

和谐德育，指的是德育以满足社会发展需要和受教育者个体发展需要为出发点，在遵循受教育者身心发展规律的基础上，调控构成德育体系诸要素之间的关系，使之发生和谐共振效应，从而促进学生思想品德和谐发展的一种德育模式。和谐德育是对全面发展教育理论的继承与创新，是本课题整体构建学校德育体系深化研究与推广实验得出的重要结论。它的内涵主要包括如下几个方面。

1. 民主融合的师生观：教师、学生“双主体”和谐

师生关系是学校教育中最基本的人际关系。和谐融洽的师生关系不仅是有效进行教育活动、完成教育任务的重要条件，而且本身也是一种重要的教育力量。在德育活动中，教师与学生如果能够平等相

处，诚恳相待，学生人格就会得到尊重，个性潜能就能得以激发；教师的高尚道德情操、优良个性品质就能够潜移默化地影响和感染学生。

2. 整体优化的大德育观：学校、家庭、社会“三教”和谐

学校、社会和家庭是学生成长的基本环境，三者之间始终是相互联系、相互渗透、相互作用、相互影响的。学校、家庭、社会在教育主体、内容、方式、方法上各有优势，只有在学校、家庭、社会三方面教育力量和谐一致的时候，学生的品德发展才是顺利的和健康的。所谓整体化的大德育观，指的是充分发挥学校、家庭和社会三个方面教育力量各自的优势，使之合而不同、相互配合、相互补充、形成合力，推动学校、家庭、社会德育目标一致，德育理念趋同，德育过程同步，德育方法互补，德育资源共享、德育作用相长，从而产生综合的德育效应，使学生成为学校的好学生、家庭的好孩子、社会的好公民。

3. 和谐有序的德育过程观：知、情、意、行“四环节”和谐

和谐有序的德育过程是对受教育者传授道德知识、陶冶道德情感、培养道德意志，引导道德行为的过程。简言之，就是“知、情、意、行”相互作用的过程。学校德育工作要取得实效，取决于四个环节的和谐统一的程度。和谐德育将“知、情、意、行”和谐地整合在一起，以传授道德知识作基础，涵养道德情感为关键，培养道德意志作保证，以养成良好的道德行为习惯为归结，取得真正意义上的德育实效。

4. 全面发展的教育质量观：德、智、体、美、劳“五育”和谐

人的全面发展是人的劳动能力、社会生活能力、精神生活能力与个性发展辩证统一的过程。我们提倡的全面发展的教育质量观其实质在于从人的全面发展出发，全面实施素质教育。和谐德育就是要正确

处理德、智、体、美、劳"五育"之间的关系。一方面，强调德育首要地位，充分发挥德育对智育、体育、美育、劳动教育的导向、动力和保证作用；另一方面使德育寓于智育、体育、美育、劳动教育之中，充分发挥智育、体育、美育、劳动教育对德育的传输、渗透、内化和巩固功能。"五育"相互交织、相互渗透、相互融合，共同促进人的全面发展。

5. 整体构建的德育体系观：横向系统"六要素"与纵向系统"六学段"和谐

现代系统科学认为，任何事物都是作为系统而存在的。所谓"整体构建德育体系观"，就是把学校德育工作的各个要素视为一个相互联系、辩证统一的整体。这个整体主要由德育目标、内容、途径、方法、管理、评价"六要素"构成的横向系统与幼儿园、小学、初中、高中(中职)、高职、大学"六学段"构成的纵向系统构成。就学校德育体系的横向系统而言，德育目标、内容、途径、方法、管理与评价"六要素"只有构成一个统一的整体，才会在相互关联、相互制约、相互作用的关系中获得最佳德育效果。横向"六要素"和谐，其工作形态是整体化德育、系统化德育，是教育的合力；纵向"六学段"和谐，其工作形态是有机衔接，分层递进，螺旋上升，是体现德育过程完整性和连续性的全程德育。

总之，探索并构建和谐德育体系，是建设和谐社会的客观要求，是现代德育科学理论和学校德育工作创新与发展的客观要求，是推进教育和谐发展的必然选择，应成为德育理论与实践继续发展的一种基本理念。

(二)整体构建学校德育体系是建设社会主义先进文化的基础工程

文化的实质是"人化"。人的思想道德素质是发展先进文化的主导因素。整体构建学校德育体系是社会主义思想道德建设的重要组成部分，社会主义思想道德建设是发展先进文化的重要内容和中心环节。从这个意义上说，整体构建学校德育体系是建设社会主义先进文化的基础工程。

本课题坚持“贯通古今、融会中西、继承借鉴、发展创新”的德育体系构建原则，主张德育内容由道德、法纪、心理、思想、政治教育构成的“五要素说”。这些观点同建立“与培育‘四有’新人目标相一致、与社会主义市场经济相适应、与社会主义法律规范相协调、与中华民族传统美德相承接的社会主义道德思想体系”的未成年人思想道德建设原则是吻合一致的。本课题的研究实践证明，整体构建学校德育体系坚持的“横向贯通、纵向衔接、分层递进、螺旋上升”的整体时空观念，是落实把弘扬和培育民族精神纳入国民教育全过程的一种具有可行性的实践模式。

道德建设要回归生活。同样，文化建设也要回归生活。学校德育体系的实施就是由教师和学生在学校生活、家庭生活、社会生活中开展的。教师、学生、家长共同参与道德生活，构成了一种生活形态的文化建设行动。人在生活中建设文化，又在生活中感受文化建设，享受文化建设的成果，从而促进自身健康发展。从文化建设的广域中审视，整体构建学校德育体系是以整体性的德育工作方式及其对社会精神文明建设的影响，为促进社会主义先进文化建设进行的一种实践探索。

(三)整体构建校本德育体系是加强和改进德育工作的根本途径

现代学校教育是以课堂教学为基本组织形式的，而课堂教学的主要任务是智育。各科教学都有严格的大纲、教材和课程标准，都有专门的教室和任课教师，还有中考、高考这个强有力的指挥棒在指挥督导，形成了一套完整的智育工作体系。而德育却没有形成校本德育工作体系。虽然在观念上，校长和教师都认为德育很重要，应当放在学校工作的首位。但在实践中，往往是“说起来重要，干起来次要，忙起来不要”，德育时间经常被挤占，德育活动经常被冲掉。“重智育轻德育、重分数轻能力、重课堂教学轻社会实践”的现象依然在一些地方和学校严重地存在着。要改变这种情况，使德育由轻变重，由虚变实，由弱变强，真正占据素质教育的首要地位，充分发挥德育对学校教育的导向、动力、保证作用，必须整体构建校本德育体系。

校本德育体系是根据整体构建学校德育体系的基本理念与研究成果，将德育政策、德育理论与学校实际和学生特点紧密结合起来，而构建的具体化、特色化、可操作性的学校德育体系，是本课题深化研究的一项重要成果。

校本德育体系具体化是指构成校本德育体系的德育目标、内容、途径、方法、管理、评价等要素的细化、深化与优化。具体化的校本德育体系，以“近、小、实、亲”的特点，将德育要素转化为每个学段、每个年级、每个学期甚至每个月的德育实效方案，做到了目标明确、内容清晰、途径完备、方法具体、管理有效、评价科学。

校本德育体系的特色化是指校本德育体系体现了学校所处的地区特色、层次特色和办学特色。特色化的校本德育体系以理论联系实际为特征，使德育要素紧密结合了学校所处的地区经济、文化、民族等方面的实际，结合了不同层次、不同类别的学校、不同年级、年龄学生的实际，结合了本校的文化传统、办学优势、师生特点、德育资源与环境的实际，实现了德育的地方化、生活化。

校本德育体系的可操作是指学校实施的全程可操作、全面可操作、全员可操作。可操作的校本德育体系体现了很强的实践性和规范性，使德育伴随着学生从入学到毕业的成长过程。循序渐进地深入到学生的学习与生活各方面，便于学校、社会、家庭和谐一致地对学生施加教育影响。

校本德育体系的构建过程是实现德育政策、德育科研、德育管理、德育活动一体化的过程。第一，校本德育体系体现了国家及有关部门的德育政策，融合了各种文件的精神和要求，是德育政策的具体化；第二，校本德育体系吸收了德育研究的最新成果，将德育理论成果应用于德育实践，实现了德育科研成果的转化；第三，校本德育体系运用德育管理与评价手段，将德育诸要素整合统一，是德育管理的制度化和规范化；第四，校本德育体系将德育政策、理念、理论、管理与德育工作实际紧密结合起来，实现了德育活动的具体化与生活化。

校本德育体系构建作为本课题研究的一个重要内容，充分调动了德育科研人员、德育管理人员、一线教师的积极性和创造性，将学校德育融社会要求、地方特色、学校定位、组织职能、人员角色、学生特点于一体，使德育诸要素形成了和谐互动、相辅相成、相得益彰的关系。校本德育体系的构建使德育渗透到了学生生活与学习的各个领域，真正使德育回归生活成为现实。这种可操作的贴近生活、贴近实际、贴近学生德育的体系符合品德教育的规律，从整体上增强了学校德育工作的科学性、针对性和实效性。

(四)建设德育活动课是增强德育实效性的有效途径

德育不同于智育，它不仅要解决知不知、会不会的问题，而且更要解决信不信、行不行的问题，即不但要授之以知、晓之以理，而且还要动之以情、导之以行。德育过程是知、情、意(信)、行诸环节构成的，学生的道德认知、道德情感、道德意志、道德行为不是靠德育工作者“讲”出来的，而是学生在道德实践活动中通过体验、辨别、选择而逐渐形成的。只有知识传授，而无情感陶冶、意志磨炼和行为引导不是完整的德育。本课题研究与实验证明，德育活动课是把握德育规律性、增强德育实效性的有效途径。德育活动课的开展有多种形式，既有课堂德育活动课，又有课外德育活动课；既有校内德育活动，又有校外德育活动。其中主题班会、主题团队会是最直接、最经常、最普通的德育活动，其主题明确，针对性强，内容丰富多彩，形式生动活泼，是对学生进行思想品德教育的有效途径。主题班会、主题团队会应当形成制度，列入课程表，作为德育活动课的基本形式。

广大实验学校、实验教师在实践中探索出富有个性化、特色化、可操作的德育活动模式，其中比较典型的有：(1)讨论探究式；(2)辩论明理式；(3)情感体验式；(4)情景模拟式；(5)角色扮演式；(6)演讲报告式；(7)审美鉴赏式；(8)文艺表演式；(9)知识竞赛式；(10)展示交流式；(11)网上互动式；(12)调查访谈式；(13)参观考察式；(14)社会实践式；(15)综合活动式。除此以外，各学科教学也应适当开展校内外德育综合性活动，避免单纯传授知识、空洞讲授理论、死记硬背概念等脱离实际的倾向，尽可能把时间让给学生，让学生作为行为主体自己去实践，去体验，将教学过程变为学生活动的过程，从而增强德育的科学性、针对性和实效性。

(五)理论与实践相结合是德育科研生命力的根本所在

德育科学研究最突出的特点是应用性和实践性，德育实践是德育科学最深厚的源泉和最强大的动力。德育科学研究要发扬理论联系实际的优良传统，坚持为德育改革和发展的实践服务，为教育决策服务的科研方向。

德育理论研究不能只停留在抽象、思辨的层次上，要把理论层次化、具体化，转变为可操作的程序、方法、手段和实施细则等环节，加强德育理论的应用性研究。德育科研人员只有把理论与实践相结合，提高科研工作的服务意识，为广大中小学德育改革提供服务，研究成果才有生命力和推广价值。

本课题的研究在为领导部门提供决策服务的同时，注重面向基层教育教学第一线。一方面，根据基层教学第一线的需要，确定研究方向和专题，注意解决学校德育面临的实际问题，并把研究成果应用于实践，接受实践的检验。另一方面，吸收教育管理工作者和广大教师参与德育科研。管理者在科学研究中加深了对德育规律的认识，可以使管理与决策更科学，同时可以为德育科研成果的推广提供支持与保障；广大教师把教学活动与德育科研结合起来，可以在实践中反思，在实践中发展，在实践中超越。各实验区实验学校的实践充分证明，德育理论工作者、管理工作者和一线教师三结合的德育科研模式，是理论与实践相结合的根本途径，三者之间的良性互动促进了德育理论与实践的密切结合，提高了德育工作的科学性、针对性和实效性。实践证明，理论与实践相结合是德育科研生命力的根本所在。

七、存在的问题与未来展望

(一)整体构建学校德育体系研究历经十年的探索，总体思路和理论框架已经基本形成。然而，有些问题还需要进一步深化研究。其一，各学段纵向衔接问题，还需要更具体细致的研究与实验，特别是衔接的机制上还有待于科研工作者与行政管理者进一步探索。其二，德育目标内容体系怎样把弘扬和培育民族精神贯穿教育全过程，还需进行更深入系统的研究。其三，根据教育部党组关于《学习贯彻胡锦涛总书记讲话精神，切实加强社会主义荣辱观教育的通知》提出的“针对大、中、小学生的特点，科学设计教学内容，在中小学德育课程和高校思想政治理论课中重点突出社会主义荣辱观的内容”的要求，需要从整体上研究怎样将荣辱观教育与上述德育内容和谐建构，形成与时俱进的中国特色的德育内容体系。

（二）整体构建学校德育体系理念已经得到教育界和教育行政部门接受和肯定。教育部已于2005年5月正式下发《关于整体规划大中小学德育体系的意见》，对加强和改进学校德育工作提出了明确的任务和具体的要求。然而，在基础教育阶段特别是在高中阶段，受应试教育的影响仍然存在“重智育，轻德育”的现象。在一些地方和学校，德育的首要地位尚未完全确立，德育科研与学科教研的发展还很不平衡，德育科研成果往往不能得到推广应用。这已成为整体构建学校德育体系的薄弱环节。今后，随着高考制度的改革要把高中阶段作为德育研究与实践的重点来抓。

（三）整体构建学校德育体系的理念在广大实验学校已经深入人心。然而，从总体上看，家庭教育、社会教育与学校教育还有一些不和谐的地方。有的家庭教育价值观念错位，把培养子女成功理解为获得博士硕士高学历；有的学校仍然把升学率放在首位，重智育轻德育；有的社区和社会组织重经济效益轻社会效益；相当数量的学校、社区、家庭缺乏三种教育的和谐共建意识，不能形成德育的整体合力，等等。建设和谐校园、和谐家庭、和谐社区以及三个方面的整体和谐是建设和谐社会的基础性工程，在今后的教育科学研究中，要根据和谐社会建设的新要求，继续进行整体构建学校、家庭、社会和谐德育体系的研究，在画好大、中、小、幼纵向衔接这“一竖”的基础上，进一步画好学校、家庭、社会横向结合的“一横”，为建设社会主义思想道德体系，建设和谐社会做出新的贡献。

第二编　“十五”课题研究工作会议讲话

为德育决策服务　为德育实践服务

——2001 年在庆祝中央教科所德育研究中心成立十周年学术研讨会上的讲话

各位领导、专家、同志们、朋友们：

大家好！

今天是中央教科所德育研究中心成立十周年纪念日。我们在我的母校——首都师范大学举办德育学术研讨会，我向大家汇报德育研究中心十年来的工作情况。

原国家教委在成立德育研究中心的批示中指出："德育研究中心进行德育基础理论研究和德育应用性研究，为教育行政的德育决策提供科学依据，为各级各类学校的德育实践提供理论指导，长远目标是建立有中国特色的社会主义德育体系。"明确规定了德育研究中心的任务、宗旨和目标。十年来我们正是按照国家教委的批示精神开展工作的。

十年来，先后承担了教育部和国家两项重点课题：

"八五"规划期间承担了教育部重点课题"我国各级各类学校德育现状调查研究"。

"九五"规划期间承担了国家重点课题"整体构建学校德育体系的研究与实验"。

十年来，主办和参加国际国内学术研讨会40多次。

创办了《中国德育》杂志(原名《德育信息》)，发刊66期，编辑600万字。

十年来，德育研究中心始终坚持以马列主义、毛泽东思想、邓小平理论为指导，坚持为德育决策服务、为德育实践服务、为繁荣德育学科服务、为社会主义现代化建设服务的宗旨，坚持理论联系实际的原则，坚持走科研工作者与行政领导、一线教师相结合的道路，在进行德育基础理论研究的基础上，以应用性研究为主，形成了德育科研、德育著述、德育杂志、德育网站、德育年会、德育基地六位一体的工作格局，为实现建立21世纪有中国特色、代表先进文化前进方向、适应素质教育要求的社会主义德育体系的宏伟目标，进行了坚持不懈的努力。

德育研究中心出版德育著作30多部(套)，发表论文100多篇，累计1400万字。德育中心举办德育培训班50多期，培训干部教师10000多人次。在全国20多个省(自治区、直辖市)建立了近百个实验区、千所实验校。深入实验区、实验校考察指导课题研究与实验工作300多次。

“九五”课题研究的第一阶段成果——《德育》系列实验读本(小学、初中、高中、中职、中师、大学每年级一册，共22册)。

为了跟进网络时代的迅猛发展，实现德育途径方法的现代化、数字化、远程化，创建了“中国德育网”。

“八五”规划期间，德育研究中心承担了教育部重点课题“我国各级各类学校德育现状调查研究”。这是首次全国性、系统性、全方位的大型德育调查研究项目，内容包括大、中、小学校德育工作现状和大、中、小学生政治、思想、道德素质现状，调查范围涉及全国20

多个省(自治区、直辖市)、250 所学校、20000 多名学生。在 45 份分门别类的调查报告的基础上，撰写了总体调查报告，提出了“整体构建学校德育体系”的建议。

李岚清副总理看到后做了明确批示：“教委：调查中的有些建议，可以纳入‘加强和改善德育工作’讨论稿。”

这里所说的“讨论稿”。就是 1994 年 8 月 31 日颁布的《中共中央关于进一步加强和改进学校德育工作的若干意见》。这个文件的第 5 条明确规定要“整体规划学校的德育体系”。该课题的研究成果为党和政府的德育决策提供了科学依据。

“九五”规划期间，德育研究中心承担了国家重点课题——整体构建学校德育体系的研究与实验。该课题是一项为决策服务、为实践服务的应用性综合研究项目，旨在为建立 21 世纪科学化、系统化、规范化、现代化的有中国特色的社会主义学校德育体系提供理论参照和实践模式。

《德育》系列实验读本的编写思路是：以系统科学理论为指导，以德育要素结构为纬，以德育层次结构为经，依据不同年龄阶段学生的身心特点和品德形成发展规律，由浅入深，由低到高，由具体到抽象，由感性到理性，分层递进，螺旋上升，整体构建从小学到大学各个年级的德育内容体系。

“九五”课题研究的第二阶段成果——《成长册》(小学、初中、高中、中职每学年一册，共 15 册)。

《成长册》作为学生综合素质评价手册，从学会做人，学会求知，学会健体，学会审美，学会健心，学会劳动，学会创新，学会自护等 8 个方面，引导学生自析成长环境，自订成长目标，自开成长渠道，自评成长效果，使学生成为自身全面发展的主人。

《德育》读本和《成长册》在全国部分地区的实验学校中进行了2—3轮实验，受到了实验区、实验校的领导和师生的普遍欢迎，也得到了同行专家的一致好评。

"九五"课题研究的最终成果——《整体构建德育体系总论》等4部著作，得到了评审鉴定专家组的充分肯定："方向正确，观点鲜明，在所蕴涵的理念上反映了当代国内外德育发展的新趋向，并在此基础上做出自己的开拓，在思想理念上站在了时代的前端，具有重要的实践意义和理论价值。"

德育研究中心高度重视科研为决策服务。在完成"八五""九五"科研任务的同时先后承担了多项上级领导交办的任务。1992年承担了教育部关于德育工作地位和作用的研究任务；1994年参与了教育部起草《中共中央关于进一步加强和改进学校德育工作的若干意见》的工作；1996年参与了教育部基础教育司筹备全国中小学德育工作会议文件的起草工作；2000年参与了教育部师范教育司关于教师职业道德教育方案的策划工作；2000—2001年参与了教育部职业教育与成人教育司关于中等职业学校德育课程改革方案的制定，并编写了教学大纲、教材、教学参考书和学习参考书；2001年承担了中宣部、教育部、团中央贯彻落实《公民道德建设实施纲要》、《学生道德修养读本》(大、中、小学生三个版本)的编写工作；2001年承担了教育部社会科学研究与思想政治工作司交办的《贯彻落实江泽民总书记"9·20"批示，切实加强和改进学校思想教育整体规划》的起草工作。这些工作都在一定程度上为中央和教育部的决策发挥了参谋咨询作用。

德育研究中心是一个同心同德、开拓创新、团结奋进的集体，具有求真、务实、高效的工作作风。全体成员工作积极主动，富有创新意识和奉献精神。同时广泛团结所外同行专家并接收访问学者，形成专兼结合、优势互补的德育科研队伍。

德育研究中心十分重视为实践服务，在全国20多个省(自治区、直辖市)建立了百个实验区、千所实验校，有万名教师、百万学生参与了课题研究与实验。德育研究中心总课题组核心成员先后到实验区、实验校考察指导课题研究与实验300多次。实验区和实验校确定了“以德育科研为先导，推动教育教学工作，培养锻炼教师队伍”的办学思想，形成了“以德治教，以德治校，以德育人”的良好风气，使实验学校的德育工作更具科学性、系统性、规范性，明显地增强了主动性、针对性和实效性。

德育研究中心在课题研究与实验的过程中形成了独具特色的德育理念和学术观点：(一)广义理解德育概念，提出了德育内容“五要素说”；(二)系统研究德育体系，提出了“横向贯通、纵向衔接、分层递进、螺旋上升”的观点；主张德育文化融合，提出了“贯通古今，融会中西，继承借鉴，发展创新”的观点；完整把握德育过程，提出了“授之以知、晓之以理、动之以情、导之以行”的观点；重视德育实践环节，提出了“建立德育活动课”的观点；尊重学生的主体地位，提出了“德育新三中心论”；强调德育评价机制，提出“建立三级评价体系”的观点。

感谢各位领导、专家对德育研究中心的厚爱和支持!

深化课题研究　推进德育创新

——2002年在实验区工作会议上的讲话

“创新是一个民族进步的灵魂，是国家兴旺发达的不竭动力。创新的关键在人才，人才的成长靠教育。”“教育是知识创新、传播和应用的主要基地，也是培育创新精神和创新人才的重要摇篮。无论在培养高素质的劳动者和专业人才方面，还是在提高创新能力和提供知识、技术创新成果方面，教育都具有独特的重要意义。”

“必须不断推进教育创新。教育创新与理论创新，制度创新和科技创新一样，是非常重要的。而且教育还要为各方面的创新工作提供知识和人才基础。”

教育创新，按照教育总体来划分，包括教育思想创新、教育体制创新、教育体系创新、教育内容和方法创新、教育教学模式创新、教育信息技术创新等。教育创新，按照教育内涵来划分，包括德育创新、智育创新、体育创新、美育创新、劳动教育创新。教育创新，按照教育结构来划分，包括基础教育创新、高等教育创新、职业教育创新、成人(终身)教育创新等。

我们承担的“十五”规划国家重点课题是一项综合性的研究项目。它涉及各级各类学校德育的创新，同时包含了德育思想、德育目标内容、德育途径方法，德育教学模式、德育信息技术、德育管理评价等方面的创新。创新，是教育科学研究的本质。教育创新要以教育科研创新为先导，教育科研创新要为推进教育创新服务。“九五”之初提出“整体构建德育体系”是创新；“九五”期间的一系列研究成果是创新；“十五”规划进一步深化研究与推广实验仍然需要创新。我们要以江泽民同志的教育创新思想为指导，深化课题研究，推进德育创新。

一、与时俱进，进行德育思想创新

进行教育创新，首先要坚持和发展适应国家和社会发展要求的教育思想。要坚持党的教育方针，坚持教育为社会主义事业服务，坚持教育与社会实践相结合，同时要十分注意研究和解决教育面临的新情况新问题，深入探索新形势下教育发展的规律，更新教育观念，确立与 21 世纪我国经济和社会发展需要相适应的教育观和人才观。

进行教育创新，首先是教育思想创新。进行德育创新，首要的仍是德育思想创新。进行德育思想创新，必须注意研究和解决德育面临的新情况、新问题。当前，德育面临的新情况、新问题，莫大于加入 WTO。加入 WTO，将推动我国改革开放步入新阶段，使我国经济社会进一步融入世界一体化格局。WTO 所包含的最惠国待遇、国民待遇、公平互惠、市场准入、公平竞争、透明度以及权利义务平衡等原则，给人们的思想注入了新的生机，给学校德育创新提供了良好的机遇。同时，加入 WTO 带来了前所未有的中西文化碰撞，使道德主体面临着多元文化的困惑与选择，WTO 的各项原则对国民素质提出了更高的要求，学校德育工作带来了新的挑战。如何认识和应对加入

WTO对学校德育工作的影响。是一个亟待解决的重大理论与实践课题。

(一)加入WTO对学校德育的双重效应

1. 加入WTO进一步激发了国人的主体意识生成，同时诱发个人主义、自由主义倾向。

2. 加入WTO进一步促进了国人开放进取意识的生成，同时价值观念的多样化使青少年面临多元选择的困惑。

3. 加入WTO促进了新的价值观念和伦理精神，同时青少年面临互联网的多方冲击。

(二)加入WTO与德育思想创新

1. 德育的适应性与超越性

加入WTO，社会主义市场经济体制的确立是符合我国社会发展规律和人民根本利益的抉择，市场经济建设的成效在根本上取决于人的素质。德育作为素质教育的灵魂，加入WTO和市场经济的确立对其提出了更高的要求。一方面，道德作为上层建筑。必然受与之相对应的经济基础的制约，道德必须适应而不可回避、排斥市场经济。另一方面，道德作为意识形态，对与之相对应的经济基础具有能动作用，道德必须超越而不能仅囿于适应市场经济。只有在适应中超越，在超越中适应，螺旋上升，层递发展，德育才能在培养与造就中国现代化事业的人才中发挥应有的作用。

2. 教师的主体性与学生的主体性

加入WTO和社会主义市场经济体制的确立激发了人的主体意识，为德育过程中人的主体意识的实现提供了现实的外在社会环境。从哲学意义上讲，主体是人，客体是自然，教师和学生都具有能动性，都应是主体：作为道德的载体，师生又表现为道德主体。道德主体主要是个体以认识肯定、发展和完善自己为己任的，而且作为道德主体，师生又表现为德育主体。德育主体不仅要尽相应的道德义务，更要求个体和群体的道德认识、道德情感、道德修养向较高层次迈进。

3. 德育导向的一元化与道德实践的多元性

社会主义市场经济建设中确立的以公有制经济为主体，多种经济形式共同发展是符合我国初级阶段基本国情的抉择。加入 WTO，多种经济形式共同发展得到了进一步巩固和强化。由于所处的经济所有制性质的不同、个人生活背景、教育程度、思想观念的差异性，在现实生活中必然呈现出多元化的意识形态。青少年学生的思想品德在家庭和社会的影响下，必然面临多元选择的困惑。

社会主义市场经济的确立和发展，解放了生产力，发展了生产力，极大地丰富了人们的物质文化水平，为新时期德育一元化导向奠定了物质基础。同时，共同富裕作为社会主义市场经济的目标，充分体现了社会主义社会的基本理想，以其可行的实践性和可求的理想性，随着改革开放越来越深入人心，成为人与人之间、人与社会之间新型关系的规范和尺度，有机地整合了义与利的两极目标，使义和利取得了一致性和合理化，共同富裕已成为我国社会主义市场经济的道德目标和基准。

二、整体构建，进行德育体系创新

进行教育创新，关键是通过深化改革不断健全和完善与社会主义现代化建设要求相适应的教育体制。要扫除制约教育发展的体制性障碍，努力提高教育资源的利用效益，优化教育结构，扩大教育资源。进一步转变政府管理教育的职能和模式，增强学校依法自主办学的能力。推动教育体系的创新，逐步形成适应终身学习需要的学习型社会，满足人民群众多样化的学习需求。推动学校教育、社会教育和家庭教育紧密结合、相互促进，加强各级各类教育的衔接和沟通。

进行教育创新，关键是教育体制创新，进而推动教育体系创新。关于教育体系创新，江泽民同志提出的“学校教育、社会教育和家庭教育紧密结合、相互促进，加强各级各类教育的衔接和沟通”，对我们承担的“十五”国家重点课题的研究具有重要的指导意义。

“九五”期间，我们已初步完成了各级各类学校德育的纵向衔接，整体构建了学校德育体系，这本身就是德育体系的创新。“十五”期间，将进行学校德育、家庭德育、社会德育的横向沟通，这仍然需要创新。

(一)德育体系的整体构建与创新

1. 德育体系的研究思路

“九五”期间，我们承担了国家重点课题“整体构建学校德育体系的研究与实验”，提出了整体构建德育体系的研究思路：以德性论、德育论、系统论为理论基础，以贯通古今、融会中西、继承借鉴、发展创新为基本原则，以德育目标、德育内容、德育途径、德育方法、德育管理、德育评价等要素系统为纬，以小学德育、初中德育、高中德育、中职德育、高职德育、大学德育等层次系统为经，进行横向贯通、纵向衔接、分层递进、螺旋上升，整体构建21世纪有中国特色的、代表先进文化前进方向的、适应素质教育要求的学校德育体系，为增强学校德育工作的科学性、针对性和实效性提供理论参照和实践模式。

2. 学校德育系统的层级结构

根据德育系统的性质和特点，参考系统科学关于系统分类的研究方法，我们按照“子系统”和“分系统”这样两种方式来划分学校德育系统的层级结构。

子系统主要反映系统的等级性，即系统的每一等级包含有相对独立的多个子系统，系统可以视为在这些子系统的相互联系中产生的整体。我们可以把大、中、小三个学段的德育工作作为三个相对独立的子系统，三者的集合构成学校德育系统。三个学段是学校德育系统的第一级子系统，在每个学段中。各年级德育工作是学段德育系统的子系统。即第二级子系统。第三级子系统是班级德育工作。

所谓分系统，是指系统的各级子系统在某些方面具有意义关系或实体联系，由这些意义联系的方面或有贯通性质的要素以一定秩序组织起来的系统构成所属系统的分系统。就学校德育系统的构成要素来看，无论哪个学段的德育工作，都可以分成德育目标、内容、途径、方法、管理、评价六个方面，当我们把这六个方面作为各级子系统中的共有因素进行贯通性研究时，就形成学校德育系统的六个分系统。子系统与分系统的关系可以通俗地称为“块”与“条”的关系。

3. 学校德育体系的整体构建

整体构建学校德育体系就是以德性论、德育论、系统论为理论基础。以德育的目标、内容、途径、方法、管理、评价六个分系统为纬，以大、中、小学德育工作三个子系统为经。横向贯通、纵向衔接、横纵交织。构建成一个整体性德育实施体系。

为便于对这个体系整体构架的观念把握，这里用模型法图示于下页。

整体构建学校德育体系就是运用系统科学的思想方法，将大、中、小学三个子系统和目标、内容、途径、方法、管理、评价六个分系统进行合理的配置，进而构成一个时间上具有全程性，空间上具有

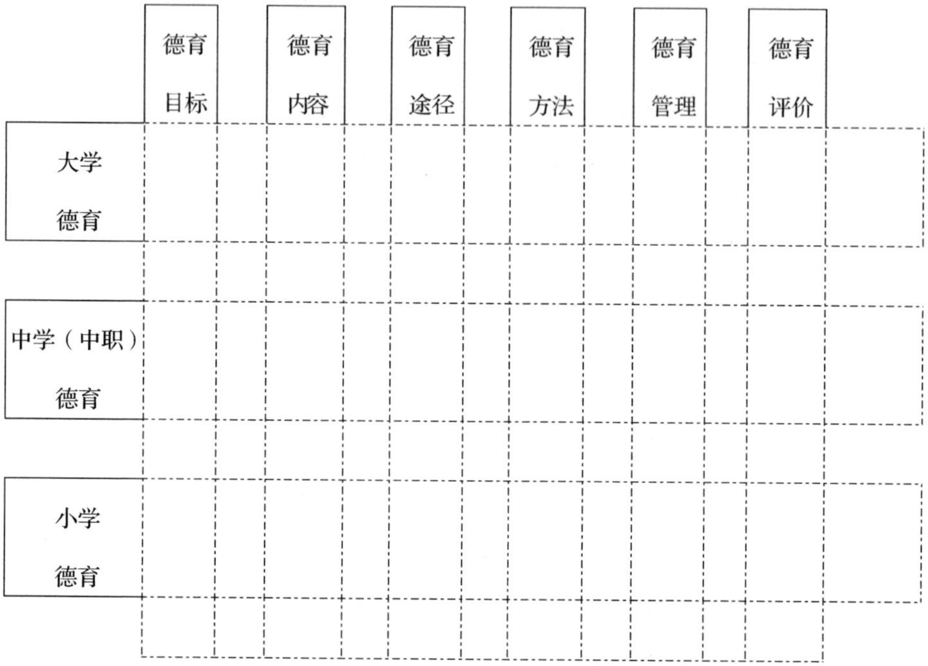

全面性的，能够产生更大整体效应的德育系统——学校德育体系。这是一项较大规模的系统工程。

整体构建德育体系研究思路的提出，把系统科学理论引入德育体系构建，整体构建德育体系理论框架和操作模式的建立，这在中国德育史上是前所未有的，这本身就是创新。

(二)德育体系的深化研究与创新

1. 德育体系深化研究的总体思路

以《整体构建德育体系总论》等“九五”成果为基础，进行分年级德育的科学化、系统化、规范化研究，分别构建小学、初中、高中、中等职业学校、高等职业学校、普通高等学校的德育体系。为教育部制定或修订德育大纲提供决策依据，为各级各类学校德育工作从盲目性走向科学性、从零散性走向系统性、从随意性走向规范性提供理论参照和实践模式。

2. 德育体系深化研究的重点内容

(1)关于德育目标和内容。德育的分学段目标和分年级目标如何表述？如何体现年龄特点和德性形成和发展规律？这是德育目标深化研究的难点。德育内容——思想教育、政治教育、道德教育、法纪教育、心理教育“五要素”各自的具体内容、特点和规律是什么？《公民道德建设实施纲要》把“爱国守法、明礼诚信、团结友善、勤俭自强、敬业奉献”确定为基本道德规范。如何把基本道德规范具体化为若干个“德目”？这些德目怎样形成序列、循序渐进地分布到各个学段？每个年级又如何把这些德目化为教师可操作、学生可接受的具体内容？这是德育内容深化研究的重点。

(2)关于德育途径和方法。家长是孩子的第一任教师，家庭是青少年的第一所学校。在社会生活和家庭生活发生很大变化的今天，在面对独生子女教育的特殊年代，如何加强家庭教育？如何搞好学校教育与家庭教育的结合？如何办好家长学校？这是学校德育途径深化研究向家庭教育的延伸。

(3)关于德育管理和评价。德育评价深化研究的任务是：如何建立健全学校、班级、学生三级评价体系？如何运用德育评价的原则和方法构建一套科学、实用、有效的德育评价指标体系？如何运用现代信息技术手段研制德育评价电脑软件？

3. 德育体系深化研究的基本要求

各学段要分别构建小学德育体系、初中德育体系、高中德育体系、中等职业学校德育体系、高等职业学校德育体系、普通高等学校德育体系。各学段德育体系要包括德育目标、内容、途径、方法、管理、评价六项子体系。每一项子体系原则上要具体化到年级，小学可分为低年级、中年级、高年级三段，初中以上每学年分为一段。做到具体化、可操作化。

三、积极探索，进行德育内容和教育模式创新

进行教育创新，根本的目的是要推进素质教育，全面提高教育质量。要改革教学的内容、方法和手段，完善人才培养模式，充分吸纳当代自然科学和人文社会科学的最新成果，建立符合受教育者全面发展规律，激发受教育者创造性的新型教育教学模式，形成相互激励、教学相长的师生关系，努力创造有利于创新人才成长的良好教育环境和社会环境，使每一个受教育者都能充分发挥自身潜能，激发学习成长的主动性，实现全面发展。

进行教育创新的根本目的是推进素质教育。德育在素质教育中居于首要地位，同时对全面素质教育发挥着导向、动力、保证作用。“九五”期间我们在德育内容创新、德育模式创新和德育评价创新方面取得了重要研究成果，为推进素质教育做出了积极的贡献。

(一)广义理解德育概念，提出了德育内容的“五要素说”

1. 我国德育理论界的不同观点

关于德育概念的界定和德育内容的概括，长期以来在我国德育理论界一直争论不休。至少有五种不同的观点：第一种观点认为“德育是道德教育的简称”；第二种观点认为“德育是思想政治教育的同义语”；第三种观点认为“德育是思想政治教育和道德品质教育的总称”；第四种观点认为“德育应包括法制纪律教育”；第五种观点认为“德育还应包括心理健康教育”。

2. 我们对德育概念的界定

德育是指教育者按照一定社会的要求，有目的、有计划、有组织

地对受教育者进行系统的影响，通过教育者和受教育者双主体在实践活动中的互动，把一定社会的政治准则、思想观点、道德规范、法纪规范和心理要求，内化为受教育者个体的政治素质、思想素质、道德素质、法纪素质和心理素质的教育。

3. 德育“五大要素”的相互关系

德育内容包括“五大要素”，即政治教育、思想教育、道德教育、法纪教育和心理教育。这“五大要素”各有自己的特定内涵，但又互相联系，互相渗透，互为条件，互相制约，构成了德育统一体。其中思想教育和政治教育是灵魂，道德教育是核心，法纪教育是保障，心理教育是基础。要分别研究政治教育、思想教育、道德教育、法纪教育和心理教育各自的特点和规律以及它们之间的相互关系。这五者不可割裂，更不能互相取代。如果在理论上仅仅把德育视为“政治思想教育的同义语”或“道德教育的简称”，那么在德育实践上就会失之偏颇。

(二)重视德育实践环节，建立了德育活动课模式

1. 德育活动课模式的提出

学校教育教学的基本组织形式是课堂教学，而课堂教学的主要内容是智育。尽管思想政治课纳入了课堂教学，然而它已经学科化、应试化了。因此淡化、弱化了德育功能。班主任工作和团队工作是德育的重要途径，然而它没有形成科学化、系统化、规范化的教育模式。为了探索出一条思想政治课的改革之路，为了使班主任工作和团队工作从盲目性走向科学性，从零散性走向系统性，从随意性走向规范性。我们创建了以整体构建为基本思路，以《德育》系列实验读本为载体，以主题班会、团队会为基本形式的全新的德育活动课教育教学模式。

2. 德育活动课模式的理念

(1)双主体——教师是教育主体，学生是受教育主体，教师和学生应当互相尊重对方的主体地位，充分发挥两个主体的主动性、积极性、创造性。

(2)新三中心——以学生为中心，以活动为中心，以体验为中心。

(3)四环节——授之以知，晓之以理，动之以情，导之以行。

(4)生活化——近、小、实、亲。

(5)研究性学习——研究性个体自觉学习，研究性小组合作学习，研究性行动体验学习。

(三)关注学生全面发展，研制了综合素质评价手册

1.《成长册》的创意

“九五”期间，为了贯彻落实第三次全教会精神，全面推进素质教育，我们研究编写了以品德为核心的综合素质评价手册——《成长册》。

长期以来，我国中小学普遍把《成绩册》作为对学生评价的基本形式。《成长册》与《成绩册》只一字之改，却发生了质的变化。

2.《成长册》与《成绩册》之比较

	《成绩册》	《成长册》
评价主体	教师	学生自评为主
评价内容	学习成绩	综合素质
评价分类	终结性评价	形成性评价

3.《成长册》的内容结构

“九五”期间，我们提出了德育内容的“五要素说”是一种创新，以《德育》读本为载体建立了德育活动课模式也是一种创新，以《成长册》为载体建立了学生综合素质评价体系又是一种创新。“十五”期间，我们将

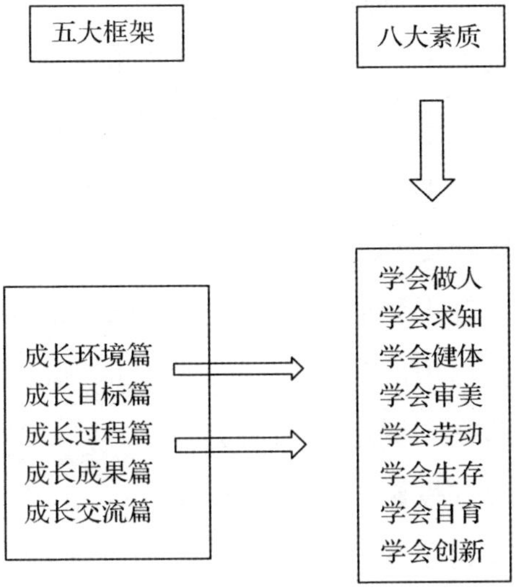

对《德育》读本和《成长册》进行深化研究和修订再版，也仍需要创新。

四、迎接挑战，进行德育信息技术创新

进行教育创新，必须充分利用现代科学技术手段，大力提高教育的现代化水平。要通过积极利用现代信息和传播技术，大力推动教育信息化，促进教育现代化，进一步完善学校的计算机网络，加快数字图书馆等教育公共服务体系建设。加强中小学校的信息技术教育，推动信息技术课程和教材建设，采用音像录放等设施，尽快把优质教育资源传输到广大农村，提高农村中小学教学质量。

进行教育创新，必须充分利用现代科学技术手段，大力提高教育的现代化水平。同样，进行德育创新，也必须充分利用现代科学技术手段，大力提高德育的现代化水平。我们已经创建并开通了中国德育网站，研制了一批德育活动课教学软件（资源），初步实现了德育方式、手段的现代化转型。“十五”期间，我们将进一步深化网络德育研究，为推动德育信息化、网络化、现代化做出新的贡献。

(一)德育方式、手段的现代化转型

随着信息网络技术的高速发展，以庞大的信息数据库和信息高速公路等要素构成的互联网，将人们带入了全新的网络时代。德育要顺应网络化迅猛发展的趋势，及时向互联网转型：建立有中国特色的、基于信息技术的德育理论和实践体系。德育研究中心，作为国家专门的德育研究机构已经意识到时代赋予自己的重大责任和义务，将网络德育提上日程，我们承担的“十五”国家重点课题已经列入计划，并作为“十五”规划教育部重点课题立项研究。

回顾历史，从幻灯投影的出现，到电影、电视、广播录音媒体以及现代计算机的介入和发展，已促使传统德育手段方式一步步得到改造。而信息网络技术的发展是在信息传递方式、传递速度上提供了一种全新的通道，更是为学校德育方式、手段的全面变革提供了历史机遇。据 2000 年年底我国 29 个省份的不完全统计，我国中小学已拥有各类计算机 204.9 万台，其中 4600 所学校建立了校园网。目前，“校校通”工程已全面启动，在今后的 5—10 年内全国 90%左右的独立建制的中小学校都能上网，共享网上资源。这说明，以信息网络技术作为德育工作的支撑已有了硬件保证。将信息网络技术渗透到学校德育的方方面面是可能的，也是现实的。德育理应抓住机遇，开始自己新的里程。

(二)德育软件(资源)的开发与研制

1. 德育软件开发的紧迫性。

近年来，许多企业、公司、研究部门、教育部门及大中小学校，纷纷投资教育软件的开发。其发展的规模和速度呈急剧上升之势。据不完全统计，我国从事教育软件开发的企业有数百家。已开发出近千种(套)各类教育软件，但遗憾的是，有的课件只是课堂搬家和高考习

题的资源库，围绕着高考和中考转来转去。在内容设计上仍是灌输式死记硬背，将“人灌”改成了“电灌”，基本上是为应试服务的。有的软件甚至直白说明是应付中考、高考的灵丹妙药，不顾及培养学生的能力和开发学生的智力，更谈不上培养学生的创新精神。

当前，对青少年进行思想教育，帮助他们健康成长，已成为全党、全社会高度重视的大事。德育研究部门应责无旁贷地将网络德育作为研究的重心，引导广大教师研究网上德育的现实问题及对策。开发研制德育软件，使网上德育有现实可操作的运行载体，使德育尽快抢占网上阵地。

2. 德育软件的开发研制，遵循下述基本原则。即育德性、系统性、交互性、生动性、仿真性、主体性。

（三）中国德育网站的创建

1. 中国德育网的基本定位

中国德育网是由中央教育科学研究所德育研究中心主办的我国目前第一家以德育科研为指导的德育信息集散地和沟通的交流平台。

中国德育网是在社会网络化趋势迅猛的背景下开始酝酿筹建的。该网站的建立，我们将其定位为综合性德育科研、德育工作网站，并以各级德育科研机构所承担的德育科研课题研究的前后跟进为特色。

中国德育网的开通。坚持以马列主义、毛泽东思想、邓小平理论和江泽民总书记关于“以德治国”、“三个代表”重要思想和《公民道德建设实施纲要》为指导。以培养社会主义“四有新人”为目标。以为教育行政领导德育决策服务、为德育科研的繁荣发展服务、为加强改进学校德育工作服务为宗旨。

2. 网站的开通与运营

经过近两年的研究论证，中国德育网（http：//chinamoraledu.

com)于 2001 年 12 月 26 日德育研究中心成立十周年之际开通。此举得到党和国家领导人的高度重视。原国家教委党组书记何东昌同志为“中国德育网”的开通致辞并剪彩。社会各界对中国德育网寄予厚望，“这是全国第一家以德育科研为依托的综合性德育网站，以其强劲的后续开发能力和丰富的德育资源，有望成为我国最大的德育信息平台”(《人民日报》、人民网、《中国教育报》、《现代教育报》、《北京青年报》等)。中国德育网的开通，是德育三动向互联网转型的重要举措，为此，得到社会媒体的广泛关注，中央电视台、中国教育电视台、中央人民广播电台、《人民日报》、新华社、《光明日报》、《中国教育报》、《中国社会报》、《北京日报》、《北京青年报》、《现代教育报》、中国青少年计算机信息服务网等 15 家新闻媒体多角度全方位做了报道。新华通信社通信卫星，用多种语言向全球播发了这一消息。

3. 中国德育网栏目设计

运用信息网络技术实现德育方式、手段的现代化转型是一种创新，德育软件(资源)的开发与研制又是一种创新，中国德育网站的创建更是一种创新。“十五”期间，我们计划将以《德育》读本为载体的德育活动课和《成长册》研制开发为多媒体教学课件，并且研制德育评价指标体系电脑软件，这仍然需要创新。

五、融会中西，进行德育理论创新

“进行教育创新，必须面向现代化、面向世界、面向未来，加大教育对外开放的力度，要密切关注世界教育发展的大趋势，在继承中华民族优秀教育传统的基础上，积极吸收人类文明的一切优秀成果，借鉴世界上先进的办学经验和管理经验，提高我国教育的国际竞争力。”(江泽民)

当代中国教育改革与发展的指导思想是：面向现代化，面向世界，面向未来。

德育作为整个教育的组成部分，同样要以“三个面向”为指导，贯通古今，融会中西，继承借鉴，发展创新。这是21世纪中国德育理论创新的大趋势，也是整体构建德育体系的理论原则。

（一）中国传统文化的批判继承与弘扬光大

中国是一个具有悠久历史和优秀文化传统的国家，素以“礼仪之邦”著称于世。在中国传统文化中，传统道德占有十分重要的地位。中国历代哲学家、思想家、教育家对道德教育的思想和论述源远流长、博大精深、影响广远。虽然，中华民族的传统道德是在小农生产和封建宗法制度的基础上建立起来的，不可避免地带有保守性和局限性的一面，但是，只要我们正确地坚持批判继承、古为今用、发展创新的原则，主动取其精华、去其糟粕，就能使其成为构建新的道德体系的思想材料。

在中国悠久的文明史中，传统道德经过千百年的积淀，有些光辉的思想已构成了我们的民族之魂。例如，“天下兴亡，匹夫有责”的爱国主义精神；“天下为公”“修齐治平”的整体主义精神；“刚健有为、自强不息”的积极进取精神；“先天下之忧而忧，后天下之乐而乐”的先人后己精神；“见利思义”“先义后利”的价值取向；“富贵不能淫，贫贱不能移，威武不能屈”的浩然正气；“杀身成仁”“舍生取义”的高风亮节；“勤劳简朴、诚实守信”的求实精神；“仁者爱人”“成人之美”的友爱思想；“孝敬父母”“尊老爱幼”的道德品质等等。这些民族之魂曾经影响了中华民族亿万儿女，曾经激励过无数志士仁人、英雄豪杰为民族的兴旺发达、为祖国的繁荣富强写下了人生的壮丽篇章，毫无疑问，这些中华民族传统道德的精华，在社会主义现代化建设的今天也是值得继承和发扬光大的。

(二)西方文明成果的学习借鉴和吸收利用

在对待西方文化问题上，我们有过正反两方面的经验。现在可以清醒地认识到，采取闭关自守、全盘否定，或崇洋媚外、全盘西化两种极端的态度都是错误的。正确的态度应当是分析、鉴别、学习、借鉴、吸收、利用。首先，在思维方式上，西方学者注重归纳和实证，沿着从具体到抽象的思维逻辑，从道德现象、具体事例、个案分析入手，总结归纳各自的教育理论，实用性、可操作性强；中国学者则注重演绎，沿着从抽象到具体的思维逻辑，从概念出发，说明或指导实践。这两种思维方式恰好可以互相借鉴、互相补充。其次，在教育方法上，西方学者主张尊重学生的人格和个性，鼓励学生自由选择，师生平等对话；而我们则强调教师的主导作用、理论讲授和教育导向。这方面同样可以互相借鉴，互相补充。再次，在教育内容上，特别是那些适用于市场经济的价值观念，如改革开放观念、民主法制观念、权利义务观念、公平竞争观念、效率效益观念、互利互愿观念、公关信息观念、商品市场观念、文明消费观念、照章纳税观念等，更需要借鉴和吸收，使其与中国传统美德相融合。

我国文化的发展，不能离开人类文明的共同成果。要坚持“以我为主、为我所用”的原则，开展多种形式的对外文化交流，博采各国文化之长，向世界展示中国文化建设的成就。坚决抵制各种腐朽思想文化的侵蚀。我们要在这个精神指导下，继承、弘扬、光大我国优良道德传统，同时还要学习、借鉴、吸收利用西方优秀文明成果，并使两者有机结合起来，创造出有中国特色的社会主义道德教育体系，推进德育理论的创新。

总之，我们要不断深化课题研究，努力推进德育创新。

深化研究完善"一竖"画好"一横"

——2003年在实验区工作会议上的讲话

一、《德育》读本的深化研究与推广实验

(一)《德育》读本研究与实验的成绩与贡献

《德育》读本自1998年开始进行实验，至今已经走过了五年的历程。五年之间我们不断总结经验，与时俱进，进行了两次修订。总课题组成员与实验区、校的领导和老师为此付出了艰苦的劳动，取得了可喜的成果，积累了丰富的经验。实验校的德育工作因此走上了科学化、系统化、规范化的轨道，出了成果，出了经验，出了人才。同时，也为教育部的课程改革和新课程标准的制定提供了理论依据和实践模式。

教育部于2002年4月颁布了小学《品德与生活》《品德与社会》新课程标准，于2003年5月颁布了初中《思想品德》新课程标准。经过认真学习和研究新课标，我们发现《德育》读本与新课标在教育理念、编写思路、编写原则、内容体系、呈现方式等方面是基本一致的，同时我们也要

研究《德育》读本在新形势下的创新点和生长点。

(二)《德育》读本与新课程标准的比较分析

1. 关于课程的性质

新课程标准提出了本门课程具有思想性、人文性、实践性、综合性等主要特点。

(1)思想性

新课程标准关于思想性的基本内容，已经包含在整体构建学校德育体系研究的指导思想之中，其内容要点是以马列主义、毛泽东思想、邓小平理论和“三个代表”重要思想为指导，紧密联系社会生活和学生思想实际，帮助学生逐步形成良好的道德品质和心理素质，养成遵纪守法和文明礼貌的行为习惯，增强爱国主义、集体主义的思想情感，逐步树立中国特色社会主义的共同理想，为学生逐步形成正确的世界观、人生观和价值观奠定基础。

(2)人文性

本课题研究和《德育》读本教学实验主要在两个方面进行了研究和实践。一是对人自身的关注，包括对人的德性、人生、人格和人自身成长发展需要的关注。二是注重以优秀文化陶冶学生，把培育和弘扬民族精神作为学校德育的核心目标。“将构建学校德育体系放在社会主义先进文化建设的视野中认识和实践，植根于中外优秀文化的深厚沃土中，贯通古今、融会中西、继承借鉴、发展创新，是本课题研究的基本原则和努力探索的方向。”

初中《思想品德》课程标准关于人文性提出的内容包括：“注重以民族精神和优秀文化培养学生，关注学生的成长需要与生活体验，尊重学生学习与发展规律，不断丰富学生的思想情感，引导学生确立积极进取的人生态度，培养坚强的意志和团结合作的精神，促进学生人格健康发展。”

(3)实践性

本课题研究提出的基本观点是：“实践活动观是德育首要的基本的观点。”“学生品德是在活动和交往中形成的，活动和交往是学生品德形成的基础。”提出了“双主体互动”“新三中心”和“四环节”的观点。

初中《思想品德》课程标准对实践性的阐述是：“注重与学生生活经验和社会实践的联系，通过学生自主参与的、丰富多样的活动，扩展知识技能，完善知识结构，提升生活经验，促进正确思想观念和良好道德品质的形成和发展。”

(4)综合性

《德育》读本在综合性上进行了三个方面的研究与实践，一是德育内容的综合，即把道德、法纪、心理、思想、政治教育五项要素融为一体；二是品德要素的综合，即把知、情、意、行融为一体；三是德育过程要素的综合，即把德育目标、内容、途径、方法、管理、评价融为一体。

初中《思想品德》课程标准所作的阐述是：“从学生适应社会公共生活和思想品德形成与发展的实际出发，以成长中的我，我与他人的关系，我与集体、国家和社会的关系为主线，对道德、心理健康、法律和国情等方面的学习内容进行有机整合。”

2. 关于课程的基本理念

本课题研究认为：“道德是社会生活的规范和准则，真正的道德学习必须在社会生活过程中进行。”《德育》读本编写的一个重要特点，就是“贴近生活，联系实际，启发引导，主体参与”，教学内容的选择设计和行动方式体现“近、小、实、亲”，切忌“高大空”。

综合小学、初中新课程标准提出的本门课程的基本理念的要点是：道德存在于儿童的生活中，学生逐步扩展的生活是本课程建构的基础，要引导学生积极参与社会生活，做负责任的公民，通过独立思考，体验探究和道德践行，促进思想品德的形成与发展。

3. 关于课程目标的分类

本课题在整体构建德育目标体系的研究中论述了由“认知目标，情感目标和行为目标群”构成的“三维德育目标体系”。这个目标体系的横向结构由道德、法纪、心理、思想、政治五项德育目标群构成，其每一项都含有认知目标、情感目标和行为目标。纵向结构的每一学段都含有认知目标、情感目标和行为目标。

新课程标准把课程目标分为三类：一是情感、态度、价值观目标；二是能力目标；三是知识目标。

4. 关于课程的教学内容

本课题研究根据德性论和德育论原理，认为人的完整的思想品德素质应由思想素质、政治素质、道德素质、法纪素质、心理素质构成，五种素质紧密联系、互为基础，共同构成人的完整的德性，与此相对应，德育的内容应由思想、政治、道德、法纪、心理五项要素构成。本课题提出的德育内容五要素的思想，已经先后在党和国家领导人的讲话和国家关于德育的各专门文件中得到确认。

新课程标准关于德育内容的确定，如初中《思想品德》课程标准确定的道德、心理健康、法律和国情等方面的学习内容也已同“五要素说”会通一致了。

5. 关于课程的设计思路

《德育》读本的设计思路是：以道德、法纪、心理、思想、政治五要素为纬线，以小学、初中、高中、大学为经线，依据学生不同年龄阶段的身心特点、知识水平和品德形成发展规律，由浅入深、由低到高，由具体到抽象，由感性到理性，横向贯通，纵向衔接，分层递进，螺旋上升，整体构建德育内容体系。

“课程标准采取以道德、心理、法律、国情等相关内容为横坐标。以成长中的我、我与他人的关系。我与社会和国家的关系为纵坐标，形成组织内容的逻辑网络。”

6. 关于课程的体例结构

《德育》读本根据学生不同的生活时空组合教学内容，如小学读本采用中心扩散式的“五环结构”按自我修养、我与家庭、我与学校、我与社会、我与自然的顺序组合教学内容。

新课程标准小学《品德与社会》按我在成长、我与家庭、我与学校、我的家乡(社区)、我是中国人、走近世界的顺序；初中《思想品德》采用成长中的我、我与他人、我与集体、国家和社会的关系组合教学内容。

7. 关于教学活动形式

新课程标准提出的活动形式与《德育》读本中的活动设计的类型是相同的，如小学《品德与生活》课程标准提出了讨论、资料调查、现场调查、情景模拟与角色扮演、操作性和实践性活动、教学游戏、参观访问、欣赏作品、行为练习、讲故事、讲授等活动形式，这些活动形式在《德育》读本教学实验中已成为实验教师常用的教学方法。

8. 关于教材的呈现方式

《德育》读本注意适合儿童青少年的思维特点和审美习惯，教材呈现方式生动活泼，图文并茂，富于时代感，有利于激发学生的学习兴趣和学习愿望。新课标对教材呈现方式提出的要求与读本特色相同。《德育》读本创设的许多情境化、生活化的活动栏目和版式设计，为新一轮教材编写提供了参用模式。

9. 关于课程的评价

《德育》读本和《成长册》对德育评价进行了多角度的研究和实践,《成长册》运用的导向性和激励性、科学性和系统性、形成性和阶梯性、主体性和个体性、操作性和趣味性等评价原则,家校结合、亲子互动、师生互动、生生互动等评价方法,以及“五自目标”,在新课程标准中得到了确认和使用。新课程标准提出的“成长足迹袋”,与《成长册》可以说是异曲同工。

(三)《德育》读本推广实验的任务

1. 根据新一轮教材研制和进入使用的周期,基础教育由原课程体系过渡到完全使用新教材,大致需要 2—3 年时间。因此在今后 2—3年内,《德育》读本作为体现新课标理念的实验教材或过渡性教材仍可继续使用。

2. 依据新课程标准编写的新教材,是由品德与生活、品德与社会、思想品德专任教师使用,占用的是学科教学的课时。它不可能取代班主任工作,也不可能占用班会和团队活动时间。因此,作为以主题班会、团队活动为基本组织形式的德育活动课的载体——《德育》读本仍然有其生存和发展的空间和时间。即使是 2—3 年以后新教材普遍被使用,《德育》读本仍然可以作为校本课程的教材继续发挥作用。

3. 总课题组要求各实验区要继续做好《德育》读本的征订和推广实验工作。为了使《德育》读本的征订工作健康、有序、规范地进行,总课题组决定与实验区签订协议,以维护双方的共同利益与合法权益。为了使实验工作科学、规范、有效地开展,总课题组和实验区指导组要加大实验指导的力度,扩大实验的范围,各实验区都要适当增加实验学校和实验班级的数量,进一步提高社会效益和社会影响。

(四)《德育》读本深化研究的任务

《德育》读本深化研究向两个方面发展，一是以新课程标准为依据，编写国家审定教材；二是以整体构建德育体系的基本理念为依据，编写主题班会校本教材。

1. 关于国家教材。德育中心已经开始进行研究，并把它概括为“六个特色”“六个单元”“六个栏目”。欢迎实验教师参加编写。

(1)价值导向正确，思想性与科学性相结合

遵循编写目的和指导思想，以马列主义、毛泽东思想、邓小平理论和“三个代表”重要思想为指导，为使学生成为有理想、有道德、有文化、有纪律的好公民奠定基础。但同时切忌“高、大、空、远”，和“空洞说教”。既要符合课程理论的内在逻辑，又要符合学生的年龄及心理特征、遵循思想品德的发展规律。做到思想性与科学性相结合。

(2)主题确立鲜活，主体性与生活化相结合

学生是自身思想品德发展的主体，生活是思想品德发展的源泉，思想品德发展水平的高低最终要在生活中体现。因此，教材要回归生活，将正确的价值引导蕴涵在鲜活的生活主题当中，以学生生活为主线，选取学生自身成长，自我与他人，自我与集体、国家、社会之间关系的重点、难点、热点、焦点问题确立每一课鲜活、鲜明的主题，引导学生负责任地、积极健康地生活，使学生主体性与生活化相结合。

(3)内容编排合理，综合性与层次性相结合

学生思想品德的发展具有整体性，因此教材的编写不能把心理健康、道德、法律、国情割裂开来，“单科独进”，而应当把这些内容有机整合，在每一册、每一课都要体现综合性。学生思想品德的发展还具有层次性，不同年龄阶段的学生心理特点不同，面对的学习生活问

题也不同，因此不能“一刀切”“齐步走”，而应当分层递进，螺旋上升，把综合性与层次性紧密结合起来。

(4)体系结构清晰，模块式与栏目化相结合

教材要创造性地贯彻课程标准中规定的目标和内容，把3部分内容分解为成长中的我、我与家庭、我与学校、我与社会、我与祖国、我与世界6个单元。每单元下设1—3课，提炼出学生生活主题模块。努力将心理健康、道德、法律、国情等内容有机整合。每课下设6个栏目，即七彩生活、交流研讨、认知明理、情感体验、活动建议、自我评价，6个单元由近及远、由小到大。清晰呈现学生生活范围和轨迹，不仅体现了生活化和主体性要求，而且有助于概括学生生活主题模块。6个栏目从学生生活入手到自我评价结束，其中贯穿知、情、意、行4个环节，既符合学生认识规律。又符合一般教学规律。既有利于学生学，又有利于教师教。

(5)素材选取精当，继承性与创新性相结合

价值导向是教材的灵魂，体系结构是教材的骨架，内容素材则是教材的血肉。教材要做到有血有肉，必须在选材上下功夫。素材的选取要突出时代感和创新性，努力选取学生生活中的鲜活事例、学生关心的具有教育意义的现实生活和社会问题，以及先进人物的感人事迹作为主要素材。同时适当选取历史上爱国志士、民族英雄、圣人贤者的典型事例和人生格言，努力弘扬和培育民族精神，把继承性与创新性结合起来。

(6)呈现方式活泼，实践性与开放性相结合

教材的呈现方式力求生动活泼、丰富多彩。既有文字描述，又适当配以图片；既有文本教材，还要开发相应的音像资料；做到文图并茂、音像配套。6个栏目凸显了教材的生动性和多样性。“七彩生

活”，展现了学生丰富多彩的生活画卷；“交流研讨”，引导学生独立思考与交流；“认知明理”，阐述基本原理、基本概念、基本知识；“情感体验”，激发学生健康向上的情绪、情感；“活动建议”，引导教学的实践环节；“自我评价”，引导学生巩固知识，培养能力，升华情感、态度、价值观；从而使教材的实践性与开放性相结合。

2. 关于校本教材。以《品德与生活》《品德与社会》《思想品德》新课程标准为指导，以新编国家审定教材为依据，以“新三中心论”为理念，以主题班会、团队会为基本形式，编写校本教材，继续在实验学校推广实验。把《德育》读本的编写理念与新课程标准相融合，把校本教材与国家教材相配套，实现“九五”开题报告中所预见的“互补”“并行”的理想目标。

二、《成长册》的深化研究与推广实验

(一)《成长册》研究与实验的成绩与贡献

“九五”期间，我们以《中共中央国务院关于深化教育改革全面推进素质教育的决定》为指导，以建立思想品德为核心的综合素质评价体系为目标，以思想道德、科学文化、身体心理、审美艺术、劳动技能和个性特长、创新能力、自育能力等八个方面为评价内容，以培养学生自订成长目标、自析成长环境、自寻成长动力、自开成长渠道、自研成长方法和自评成长效果为基本理念，研究编写了《成长册》(小学、初中、高中、中职每学年一册，共 15 册)。

从 1999 年 10 月起进行了实验，当时正处全国“减负”的形势，发行、实验受到较大的影响。但从 2002 年 4 月“十五”课题开题后，实验《成长册》的学校、班级明显增加。许多实验校都是全校使用，如中职全国重点校“财经学校”“北京经济技术开发区实验学校”等，许多实

验区、校在使用《成长册》推进实验方面取得明显成果，如：《将外部规范内化为学生的个体素质》小学低年级《成长册》实验报告(重庆)、《在活动中评价，在评价中活动》小学《成长册》实验报告(北京)、结合《德育》读本进行的《成长册》实验实效明显(天津)、《个性化自我教育方式尝试》(哈尔滨)《中国教育报》于2002年专门介绍了《成长册》并发表了学生使用后的收获。中国教育电视台于2002年也播放了关于《成长册》的介绍。

除本课题实验区、校广泛深入推进《成长册》的实验外，《成长册》的教育理念、编写原则及内容也在许多省市教育行政部门产生影响。一个时期，冠以《成长册》《成长本》《成长袋》《成长日记》书名的学生用书如雨后春笋般地出现，一些教育行政部门对半个世纪一贯制的《成绩册》也进行了修改。这说明《成长册》的实验已取得了明显的效果，产生了广泛的影响。也说明《成长册》的实验，在理论依据和实践模式上为决策服务做出了贡献。

(二)《成长册》深化研究的任务

1. 依据中央的有关精神进行修订

从《成长册》第一版实验以来，中央发布了一系列重要文件，这都与《成长册》的修订有密切关系。除了以党的十六大报告精神作为指导思想外，江泽民同志的重要谈话《关于教育问题的谈话》(2000.2)、《在北师大建校百年大会上的讲话》(2002.9)，中共中央《公民道德建设实施纲要》(2001.9)，《国务院关于基础教育改革与发展的决定》(2001.6)，《学校艺术教育工作规程》教育部13号令(2002.9)，特别是2002年12月颁布的《教育部关于推进中小学评价与考试制度改革的通知》等都是修订的理论政策依据。

(1)对照文件中的六条原则，研究《成长册》修订方案

中小学评价与考试制度改革，要全面贯彻党的教育方针，从德、智、体、美等方面综合评价学生的发展，培养学生热爱党、热爱社会主义、热爱祖国、诚实守信、助人为乐的高尚道德品质、终身学习愿望和能力、健壮的体魄、良好的心理素质以及健康的审美情趣。

中小学评价与考试制度改革的根本目的是为了更好地提高学生的综合素质和教师的教育水平。为学校实施素质教育提供保障，充分发挥评价的促进发展的功能，使评价的过程成为促进教学发展和提高的过程。

对学生、教师与学校的评价的内容要多元。既要重视学生的学习成绩，也要重视学生的思想品德以及多方面潜能的发展，注重学生的创新能力和实践能力；既要重视教师业务水平的提高，也要重视教师的职业道德修养；既要重视学校整体教学质量，也要重视在学校的课程管理、教学实施等管理环节中落实素质教育思想。形成生动、活泼、开放的教育氛围。评价标准既应注意对学生、教师和学校的统一要求，也要关注个体差异以及对发展的不同需求，为学生、教师和学校有个性、有特色发展提供一定的空间。

评价方法要多样，除考试或测验外，还要研究制定便于评价者普遍使用的科学、简便易行的评价方法，探索有利于引导学生、教师和学校进行积极的自评与他评的评价方法。

对学生、教师和学校的评价不仅要注重结果，更要注重发展和变化过程。要把形成性评价与终结性评价结合起来，使发展变化的过程成为评价的组成部分。

重视学生、教师和学校在评价过程中的作用，使评价成为教育行政部门、学校、教师、学生和家长共同参与的交互活动。

(2)对照文件中的发展目标研究《成长册》七项目标的修订

道德品质。爱祖国、爱人民、爱劳动、爱科学、爱社会主义；遵纪守法、诚实守信、维护公德、关心集体、保护环境。

公共素养。自信、自尊、自强、自律、勤奋；对个人的行为负责；积极参加公益活动；具有社会责任感。

学习能力。有学习的愿望与兴趣。能运用各种学习方式来提高学习水平，有对自己的学习过程和学习结果进行反思的习惯；能够结合所学不同学科的知识，运用已有的经验和技能，独立分析并解决问题；具有初步的研究与创新能力。

交流与合作能力。能与他人一起确立目标并努力去实现目标，尊重并理解他人的观点与处境，能评价和约束自己的行为；能综合地运用各种交流和沟通的方法进行合作。

运动与健康。热爱体育运动，养成体育锻炼的习惯，具备锻炼健身的能力、一定的运动技能和强健的体魄，形成健康的生活方式。

审美与表现。能感受并欣赏生活、自然、艺术和科学中的美，具有健康的审美情趣，积极参加艺术活动，用多种方式进行艺术表现。

学科学习。各学科课程标准已经列出本学科学习的目标和各个学段学生应达到的目标，并对评价方式提出了建议。

(3)对照文件中的评价措施与方法，研究《成长册》实验措施

教师要在教育教学的全过程中采用多样的、开放的评价方式(如行为观察、情景测验、学生成长记录等)了解每个学生的优点、潜能、不足以及发展的需要。

建立每个学生的成长记录。成长记录应收集能够反映学生学习过程和结果的资料，包括学生自我评价、最佳作品(成长记录及各种作品)，社会实践和社会公益活动记录、体育与文艺活动记录，教师、

同学的观察和评价，来自家长的信息，考试和测验的信息等。

学生是成长记录的主要记录者，成长记录要始终体现诚信的原则，要有教师、同学、家长开放性的参与，使记录的情况典型、客观、真实。

考试是评价的主要方式之一，考试应与其他评价方式相结合，要根据考试的目的、性质、内容和对象，选择相应的考试方法。要充分利用考试促进每个学生的进步。

每学期、学年结束时学校要对每个学生进行阶段性的评价。评价内容应包括各学科的学业状况和教师的评语。评语应在教师对搜集到的学生资料进行分析，并在与同学、家长交流、沟通的基础上产生。评语应多采用激励性的语言，客观地描述学生的进步、潜能以及不足。同时要制订明确、简要的促进学生发展的改进计划，帮助学生认识自我、树立自信。

小学生的学习成绩评定应采用等级制，不得将学生的成绩排队、公布。

2. 依据实验区、校对《成长册》实验研究成果进行修订

从 1999 年 10 月至 2003 年 10 月《成长册》已经历四年的实验，参加实验的有数十万名学生、数千名教师，其中还有众多的家长。大家在肯定《成长册》这一重要创新研究成果的同时，也提出许多宝贵的意见、建议；有不少学校、教师已着手修改。总课题组将吸纳实验区、校的经验、意见、建议，作为修订《成长册》的重要参考。

《成长册》的修订，从 2002 年 4 月株洲开题会后，不少实验区、实验校已经启动，并作为无锡年会参评研究成果之一。无锡年会后总课题组将全面启动《成长册》修订工作，届时不仅要吸纳实验区、校研究成果的精华，而且要吸收部分优秀成果作者参与修订。修订工作计

划 2004 年 7 月完成，9 月实验使用修订后的《成长册》。

3. 在株洲开题报告中，曾提出研制开发与《成长册》配套的学生综合素质评价软件，这在中职《职业道德与职业指导》德育课助学测评软件已进行尝试、出版，效果良好。总课题组曾考虑研制《成长册》学生助评光盘，以充分发挥现代教育手段在素质教育评价上不可取代的优势。但大家意见不一致，主要考虑到难度大，可操作性如何？实验校教师、学生需求如何？是否会增加学生经济负担，学生的家长能否承受？请实验区负责人发表意见。

(三)《成长册》推广实验的任务

我们要乘教育部《关于推进中小学评价与考试制度改革的通知》的东风，加大《成长册》实验的力度、广度和深度。

1. 加大实验指导的力度

《成长册》的实验起步较晚，又受“减负”的限制，因此不少实验区、实验校没有专门组织过《成长册》的培训，许多实验教师对《成长册》实验的意义、内容、方法，还不十分理解、了解和掌握。总课题组和实验区指导组要加大实验指导的力度，组织培训、研讨和交流，评审实验研究成果，表彰优秀实验教师。

2. 加大实验推广的广度

从《成长册》实验学校、实验教师和实验学生的数量来看，还远远落后于《德育》读本。要借教育部文件的东风，推广《成长册》的实验范围。实验区要扩大实验校，实验校要扩增实验班。同时要扩大实验区，向没有实验区的省份，特别是西部地区发展。使《成长册》充分发挥对中小学生综合素质评价的导向、动力和保障作用。

3. 加大实验研究的深度

加大实验指导的力度，关键在实验研究的深度。加大实验推广的广度，关键也在实验研究的深度。加大实验研究的深度，就要认真学习《教育部关于推进中小学评价与考试制度改革的通知》，认真学习《中共中央关于全面推进素质教育的决定》，认真研究整体构建德育体系的理论，认真研究中小学生成长的规律，认真研究家校互动、师生互动、亲子互动、生生互动的方法，认真研究《成长册》与《当代家长》的结合点、生长点和创新点。

三、《当代家长》的创新研究与启动实验

（一）目的意义

1. 贯彻党和国家方针政策及领导人讲话精神

2000 年 2 月 1 日，江泽民同志在《关于教育问题的谈话》中指出：“现在，大多数家庭都是独生子女。生活条件也好了，家长有望子成龙心情，希望子女都能够受到更好的教育，也是自然的。我们的学校、教育部门以及党和国家的其他部门，都要注意做工作，把家长希望子女成才的迫切愿望、教师教书育人的积极性，引导到正确的方向上来。全面提高青少年的素质。”

李岚清同志在谈到家庭教育时指出：“家庭教育应当由经验育人向私学育人转变，由片面注重书本知识向注重教孩子怎样正确做人转变，由简单命令向平等转变……家长必须学点教育学、心理学知识，了解现代教育的特点、规律和发展趋势。”

2002 年 5 月 20 日，全国妇联、教育部联合下发了《全国家庭教育工作“十五”计划》，提出了家庭教育的总体目标、具体目标、分期要求实施措施、检查评估办法。

2. 指导家庭教育实践

当代家长在育儿教子上遇到许多新情况、新问题。从孩子角度

说，由于绝大多数是独生子女，孩子生活条件越来越好了；由于大众传媒的发展，孩子可以从电视、电影、互联网、报刊、图书中获得的信息越来越多了；由于社会价值观呈现多元化的趋势，孩子受到的影响越来越复杂了。

从家长的角度看，由于绝大多数父母只有一个孩子，所以他们无法亲身积累养育子女的经验：由于希望在孩子身上弥补自己童年时期在那特殊时代失去的一切，因此对孩子有着很高的期望值；由于升学、就业的竞争压力和带有片面性的人才观在社会上还有相当的影响，使家长在如何帮助孩子成人、成才方面产生许多困惑。

从学校角度看，不少学校把家长会办成了情况通报会甚至“批判会”，打击了家长配合学校教育的积极性。从社会角度看，当前市场上五花八门的教育书籍，使家长们眼花缭乱、无所适从。所以，迫切需要对其进行科学化、规范化、系统化、现代化的指导。

3. 深化课题研究

“九五”期间，在总课题组专家和全国各地实验区、实验校德育科研人员及实验教师的共同努力下，我们初步整体构建了学校德育体系，画好了学校教育这“一竖”：但在实践中，我们越来越深切地感到，由于家庭教育、社区教育比学校教育相对滞后，甚至存在着较大反差，从而致使学校德育的实效性大打折扣，不少老师甚至痛心地提出了“5＋2＝0”的说法。

“十五”期间，我们在深化、细化研究的同时，决定将学校德育与家庭教育、社区教育紧密结合起来：画好“一横”，使三者自然衔接。所以，“十五”开题伊始，我在开题报告中就提出：“家长是孩子的第一任‘教师’，家庭是青少年儿童的第一所‘学校’。在社会生活和家庭生活发生很大变化的今天，在面对独生子女教育的特殊年代，如何加强和改进家庭教育？如何搞好学校教育与家庭教育的结合？如何办好家长学校？这是学校德育途径深化研究向家庭教育的延伸。”

（二）总体思路

《当代家长》丛书的研究与编写，以党的十六大报告中关于“大力发展社会主义文化，建设社会主义精神文明”的思想和《中共中央国务院关于深化教育改革全面推进素质教育的决定》以及教育创新的思想为指导，整体构建德育体系的理论基础、基本原则和德育理念为基础，以提高每一个家庭和中华民族的整体素质为目标，以指导孩子学会做人、学会求知、学会健身、学会健心、学会审美、学会劳动（实践）、学会创新、学会生活等家庭教育的八大内容为纬线，以婴幼儿、小学生、初中生、高中生、中职生、大学生六个成长阶段为经线，针对不同年龄阶段学生的身心特点、知识水平和成长中遇到的问题，由低到高，由浅入深，分层递进，螺旋上升整体构建家庭教育体系。

（三）内容特色

1.《当代家长》各学段通用：《当代家庭教育新论》上册；

2.《当代家长》各学段通用：《当代家庭教育新论》下册；

3.《当代家长》小学版之一：《指导孩子学会做人》；

4.《当代家长》小学版之二：《指导孩子学会求知》；

5.《当代家长》小学版之三：《指导孩子学会健体》；

6.《当代家长》小学版之四：《指导孩子学会健心》；

7.《当代家长》小学版之五：《指导孩子学会审美》；

8.《当代家长》小学版之六：《指导孩子学会实践》；

9.《当代家长》小学版之七：《指导孩子学会创新》；

10.《当代家长》小学版之八：《指导孩子学会生活》。

为了编好这套书，我们在北京、天津、河北、辽宁、吉林、黑龙江、河南、山东、湖北、四川、广西等十几个省(自治区、直辖市)的17个实验区进行了调查。共发放问卷2000份，回收1945份，统计结果表明：家长最关心的排在前三位的是求知(85.95%)、做人(83.67%)、健体(41.35%)，最忽视的排在前三位的是实践(40.86%)、创新(39.24%)、审美(36.80%)，最困惑的是“孩子的逆反心理”“与孩子心灵上的沟通”“面对孩子，感到束手无策”。

上述“之一”到“之八”，基本上适用于小学、初中、高中、中职四个学段。幼儿学段拟根据幼儿身心特点和幼儿家教特点，做适当调整修改，如：《呵护宝贝的安全》《关注宝贝的睡眠》……中职学段以《指导孩子学会择业》取代《指导孩子学会生活》。大学阶段比较特殊，大学生的自我意识、自主性、独立性普遍增强，家庭教育相对不再重要，但家长仍然关注、牵挂、期冀孩子的学业、健康、交友、恋爱、就业、考研、出国等人生重大问题。因此，大学阶段各本书的书名和内容目前尚未最后确定，学段主编和编著者仍在调查研究。

(四)结构体例

1. 标题：每本书列出约10个家教观点为标题。标题所揭示的内容都是孩子成长亟须解决的、家长感到困惑的、社会发展需要的。标题所表达的家教观点都是符合家教新理念的。标题的形式具有可读性、艺术性、感染力。

2. 家教名言：每小标题下面都给出1—2条紧扣标题内容的家教名言。其中既有古今中外教育家的，也有成功家长的，但都具有引导、启发、警戒作用。

3. 典型案例：每篇课文都有1—2条典型案例。一条是成功家教的启示录，一条是失误家教的警示录。有利于家长对比分析，掌握正确的家教理念和方法。案例以当代的、典型的、鲜活的、生动的、实际的为主，有故事情节，生动感人，且有震撼作用。

4. 交流研讨：在讲述1—2个典型事例之后，教材列出了1—3个思考题，引导家长们思考、交流、研讨。列举了几种常见的不同观点引导家长分析思辨，进一步充实典型案例，使其内容更加丰满。

5. 专家点评：根据典型案例的启示或警示，针对交流研讨中列举的正确、错误、模糊、极端的家教观点进行点评，提出科学、现代的家教理念，进行明确的正面引导。

6. 答疑解难：对家教实践中具体的、特殊的疑难问题具体分析，一把钥匙开一把锁，使家教主题观点得到深化和应用。

7. 家庭自测：这实际上是给家长留的作业。自测题紧紧围绕本课题所表达的家教观点，留有答案空格。评分标准和方法，便于统计考核。

8. 供您参考：给家长提供了一些家教应了解的常用规则、指标、数据、信息、标志等，有利于丰富家长的知识。如小学生日常行为规范、礼义常规、名人家训、中国7—12岁孩子体格指标、智商测量表、心理测量、交通安全常识、交通信号标志等等。

(五)实验启动

1.《当代家长》实验研究的界定

《当代家长》的实验研究是总课题组和实验区、实验校在“十五”期间的一项重要任务。这项研究与实验以提高家长素质和家教水平为目标，以整体构建德育体系的理论、原则和理念为理论基础，以《当代家长》丛书为教材。以家长学校和家长委员会为主要途径，以培训家长(面授或函授为主要形式，以家校结合、亲子互动为主要方法进行实验研究)。

2. 实验研究的目标

通过《当代家长》的实验研究，使学校教育与家庭教育价值取向一致，教育理念趋同，教育过程同步，教育途径互补。引导家庭教育走上科学化、系统化、规范化、现代化的轨道，从而提高家长素质和家教水平。

3. 实验研究的任务

(1)实验《当代家长》。各实验区、校，凡学生使用《德育》读本、《成长册》者，其家长也应使用《当代家长》，要将《德育》读本、《成长册》、《当代家长》三者融为一体，同步使用，发挥整体教育的作用。以期增强家校结合、家校共育效果。

(2)制订计划，加强管理。各实验校要制订家长培训计划，在使用《当代家长》丛书时，也像函大、夜大那样采用学分制，进行学科结业和学段毕业考试，使家长学校切实成为家长们提高素质和水平的学校，发挥名副其实的作用。

(3)跟踪调查，总结经验。各实验单位应对家长的家教理念、方法等进行跟踪调查，对学生的变化情况进行跟踪调查；既可通过家长会、家长问卷、家访等形式调查，又可通过学生反映、反馈情况调查。各实验校每年撰写一份实验报告，参加年会的成果评奖。

(4)设立子课题开展研究。各实验区、校可根据本地、本校实际，结合《当代家长》的内容设立子课题，就家庭教育的目标、内容、方法、管理、评价诸方面进行深化研究，撰写研究论文，参加年会的成果评奖。

同志们，《德育》读本、《成长册》和《当代家长》是我们课题研究的三项重要成果。这三项成果的推广实验，是各实验区和实验校的重要任务。这三项成果实验的数量、质量和效果，是今年年会乃至以后各届年会评审表彰先进实验区、先进实验校、先进实验工作者以及优秀科研成果的重要依据，希望各实验区在新学年即将到来之际做好《德育》读本、《成长册》和《当代家长》的征订工作，在新学年做好三项成果的实验研究工作，迎接今年无锡年会的胜利召开。

深入开展民族精神代代传活动

——2004 年在实验区工作会议上的讲话

本次会议听取了佛山市禅城区教育局的德育工作经验介绍，听取了信阳市教育局关于 2004 年德育年会的筹备工作汇报，听取了实验区负责人对进一步开展工作的深入讨论，基本达到了预期目标。在这里对大家表示深深的感谢！总课题组今后总的工作思路是：以党的十六大以来中共中央、国务院以及教育部一系列会议和文件精神为指导，积极推进课题深化研究与推广实验。具体做好以下几项工作。

一、深入开展“民族精神代代传”系列活动

为了贯彻落实十六大精神、中央〔2004〕8 号文件精神、中宣部等五部委通知精神和全国中小学德育工作会议精神，中央教育科学研究所、中国教育电视台、中国教育报决定联合举办“民族精神代代传”系列活动。学校教育研究部和总课题组把这项活动作为今年工作的重中之重，大力推动这项工作的深入开展。分为 5 个步骤：

第一，学术研讨活动。组织全国 20 多位专家学者对弘

扬和培育民族精神进行学术研讨，为系列活动奠定理论基础，组织专家队伍。这一步已于3—4月份初步完成。

第二，中小学教师的培训活动。在学生中开展“民族精神代代传”知识竞赛活动需要老师的辅导并且教师也需要提高国学基础，增强对民族文化民族精神的认同和理解。为此，我们将在深圳、厦门、大连、桂林、成都、昆明、乌鲁木齐、哈尔滨等地开办8—10期关于民族精神教育的培训班，希望实验区组织老师来参加培训。

第三，学生的读书活动。为了引导少年儿童了解民族精神的丰富内容，感受民族精神的伟大力量，体验民族精神的时代内涵，逐步树立民族自尊心和自豪感，我们编写了一套《民族精神代代传》(中学版、小学版)的读本，现在已经进入统稿和出版阶段。7—8月份要在中小学生中开展这项读书活动。

第四，书面知识竞赛活动。目前的学生只知道学ABC(外语)、XYZ(数学)，但是对中国的传统文化和民族精神了解甚少。我们要通过举办书面知识竞赛活动，培养学生逐步树立民族精神。竞赛将以《民族精神代代传》读本为基础，出一些题目由学生去做。这项活动将与读书活动同步进行，时间安排在7—8月份。

第五，电视知识竞赛活动。与中央电视台和中国教育电视台联合举办电视知识竞赛活动将作为我们这次民族精神教育活动的收口。在书面知识竞赛的基础上，我们将在全国选拔一些优胜的地区，组成若干个代表队，参加电视知识竞赛。希望实验区负责同志能够积极组队参加。这方面的工作业绩将作为今年年会评选先进工作者、先进实验区的条件之一。此项活动准备在9月份中宣部和教育部确定的“弘扬民族精神宣传月”中举行。

二、认真做好《成长册》的修订和推广实验

《成长册》自1999年研制、实验以来，许多实验区、校在使用《成长册》推进实验方面取得了明显成果。同时，《成长册》的教育理念、编写原则及内容也在许多省市教育行政部门产生了影响。一个时期以来，冠以《成长册》《成长本》《成长袋》《成长日记》名称的学生用书相继出现，一些教育部门对半个世纪一贯制的《成绩册》也进行了修改。这说明《成长册》的实验已取得了明显的效果，产生了广泛的影响，也说明《成长册》的实验，在理论依据和实践模式上为决策服务，做出了贡献。

最近教育部连续颁发了关于中小学综合素质评价方面的文件，一个是2002年颁布的《教育部关于推进中小学评价与考试制度改革的通知》，一个是2004年的2号文件，都是关于配合中小学新课改和综合素质教育所提出的新任务。根据这些文件的精神，今年上半年总课题组对《成长册》进行了修订，部分实验区的老师参与了此项工作。目前修订工作已经进入最后的统稿阶段，本次会议后即将定稿，印刷出版。修订后的《成长册》将实现两个超越，一是超越自我，比第一版内容更丰富，评价功能和记录功能更突出；二是超越他人，比目前已有的《成长本》《成长袋》更科学、更系统、更规范。希望各实验区加大对新版《成长册》的指导力度，扩大实验规模。

三、进行《德育》读本的深化研究和推广实验

《德育》读本的实验取得了令人瞩目的成绩，各个实验区和实验校为此做出了突出的贡献，我们总结出的以《德育》读本为载体的德育活动课新理念在各个实验区已经深入人心。广大实验教师都在努力地实

践“一二三四五”的德育新理念——构建一个德育体系、双主体论、新三中心论、德育过程的四环节论以及五要素说。可以说，我们所有的实验区和实验校都为新课改做出了贡献。新课改还需要有3—5年的时间才能在全国铺开，至少到2006年之前还有一些时间和空间，可以继续实验我们的《德育》读本。一旦全国铺开使用新课标和新教材，《德育》读本就完成了它的历史使命，然后我们就可以转向以新课标为指导，编写相应的教材进行深入研究。目前，总课题组应有关出版社邀请，编写出初中三个年级的5本教材，正等待机会送教育部审批。如果能够通过审批，我们也将编出小学的德育教材。到时，希望我们编写出的新教材还能够在各个实验区和以后扩大了的实验区继续进行实验。

四、进行《当代家长》深化研究和推广实验

《当代家长》是本课题“十五”阶段研究的新成果。如果说大中小学幼纵向衔接是整体构建的“一竖”，那么，学校教育与社区教育、家庭教育横向贯通就是整体构建的“一横”。《当代家长》的研究、编写与实验也是对《中共中央国务院关于进一步加强和改进未成年人思想道德建设若干意见》的贯彻和落实。这份文件中一共有十部分28条，其中专门有一部分是讲家庭教育的，这是中央文件第一次对家庭教育提出了具体和明确的要求。以往的文件只是谈与家庭教育相结合，没有用一个专门的部分来谈家庭教育的。此外，我们和教育部以及全国妇联有密切的联系；今年我被选为全国家庭文化研究会的常务理事；我们学校教育研究部还有专门的家庭教育领域，由齐圻老师具体负责。希望实验区也能够重视这项工作。我们需要加大对《当代家长》的启动实验力度，采取一些措施来推动此项工作的开展：我们准备对家长进行

免费的义务培训，要求各个实验区积极组织家长参加培训。今后我们还将采纳实验区的建议，对《当代家长》进行修订，合并成一本书，降低成本，在内地和欠发达地区进行推广。

五、进行幼儿学段《好孩子 好习惯》的深化研究和推广实验

“十五”期间除了内容方面的深化研究，在学段上也进行了扩展，把幼儿学段纳入到整体构建德育体系中来，该学段由徐美贞老师具体负责。目前《好孩子 好习惯》丛书的编写工作进展很快，在研究与编写过程中，得到了北京市、天津市、河北省、河南省和贵州省等实验区的大力支持，在这里再一次向为幼儿学段的研究工作做出贡献的单位和个人表示衷心的感谢！《好孩子 好习惯》作为幼儿学段的教材，不受中小学“一费制”的限制，希望各个实验区要做好征订工作，推动幼儿学段的深化研究和推广实验的顺利进行。

六、加强课题的管理和理论指导

首先，总课题组要加强管理，严格按照《课题实施指南》的管理文件进行管理。同时，我们实行总课题组领导下的分级管理体制，希望实验区的负责人切实负起责任来，加强对实验学校进行管理和指导。总课题组的管理文件都印在课题指南上，各实验区、校都要严格按照课题指南上的文件开展工作。同时，根据形势的发展我们将出台一些新的管理文件，在年会上公布给大家。其次，各个实验区也需要有自己的一套课题管理制度，如年会制度、评审制度、研讨制度、下校指导制度、聘请当地德育专家的制度等，加大实验的管理力度。

关于理论指导，我们要加大力度。随着课题研究与实验的规模越来越发展，光靠总课题组的专家是不够的。目前，总课题组正在起草一份理论指导方面的文件，要建立德育专家库，借助各地专家的力量来加强对实验区(校)课题研究的理论指导。请各个实验区能够提供一份当地德育专家的名单，以丰富我们专家库的优秀人选。本课题组的专家将分为二级，一级为总课题组聘请的专家，二级为实验区聘请的专家，让我们共同努力把理论指导工作落到实处。

七、抓紧做好年会的筹备工作

今年年会的承办单位河南省信阳市人民政府高度重视这项工作，组成了以市长王铁同志为组长的筹备工作领导小组。目前，筹备工作正在紧张而有序地进行。总课题组要求各实验区回到工作岗位后，及时着手年会的筹备，筹备工作大致涉及如下各项内容：

1. 征集2004年年会优秀成果。相关规定请参照《课题实施指南(修订版)》、《中国德育》2003年10月特刊第42—46页，以及《中国德育网》近期将发布在首页的通知，请及时检索。

2. 做好课题研究先进实验区、先进实验校、先进工作者的申报工作。相关规定请参照《课题实施指南(修订版)》、《中国德育》2003年10月特刊第42—46页，以及《中国德育网》近期将发布在首页的通知，请及时检索。

3. 推荐本实验区在课题研究中成长起来的优秀人才及成果在大会上交流展示，推荐名单务必于2004年9月20日之前上报总课题组。

今年年会重在出成果、出经验、出人才。各实验区、校要按照科学的程序认真评审，保证本次课题研究评优工作的水平和质量。所推荐申报的先进实验区、校须具备一定的实验规模，先进工作者确有明显的课题指导的工作业绩。今年还要增加推举在课题十年来的实验研究中成长起来的优秀人才，要推举出名单，要写出他们的典型材料及他们的优秀成果上报总课题组。总课题组经严格评审鉴定后，出版《成果集》《经验集》《人才集》，作为本课题研究的结题成果之一，上报全国教育科学规划办，有关详细要求请见通知。

以上是我们在年会前需要做的 7 件大事，希望各个实验区能够积极配合，贯彻落实。最后，我代表总课题组，对各个实验区负责同志在深化研究和推广实验中所做出的贡献表示深深的感谢！对佛山市教育局在本次会议上给予的大力支持和良好的服务表示衷心的感谢！

深化研究推广实验为结题奠定坚实基础

——2005年在实验区工作会议上的讲话

2005年，是圆满完成本课题研究任务的关键一年，是临近2006年课题结题攻坚的一年。根据2004年德育年会暨第七届学术研讨会主题报告的要求，2005年的课题研究与实验重点要做好以下三个方面九项内容的工作。

一、深化课题研究，加强指导力度

（一）各学段德育体系《分论》是本课题深化研究的重点，也是今年上半年课题深化研究的重中之重

1. 以科学发展观为指导，正确处理五种关系

科学发展观为我国教育坚持以人为本，全面、协调、可持续发展指明了方向，同时也为我们的“十五”国家重点课题提供了指导思想。以科学发展观为指导，研究编写各学段德育体系《分论》就要正确处理好五种关系。这五种关系是：第一，《分论》与《引论》《总论》的关系。各学段《分论》要将《引论》《总论》所建构的理论形态的德育体系转化为实践形态的具体化的德育体系。第二，《分论》与“九五”“十

五”研究成果的关系。要系统整理课题已有成果，作为各学段德育体系构建的基础材料，选拔这些成果中的优秀作者参加《分论》的研究编写工作。第三，《分论》与《分论》的关系。各学段《分论》之间要给纵向衔接、分层递进。第四，《分论》与普通德育论、学段德育论的关系。《分论》编写要以德育基础理论为指导，同时要避免照搬理论，注意突出课题自身特色。第五，《分论》与新课程体系的关系。《分论》与新课程体系是相互融合、相互促进的关系。这五种关系的和谐建构，反映着课题研究的与时俱进和深化发展。处理好这五种关系，首先给我们提出了深入学习的任务。需要深入学习一年来中共中央国务院、教育部下发的一系列有关德育工作的文件精神，深入学习研究《总论》及“九五”“十五”课题研究成果，深入学习研究中外德育基础理论，深入学习研究新课程体系。要把学习作为《分论》研究编写的前提和必备基础。

2. 掌握具体化、个性化、可操作的编写基本要求

具体化是《分论》在呈现方式上的要求，主要表现在三个方面：第一，各学段德育体系应包括德育目标、内容、途径、方法、管理、评价六项子体系，每一项子体系原则上要具体化到年级，小学可分为低年级、中年级、高年级三段，初中以上每学年分为一段。第二，具体化即生活化，《分论》编写也要体现“近、小、实、亲”的原则，各章节都应有来自教学一线的工作实例，以具体形象的语言说明整体构建德育体系的生活形态，运用鲜活可感的教育实例阐释课题实验研究提出的新理念。第三，《分论》要把“整体构建”的理论内容贯穿始终，这种理论阐述应是具体的、平实的、易于广大教育者理解和运用的。

个性化是《分论》在学段特点上的要求，它主要体现在三个方面：第一，每个学段《分论》要体现本学段学生年龄、心理和品德教育的特

点。要全面深入地研究本学段学生身体、心理和品德在成长发展中的特点、成因和规律，为学校和教师开展德育工作提供科学依据和理论依据。第二，每个学段分论要体现本学段学校德育工作的特点。大、中、小学的德育工作都有各自的特点，各学段分论在德育目标、内容、途径、方法、管理、评价的研究中都要充分体现本学段的特点。第三，各学段要解决好与相邻学段的和谐衔接，避免倒挂、脱节、简单重复和脱离实际，把分层递进、螺旋上升的研究理念具体落实到年级、学段的体系构建之中。

可操作是《分论》在实施上的要求，《分论》各章节都要在“怎么样”上下功夫。第一，在学校德育体系整体构建的层面上，从基本原则到实施方法都要具有可操作性。第二，每个子体系的实施要有可操作性，如怎样制定德育目标，怎样选择德育内容，怎样运用德育途径，怎样设计德育方法等都要便于实际操作。第三，对教师的德育过程、德育方法、德育科研要给予具体的实例引导以利于教师参考借鉴，使《分论》成为学校制定校本德育体系实施细则和教师开展德育工作更直接的理论指导和实践参考模式。

3.《分论》研究编写工作进度要求

(1)2005 年 3 月—4 月各学段《分论》主编召开编委会议，组织编写。

(2)2005 年 5 月各学段主编统稿，交总课题组。

(3)2005 年 6 月总课题组统稿、定稿、交出版社。

(4)2005 年 7 月出版。

(5)2005 年 8 月提交 2005 年年会暨第八届学术研讨会，进入推广实验。

(6)2005 年 9 月—12 月实验区、实验校负责人及骨干教师培训。

以《总论》和《分论》为指导，结合本地区和本校实际研究制定《校本德育体系及实施细则》。

(二)加强对实验校的管理和指导力度

为了进一步促进本课题研究与实验全面、协调、可持续发展，总课题组将更加切实地依靠各实验区指导组，充分发挥实验区、实验校的积极性、主动性和创造性，进一步加强课题研究与实验的指导和管理力度，并采取三项措施。

1. 总课题组加强指导力度

自2002年“十五”开题以来，总课题组负责人和核心成员，先后共有300多人次到达实验区、实验学校指导工作。由于实验规模不断扩大，总课题组在派专家深入到每所实验校进行面对面的指导和零距离对话的同时，为满足实验校希望加强指导的迫切愿望，使辅导报告落实到每所学校，总课题组决定录制辅导报告光盘20集，使课题研究的基本理念普及到每所实验校和每位实验教师。要求各实验区积极宣传发动实验校推广，组织收看。

2. 实验区加大指导力度

各实验区要组织下属实验学校到荣获“百所德育科研名校”提名奖的学校参观考察，介绍推广名校的先进经验；组织荣获“百位德育科研专家”提名奖的同志到实验校介绍经验，指导工作；组织荣获“百位德育科研名师”提名奖的教师开设观摩课；充分发挥伴随本课题成长起来的百所德育科研名校、百位德育科研专家、百位德育科研名师的指导和示范作用。各实验区要加强对实验校的指导，组织指导组的有关成员，聘请本地的德育专家，定期到学校听取实验工作汇报，开展专题讲座，帮助学校解决实验工作中存在的问题，提高广大教师的理论水平和研究水平。

3. 加强对实验工作的管理

为促进本课题研究的健康发展，总课题组制定了一系列课题管理的文件。各实验区、实验校要按照总课题组课题管理的有关规定，切实做好对实验工作的管理；各实验区也要制定一套适合本实验区的课题管理制度，如年会制度、评审制度、研讨制度、下校指导制度、聘请当地德育专家指导的制度等等；定期召开现场会、学术研讨会等，为每个实验学校、实验教师提供展示科研成果的平台，促进实验工作的开展，保证课题研究与实验达到预期目标，总课题组还将建立实验学校黄牌警告制度。凡是不按照总课题组的要求认真开展有关实验的，不推广实验总课题组研究成果的，不申报研究成果的，总课题组将对其提出警告，连续两次被警告的，将报中央教育科学研究所科研管理处取消其实验学校的资格。

（三）积极开展校园文化建设系列教育活动

校园文化建设是德育的重要途径，也是我们课题研究的子课题之一。今年 2 月 1 日，教育部办公厅下发了《关于积极开展校园文化建设系列活动的通知》，要求各地积极开展校园文化建设活动，落实《中小学生守则》《小学生日常行为规范》和《中学生日常行为规范》。我们要以这个文件为依据，广泛开展校园文化建设活动，把课题研究引向深入。总课题组决定：大会同有关单位联合举办首届全国校园文化建设系列教育活动。

具体活动内容包括：

1. 校园文化研讨培训活动

我们将举办加强校园文化建设研讨会和培训班，要求各实验区认真组织实验校的领导、教师积极参加研讨与培训。参加培训班和研讨会者可提供校园文化建设的研究成果参加评审，同时作为今年年会评审成果的内容之一。

2. 校园文化作品征集活动

我们将举办书法、摄影、绘画、校歌等作品的征集、评奖活动。要求各实验区认真组织实验校积极参加，获奖作品质量和数量将作为年会评选先进实验校的条件之一。

3. 读书和知识竞赛活动

结合长征胜利70周年、抗日战争胜利60周年等纪念活动，在广大学生中开展“民族精神代代传”等读书活动；结合贯彻教育部加强校园文化建设的精神，开展“中小学生日常行为规范解读”和“中小学生文明礼仪”读书活动，并举办相应的知识竞赛活动。要求各实验区、实验校认真组织学生积极参加，获奖等级和获奖人数将作为年会评选先进实验区、先进实验校的条件之一。

二、推广成果实验，创新转化机制

（一）深化《德育》《成长册》实验研究，完善成果转化机制

自“九五”规划以来，总课题组在科研专家、行政领导和一线教师的共同努力下，先后研制开发了供德育活动课使用的《德育》读本，供学生综合素质评价使用的《成长册》。这两项重要研究成果凝结着我们的心血和汗水，蕴藏着我们的智慧和力量，并产生着不可估量的良好社会效应。

《德育》读本自1998年开始实验，至今已经走过了7年的历程。7年间我们不断总结经验，与时俱进，进行了三次修订，完善出版了幼儿、小学、初中、高中、中职、中师、高职、大学8个学段的系列《德育》读本(幼儿、高职、大学另有别的书名)。同时，广大实验教师撰写了一大批优秀的实验报告、教案教参、活动方案，录制了一大批

优秀的活动课录像和光盘。总课题组成员与实验区、实验校的领导和广大实验教师为此付出了艰苦的劳动，取得了可喜的成果，积累了丰富的经验。通过几年的实验，我们提出的德育活动课基本理念已经在实验区和实验校深入人心，操作方法已经被广大实验教师所掌握。广大实验教师的德育理论水平得到提高，德育工作走上了科学化、系统化、规范化的轨道。同时，为课程改革和新课程标准的制定提供了理论基础和实践模式。

《成长册》自 1999 年 10 月实验以来，受到了实验教师、学生和家长的普遍欢迎，取得了明显效果。实验教师掌握了《成长册》的实验研究方法，提高了工作水平；实验学生基本学会了“六自”，增强了全面发展的意识和能力；实验学校对全面推进素质教育做出了贡献。由《成长册》的研究与实验所形成的“成长记录评价法”已经被教育部有关文件所吸纳和肯定，被许多中小学采纳和运用。《成长册》的教育理念、编写原则及内容体系对许多省市的教育科研及行政部门产生了重要影响，在理论依据和实践模式上为教育决策做出了贡献。2004 年上半年，总课题组对《成长册》又进行了全面修订，使其更加新颖、富有时代气息，更适合学校的实际，有利于学生成长。

中共中央〔2004〕8 号文件和 16 号文件的颁发对课题继续进行推广实验、深化研究提供了有力的政策依据和强大的精神动力，我们有理由相信课题的研究成果具有强大的生命力。为了使课题研究可持续发展，课题成果可持续推广，我们要进一步创新科研思路，完善《德育》读本、《成长册》的转化机制，继续做好《德育》读本、《成长册》的推广实验。

基本思路和实施办法是：

1. 总课题组以《德育》读本和《成长册》为基础，与实验区、实验校及所在的当地教育行政部门合作编写地方教材或校本教材，联合编写学生思想道德行为综合考评手册。

2. 由《德育》读本和《成长册》转化而成的地方教材或校本教材，可标明“十五”规划本课题研究成果，可署名中央教科所德育研究中心总课题组与××教育局或××学校联合编写，可建立新的编委会，总课题组组长及核心成员可在其中任顾问或主编。在转化过程中，总课题组为实验区、实验校提供有效的指导和帮助。

3.《德育》读本和《成长册》的著作权属于中央教科所德育中心总课题组，依据《中华人民共和国著作权法》第二十三条“使用他人作品应当同著作权人订立合同或者取得许可”之规定，在转化成为地方教材或校本教材时需签订成果转让协议，明确双方的权、责、利。未经签订转让协议的实验区、实验校不得将之任意改编为地方教材或校本教材。

(二)加大《当代家长》实验研究力度，探究家校合作教育模式

《当代家长》丛书是“十五”深化研究的一项重要成果，是总课题组成员及上百名德育专家和实验区、实验校一线领导和教师集体智慧的结晶，也是使学校德育与家庭教育、社会教育横向贯通、紧密衔接的有效载体。因此，推广《当代家长》的实验是课题深入发展的重要内容，是“十五”期间总课题组和实验区、实验校的一项重要而艰巨的任务。今年，全国妇联等9部委将在全国范围内开展“双合格”家长的读书竞赛活动，我们要抓住契机，乘势而上，扎扎实实搞好《当代家长》的推广实验。

《当代家长》实验研究的具体要求如下：

1. 积极推广《当代家长》丛书

为指导该项实验工作落到实处，总课题组要求各实验区积极组织实验校订购《当代家长》丛书，作为学校领导和实验教师了解和掌握家庭教育新理念、制定家庭教育实施方案和实施培训计划的必备用书。

2. 积极参加培训研讨活动

总课题组今年将与全国妇联联合举办家庭教育论坛，筹建中华全国家庭教育总校和家庭教育讲师团，启动家庭教育函授和面授工程，举办《当代家长》实验研究的学习培训、学术研讨、经验交流等活动，各实验区、实验校要组织协调各方面的力量，认真做好家长培训的宣传动员工作。各实验校如有培训、咨询指导等要求，可与总课题组联系，总课题组将及时派专家前往，进行实地服务指导，确保《当代家长》实验研究的顺利开展。

3. 积极申报家庭教育实验研究优秀成果

按照总课题组的要求，继续征集家庭教育专题实验研究的优秀成果(包括各级教育行政部门、家长学校、机关工委、妇联组织、各实验区、实验校的先进经验、研究成果及成功家长的育子经验等)。《当代家长》实验研究的成果将作为2005年、2006年年会优秀成果评审的重要内容。

为更好地开展《当代家长》的实验研究，搞好各地家庭教育的实验研究工作，各实验区、实验校要积极争取当地教育行政部门的支持和指导，协助解决实验研究中出现的问题，总课题组也将采取切实措施，根据各地征订《当代家长》丛书的情况，为实验区、实验校提供一定的活动经费。

(三)加强《好孩子 好习惯》实验力度，扩大幼儿学段实验规模

幼儿学段是整体构建学校德育体系的基础，是本课题在“十五”期间深化研究的一个创新点和增长点，也是落实教育部《幼儿园工作规程》的重要举措。各实验区要把培养和发展实验幼儿园，推广《好孩子好习惯》的实验，加强幼儿学段德育研究作为今后的一项重要工作任务和重要评价指标抓紧抓好，抓出成效。

1. 积极发展实验幼儿园，加大幼儿学段实验力度

目前已经有二十几个实验区参与幼儿学段的课题研究工作，但是由于幼儿学段开题较晚，许多实验区还没有给予足够重视。今年，各实验区要把幼儿学段的研究与实验纳入实验研究工作的轨道，当作一个新的生长点和重要组成部分，保证每个县至少有 2 所幼儿园进行课题研究和实验。

2. 积极实验《好孩子 好习惯》丛书，加强研究实验指导

《好孩子 好习惯》丛书以幼儿阶段托班、小班、中班、大班为纵坐标，以生活习惯、卫生习惯、学习习惯、自理习惯、文明礼貌习惯、交往合作习惯等为横坐标，把系统深刻的德育思想主张融入幼儿一点一滴的日常生活之中。整套教材图文并茂，简洁明快，生动活泼，突显了主体性、生活化、情感化、易操作的特点，体现了总课题组“近、小、实、亲”的一贯思想主张和“分层递进、螺旋上升”的原则，实现了学前德育与学校德育的有机衔接，是幼儿成长过程中不可或缺的教育内容。各实验区要加大实验力度，在实验幼儿园大力推广实验《好孩子 好习惯》。同时，要把家庭教育与幼儿园教育相结合，学习使用教材与创造性地开展活动相结合，幼儿良好习惯的养成教育研究与实验相结合，扩大实验范围，深化研究课题，加强指导评价，把中小学研究与实验的经验和方法应用到幼儿学段的研究与实验中，努力使其达到后来者居上的效果。

3. 积极申报《好孩子 好习惯》实验研究成果

与中小学学段一样，幼儿学段也要设立研究课题，在德育目标内容、途径方法、管理评价等方面开展深入研究，研究成果也要参加

"三优""六百"的申报与评选。各实验区幼儿学段研究成果的数量和质量、《好孩子 好习惯》实验的规模与效果，在今后的各种评选中将与中小学学段的研究和《德育》读本、《成长册》的实验一样占有同等的地位。

三、认真筹备年会，奠定结题基础

(一)筹备高质高效年会，提升课题学术品位

1. 进一步提升教育科研盛会的品牌

本课题从第一届年会到第七届年会，与时俱进，充分体现时代性，准确把握规律性，大力增强实效性，为全国 28 个省、直辖市、自治区的百个实验区，千所实验校、万名实验教师提供了一个相互学习交流的广阔平台，全国的德育资源得到了有效的整合和充分的共享。代表们增进了了解，加强了团结，开阔了视野，提高了水平，升华了境界。我们的课题年会已成为全国教育科研盛会的一个品牌。

2. 以人为本开好本届年会

今年，第八届课题年会在美丽的新疆伊犁举办，伊宁市市委、市政府为筹备年会做了大量的工作。本届年会要以科学发展观为指导，办成求真务实、高质高效、人文关怀、团结胜利的大会。我们要精心筹备，真正体现以人为本的思想，提升会议学术质量，努力做到使每位代表参会有所学、所获、所感、所悟，真正体验年会的人文精神和学术价值。

3. 年会筹备的时间安排

2005 年 4 月中旬，召开实验区负责人会议，部署年会筹备工作和课题深化研究和推广实验意见与要求(在会议上，下发年会通知等材料)。

2005 年 5—6 月，各实验区组织实验校进行年会评审成果申报工作。

2005 年 7 月份，完成各类成果和先进集体、个人的评审工作。

2005 年 8 月 2—6 日，年会在伊宁召开，2 日报到，6 日离会。

(二)继续建设“六个一百”工程，推动课题持续发展

本课题研究的根本目的是出成果、出经验、出人才，从而推动各级各类学校的德育工作沿着科学化、系统化、规范化、现代化的轨道前进，努力培育有理想、有道德、有文化、有纪律的德、智、体、美全面发展的中国特色社会主义事业建设者和接班人。总课题组 2004 年年会启动的课题研究“六个一百”工程，实践证明是认真贯彻中央两个《意见》的重要举措，是全面推进课题研究上水平的重要决策，是切实促进德育科研兴旺发达的重要保证。

建设“六个一百”工程是一项复杂而艰巨的系统工程。为了保证“六个一百”的权威性、示范性，并且能够经得起实践的检验和时间的考验，真正发挥导向功能和示范作用，总课题组将认真总结、反思去年“六个一百”提名奖评审过程中的成功经验和存在的问题，以实事求是的精神，认真严肃的态度，规范严谨的程序，公开、公正、公平的原则，继续搞好“六个一百”的评审工作。通过申报、初审、复审、终审等程序，再次评审出约 50%名额的提名奖，届时提交 2005 年年会表彰，为 2006 年年会结题时确认“六个一百”奠定基础。

1.“六个一百”评审条件

• 百所德育科研名校

(1)以中央 8 号文件为指导，依据《总论》《分论》，结合本校实际，构建并实施了校本德育体系及实施细则；

(2)将《德育》读本转化成校本德育活动课教材，或将《成长册》转化为校本综合素质评价手册；

(3)以“双主体”“新三中心”为理念，为总课题组或实验区提供了以主题班会为主要形式的德育活动观摩课，并取得显著效果；

(4)在子课题的研究实验中取得创新性研究成果；

(5)被评为地区级以上的德育先进校(附证书复印件)，并以多种形式介绍过本课题研究经验。

• 百项德育科研优秀成果

(1)必须是本课题“九五”“十五”获一等奖的成果；

(2)在理论或实践方面有一定的创新性；

(3)在实验区以上的范围曾推广并产生良好的影响；

(4)在地区以上报刊中曾刊登过；

(5)其内容或部分内容为总课题组的相关成果所吸纳。

• 百位德育科研专家

(1)研究成果多次获得一等奖；

(2)研究成果在省级以上刊物发表，或有以本课题为中心内容的专著；

(3)在本实验区研究实验工作中，发挥了重要的组织指导作用；

(4)在实验区以上的范围内对本课题的研究做过专门辅导报告；

(5)获得县级以上与德育有关的荣誉称号。

• 百位德育科研名师

(1)研究成果多次获得一等奖；

(2)在总课题组成果的实验中，培养了优秀班集体或者一批优秀学生；

(3)实验研究成果在省级以上刊物发表；

(4)在实验校及实验区介绍经验，提供优质德育活动观摩课；

(5)获得县级以上与德育有关的荣誉称号。

• 百名德育科研优秀学生

(1)参加本课题实验班两年以上；

(2)充分发挥主体作用，在教师指导下策划、组织德育活动课，积极参加社会实践；

(3)被评为地市级以上优秀学生。

• 百名德育科研优秀家长

(1)子女参加过《德育》《成长册》和《好孩子 好习惯》的实验两年以上；

(2)主动把《当代家长》用于指导子女成长；

(3)在实验班、实验校介绍过家庭教育的经验；

(4)曾为本课题实验提出过重要的建设性意见；

(5)在地区级以上报刊(书籍)中发表过与本课题有关的文章。

2.“六个一百”评审程序

(1)申报：由实验校或个人填写“六个一百”申报表，所在实验校签署意见加盖公章；

(2)实验区领导小组(3 人以上)集体初审，签署意见，加盖公章；

(3)总课题组学段评审组集体复审，确定提名奖名单；

(4)总课题组会同实验区领导小组，对“六个一百”提名奖学校、个人采取多种方式考察；

(5)总课题组评审委员会终审；

(6)总课题组将终审“六个一百”名单，并在中国德育网上公示；

(7)总课题组在结题年会上颁发“六个一百”证书，并在《中国德育》杂志上公布。

3.“六个一百”评审时间

(1)2004 年 8 月—2006 年 6 月，实验校、个人申报，实验区初审；

(2)2004 年 10 月—2006 年 8 月，总课题组复审，确定提名奖名单，网上公示，对提名奖进行考查；

(3)2006 年 9 月，总课题组终审；

(4)2006 年 10 月，总课题组颁发证书。

(三)做好结题准备，奠定结题基础

实验学校结题的具体规定如下：

1. 结题条件

(1)组织本校实验教师观看了总课题组专家的辅导报告光盘，理解并掌握了课题的指导思想、重要意义、基本理念、主要内容和研究成果；

(2)以《整体构建德育体系总论》、学段《分论》为指导，结合本校实际，构建了《校本德育体系及实施细则》；

(3)进行了《德育》读本、《成长册》和《当代家长》的实验并取得成果；实验幼儿园进行了《好孩子 好习惯》的实验并取得了研究成果；

(4)在实验区指导小组指导下进行了多次研究活动；

(5)提交了结题报告并经实验区指导组、总课题组评委会评审验收通过。

凡达到以上 5 项要求的实验学校准予结题，总课题组颁发结题证书。未达到要求的，不予以结题。

2. 结题程序

(1)实验校按结题条件备齐资料，填写总课题组印发的“结题申报表”向所在实验区申报；直属实验校向总课题组申报；

(2)实验区组成3人以上专家组初步评审，并填写结题意见上报总课题组；

(3)总课题组分学段组成3人以上专家组进行复审，并填写结题意见；

(4)总课题组组成专家评审委员会进行终审，并填写结题意见；

(5)总课题组组长向实验校签发结题证书。

3. 结题时间

(1)2006年5—6月，各实验校向实验区申报；

(2)2006年7月，各实验区初审，7月31日前上报总课题组；

(3)2006年8—9月，总课题组复审、终审，印制结题证书；

(4)2006年10月在年会上颁发结题证书。

同志们，德育是一个永恒的主题。课题虽有结束，但科研永无止境。2006年是本课题的结题之时，同时也是“十一五”课题的开题之年。“十一五”时，我们将进行“整体构建学校、家庭、社区德育体系的研究与实验”，为完成党的十六大提出的、中共中央国务院〔2004〕8号文件重申的“建立与培育‘四有’新人的目标相一致、与社会主义市场经济相适应，与社会主义法律规范相协调、与中华民族传统美德相承接的社会主义思想道德体系”的任务继续做出新的贡献！

与时俱进　开拓创新　深化研究　填补空白

——2002 年在高职学段子课题开题会上的讲话

各位领导、专家、同志们、朋友们：

我代表中央教科所德育研究中心和总课题组向高职学段子课题开题会议的召开表示祝贺！向来自全国 20 所高职学校的与会代表表示欢迎！向北京联合大学给予的大力支持、精心筹备和热情接待表示感谢！

高等职业学校是近几年高等教育结构调整出现的新生事物。高职的德育大纲尚未颁布，“两课”建设尚未定型。我们要与时俱进，开拓创新，深化研究，填补空白。高职子课题组把本次会议研讨的重点和课题研究的切入点放在《思想道德修养》《法律基础》《就业指导》三本实验教材的研究编写上，我认为是正确的。希望三本实验教材的编写要增加科研含量，坚持德育理念，突出高职特色，树立精品意识。为此我对高职实验教材的编写提出几点意见，供同志们参考。

一、高职德育实验教材编写的依据

根据教育学中教学论、课程论、教材论的一般原理，教材编写的依据是教学大纲。教学大纲中应当明确规定课程的教学目标、教学内容、教学要求和课时分配等项内容。尽管目前教育部尚未颁布高职德育课程教学大纲，然而，我们在编写教材的时候也必须认真研究三门课的教学目标、内容、要求和课时问题，正确理解和处理教材与教学目标、教学要求、教学内容和课时分配的关系。

(一)教材与教学目标的关系

教学目标对教材具有导向作用，而教材则是实现教学目标的手段。因此，编写教材必须以教学目标为指导，为实现教学目标服务。教学目标是理想性的，并非每一个学生都能达到和实现，因此编写时需要处理好理想性与现实性的关系，既要坚持目标导向，又要从学生的实际出发，把理论性与现实性结合起来，增强教学的针对性和实效性。

(二)教材与教学要求的关系

教学要求对教材具有制约和规范作用，而教材则是教学要求的具体体现。德育课程的教学要求一般是从两个方面提出的：一是认知，二是运用。认知分为了解、识记、理解三个层次；运用分为举例说明、分析判断、行为表现三个层次。编写教材要特别注意这两个方面、三个层次在教材知识体系中的表述方式和实践环节的操作模式，把理论性和实践性结合起来。

(三)教材与教学内容的关系

教学内容对教材具有提纲挈领的作用。教材则是对教学内容的具体展开和描述。教学内容已经列出了各章、节下面的“目”，甚至具体到“目”下面的“点”。编写教材就是把这些知识点表述出来，其中包括给概念下定义，对理论进行阐述，对现象进行分析，对价值进行判断，对事例进行描述等。

(四)教材与课时分配的关系

课时分配对教材具有量的规定作用，教材则应根据课时分配数量的多少决定篇幅的大小。同时还要注意不仅有课堂讲授和讨论的时间，还应留有社会调查和参观考察等社会实践的时间。

二、高职德育实验教材编写的原则

(一)科学性原则

教材作为教学目标、教学要求、教学内容的物化形态，是教学过程的基本依据，在教学系统中占有重要地位，必须具有科学性。教材不同于学术专著，它代表国家意见，而不能立一家之言；教材也不同于通俗读物，它具有严肃性。教材编写的科学性原则，要求对概念下定义必须准确，对理论的阐释必须科学，对事实的描述具有真实性、时代性和典型性。

(二)教学性原则

教材作为一种教学工具，必须遵循教学规律，有助于提高教学效率。在教学过程中，教师、学生和教材之间形成相互依存、相互作用的关系，由此产生教学过程的三种矛盾，即教与学的矛盾、教师与教材的矛盾、学生与教材的矛盾。教与学的矛盾是教学过程的主要矛盾，而教材则是师生共同教学活动的中介，教与学的辩证统一关系集中体现为教材内容的传递与转化关系。在教学过程中，师生共同构成教学活动的主体，而教材则是师生认识和实践的客体。因此，教材编写体现教师的教和学生的学两个方面，既有可教性，又有可学性。

(三)主体性原则

教材作为师生共同教学活动的中介，必须坚持“双主体论”(即教师主体和学生主体)，有利于教师和学生在教学过程中共同使用。教师主体性表现在课堂教学的组织和管理、知识理论的把握和讲述、实践活动的策划、设计和导演上；学生主体性则体现在课堂教学中积极、主动地阅读、研讨、听讲和课外实践的自觉活动的参与上，德育课还应当坚持“新三中心论”，即以学生为中心，以情境为中心，以课内外教学活动为中心；不搞以教师为中心，以教材为中心，以课堂为中心的“旧三中心”。

(四)实践性原则

教材作为德育教学过程的载体，必须遵循德育教学规律。实践的观点是德育首要的、基本的观点。德育课不同于智育课或文化课，它不仅要解决学生知不知、会不会的问题，而且更重要的是解决学生信不信、行不行的问题。即不但要授之以知，晓之以理，而且更要动之以情，导之以行。德育课教材必须具有实践活动环节，避免单纯传授知识、空洞讲解理论、死记硬背概念等脱离实际的倾向。

(五)艺术性原则

教材作为学生获取知识能力，提高思想品德的工具，它就应当有利于学生阅读、认知、理解和运用。为此，教材应当具有审美价值，在文字表达上要精练优美，避免枯燥晦涩，具有较强的可读性；要适当运用插图、照片和表格，增强可视性；在字形、字号和版式设计上要讲究艺术性。

三、高职德育实验教材的编写体例

为了坚持德育理念，突出职教特色，贯彻编写原则，我们在教材编写体例上要有所创新。所谓编写体例，实际上就是教材的逻辑体系问题。逻辑体系一般可分为归纳和演绎两种推理方法或思维路向。演绎法是从抽象推导到具体的思维方法，先提出一个基本概念，设计一系列范畴，然后解释概念，阐述理论，最后再联系实际。归纳法是从具体推导到抽象的思维方法，先列举具体事实，经过分析归纳，然后概括出一般原理。在课程思想和教材体例中，两种逻辑体系反映着两种不同的教育思想。传统课程理论偏重于演绎法，强调学科概念体系的建构，使具体实例成为一种附属构件，其弊端是使教材过分学科化、概念化、抽象化，削弱了知识和能力的生活基础和实践基础，也限制了在掌握知识和培养能力过程中对思维规律的完整运用。归纳法首先关注生活实际，重视对事物现象发生形态和过程的观察、体验与分析，依循由形象到抽象的思维过程，有助于调动学生的兴趣和情感等非智力因素的积极参与。因此，我建议在每一章下面设“典型案例”“交流研讨”“认知明理”“学以致用”四大板块。由典型案例这种情境化的教学环节引入德育的认识活动和实践活动，有利于体现德育的本质特点。这种编写体例总体上体现了对归纳法的运用，而在每个环节中又包含着归纳与演绎的交互使用，同时，这四个环节又将德育过程的“知、情、意、行”和“新三中心”和谐统一起来，有助于深化德育教材的综合性与实践性，也有利于增强教学效果。

教材编写体例“四大板块”的具体要求如下：

(一)典型案例

案例教学是近几年来在教学实践中涌现出的一种十分有效的教学方法。案例教学本质上是理论联系实际这一根本教学原则的一种具体表现形式。“典型案例”这一板块，要选取与本章内容密切相关的具有典型性、经典性、代表性的人物和事件，运用形象、生动、富有生活气息的语言描述出来，供学生阅读并引发学生兴趣、激励学生思考，引入讨论或辩论。

(二)交流研讨

交流研讨是学生主体参与教学过程的重要环节，对于调动学生学习积极性、主动性具有重要作用。交流研讨本质上是启发式教学原则的一种具体表现形式，是“双主体”德育理念的具体体现。这一板块要根据典型案例提出一些思考题或辩论题，组织学生研讨交流，相互切磋，鼓励独立思考，实话实说，不同观点可以展开辩论。

(三)认知明理

在学生交流研讨的基础上，教师要进行归纳总结。“认知明理”板块就是要体现教师的主导作用，授之以知，晓之以理，用科学的知识武装人，用正确的理论引导人。这一板块中的知识和理论要在“精”和“管用”上下功夫。“精”是就理论本身而言的，是指理论中的精华，即最基本的立场、观点和方法，要做到精选、精读、精当。“管用”是就理论的功效或实效而言的。要“管用”，要增强实效性，就必须加强理论的针对性，做到“近小实亲”，不能“高大空远”。

(四)学以致用

学习的目的是为了应用。知行统一是德育的本质所在。只有知识传授，而无行为引导不是完整的德育。“学以致用”是德育实践观和知行统一观的具体体现。这一板块要求根据本章的教学内容设计实践活动方案。活动方案包括主题班会、社会调查、参观考察、社会实践等各种形式。活动方案设计要具体、明确，有可操作性。通过实践活动，使学生感悟生活，体验道德，养成良好行为习惯。

一切为了孩子　为了一切孩子　为了孩子一切

——2003年幼儿学段《好孩子 好习惯》研究与实验开题报告

同志们：

我代表中央教育科学研究所德育研究中心总课题组作幼儿学段《好孩子 好习惯》研究与实验开题报告，报告分为以下七个部分：

一、目的和意义。

二、指导思想。

三、编写原则。

四、内容结构。

五、编写体例。

六、编写进度及要求。

七、实验的理论与方法。

一、目的和意义

(一)全面建设小康社会的需要

党的十六大报告提出了全面建设小康社会的奋斗目标，

其中教育的目标是：形成比较完善的现代国民教育体系，形成全民学习，终身学习的学习型社会。幼儿教育是现代国民教育体系和学习型社会的重要开端，其发展水平是小康社会的一个重要评价指标。《好孩子 好习惯》的研究与实验，就是为了培养孩子的良好行为习惯。孩子是祖国的未来和希望，一切为了孩子，为了一切孩子，为了孩子一切，就是为了民族的伟大复兴和祖国的美好未来。

(二)建立思想道德体系的需要

党的十六大报告还指出："要建立与社会主义市场经济相适应、与社会主义法律规范相协调、与中华民族传统美德相承接的社会主义思想道德体系。"幼儿阶段的品德教育和习惯养成是中小学阶段思想品德教育的前奏和基础环节。《好孩子 好习惯》的研究与实验，培养孩子的优良品德，是构建社会主义思想道德体系的起始阶段和重要组成部分。

(三)整体构建德育体系的需要

"十五"规划国家重点课题"整体构建学校德育体系深化研究与推广实验"开题报告明确指出，课题研究"要在'深化'上下功夫，在'深化'上做文章，在'深化'上出成果，在'深化'上要实效"，启动幼儿学段的研究正是要在"九五"研究的基础上向纵深延伸，使大中小幼纵向衔接，横向贯通，整体构建德育体系。这是"十五"课题深化研究题中应有之意。

(四)孩子个人成长的需要

从一个人成长的过程来看，幼儿处于人生的初始阶段，可塑性强，自控能力较差，是养成良好行为习惯的关键年龄。教育家陈鹤琴先生说："人类的动作十分之八九是习惯，而这种习惯又大部分是在幼年养成的……习惯养得好，终身受其福，习惯养不好，则终身受其害。”《好孩子 好习惯》的研究与实验，正是为指导各实验幼儿园卓有成效地开展养成教育，使幼儿学段的孩子们健康成长，为一生的幸福奠定基础。

二、指导思想

1.《好孩子 好习惯》读本的研究编写要以党的十六大报告精神为指导，要牢牢把握先进文化的前进方向，坚持弘扬和培育民族精神，切实加强思想道德建设，为实现中华民族的伟大复兴，培养新一代建设者打下坚实的基础。

2. 要以《中共中央国务院关于深化教育改革，全面推进素质教育的决定》为指导，以提高幼儿的整体素质为宗旨，以德育为核心，以幼儿身心健康为基础，重点培养创新意识和动手能力。

3. 要以教育部《幼儿园教育指导纲要（试行）》《幼儿园工作规程》为指导，积极引导儿童养成良好的行为习惯。《规程》中明确规定：“幼儿园的品德教育应以情感教育和培养良好的行为习惯为主，注重潜移默化的影响，并贯穿于幼儿生活及各项活动之中。”这就为幼儿品德教育指明了方向，为《好孩子 好习惯》的研究与实验提供了依据。

4. 要以教育部颁布的新课程标准为指导，关注幼儿的现实生活，积极引导儿童的发展。《品德与生活》课程标准的设计特别关注儿童生活的四个方面：健康安全的生活、愉快积极的生活、负责任有爱心的生活、动脑筋有创意的生活；《品德与社会》课程标准划分的“我在成长”“我与家庭”“我与学校”“我的家乡（社区）”“我是中国人”“走进世界”等六大主题，是按儿童逐步扩大的生活领域为课程框架来确定目标和内容标准的，这也为《好孩子 好习惯》的编写提供了参照。

三、编写原则

(一)整体性原则

《好孩子 好习惯》以幼儿应有的生活习惯、健体习惯、交往习惯、学习习惯、健心习惯、安全习惯为经线，以幼儿小班、中班、大班的三个成长阶段为纬线，针对不同年龄阶段幼儿的身心特点、成长规律，由低到高，由浅入深，分层递进，螺旋上升，注重“幼小”衔接，整体构建幼儿行为习惯养成教育体系。

(二)主体性原则

幼儿处于人生之初，他们作为独立的生命个体，自身具有成长发展的需要。他们作为未成熟的社会个体，自我意识、主体意识处于形成发展的萌芽阶段。培养幼儿良好的习惯要注重幼儿行为习惯的培养与注重情感培养相结合，发挥幼儿的主体性。对幼儿进行品德教育，要通过充分调动幼儿的主动性、能动性，通过看、听、体验，产生积极的道德情感，形成良好的道德行为习惯。

(三)创新性原则

以教育创新思想为指导，探索幼儿教育观念创新、体系创新、内容和方法创新，以提高每一个幼儿和中华民族的整体素质为目标，指导幼儿养成良好的行为习惯。

(四)生活化原则

道德存在于人的整个生活之中，不会有脱离生活的道德。儿童有他们自身与成人不同的生活需要与特点，教育只有关注儿童的现实生活，才能增强针对性、实效性。要呵护幼儿的“童心”，激发幼儿的“童趣”，引导幼儿们营造一种属于他们自己的健康、积极、快乐、有爱心、有创意、肯动脑的生活。

(五)趣味性原则

根据幼儿年龄阶段的身心特点，恰当运用儿童歌谣、彩色挂图、寓言故事等形式，使之生动活泼，富于时代气息。力求体现用幼儿自己的眼睛观察社会，用幼儿自己的心灵感受世界，在道德启蒙中使他们得到精神的愉悦。

四、内容结构

(一)生活习惯

1. 饮食习惯：(1)按时就餐，专心吃饭，不乱吃零食，不暴饮暴食；(2)饭前不进行剧烈活动；(3)正确使用餐具，不用手抓饭菜，不吮吸手指头，不舔手掌心；(4)不挑食、不偏食、不吃过多的甜食，生吃瓜果要洗净后再吃，营养平衡；(5)定时喝水、随渴随喝、每天保证足够饮水；(6)剧烈活动后不要马上喝水；(7)少喝饮料，不能用饮料代替水；(8)不喝生水和不清洁的水；(9)饭后 15 分钟再喝水，不用汤泡饭吃或边喝水边吃饭。

2. 卫生习惯：(1)清洁卫生：每天早晚洗脸、刷牙，饭前便后洗手，手脸脏了随时洗；饭后漱口、擦嘴；每天晚上用温水洗脚、女孩要洗屁股；每天换洗手帕、鞋袜。每周剪指甲 1 次，洗澡 1 次，洗头发 2—3 次，头发长了要及时理发。(2)环境卫生：东西放在固定地点，摆放整齐；不乱丢果皮纸屑；不在地上、墙壁上、家具上、床单上乱写乱画；不随地大小便；不随地吐痰。(3)器官保护卫生；用眼卫生：读书、书写姿势正确，走路、坐车不看书，不躺着看书；看电视距离适宜，时间适当，不用脏手揉眼睛；异物入眼睛后，不揉搓。用嗓卫生：不高声喊叫、不尖叫；读书、唱歌后不马上喝凉水。用耳卫生：遇到噪声时，用手捂住耳朵，张开嘴巴；不用硬物抠耳朵。

3．睡眠习惯：(1)按时睡眠；(2)睡前不做剧烈运动，自己能独立安静地睡眠；(3)睡眠姿势正确，不乱翻身，乱蹬被；睡眠前后情绪稳定，入睡迅速；(4)有午休的习惯；(5)睡眠时能自己起床排便；(6)早睡早起，睡眠充足。

4．作息习惯：(1)按时起床、洗漱、吃饭、上学、活动；(2)定时大便，按时睡觉；(3)做事有计划、有条理、有主次；(4)赴约准时。

5．衣着习惯：(1)衣着舒适、整洁、卫生；(2)能自己穿(脱)鞋、袜，系(解)扣子、鞋带；(3)睡前将衣服叠(挂)整齐，放在固定的位置；(4)能够结合季节、天气变化和活动量的大小增减衣服；(5)穿透气好合脚的木质鞋、运动鞋和棉线袜，不穿紧身衣服。

(二)健体习惯

1．喜欢锻炼，坚持锻炼。

2．固定时间进行锻炼。

3．运动强度适宜，运动时心情愉快。

4．选择适宜的游戏场所和项目。

5．坚持户外活动，每天不少于3小时。

(三)交往习惯

1．礼貌习惯：正确使用礼貌用语，对同伴谦让，对长辈尊敬，对客人有礼貌等。

2．礼仪习惯：待人接物热情，初次见面时，主动自我介绍，与别人交谈时，坐、立、行姿势正确。吃饭时请长辈坐正位。

3．合作习惯：能与小朋友友好合作，共同完成某件事。

4．自省习惯：做错事要承认错误，损害别人要道歉，能反省并能改正自己的过失。

5. 规则习惯：在公共场所守秩序，自觉排队，在游戏中要遵守规则。

(四)学习习惯

1. 观察习惯：能发现新事物，抓住主要特征，观察到具体事物的细节；能发现自己熟悉的环境、事物的变化。

2. 请教习惯：对事物有强烈的求知欲，见到新鲜的事情多问为什么。

3. 思考习惯：爱动脑筋、勤动脑筋，能进行发散思维和逆向思维；不满足于标准答案，不依从于别人的见解，有自己的独立见解，敢大胆质疑，大胆想象，表达自己的想法，喜欢寻根问底。

4. 动手习惯：自己的事情自己做，能自己吃饭、穿衣、洗刷、梳头；自己整理房间，床铺、衣物、书包；自己洗手绢；帮助大人做一些力所能及的事情：摘菜、擦桌子、扫地、抹地板、倒垃圾、摆放碗筷、洗碗、购物、浇花、拔草，农村的孩子农忙时帮大人做一些力所能及的农活。

5. 评价习惯：对自己的学习行为进行评价，及时完善，对同伴的学习行为有恰当的评价，互帮互学。

(五)安全习惯

1. 家庭：防水，防电，防火，防烫，防中毒，防割伤、碰伤、戳伤、扎伤。

2. 幼儿园：防摔伤、跌伤、撞伤、挤伤。上下楼梯靠右走。

3. 社区：要注意交通安全，自觉遵守交通规则，不闯红灯；避免被有害动植物、危险建筑，化工厂产品等危害。不在高压线、变压器下玩，不玩火，不到水池、泥潭、河流、洞穴、悬崖边玩，不在茂密的草丛灌木丛中玩，不在大树下避雨。

(六)健心习惯

1. 性格开朗，性情活泼，别人开玩笑时不怒、不哭、不骂、不闹；受到委屈时能申辩、表述，不哭闹，不任性；遇事不钻牛角尖。

2. 勇敢坚强，遇到困难不退缩，努力克服。

3. 个人要求达不到满意时，不无理取闹，不为难长辈。

4. 沉着冷静，遇事不急躁，叙述时不慌乱，不脸红，不口吃。遇到紧急情况时不恐惧，积极想办法解决。

五、编写体例

每篇课文均由儿童歌谣、彩色插图、寓言童话、典型案例、习惯养成、亲子互动、师生互动、生生互动八部分构成，力求将知识性、育德性、趣味性、可读性、实用性有机融合。

六、编写进度及要求

1. 收集资料阶段(2003 年 3 月 10 日—3 月 20 日)

要求：全面收集，分类整理，列出书目，复印目录。

2. 制定方案阶段(2003 年 3 月 21 日—4 月 1 日)

要求：总揽全局，深入思考，开拓创新，制定方案。

3. 组织发动阶段(2003 年 4 月 5 日—4 月 30 日)

要求：征求意见，集思广益，组织队伍，统一思想。(由于“非典”，推迟三个月)

4. 开题研讨阶段(2003 年 8 月 10 日—8 月 15 日)

要求：研讨方案，献计献策，确定标题，明确分工。

5. 研究编写阶段(2003 年 8 月 15 日—8 月 30 日)

6. 统稿定稿阶段(2003 年 9 月 1 日—9 月 15 日)

7. 出版阶段（2003 年 9 月 15 日—10 月 15 日）

七、实验的理论与方法

（一）德育实验的定义

德育实验是运用科学实验的原理和具体方法来研究德育现象和问题，以揭示德育活动规律或某些德育内容、方法的有效性，是一种综合性研究活动。

德育实验活动的展开，可描述为一个从提出理论假说、设计实验方案、控制实验变量、评价实验效度、形成实验报告的过程。德育实验是一种自然状态下的实验，而不是像自然科学实验那样在实验室里进行的“封闭式”实验。

（二）德育实验的理论假说

德育实验假说所假定的是关于某类德育行为在某些人为控制的条件下，与某类德育结果之间的因果关系。

其一，德育实验假说对结果的描述只能是概率描述，一般只能作像“较大幅度提高”“达到百分之几十”之类的概率性说明。

其二，德育实验假说偏重于“有效性”假定。一切研究活动按其目的可分“求真”与“求善”两类，前一类意在发现真理，其假说陈述的是真理性事实；后一类意在追求对人的有利和有效，其假说要推测价值性判断。

我们这项实验的理论假说是：幼儿园教师以《好孩子 好习惯》为载体，以师生互动、亲子互动、生生互动为游戏的基本形式，对幼儿进行品德教育和行为习惯养成教育实验，可以增强品德教育的实效性，培养幼儿良好的行为习惯，为孩子的健康成长奠定基础。

(三)德育实验方案的设计

实验方案包括以下几个内容：问题(课题)的提出，理论假说，变量控制，效度评价，组织管理和预期成果。

(四)德育实验的变量控制

变量，是实验设计理论的一个专用术语，可分为三大类，即自变量、因变量和无关变量。

自变量，是呈现给被试的刺激变量，一种假定的原因变量，是由实验者主动操纵的变量。

因变量，是指被试对显现的刺激的反应，是一种结果变量，是在自变量作用下可能产生的结果。

无关变量，泛指除自变量以外一切可能影响因变量而对实验有可能起干扰作用的因素。说它“无关”，是指它与自变量无关，与实验目的无关。

(五)德育实验的效度评价

要评价一项实验的效度，主要看它的内在效度和外在效度。

所谓内在效度是指因变量的变化在多大程度上来自自变量。内在效度实质上反映了实验对变量间因果关系的价值判断。

外在效度是指实验结果的可推广程度。实质上也就是实验研究结论对所研究领域的涵盖程度。

(六)德育实验的预期成果

1. 撰写实验报告，出版《实验报告集》。

参加实验研究的教师每年向总课题组提交一份报告，经总课题组评审择优入选《实验报告集》。

2. 设计师生互动、亲子互动、生生互动游戏方案，编辑出版游戏光盘。

3. 撰写实验观察日记，出版《实验教师随笔》。

上述三项成果，总课题组每年评审表彰一次。

我们愿与实验幼儿园的老师们、家长朋友们共同承担起培养孩子的重任，一切为了孩子，为了一切孩子，为了孩子一切！让我们携起手来，托起明天的太阳！谢谢！

抓住机遇迎接挑战　创建德育网络平台

——2004年在学校德育跟进网络化趋势论坛上的讲话

各位领导、各位老师、同志们、朋友们：

大家好！

全国教育科学“十五”规划教育部重点课题“学校德育跟进社会网络化趋势行动研究”2004年学术论坛在渤海明珠——天津市河西区胜利开幕了！我代表中央教育科学研究所学校教育研究部向在百忙之中出席论坛的各位领导、专家和全体与会代表表示热烈的欢迎和衷心的感谢！向本次论坛的承办单位天津市河西区人民政府以及河西区教育局的大力支持表示衷心的感谢！向协办单位哈佛中国教育研究中心和学苑出版社的良好合作表示衷心的感谢！向跟踪采访报道的新闻界的朋友们表示诚挚的谢意！众所周知，中共中央、国务院于今年2月26日颁布了8号文件《关于进一步加强和改进未成年人思想道德建设的若干意见》。这是党中央从推进新世纪新阶段党和国家事业发展、实现党和国家长治久安出发做出的一项重大决策，对于确保我国在激烈的国际竞争中始终立于不败之地，确保实现全面建设小康社会，进而实现现代化的宏伟目标，确保中国特色社会主义事业兴旺发达、后继有人，确保实现中华民族的伟大复兴，具有重大而深远的战略意义。我们承担的课题和举办的论坛要坚持以中央8号文件为指导，坚持为行政决策服务和为教育实践服务的宗旨，坚持科研工作者与行政领导和一线教师相结合的道路，为进一步加强和改进未成年人思想道德建设提供理论支持和实践模式做出新的贡献！

随着社会网络化趋势的迅猛发展，学校德育面临着前所未有的机遇，同时也面临着严峻的挑战。“学校德育跟进社会网络化趋势的行动研究”，正是抓住机遇，迎接挑战的一项重要的课题。通过本课题的研究，可以充分利用多媒体技术促进德育内容动态化、形象化，增强感染力和吸引力；可以充分利用现代信息技术，辅助德育活动课和校内外德育实践活动，提高德育的效率和实效性；可以充分利用网络信息传递方式，延长学生接受德育的绝对时间，并且可以冲破物理空间的限制，实现德育时空的新拓展；可以运用网络屏蔽技术对网上黄、毒、赌、邪等有害信息进行控制，保护学生安全上网；可以充分利用网络技术，使校园网、局域网与“中国德育网”链接，建立更大的德育网络平台，形成正确导向的校园信息浪潮；可以充分利用计算机软件技术，开发和研制德育软件，使网络德育具有可操作的运行载体；可以充分运用网络信息技术，提高广大教师的信息要增强熟练运用计算机获取、传递和处理信息的能力，全面提高德育工作水平。总之，本课题在李书华副研究员的主持下，在各位网络专家的指导下，经过课题组成员和实验校教师的共同努力，研究开发了具有较高德育应用价值的“乘 e 高翔”系列研究成果，这对于加强和改进未成年人思想道德建设，实现德育创新，增强德育工作的主动性、针对性和实效性，具有重要而深远的意义。

"学校德育跟进社会网络化趋势的行动研究"，既是"十五"规划教育部重点课题，又是"十五"规划国家重点课题"整体构建学校德育体系的深化研究与推广实验"的子课题。"十五"国家重点课题"整体构建学校德育体系的深化研究与推广实验"的总体思路和基本理念是以德性论、德育论、系统论为理论基础，以贯通古今、融会中西、继承借鉴、发展创新为基本原则，以德育目标、德育内容、德育途径、德育方法、德育管理、德育评价等要素系统为横坐标，以小学德育、初中德育、高中德育、中职德育、高职德育、大学德育为纵坐标，进行横向贯通、纵向衔接、分层递进，螺旋上升，整体构建与行为规范相协调、与传统美德相承接的社会主义思想道德体系，为教育部的德育决策提供理论支持，为各级各类学校德育工作提供理论指导和实践模式。在"九五"研究的基础上，"十五"期间我们正进行深化研究，在整体构建大、中、小、幼德育体系纵向衔接："一竖"的基础上，把学校德育与家庭教育、社会教育相结合，再画好横向系列研究成果，并且在百个实验区、千所实验校、万名教师、百万学生中分别进行了七年、五年、一年的实验，得到了广大教师、学生和家长的好评。这三项成果都需要运用网络信息技术进行深度开发，研制德育软件，制作多媒体光盘。希望"学校德育跟进社会网络化趋势行动研究"课题组为此做贡献。

"学校德育跟进社会网络化趋势行动研究"作为中央教科所学校教育研究部的一项重要课题，还应当为学校教育研究部的中心工作做出贡献。今年学校教育研究部的中心工作是贯彻落实全国中小学德育工作会议和《弘扬与培育民族精神实施纲要》的精神，深入开展"民族精神代代传"系列活动。此项活动包括第一阶段：学术研讨活动，已于4月份完成，为弘扬和培育民族精神教育奠定理论基础，组织专家队伍。第二阶段：教师培训活动，6—8月在深圳、厦门、大连、桂林、昆明、成都、哈尔滨、乌鲁木齐举办民族精神教育培训班。第三阶段：学生读书活动，于7—8月在全国各地有组织地开展《民族精神代代传》小学生版、中学生版读书活动。第四阶段：书面知识竞赛活动，在读书活动的同时进行书面知识竞赛活动。第五阶段：电视知识竞赛活动，在书面知识竞赛的基础上选拔出获一等奖的先进个人和先进集体，于9月下旬到中央电视台和中国教育电视台参加电视知识竞赛和颁奖晚会。希望全体与会同志向所在地区教育局的领导传达这个信息，欢迎各地教育行政部门和教育科研院所认真组织学生积极参与“民族精神代代传”系列活动。

同志们，中央教科所于去年下半年进行了前所未有的机构调整，把原来的17个研究中心，重组整合为6个研究部。其中的学校教育研究部包括德育、体育、艺术教育、卫生教育、学校管理、家庭教育六个研究领域。学校教育研究部的工作方针是：坚持以学校为本位，进行德智体美综合素质教育的研究方向；坚持为教育决策服务、为教育实践服务相统一的宗旨；坚持理论创新与实际应用相联系的原则；坚持科研工作者、行政领导、一线教师相结合的道路；坚持科学研究、实验推广、成果转化相协调的机制。

应当指出，网络信息技术不仅在德育研究领域大有作为，而且在智育、体育、美育，乃至家庭教育、社会教育的各个研究领域同样是可以大有作为的。我希望学校教育研究部的各个研究领域都要与网络技术专家和广大一线教师紧密结合、团结协作，共同开创学校教育研究更加美好的未来！

预祝朋友们在美丽的天津生活愉快！

预祝会议圆满成功！谢谢！

第三编　科研为决策服务参考文献

弘扬与培育民族精神的思考与建议*

坚持弘扬和培育民族精神，是教育战线特别是德育工作领域学习贯彻党的十六大精神的重要任务。本文就弘扬和培育民族精神问题谈一点粗浅的学习体会，谨供有关部门决策参考。

一、民族精神传承与发展的历史考察

在五千多年的历史演进中，中华民族形成了以爱国主义为核心的团结统一、爱好和平、勤劳勇敢、自强不息的伟大民族精神。这一民族精神的核心是爱国主义。爱国主义反映的是社会成员对其生活的社会、国家、民族的一种强烈的责任意识和依恋眷爱的深厚情感。这种爱国意识和情感与中国传统文化中的整体主义思想具有密切的渊源关系。

如《礼记》中“天下为公”思想，《大学》提出的“修身、齐

* 本文原载《科研与决策》总第 100 期，2002 年 12 月 23 日，并分别转载于《教育科学研究》2003 年第 3 期和《河北教育资讯》2003 年 3 月 26 日。

家、治国、平天下”的教育条目，顾炎武“天下兴亡，匹夫有责”的社会论说，都把个人的存在发展与国家民族的存在和发展联系起来，认为国家民族的安危与个人的安危息息相关，从社会整体中树立个人的处世态度。

这种整体主义的一个重要的思想基础是孔子的“仁爱”思想。“仁”是一个由近及远的做人准则，仁是对他人有情感上的关爱，由此扩充到对人民、对国家的关注和热爱。以这样的准则对待国家和民族关系，就是爱好和平，维护团结统一。为仁首先要自立自强，进取有为，是为“君子”。

《周易》概括出“君子”的两个基本品格，即“天行健，君子以自强不息；地势坤，君子以厚德载物”。自强不息、勤劳勇敢表现为奋斗进取精神；厚德载物、团结统一、爱好和平表现为敦厚宽容品格。

自秦汉以来，中国就形成了统一的多民族国家。尽管历史上也曾出现过暂时的分裂局面，但很快又获得了统一。这与中华民族精神是分不开的。

19 世纪中后期，不少有民族气节的思想家、教育家和政治家们力图设计中国的思想文化战略。例如：康有为的《孔子改制考》和《新学伪经考》先后于 1887 年和 1891 年问世，这两部书成为变法维新的理论参照。康有为在《大同书》中明确提出：“合经子之奥言，操儒佛之微旨，参中西之新理。”可见他意欲通达古今，兼纳中西，再造中国文化之良苦用心。1889 年 7 月，梁启超按光绪旨意，参照日本和西方学制，起草了《京师大学堂章程》，规定其办学方针是：“中学为体，西学为用，中西并用，观其会通。”虽然这一思想文化战略，在百日维新失败之后未能付诸实现，但是它毕竟引起了国人的思考，并引出了此后一系列有关中西文化比较的论战。

在中西文化比较论战中，有两种截然不同、根本对立的态度和主张：一种是主张尊孔读经、食古不化的国粹主义；另一种是主张打倒孔家店、全盘西化的历史虚无主义和民族虚无主义。以毛泽东为代表的中国共产党人反对这两种错误的态度，主张对传统文化批判继承，去糟取精，古为今用，推陈出新。遗憾的是，这一对待中国传统文化的正确方针并未得到认真和全面的贯彻。

十年“文革”，特别是“批林批孔”运动，使中国传统文化的主流与核心——儒学，在中国这块古老大地上的命运每况愈下，历史虚无主义和民族虚无主义几度抬头，民族精神的弘扬艰难曲折。直到80年代中期，中国曾一度掀起了“中西文化比较热”，当《河殇》鼓吹用“蓝色文明”取代“黄色文明”受到批判时，才给那阵“全盘西化”风画上了句号。

中国共产党成立以来，站在拯救民族危亡的前沿，领导中国人民浴血奋斗，取得抗日战争和解放战争的伟大胜利。新中国成立后战胜国际敌对势力的经济封锁和武装挑衅，自力更生，奋发图强，取得社会主义建设的伟大胜利。改革开放以来，在现代化建设，在香港、澳门回归祖国，在从容应对一系列关系我国主权和安全的突发事件，在战胜政治、经济、文化和自然界出现的困难和风险的斗争中，以爱国主义为核心的团结统一、爱好和平、勤劳勇敢、自强不息的民族精神得到空前弘扬与升华。

纵观中国历史，可以证明：尽管社会形态在更替，意识形态在变迁，但民族精神却前后相继，世代传承，与时俱进，丰富发展，绵延数千年而不衰，显示出旺盛的生命力。

纵观中国历史，也可以证明：民族精神什么时候得到弘扬，什么时候就经济繁荣，社会稳定；反之，什么时候民族精神遭到破坏，什么时候就经济萧条，社会动荡。

纵观中国历史，还可以证明：民族精神是一个民族赖以生存和发展的精神支撑，是一个民族自立于世界民族之林的文化力量，具有强大的凝聚力、感召力。

二、民族精神在国外的影响与评论

已经过去的20世纪，是西方文明征服东方、支配世界的时代。但是，它的征服与支配把世界推入了重重的危机。鉴于此，许多思想家、政治家预言：21世纪，将是东方的世纪，也是中国的世纪。

1970年罗素在临终之前预言："21世纪为中国的时代。"1972年，罗马协会的报告《成长的极限》一书，诊断西方文明的弊病，而开出的治方恰与东方宇宙观和中国古典哲学的思维模式基本一致。美国哈佛大学教授洛吉等著名学者指出，今后的世界将以东亚为中心，中、日、韩将成为东亚的轴心，把全世界统一成为一个地球村。他们认为，西方文化是个人主义文化，东亚文化是集体主义文化。"现在世界正在进入欧洲共同体、北美自由贸易区等联盟性的集体主义时代，这意味着世界正迈入以儒教为基础的东亚集体主义时代。"①

1992年10月，日本学者池田大佐在中国社会科学院的演讲《21世纪与东亚文明》中指出东亚地区的文化特征是"共生性道德气质"，具体体现为"取调和而舍对立，取结合而舍分裂，取大我而舍小我，人与人之间，人与自然之间共同生存，互相支撑，一道繁荣"。他指出："东亚这气质的重要源头之一是儒教。"他预言："当21世纪宣告

① [美]洛吉：《儒家文化与东亚经济的腾飞》，载《汉城经济新闻》，1993-11-25。

黎明之时，东亚不仅在经济层面，甚至深入至精神领域，定会为世人瞩目，成为引导人，历史的动力。”①

新加坡前驻美大使，现任国家政策研究院院长徐通美教授，于1993年12月在该国《联合早报》上撰文，概括了东亚地区成就的十大价值观：(1)东亚人民努力使其利益与家庭及社会利益取得平衡。(2)东亚人相信要有牢固的家庭组织。(3)东亚人的每一阶层都重视教育，社会精英尤然。(4)东亚人相信生活应该节俭，重视储蓄。(5)东亚人认为勤劳是美德。(6)亚洲人实行举国一致的协作关系。(7)人民与政府之间的契约。(8)在一些亚洲国家，政府努力使公民与国家共享繁荣。(9)东亚人民希望政府为他们的子女维持健康的精神环境。(10)有些东亚政府也维护新闻自由，与西方不同的是，它们不认为自由是绝对的权利。

在“孔子思想与21世纪”国际学术讨论会上，韩国高丽大学教授金忠烈先生认为东方传统文化与西方文化之不同，即在“包容一切，而不排斥他异；普遍开放，而不偏执独占”。他认为“尤其在中国，其历史命运之‘长久之道’，不在民族国家之不替，而唯系文化传统之继开”。中国命脉所系，不在狭隘的民族国家主义，而在普遍开放的文化主义。所以历史上谁来统治中国，并非严重问题，而主要的是必以“华夏文化，来教化天下”。他倡议东方文化学人共编一部深入浅出的《东方文化精华》丛书，以供西方研究东方之参考。

上述情况说明：中国传统文化和民族精神已经跨越国界，成为世界文化宝库中一颗璀璨的明珠。作为一种文化现象，它已经成为全人类的共同财富。

---

① ［日］池田大佐：《21世纪与东亚文明》，载《中国社会科学》，1993(1)。

上述情况也说明：外国学者，无论是东方的还是西方的，他们对中国传统文化和民族精神的体认和评论，应当而且必须引起国人的深思。

上述情况还说明：随着中国经济的腾飞，世界将越来越关注中国，其中包括关注中国文化。中国文化与民族精神将更加辉煌!

三、民族精神弘扬与培育的现状分析

20世纪80年代中后期那场中西文化论战，以及由此引发的1989年的那场政治风波，给中国人民敲响了警钟。中国的有识之士，其中包括中央领导人和专家学者开始关注、重视和强调弘扬中华民族传统文化和对青少年学生进行中华民族传统美德教育。

1994年初，江泽民同志在全国宣传思想工作会议上指出："要用科学的态度对待我们的民族的传统文化和外来的文化。我们民族历史沧桑，创造了人类发展史上灿烂的中华文明，形成了具有强大生命力的传统文化。

"我们要取其精华，去其糟粕，很好地继承这一珍贵的文化遗产。"①

1994年6月，在全国教育工作会议上，李岚清同志在总结讲话中着重强调说："要重视中华民族优良道德传统的教育。在中华民族源远流长丰富多彩、博大精深的文化遗产中，很多优良的道德传统是极为丰富的思想宝库，其精华能够绵延数千年而不衰，成为中华民族的凝聚力所在，今天仍然显示出旺盛的生命力和积极的现实作用。"②

---

① 江泽民：《在全国宣传思想工作会议上的讲话》，1994年1月。

② 李岚清：《在全国教育工作会议上的总结讲话》，1994年6月。

1994 年 8 月，中共中央颁布了《爱国主义教育实施纲要》和《关于进一步加强和改进学校德育工作的若干意见》，两个文件都强调了对青少年学生的中华民族传统美德教育。

1995 年年底，由李岚清同志主持，罗国杰教授主编的《中国传统道德》一书正式出版。这是新中国成立以来第一次集中国内一流学者，对中华民族传统道德资源所进行的大规模开发。

1993 年，中央教科所德育研究中心与吉林省教科院合作，经历“八五”“九五”规划，历时 10 年，进行中华民族传统美德教育的研究与实验。

北京东方道德研究所王殿卿教授从 1994 年至今连续 9 年在北京和山东等 7 个省市的部分地、市、县，开展了“大中小学中华传统美德教育实验研究”和“学校中华美德教育与社区道德建设互动研究”。先后连续被批准立项为“八五”“九五”“十五”北京市和全国教育科学规划教育部重点课题。

中央教科所德育研究中心承担了全国教育科学规划“九五”国家重点课题“整体构建学校德育体系的研究与实验”，该课题提出了“贯通古今、融会中西、继承借鉴、发展创新”的基本原则，确立“把培育和弘扬民族精神作为学校德育的核心目标”。

该课题以这 10 条传统美德为思想材料，结合时代特点、现代文明和学校德育工作实际、学生年龄特点概括为 18 个德目：热爱祖国、遵纪守法、关心集体、遵守公德、热爱科学、立志勤学、勇于创新、孝亲敬长、团结友爱、文明礼貌、公道正直、诚实守信、勇敢坚毅、热爱劳动、节约爱物、保护环境、自尊自爱、自立自强。

该课题以德性论、德育论、系统论为理论基础，以这 18 个德目组成要素系统为纬，以小学、初中、高中、中职、大学等层次系统为经，依据不同年龄阶段学生的身心特点、知识水平和品德形成发展规律，由低到高，由浅入深，由具体到抽象，由感性到理性，进行横向贯通，纵向衔接，分层递进，螺旋上升，构建出各级各类学校德育内容体系。

在此基础上，研究编写出一套《德育》系列实验读本(从小学到大学，每个年级一本，共 22 本)，在全国 20 多个省(自治区、直辖市)、百个实验区、千所实验校、万名教师和百万学生中进行 5 年实验，创建了以《德育》系列实验读本为载体，以主题班会、团队会为基本形式的德育活动课。

为了推动民族精神的弘扬与培育，中央教科所德育研究中心还组织有关专家学者编写了《道德箴言集锦》《道德箴言选译》《道德箴言 600 问》；与中国青少年发展服务中心合作举办少年儿童中国经典文化诗文诵读活动。

上述情况表明：自 20 世纪 90 年代以来，党中央高度重视、反复强调民族精神的弘扬和培育。

上述情况也表明：我国伦理学界、德育学界的专家学者为弘扬和培育民族精神做了深入的研究，做好了充分的理论准备。

上述情况还表明：我国德育科研工作者与基层教育行政领导和广大一线教师相结合，为弘扬和培育民族精神做了大量的长期的实验，积累了丰富的经验。

总之，把弘扬和培育民族精神纳入国民教育全过程，纳入精神文明建设全过程，势在必行，切实可行。

四、民族精神弘扬与培育的实施建议

弘扬和培育民族精神是教育界特别是德育工作者义不容辞的重要

任务。要切实把弘扬和培育民族精神纳入国民教育全过程。为此提出以下建议：

（一）实施民族精神培育工程

请教育部领导挂帅，由中央教科所牵头组织全国教育学、伦理学、德育学、文化学、历史学的专家学者组成工作班子，研究制定《民族精神培育工程实施方案》。这个方案应当成为《21 世纪中国教育改革和发展纲要》的一个重要组成部分，由教育部审定报中共中央、国务院批准颁发文件。

（二）实施相关科研成果推广工程

"八五""九五"规划期间，有三项课题与培育民族精神直接相关。建议教育行政部门重视并推广他们的研究成果，使这方面的科研成果转化为现实的教育生产力。可整合这三个课题的研究成果向全国部分省推广，也可批准三个或某个课题在部分省或几个省市推广。这样会对民族精神的培育起到重要的拉动作用。

（三）实施课程改革补充工程

要组织各学科课改专家认真研究在新课程标准中确定如何弘扬和培育民族精神问题。建议德育课增加民族精神的内容，使之成为培育民族精神的主要途径。语文课应适当增加体现民族精神的内容，适当增强古诗文选读。历史课在讲经济史、政治史、社会发展史的同时应适当增加文化发展史的内容，突出弘扬和培育民族精神。数学、物理、化学、生物等理科课程也应适当增补中国科学家的科学精神民族精神的内容。音乐课应适量增加经典民乐、民歌和京剧欣赏的内容；美术课应适量增加中国画、书法艺术欣赏的内容。体育课应适量增加中国武术的内容。

(四)实施民族精神家庭培育工程

各级各类学校要把学校德育与家庭教育紧密结合起来，编写家长培训教材，办好家长学校，使家庭教育与学校德育和民族精神的培育价值取向趋同，教育理念一致，教育过程同步，教育途径互补。

(五)实施民族精神社区教育工程

学校德育和民族精神的培育要与社区精神文明建设紧密结合起来。要努力营造民族精神培育的良好社会氛围，在影视文化、网络文化、社区文化、企业文化、乡村文化建设中实施民族精神培育工程，把民族精神的弘扬与培育纳入精神文明建设全过程。

中小学弘扬和培育民族精神的建议*

党的十六大报告指出："在五千多年的发展中，中华民族形成了以爱国主义为核心的团结统一、爱好和平、勤劳勇敢、自强不息的伟大民族精神。""必须把弘扬和培育民族精神作为文化建设极为重要的任务，纳入国民教育全过程，纳入精神文明建设全过程，使全体人民始终保持昂扬向上的精神状态。"为贯彻落实党的十六大精神，中小学德育工作要以弘扬培育民族精神为重点，特提出如下建议：

一、中小学弘扬和培育民族精神的主要内容

中小学弘扬和培育民族精神的主要内容，要以党的十六大报告中关于民族精神的高度概括为依据，在《爱国主义教育实施纲要》《公民道德建设实施纲要》以及中小学《德育大纲》的基础上，突出民族精神的内涵，纳入中小学教育的全过程。

---

* 本文与李书华、齐炘、宁武杰等合作，原载《科研与决策》总第 144 期，2003 年 12 月 19 日，并转载于《中国信息报》2004 年 1 月 29 日。

(一)爱国主义教育

爱国主义是伟大民族精神的核心，是民族成员对自己的祖国和人民的一种崇高而深厚的思想感情和对国家民族命运的高度责任感。中小学弘扬和培育爱国主义的民族精神，主要应进行四个方面的教育。

1. 中华民族优秀传统文化和爱国主义传统教育

中华民族在发展中创造了灿烂的传统文化。其内容包括哲学、社会科学、文学艺术、科学技术等领域。传统文化孕育了无数的思想家、政治家、军事家、科学家、教育家、文学家，这些人物的思想品格和他们的成就，蕴含着崇高的民族精神。要根据不同学科的特点改进教学内容，将优秀传统文化教育渗透到各科教材和教学过程中，把教学的科学性和思想性统一起来，使学生增强民族自尊心、自信心和自豪感。

中华民族素有深厚的爱国主义传统，爱国主义精神是中华民族传统美德的重要内容。传统爱国主义精神主要表现在忧国忧民的思想感情和以身许国的精神品格上。

忧国忧民是一种深切的民族忧患意识和民族责任感。表现为把个人的生命和前途与国家民族的前途命运紧紧连在一起，对国家的前途、命运无比关心，并为此贡献终身。这种精神在屈原、陆游等诸多古代人物的品格和“天下兴亡，匹夫有责”“位卑未敢忘忧国”等思想中得到了生动体现。以身许国就是把自己的智慧、力量以至生命无条件地献给祖国和人民，鞠躬尽瘁，死而后已的奉献精神。这种精神在张衡、诸葛亮、李时珍等许多历史人物的品格中充分体现出来。要指导学生继承这一传统美德，丰富自己的爱国意识和爱国情感。

2. 近现代史和革命传统教育

近代以来，中国屡遭列强侵略、掠夺和压迫，中国人民为了争取民族独立和解放，前赴后继，浴血奋斗，抗暴御辱，构成中华民族爱国主义传统的重要内容。林则徐、邓世昌等人继承了我们民族的爱国主义传统，他们的爱国气节所体现的民族精神一直在激励着后人。要引导学生认识中华民族的屈辱史和抗争史，激励他们树立为祖国的富强发愤学习、努力提高自身素质的信念。

中国革命传统道德是中华民族在中国新民主主义革命和社会主义革命与建设中形成的优良道德，是以实现社会主义和共产主义的崇高理想为最终目的，以全心全意为人民服务为核心，以集体主义为原则，形成的无私奉献、顽强拼搏、艰苦奋斗、勤俭节约等革命精神，是中华民族精神在新的历史时期的重要发展。革命传统道德贯穿着强烈的爱国主义精神，赋予爱国主义新的时代内容和特点。要引导学生结合典型人物事例，从“井冈山精神”到“两弹一星精神”“雷锋精神”等民族精神中汲取营养和力量，深化爱国意识和爱国情感。

3. 国情和社会主义理想信念教育

知国和爱国紧密联系，要教育学生认识改革开放以来，中国共产党领导全国各族人民进行建设有中国特色社会主义的新探索，形成了社会主义初级阶段的基本理论。改革开放和发展社会主义市场经济，使国家和社会发生了巨大变化，取得举世瞩目的建设成就。通过教育，使学生认识马列主义、毛泽东思想、邓小平理论和“三个代表”重要思想是建设中国特色社会主义的指导思想；了解全面建设小康社会的奋斗目标，增强建设中国特色社会主义祖国的责任意识。要指导学生在世界背景下认识我国的人口、资源、环境及经济、政治、文化发展现状，认识我国和发达国家的差距、有利条件和不利因素。使学生认识只有社会主义才能救中国、才能发展中国的道理，增强投身全面建设小康社会的使命感和社会责任感，树立中国特色社会主义理想和信念，使学生把爱祖国和爱社会主义统一起来。

4. 爱国主义行为习惯教育

爱国主义精神最终要在爱国行为上体现出来。中小学爱国主义教育要从教育学生知道自己是中国人、认识祖国版图、认识和尊重国旗、国徽、会唱国歌入手，引导学生从爱父母、爱家庭、爱集体、爱家乡做起，逐步增强爱国情感，树立报国之志；指导学生将爱国情感和报国之志转化为勤奋好学、诚实守信、团结协作、积极进取、勇于创新、勤俭节约等品德行为习惯。

(二)团结统一，爱好和平教育

民族团结和国家统一是中华民族强大凝聚力的力量源泉。在国际关系上，自古以来中国人民就希望天下太平，反对侵略战争，与世界各国友好交往。中华人民共和国成立后，中国共产党提出了“和平共处五项原则”、反对霸权主义和强权政治、维护世界和平的主张，团结统一、爱好和平已经深深印在中国各族人民的意识之中。中小学弘扬和培育“团结统一、爱好和平”的民族精神主要应进行四个方面的教育。

1. 民族团结教育

在五千多年的发展历史中，各民族相互借鉴、彼此融合、共同发展，形成了深厚的民族感情。中华人民共和国的成立，消灭了剥削制度，铲除了民族压迫和歧视的根源，各族人民真正成为国家的主人，形成了各民族平等、团结、互助的新型民族关系。要教育学生知道中华民族是经过几千年民族迁徙、分化和融合而逐步形成的，有56个民族分布在祖国的四面八方。各民族之间的感情日益发展，中华民族大家庭更加团结。使学生了解国家的民族政策，增强维护民族团结、增进民族和睦的思想感情，自觉做到尊重各民族的宗教信仰，尊重各民族的风俗习惯，尊重各民族的语言文字。

2. 国家统一教育

自秦汉以来，中华民族就形成了统一的多民族国家，尽管出现过短暂和局部的纷争，但民族团结和国家统一始终是中华民族历史的主流。要教育学生知道中国是一个统一的多民族国家，台湾是中国领土不可分割的一部分；知道“一国两制”方针的内容和意义，实现大陆与台湾的统一是海峡两岸中国人的共同愿望；懂得捍卫国家的主权、领土完整和尊严是每个公民的基本义务；增强对台湾早日回归的期盼之情；立志为将来建设祖国、保卫祖国和完成祖国统一大业做出应有的贡献。

3. 爱好和平教育

自古以来，“礼之用，和为贵”“协和万邦”等思想始终是中华民族的价值观念和理想追求，对形成中华民族爱好和平的民族精神产生了重要影响。人类社会发展到今天，世界要和平，人民要合作，国家要发展，社会要进步，已经成为历史的潮流。要教育学生懂得和平与发展是当今时代的主题；懂得文化的多样性和丰富性是当今世界的一个基本事实。理解每一种文化都有它存在的合理性；理解民族与民族、国家与国家的交往要以平等互利、相互理解、相互尊重为前提，对各种文化、意识形态和不同的信仰采取接纳的态度，以平等开放的胸襟与其他国家民族友好交往；理解我国独立自主和平外交政策的基本内容以及处理国际关系的基本准则；反对霸权主义和强权政治，反对恐怖主义，维护世界和平。

4. 团结合作教育

团结统一的民族精神不仅表现在国家，民族关系上，而且反映在个人与他人、集体、社会的关系上。自古以来，中华民族就非常注重团结的力量。团结合作是中华民族最宝贵的品质之一。要教育学生懂得“团结就是力量”，团结能够促进生产发展，能够有助于社会安定、人际和谐；每一个人都是集体中的一员，都应该珍视集体的荣誉，维护集体的团结并为集体的发展做出自己的贡献。懂得尊重他人、与人为善是团结合作的基础，相互宽容、相互尊重是共同生活的基石。在现实的生活中，学会换位思考，养成诚实表达友善态度的品质。在家庭生活中对父母要亲近又要尊重；在学校生活中对老师既要相处融洽又要尊重，对同学和伙伴既要亲近又不要粗俗，既要无间又不要无礼。懂得每一个人在人格和法律上是平等的，男女权力也是平等的。要学会以真诚、友善的态度对待他人，以尊重平等的态度与不相识的人交往；自觉爱护公共环境和设施，遵守公共准则，维护公共秩序，参加社会公益服务活动；在社会交往中养成安慰、同情与关心行为、助人行为、合作行为、分享行为等亲社会的行为习惯和诚实守信、友好合作的优良品质。

(三)勤劳勇敢、自强不息的教育

“勤劳勇敢、自强不息”是一个民族生命力的基本标志，是中华民族特有的优秀精神品格，是国家、民族、个人充分发挥主观能动性、艰苦奋斗、不怕困难、勇往直前、奋发图强的精神追求，是求生存、图发展的一种志气，是中华民族精神的精华。

中小学进行“勤劳勇敢、自强不息”的民族精神教育，应从以下四方面做起。

1. 勤劳节俭教育

勤劳节俭是中华民族的立身之本和传家之宝，是中华民族的优良传统，也是我们党的优良革命传统，从古至今一直备受推崇。我们要给学生讲述我国古今勤劳节俭的经典故事，让学生诵记我国古今倡导和颂扬勤劳节俭的格言、谚语，使学生懂得劳动是人们获取幸福的唯一源泉，是创造物质文明和精神文明的唯一途径，明白勤劳是生产财富之源、节俭是积累财富之堤、“成由节俭败由奢”的道理，培养学生尊重劳动、热爱劳动的思想感情，使他们以节俭朴素为荣，以奢侈浪费为耻的观念。引导和教育学生养成良好的劳动习惯，坚持积极主动地参加学校劳动、家庭劳动、社会公益劳动。在学校生活中，具有强烈的学习兴趣，养成勤奋学习的良好习惯，克服厌学、偏科现象；坚持做到珍惜每一滴水、每一度电、每一粒米、每一张纸、每一分钱，不大手大脚，不铺张浪费，不追求奢华，不攀比消费。

2. 勇敢坚毅教育

勇敢坚毅是中华民族历经磨难而不衰，延续发展五千年而始终自立于世界民族之林的精神支柱。要给学生讲述古今英雄人物勇敢坚毅的典型事例，让学生了解中华民族富有英勇顽强、不屈不挠、不畏强暴、不怕困难、不怕牺牲的优良传统，使学生明白人生旅程不可能一帆风顺，做任何事情都不能一蹴而就，困难挫折在所难免；勇敢、自信是克服困难、取得成功的前提，教育学生拥有积极乐观的情绪和态度，采取有效的办法战胜挫折，自觉克服卑怯、恐惧、焦虑、脆弱等不良心理。在学习生活中，敢于向学习困难、成绩落后、交往矛盾、经济窘迫等困难挑战，敢于向不良现象作斗争，敢于战胜自己、超越自己，坚持不懈，持之以恒，争取成功。

3. 自立自强教育

自立自强是中华民族从古到今都十分推崇的道德精神，《周易》中"天行健，君子以自强不息"的名言即把这种精神置于无与伦比的地位。要给学生讲述古今名人自立自强的事迹，教育学生树立实现共产主义的最高理想和建设富强、民主、文明的社会主义现代化国家的共同理想，确立自己学习、生活的具体目标，并把个人理想前途与祖国的前途命运有机结合起来。培养学生谦虚谨慎、戒骄戒躁的思想作风，引导学生虚心学习他人优点，继承借鉴古今中外的文明成果，不断丰富提高自身素质。培养学生一丝不苟、认真负责、脚踏实地、追求完美的习惯，教育学生在学习生活中防止和纠正浅尝辄止、粗枝大叶、得过且过、敷衍了事、投机取巧等思想行为。培养学生的责任意识和负责习惯，使他们对自己负责，树立自尊、自爱、自信、自立、自强的精神；对家庭负责，尊重关爱长辈，维护家庭财产安全和生活幸福，承担力所能及的家务劳动；对社会负责，遵守并维护公共秩序和社会公德，爱护公共财产和自然环境。

4. 开拓创新教育

让学生知道创新是民族进步的灵魂，是一个国家兴旺发达的不竭动力。给学生讲述创新、创造、发明促进生产力发展和人类社会进步的典型事例，让学生明白，建设社会主义现代化，必须进行理论创新、制度创新和科技创新。在学习生活中，要勇于探索，推陈出新，培养创新思维和创新能力，掌握创新方法和创新技巧，提高学习效率和自身素质。

在中小学进行弘扬和培育中华民族精神教育，必须根据不同学段学生身心发展特点、规律和认知水平，分阶段、分层次、有针对性地实施。必须遵循由低到高、由浅入深、由近及远、由具体到抽象、由感性到理性、分层递进、螺旋上升的原则设置具体教育内容。小学应以诵读体现中华民族精神的典型故事为主，充分运用多媒体手段，使教育内容形象直观、生动活泼，富有感染力。中学应以实践体验为主，让学生自主参与搜集名人故事、名言警句以及演讲、参观、实地考察等多种形式的社会实践活动，进行体验感悟，形成正确观念，传承民族精神。

二、中小学弘扬和培育民族精神的途径方法

（一）充分发挥课堂教学的主渠道作用

各学科教学内容中蕴含着丰富的民族精神教育的素材，要充分挖掘各学科课程，特别是人文学科及有关的自然学科中所具有的教育因素，根据不同课程的性质与特点，把教学的科学性和思想性统一起来，将民族精神有机地渗透到教学的全过程，使学生在学习文化知识的同时，受到科学精神、人文精神、民族精神的熏陶。小学的品德与生活课、品德与社会课，中学的思想品德课要增加民族精神的内容，使之成为培育民族精神的主要途径。语文课应适当增加体现民族精神的内容，适当增强古诗文选读，历史课在讲经济史、政治史、社会发展史的同时应适当增加文化发展史的内容，突出弘扬和培育民族精神。数学、物理、化学、生物等理科课程也要结合教学内容的实际，适当增补中国科学家的科学精神和民族精神的内容。音乐课应适量增加经典民乐、民歌和京剧欣赏的内容。美术课应适量增加中国画、书法艺术欣赏的内容、体育课应适量增加中国武术的内容。

（二）充分发挥各种教育活动的承载作用

各种有意义的教育活动是弘扬和培育民族精神的有效载体，也是课堂教学的重要补充。让学生在各种教育活动中感悟民族精神的意义

与价值，逐步将民族精神内化为自身的精神品格。每学年要组织学生参观一处爱国主义教育基地，观看一场爱国主义教育电影，听取一场英雄模范人物报告，开展一次家乡(社区)巨变的调研活动，举办一次弘扬民族精神演讲会或古诗文诵读活动，要组织学生积极参与"希望工程""送温暖""志愿者""手拉手""幸福工程""春蕾计划""扶残助残"等活动，要广泛开展向先进典型学习的活动，善于发现和运用先进典型，树立可敬、可信、可学的弘扬民族精神的楷模，让中小学生学有榜样、有目标。各种重要节日、纪念日，蕴藏着宝贵的民族精神教育资源。要会用"五四""七一""八一""十一"等革命节日，"三八""五一""六一"等国际性节日，以及民间传统节日和重大历史事件、历史人物纪念日等，举行形式多样的学生庆祝、纪念活动，进行民族精神的弘扬和培育。要利用青少年学生校外活动场所，开展丰富多彩的教育活动。

(三)充分发挥校园文化建设的熏陶感染作用

要在校园物质文化、制度文化、精神文化、行为文化等方面融入民族精神的内容。要通过在教育局域网、校园网开辟弘扬和培育民族精神栏目，学校建设校园文化长廊，张贴悬挂中华民族杰出人物画像、制作体现民族精神的雕塑、灯箱、语录牌和公益广告等手段，营造弘扬和培育民族精神的浓厚氛围。要成立文艺、体育各种社团组织，开展艺术、体育竞赛等方法，宣传中华民族的优秀文化和民族精神。要结合各地及学校实际，挖掘民族精神教育的资源，潜移默化地对学生进行民族精神教育。

(四)充分发挥学校、家庭、社会三位一体的教育合力

要充分利用本地的爱国主义教育基地以及其他社会资源，协调社会各方面力量，培育民族精神融入社区文化建设，构筑学校、家庭、社会三位一体弘扬和培育民族精神的新格局。中小学要把弘扬和培育民族精神与家庭教育紧密结合起来，编写家长培训教材，办好家长学校，召开家长会和家访等，加强与家庭的沟通，积极地引导家长以其正确的言行教育和影响学生，使家庭教育与学校德育和民族精神的培育价值取向趋同，教育理念一致，教育过程同步，教育途径互补。中小学民族精神的教育要与社区精神文明建设紧密结合起来。要充分利用当地的爱国主义教育基地、博物馆、文物古迹等教育资源，协调社会各方面力量共同做好弘扬和培育民族精神的工作，要努力营造民族精神培育的良好社会氛围，在影视文化、网络文化、社区文化、企业文化、乡村文化建设中实施民族精神培育工程，把民族精神的弘扬与培育纳入精神文明建设全过程。

未成年人思想道德建设的思考与建议*

中共中央、国务院《关于进一步加强和改进未成年人思想道德建设的若干意见》是党中央从推进新世纪社会主义现代化建设、实现党和国家长治久安出发做出的一项重大决策，具有重大而深远的战略意义。那么，如何把中央的精神落到实处呢？这是全党全社会的共同责任，更是教育界德育工作者的重要而紧迫的任务。为此，提出如下建议。

一、与时俱进，充分体现时代性

当今世界，经济全球化、政治多极化、社会网络化趋势已成为时代潮流。在国内，社会主义市场经济深入发展，对外开放进一步扩大，互联网等新兴媒体快速发展。面对国际国内形势的深刻变化，未成年人思想道德建设既面临新的机遇，也面临严峻挑战。我们要抓住机遇，迎接挑战，就要与时俱进，充分体现时代性，建立与社会主义市场经

* 本文原载《科研与决策》总第163期，2004年6月12日，并转载于《中国德育》2004年第7期和《中国教育报》2004年6月8日。

济相适应的、与社会主义法律规范相协调的、与中华民族传统美德相承接的社会主义思想道德体系。

第一，从市场经济角度来看，自主经营的原则激发了人们主体意识的生成，同时诱发个人主义倾向；市场经济所有制形式的多元化促进了生产力的发展，同时利益群体的多样化必然导致思想道德价值取向的多元性；市场经济的效益原则增强了效益观念和求实精神，同时诱发了拜金主义和重利轻义思想；市场经济的深入发展，社会经济成分、组织形式、就业方式、利益关系和分配方式的日益多样化，为未成年人的全面发展创造了更加广阔的空间，同时，一些领域道德失范，诚信缺失，假冒伪劣，欺骗欺诈活动有所蔓延，一些地方封建迷信、邪教和“黄赌毒”等社会丑恶现象沉渣泛起，成为社会公害，一些成年人价值观发生扭曲，拜金主义、享乐主义、极端个人主义滋长，以权谋私等消极腐败现象屡禁不止等等，也给未成年人的成长带来不可忽视的负面影响。面对这种新情况和新问题，思想道德建设必须正确处理适应性与超越性的关系，在适应中超越，在超越中适应。思想道德建设要立足于市场经济的实际，贴近生活。但这种适应不是消极的适应，而是积极的适应。一方面，立足于市场经济自主经营、平等互利的实际，引导学生增强主体意识，树立平等互利、公平诚信的道德观念；另一方面，立足市场经济的竞争性、求利性的实际，引导学生树立开拓、进取、创新的观念和功利、时效、信息等功效性价值观念，并基于市场经济的风险性、不确定性，培养学生适应市场经济的良好心理素质。

第二，从对外开放来看，我国对外开放的进一步扩大，为广大未成年人了解世界、增长知识、开阔视野提供了更加有利的条件；同时，国际敌对势力与我争夺接班人的斗争也日趋尖锐和复杂。对外开放引进了西方的科学技术、信息技术和管理经验；同时，西方的思想文化、价值观念、生活方式也以各种形式渗透进来。对外开放掀起学外语、考 TOEFL、GRE、IELTS 的热潮，使未成年人的外语水平有了大幅度的提高；同时，未成年人对民族文化、民族精神、中国历史了解甚少，国学基础令人忧虑。面对这种新情况和新问题，思想道德建设必须与中华民族传统文化相承接，把民族精神教育纳入国民教育的全过程。要加强弘扬和培育以爱国主义为核心的团结统一、爱好和平、勤劳勇敢、自强不息的伟大民族精神，加强中国近代史、现代史和国情教育，加强中华民族传统美德和革命传统道德教育。

第三，从互联网来看，互联网等新兴媒体的快速发展，给未成年人学习和获取信息开辟了新的渠道；同时，黄、赌、毒、邪等腐朽落后文化和有害信息也通过网络传播，腐蚀未成年人的心灵。互联网为未成年人的交往和娱乐提供了简便、快捷、高效的工具；同时，网吧的不法经营者为了获取利润，引诱未成年人痴迷网吧，少数未成年人精神空虚、行为失范，有的甚至走上违法犯罪的歧途。面对这些新情况新问题，思想道德建设必须跟进社会网络化趋势，充分利用多媒体技术，促进思想道德教育内容动态化、形象化，增强感染力和吸引力；充分利用现代信息技术，辅助思想道德教育活动课和校内外思想道德教育实践活动，提高思想道德教育的效率和实效性；充分利用网络信息传递方式，延长学生接受思想道德教育的绝对时间，并且可以冲破物理空间的限制，实现思想道德教育时空的新拓展；充分利用网络技术对网上的不良信息、有害信息进行监控和屏蔽，使未成年人免受黄、毒、赌、邪的侵害而健康成长；充分利用网络技术，使校园网、局域网与“中国德育网”链接，建立更大的思想道德教育网络平台，形成正确导向的校园信息浪潮；充分利用计算机软件技术，开发和研制德育软件，使网络德育具有可操作的运行载体；充分运用网络信息技术，提高广大教师的信息素养，增强广大教师熟练运用计算机获取、传递和处理信息的能力，全面提高思想道德教育工作水平。

二、不断探索，准确把握规律性

加强和改进未成年人思想道德建设，关键是准确把握思想道德建设的规律。思想道德建设的规律包括未成年人思想道德形成发展规律和学校德育工作规律等。要不断探索这些规律，使思想道德教育从盲目性转向科学性，从零散性转向系统性，从随意性转向规范性，整体构建未成年人思想道德教育体系。

根据系统论的理论，我们认为学校德育也是一个系统。系统科学的基本原则是系统具有整体性、有序性和动态性。从整体性原则来看，学校德育是由德育目标、德育内容、德育途径、德育方法、德育管理、德育评价等要素系统构成的一个统一的整体；从有序性原则来看，学校德育是由小学德育、中学德育(中职、中师德育)、大学德育等层次系统组成的一个统一的整体。整体构建学校德育体系就是以要素系统为横坐标，以层次系统为纵坐标，进行横向贯通，纵向衔接，有序排列，有机组合而成。从动态性的原则来看，学生健康的心理素质，文明的行为习惯，良好的道德品质，正确的民主、法制、纪律观念，科学的世界观、人生观、价值观，崇高的理想信念，坚定正确的政治方向，是通过小学、中学、大学等各个阶段的教育逐步形成的。各教育阶段的德育目标的高低，德育内容的深浅和侧重点，德育途径和方法的选择，德育管理和评价方式的运用，要针对学生不同年龄阶段的身心特点和理解接受能力的不同，由浅入深，由低到高，由感性到理性，由具体到抽象，循序渐进，逐步提高，分层递进，螺旋上升。切不可“齐步走”“一刀切”“大呼隆”，更不能“倒挂”“脱节”“简单重复”“过频变动”。

整体构建学校德育体系，就是要使德育目标、德育内容、德育途径、德育方法、德育管理、德育评价等要素系统横向贯通，环环相扣，形成合力，以保证在整个德育过程中要素结构的完整性和连续性。同时，使小学德育、中学德育(中职、中师德育)、大学德育等层次系统纵向衔接，分层递进，螺旋上升，以保证各个教育阶段德育工作的层次性和渐进性。各个教育阶段都应有德育整体意识，总揽全局，加强相邻阶段的衔接，防止简单重复或脱节，以发挥德育系统的整体功能，提高德育工作的整体效果。

三、求真务实，大力增强实效性

思想道德建设的本质是实践的。实践的观点是思想道德建设首要的、基本的观点。德育不同于智育，智育的任务是传授知识兼培养能力，它主要解决知不知、会不会的问题；而德育只到此并没有完结，它不仅要解决知不知、会不会的问题，而且更要解决信不信、行不行的问题，即不但要授之以知、晓之以理，而且还要动之以情、导之以行。德育过程是知、情、意(信)、行诸环节构成的，只有知识传授，而无情感陶冶、意志磨炼和行为引导不是完整的德育。这就如同体育与智育不同的道理一样，体育如果只在课堂上讲授体育知识和理论，不让学生到体育场上去实际锻炼，怎能培养学生强健的体魄？同理，德育如果只重视知识传授，而忽视或轻视德育实践活动，怎能培养学生良好的思想品德？德育活动有多种形式，既有课堂德育活动，又有课外德育活动；既有校内德育活动，又有校外德育活动。其中主题班会、主题团队会是最直接、最经常、最普遍的德育活动。它主题明确，针对性强，内容丰富多彩，形式生动活泼，是对学生进行思想品德教育的有效途径。主题班会、主题团队会应当形成制度，列入课程表，作为德育活动课的基本形式。从而避免单纯传授知识、空洞讲授理论、死记硬背概念等脱离实际的倾向，增强德育的实效性。

现代德育主张“双主体论”，即教师是教育主体，学生是受教育主体，教师和学生应当互相尊重对方的主体地位。在德育目标的确定上，不仅要考虑社会的要求，更要重视学生自身成长的需要。在德育内容的安排上，不仅要依据社会规范，更要遵循学生的年龄特征和品德形成发展规律。在德育方法的运用上，不仅要发挥教师的主导作用，更要强调学生的主体参与。在德育管理和评价上，要激励学生自尊、自爱、自信、自立、自强，引导和培养学生自订成长目标，自析成长环境，自寻成长动力，自开成长渠道，自研成长方法和自评成长效果，使他们成为自身全面发展的主人。在德育过程中要改变传统的“以教师为中心，以教材为中心，以课堂为中心”的“旧三中心论”，建构“以学生为中心，以活动为中心，以体验为中心”的“新三中心”。使学生在实践活动中体验生活，感悟道德，养成良好的行为习惯。

中小学弘扬和培育民族精神的实施途径*

在中小学开展弘扬和培育民族精神教育是深入贯彻党的十六大精神，落实《中共中央国务院关于进一步加强和改进未成年人思想道德建设的若干意见》，适应新形势、新任务的要求。弘扬和培育民族精神教育是加强未成年人思想道德建设工作的重要组成部分，是加强社会主义精神文明建设的基础性工程。它作为中小学德育工作的重要内容是全面实施素质教育，促进人的全面发展的需要；是中华民族精神代代相传，发扬光大的必然要求；它关系到祖国的未来和民族的希望。为完成在中小学开展弘扬和培育民族精神教育，不断增强学生对民族优秀文化的认同和自信，振奋民族精神，凝聚民族力量任务之要求，实施途径非常重要。它是整体构建学校德育体系的子系统，是学校德育途径体系的深化和具体化。只有通过各种途径将民族精神的内容有机有效地组合形成系统化的德育活动渠道和载体，

---

* 本文与张宇合作，原载《科研与决策》总第164期，2004年6月14日，并转载于《中国德育》2004年第7期。

并按照以学生为主体，重在实践；突出重点，体现特色；以人为本，全面发展；与时俱进，开拓创新；穷尽性和整合性的原则，才能将弘扬和培育民族精神的内容具体落到实处。

一、切实加强党政领导，组织管理开展弘扬和培育民族精神教育的工作

中小学党政一把手都要站在培养和造就具有高尚思想品质和良好道德修养的合格建设者和接班人的高度；站在确保党的事业后继有人和中国特色社会主义兴旺发达的战略高度；充分认识开展弘扬和培育民族精神教育的重要性和紧迫性。把弘扬和培育民族精神教育作为学校德育工作极为重要的组成部分，将民族精神内容纳入学校的教育教学工作之中去。结合学校实际，制定具体实施办法，将其落实到各项工作之中。在实施过程中，给予必要的财力、物力和人力支持。学校党政领导的重视，这是保证中小学弘扬和培育民族精神教育工作的顺利开展和取得丰硕成果最为有效的途径之一。

二、加强教师职业道德建设，发挥引领学生弘扬和培育民族精神的榜样示范作用

教师的教育劳动具有示范性特点，教师在教育中的地位和学生模仿性心理决定了教师的一切言行都会在学生的心灵上留下痕迹。教师勤奋好学、诲人不倦的工作态度很容易使学生养成勇于攀登、自强不息的学习精神；教师端庄大方、简洁朴素的装束很容易使学生形成勤俭节约、为人诚实的生活习惯；教师热爱学生、尊重学生的工作作风很容易使学生养成团结友爱、互帮互助的道德情操。全体教职工都要担负起弘扬和培育民族精神的教育重任，做到管理育人，服务育人，

全员育人，全程育人。在开展教育的过程中，起到潜移默化的作用。

三、强化课堂教学主渠道作用，有机渗透学科民族精神内容

中小学各科教材蕴含着丰富的民族精神教育内容。新一轮课程改革的中小学《品德与社会》《思想品德》《思想政治》教材是学校对学生比较系统地进行弘扬和培育民族精神教育的主要课程，在中小学德育途径中占据特殊的地位。它对于培养学生的民族精神和良好品德起着非常重要的作用。学科课程不论是语文、历史、地理，还是数学、物理、化学；不论是人文教育，还是科学教育，里面都包含有丰富的、大量的民族精神教育的内容。各科教师都应当充分利用课程资源并结合学科特点，进行挖掘和开发并有机渗透到课堂教学过程中，它是学校弘扬和培育民族精神的基本途径之一。教师要以探究为形式、以情感为载体、以教材为依托；积极探索开展民族精神教育的有效教学模式，改进教学方法；采用学生喜闻乐见、生动活泼的教学方式，充分发挥课堂教学主渠道的作用。教学过程中把弘扬和培育民族精神的主题与学生的生活实际结合起来，虚拟课堂，创设引人入胜的教育情境，让学生运用合作探讨的方式，在情感的交流、思维的碰撞中进行体验、感悟、反思、判断、建构，形成自己内在德性的知、情、意、行的统一和德性成长。

四、加强校园文化环境建设，突显民族精神的内涵和品味

中小学的校园环境无论是作为基础设施的“显性环境”，还是作为校园文化积淀、显示学校风貌的“隐性环境”都必须加强建设。校园环

境建设要体现一定的文化品位，突显民族精神的内涵性，营造一种浓厚的弘扬和培育民族精神的文化氛围。在校园里，学生能主动去思考、感悟，达到“随风潜入夜，润物细无声”的效果，潜移默化，净化灵魂，升华人格。学校要坚持升降国旗制度，举行国旗下讲话，全体中小学生都应会唱国歌；在校园里设置代表中华民族精神杰出人物的画像、灯箱、雕塑、标语牌等；要善于进行校本研究，利用当地的民族精神教育资源；要利用现代化的校园网络教育手段，制作绿色公益广告和专题网页；充分利用广播、电视等有效平台，宣传中华民族的光荣传统、悠久历史、灿烂文化。

五、发挥学生学团(队)组织作用，开展赋予民族精神的主题教育活动

中小学要在党组织的领导下，充分发挥共青团、少先队、学生会等群众性组织作用。共青团、少先队、学生会工作要纳入学校教育发展规划和素质教育的总体布局中，把开展弘扬和培育民族精神教育作为学校群团组织一种常规性的任务。共青团、少先队、学生会要积极主动地开展一些喜闻乐见、富有创新精神、符合时代特点、形式多样的主题教育活动，自育自乐。学校要充分利用春节、清明节、中秋节等民族传统节日，“五一”“五四”“六一”“七一”“八一”“十一”等重要节日，“七七事变”“九一八事变”“一二·九运动”等重要事件和重要人物纪念日，开展主题校(班)会、团(队)会，请革命先辈和各行业的英雄模范做报告、讲故事；组织学生观看反映伟大民族精神的影视片等；通过晨会、课外活动等多种方式，组织开展集中体现中华传统美德和革命传统的经典格言，诗词诵读活动；学唱以爱国主义为主旋律的歌曲，定期举行歌咏比赛和文艺演出活动，使学生的身心得到健康的

成长。

六、整合学校、家庭、社会“三位一体”的教育资源，形成弘扬和培育民族精神的强大合力

在家庭中家长要以身作则着重对孩子进行尊老爱幼、勤俭节约的教育，在社会上要着重对学生进行社会公德和文明礼貌教育。开展弘扬和培育民族精神教育作为一项系统工程，应该充分整合利用学校、家庭、社会的各种教育资源，协调各方面力量形成合力。要特别重视发挥家庭教育和社区教育对中小学生成长的积极影响，努力营造良好的社会育人环境。要开办好家长学校，赋予学生家长家庭教育新理念；引导家长掌握科学的家庭教育方法，提高科学教育子女的能力。新闻宣传、文化、广播影视和出版等部门都应充分发挥其作品在中小学生中特有的感染力，用健康向上的精品力作来引导学生，塑造学生。要加大社会文化市场的监管力度，净化社会文化市场，加强校园周边环境治理，打击网络违法行为，最大限度地减少或杜绝对中小学生弘扬和培育民族精神不利和有害的影响及作用，让学生在一个和谐的、民主的、健康的社会环境中受到民族精神的教育和熏陶。

七、积极开展社会实践活动，充分发挥蕴含民族精神实践基地的育人作用

开展弘扬和培育民族精神教育是与实践相结合的过程。按照实践育人的要求，以体验教育为基本途径，根据不同学段的学生年龄特点，精心设计和组织开展内容鲜活、形式新颖、吸引力强的道德实践活动。各种道德社会实践活动要突出民族精神思想内涵，强化道德要求，注意寓教于乐，使学生在自觉参与中思想感情得到熏陶、精神生

活得到充实，道德境界得到升华。社会实践活动包括生产劳动、公益劳动、勤工俭学和社区服务等，相比课堂教学活动形式，它具有灵活多样性、内容的广泛选择性和活动主体的参与体验性等优点，学校一定要开展好社会实践活动。社会实践活动把学生和社会广泛联系起来，打破了学校比较单一的纵向联系和封闭体系，搭起了学校与社会沟通的桥梁。学生走出课堂，走出学校与家庭两点一线的生活，投入社会大课堂，在社会实践中认识社会、适应社会，从而学会做人、学会求知、学会生存、学会发展。① 这也正是学生接受民族精神教育的有效途径。如江泽民同志在《关于教育问题的谈话》中所说："人才的成长最终要在社会的伟大实践和自身的不断努力中来实现。"②

八、加强学生自主教育，激励学生主体参与塑造民族精神的主动性

自主教育是指向未来的教育，是当代人类教育的精华和要求，是对教育本质的回归。它体现的是一种教育思想，同时也是一种教育方法。其管理模式是以学生为主体，塑造学生个体以德性为核心的素质结构的实践活动，实际上是一种教育目标。自主教育作为一种扎根的教育，它有利于学生德性的内化和成长。自主教育的精神实质就是增强自主意识，发展健康个性；培养自主能力，全面提高素质；使学生成长为学习的主人、生活的主人、发展的主人、创造的主人。开展弘扬和培育民族精神教育的过程，其实就是学生自主教育的过程。在自

① 詹万生：《整体构建德育体系总论》，北京：教育科学出版社，2001 年版，第 397 页。

② 江泽民：《关于教育问题的谈话》，载《光明日报》，2000-3-1。

主教育的过程中求真务实，求“弘扬”之真，务“培育”之实。不论是课堂教学，还是校外实践，学生的自主教育始终贯穿在各种途径和活动之中。只有加强自主教育，才能促成学生把民族精神的内容要求内化为自己的德性，达到知情意行的统一，始终保持着一种昂扬向上的精神状态和战斗力。

在中小学弘扬和培育民族精神的实施途径可以多种多样，但必须考虑到中小学生的身心发展和认知规律，要恰当地选择各学龄段的具体内容，形成一定的目标递进层次。同时，抓好组织管理工作也是一个不容置疑的关键环节，具体做到真抓实干，落到实处，卓有成效。只有这样，中小学开展弘扬和培育民族精神教育在“三个代表”重要思想指导下，通过自主的、外在的不同类型的各种途径，并赋予其具有时代特征、与时俱进的民族精神内容才能够最终实现中华民族伟大复兴的历史目标。

高校思想道德修养课存在的问题与对策建议*

思想道德修养课，隶属于高校“两课”中的思想品德课，是以马克思主义为指导，以人生观、价值观和道德观教育为主线，综合运用相关学科知识，依据大学生成长的基本规律，教育引导大学生加强自身道德修养的一门课程。从20世纪80年代初至今，这门课已走过了20多年的发展道路。在教育改革日益深化、素质教育全面推进的今天，面对复杂多变的形势和与时俱进的时代要求，思想道德修养课也需要根据新的形势与任务，进行认真总结与反思，以便于我们肯定成绩，找出不足，明确方向，开拓新局面。

一、思想道德修养课存在的主要问题

从总体上说，思想道德修养课在20多年的建设中，紧密结合社会需要和大学生成长需要进行了富有成效的探索和实践，产生了较好的效果。但同“两课”其他课程一样，

* 本文与郁树廷合作，原载《科研与决策》总第165期，2003年6月17日，并转载于《中国德育》2004年第5期。

思想道德修养课也存在着针对性和实效性差的问题，影响着教学效果的进一步发挥，需要引起我们的高度重视。

(一)教学目标定位尚需明确

一是横向目标定位不太明确。在高校公共理论课体系中，思想道德修养课与马克思主义理论课所确定的目标和承担的任务之间没有明确的界限，存在着目标上的交叉和各自目标定位的不明确。如这两类课都规定有帮助学生树立正确的世界观、人生观和价值观的目的，没有明确目标的侧重点或界限。

二是阶段性目标定位不明确。在大学德育体系中，没有切实搞好与中小学德育课的衔接，甚至出现“小学讲共产主义、中学讲爱国主义，大学讲文明礼貌”的“倒挂”现象。思想道德修养课从小学就开始开设，那么与大学阶段有什么不同，没有明确的定位。

(二)教学内容组织尚需合理

一是教学内容与大学生成长与成才的实际结合不紧密。现在的教学内容主要是从社会发展对人才的要求出发的，这对于保证人才培养的方向无疑是必要的，但另一方面却存在着与大学生成长与成才实际结合不紧密的问题，难以与当代大学生主流追求产生“共鸣”。

二是教学内容缺乏主线。现在的教学内容比较广泛全面，基本上把大学生遇到的各种非智力因素全包括了，如入学适应问题、心理素质问题、恋爱问题、爱国问题、理想信念问题等，没有形成一个主旨明确的内容体系。这就会造成教学上的面面俱到，使思想道德修养课成为缺乏彼此联系的散论课。不是说这些问题不重要，但不能把所有重要的问题都依靠一门课来解决。我们总想把什么都告诉学生，结果什么也没有深入到学生的头脑中。

三是教学内容缺乏理论联系实际。时代发展了，教育环境变化了，教育对象有了新的特点，但我们的教学内容却跟不上这一变化了的实际。如市场经济发展中的道德环境与道德界限问题，独生子女与家庭多层次化中的学生思想背景问题、网络道德问题等，我们的教学内容中没有及时反映。

（三）教学模式存在说教化倾向

思想道德修养课一开始就固守课堂教学的一般模式，重视说理与说理的方法。殊不知思想道德修养课不是一般的课程，其教学目的不仅仅局限于让学生明白几个道理，学会几个名词或理论概念。这门课的关键点应在于引导学生体验他们所处的道德环境，增强道德判断与选择能力，培养道德实践能力，养成道德习惯。尽管有些有识之士已经意识到了这一问题，并尝试进行改革，但总体上说这门课的说教化倾向依然很明显。许多教师按照教学大纲，准备了教学内容，在课堂上一讲就算完成了任务。一些方法或手段上的改进，也是立足于更好地讲清这些道理。

（四）管理欠规范

思想道德修养课建设一直得到上级部门及时指导，并下发了一系列文件，加强了管理，但仍然存在着管理混乱的问题。

一是编制管理不规范，不少学校因校设编，因人设编，致使编制没有保证。这门课专职与兼职的比例是多少，缺乏一个明确的规定，有的学校一个专职编制都没有。

二是课程安排混乱，思想道德修养课课时得不到相应的保证，有的学校直接把文件规定的 51 学时削减到 18 学时甚至更少；有的没有在专科学生层次中开设这门课。

三是机构设置混乱，缺乏统一的归属与管理。目前，思想道德修养课的机构设置主要存在三种情况：一是自立门户；二是挂靠在学生处(部)或宣传部等部门下面；三是与马克思主义理论课合并在一起。这就造成了不同的管理部门有不同的管理办法，尽管也有各自的长处，但无疑为学校间教学交流和纵向的工作指导和推动造成了一定的障碍。

(五)教学方法欠科学

一是课堂教学组织不力。有的学校由于缺乏教师，思想道德修养课只能采取上大课的办法，一课堂往往有一百多人、两百多人，甚至七八百人。老师既不能和学生交流，更无法了解学生的思想情况。

二是教学思路不连贯。目前很多高校的思想道德修养课采取了一种讲座的方式，也就是由许多教师共同讲授同一门课，这虽然也有其可取之处，但是却存在教学思路不连贯、教学内容缺乏逻辑性的严重问题，而且也使大学生与授课教师之间缺少必要的了解与沟通。

三是教学手段单一。目前各高校仍然主要采取单一的课堂灌输的形式，其他丰富多彩的方式，如演讲、辩论、讨论、社会实践以及其他现代化教学手段等，由于受到课时安排、人力资源、经费等条件的限制，很少能够付诸实施。

(六)师资队伍建设亟待加强

1984年以来，全国一些重点院校开设思想政治教育专业，为高校培养了一批思想道德修养课的专职教师。但是，由于思想政治教育专业的课程设置与思想道德修养课的教学要求之间存在着较大的差异，因而这批专职教师的理论基础及综合素质不能够完全适应思想道德修养课的要求。另外，由于政策导向和教师的实际生活待遇等方面的原因，使很多人转向其他工作。即使留下的少数专职教师也存在不稳定现象，不能全身心地投入到教学与科研中。

(七)教学保障不力

一是轻视学科建设。很多高校没有把思想道德修养课列入学科建设规划，上面提到的缺少专职教师队伍、教学与科研长期停滞不前，都与各级领导或主管部门在思想上不重视密切相关。

二是经费严重不足。各高校中普遍存在着专业课与思想道德修养课在经费投入上反差很大的现象，从而造成经费极为紧张，所急需的资料无法购置，必要的社会实践与调查无法展开，甚至连最起码的科研工作都无法正常进行，严重制约了该课程的总体建设。另外，还有考评方法不科学、科研水平低等问题。这些问题的存在严重制约了思想道德修养课的教学效果。

二、加强和改进思想道德修养课教学对策建议

思想道德修养课作为高校育人工程的重要组成部分，承担培养社会主义现代化建设者和接班人的重要任务。为了使这门课程发挥出应有的作用，达到较理想的教育教学效果，需要认真研究它所面临的问题，积极探索这门课独特的教育教学规律，以与时俱进的创新态度，开拓思想道德修养课建设的新局面。

(一)准确定位思想道德修养课的教学目标

第一，明确修养课在“两课”教学体系中的目标定位。从“两课”体系上说，思想道德修养是运用马克思主义立场观点和方法，帮助大学生提高其思想道德修养水平的一门理论应用课，教学目标重点应定位于解决大学生人生观和价值观问题。

第二，明确修养课的阶段性目标定位。大学生已经学习了比较系统的道德知识，形成了一定的道德知识结构，此阶段的教学目标不应是讲一些他们已经熟知的大道理，而是侧重于培养大学生的道德判断

力和提高其在现实生活中的道德践行能力。

(二)调整思想道德修养课教学内容体系

第一，教学内容紧紧围绕大学生发展与成才这一中心。当代大学生关注的热点主要集中在如何发展自己，使自己尽快成才上。这一内在需要已成为广大青年学生奋发学习、积极进取、报效祖国的强劲动力。思想道德修养课教学应从这个实际出发，从为大学生健康成长和顺利成才服务的角度，进一步调整和优化内容。

第二，教学内容要贯穿人生观、价值观两条主线。人生观和价值观教育作为修养课主要教学目标，是帮助大学生明确怎样做人，如何成才的问题。只有树立科学的正确的人生观、价值观，大学生才能在市场经济大潮中，在各种利益冲突和各种价值取向问题上不会困惑、迷惘，才能正确处理国家、集体和个人之间的利益关系。

第三，内容要理论联系实际。一是要联系国际国内的社会现实。社会现实问题对大学生的影响具有双重效应，有正面效应和负面效应，教学内容不能回避现实，不应脱离实际。比如，我们要弘扬乐于奉献乃至大公无私的精神，但又要确认市场经济活动中合理利用正当权利，勤劳致富，公平竞争等原则的合理性。二要联系大学生发展实际。当代大学生大部分是独生子女，有自身适应性差的弱点，同时他们又面临着极为复杂的生活环境(如家庭多层次背景)和人际关系，学会积极适应环境并处理好相应的人际关系，是他们人生发展的基本需要。因此修养课教学内容要密切联系这一实际，为大学生提供切实有效的引导和帮助。“在很大程度上，该课的吸引力、影响力和生命力，都依赖于该课贴近学生实际，真正体现‘以学生为本’教育理念。”①

以上内容要综合体现在教材上或教学大纲上，可考虑教师用书与学生用书分开调整教学内容。就目前教材的实际使用情况而言，师生共用一本教材的效果并不理想。因此在以后的教材编写中，建议专门为学生编写一本简明扼要、通俗易懂的教材，从大学生普遍关心的道德需要、道德困惑和思想难题入手，用有理有力的典型事例，引导学生思考、辩论，从而培养学生学习的兴趣和创造能力，实现自我教育的目的。同时，应当专门为教师编写一本既有一定理论深度，突出教学内容难点、重点、热点，同时又密切联系时代特色与大学生实际情况的教材。

(三)建立理论与实践相结合的教学模式

修养课不同于一般的课程，它的教学目的不仅仅是要求学生掌握一些正确理论和行为规范，而是让学生在掌握正确理论和知识的同时，将正确的理论和知识内化为自己的思想观念，并以此指导其现实的行为。修身是人生的实践，修养道理只有经过现实的体验才能转化为自己的行动指南，实践性是它的本质特征。“在整个学校大德育课程中，其主要部分与主要性质或主要的德育课程是实践性的，是实践性课程或实践性活动。”②“德育途径的实践性原则可以表述为：以活动为中心，在活动中认知，在活动中体验，在活动中养成习惯。”③要

---

① 方益权：《提高思想道德修养课教学实效性的探索与实践》，载《中国高教研究》，2002(3)。

② 魏贤超：《现代德育原理》，杭州：浙江大学出版社，1993年版，第131页。

③ 詹万生、张国建：《整体构建学校德育途径体系，全面提高德育工作实效》，载《中小学管理》，2002(2)。

保证该课的教育教学效果，必须彻底改变传统的以课堂讲授为主的教学模式，构建理论与实践相结合的教学模式。

(四)改进教学方法，强化大学生主体参与

学习的过程是学习者主动的信息加工过程。学生的品德的形成，更不是靠简单的理论说教就能奏效的。一个人道德品质的形成是个人将一定社会的道德规范内化成为自身的道德需要，并最终外化成个人的道德行为的过程，是知和行的统一。学生品德的提高与完善不仅需要学生不断主动地接受道德教育，而且更需要学生能够从环境对自己的行为的反馈信息中主动选择、提高与修正自己的认识，决定行动，对自己的行为负责，最终成为一个道德自律的人。所有这些，都离不开学生主体意识与主体作用的发挥。在教育活动中要给学生多创造当“主角”的机会，充分发挥大学生自我教育的作用，如可采取演讲式，案例式、问答式、讨论式、辩论式、调查式、社会实践活动形式组织教学活动，以充分体现大学生的主体性。

(五)修养课要开辟网络思想道德教育渠道

目前，互联网日益普及，越来越多的大学生已将之作为获取知识、传递信息、交流情感、沟通思想的重要手段。修养课教师也要将教育教学活动延伸扩展到网络领域，主动地开展网络思想道德教育。修养课教师可借助校园网这一阵地，开辟有关主题网页或专栏(如思想论坛、道德与文明、校园真情、人生论坛、热点透析等栏目或网页)，给学生提供一个自由表达思想和交流观点的空间，届时可聘请有关专家学者作为兼职老师一起讨论并加以正确引导。

(六)严格教学管理，改革成绩考评制度

教学考评既是检验手段也是导向指南。建立科学、严谨、客观的指标体系，是思想道德修养课考试的基本前提，它直接影响到成绩考评的准确性和价值导向。因此，在考评过程中，要尽量做到三个结合：一是全面考评与重点考评相结合。为弥补定量考评的不足，有必要在对学生的课程内容掌握和日常行为实践进行重点考评的基础上，充分考虑学生在其他方面的表现，给予一定的加减分。二是阶段性考评与综合性考评相结合。把每位学生平时的学习态度、作业情况、活动参与及出勤率等同课程结束时的考查与考核结合起来。三是教师考评与学生考评相结合。考评中，既有教师的测评，又要有学生的自测，还要有学生之间的互测，把三者的测评结合起来，然后给出综合得分，作为学生的实际考评成绩。

(七)加强思想道德修养课的管理，重视教师队伍建设

思想道德修养课的建设必须引起各级领导的充分重视，真正把它落到实处。思想道德修养课的机构设置与归属必须要有统一的规定，以便有关的方针政策上传下达和学校间的教学交流与合作。学科建设应纳入各高校学科建设总体规划之中。经费投入和专职教师的编制在有关思想道德修养课建设的文件中要有明确的比例划分，而且弹性不能太大，以保证教学、科研的正常进行。

要重视教师队伍建设。一要配齐编制，确定数量适当的修养课专职教师，这是改进和加强思想品德课的一个基本条件。二要努力提高教师的教学水平。实践证明，思想道德修养课的教学效果与任课教师自身素质的高低紧密相连。要创造条件鼓励教师进修以提高业务水平或提高学历层次，并通过建立和完善教师教学按劳取酬的激励机制，对热心从教、精心执教、教学质量高的教师，给予多层次和多种形式的奖励，并对思想品德课教师的学习提高和科研提供必要的经费和物质保证。

关于整体规划大中小学德育工作的建议*

一、整体规划大中小学德育势在必行

(一)整体规划大中小学德育是进一步加强和改进大中小学德育工作的内在要求

新中国成立以来，特别是改革开放以来，我国各级学校的德育工作积累了一定的经验，取得了一定的成效。但是，在实际工作中大中小学德育之间的相互脱节、目标倒挂，内容简单重复、管理和评价体系不健全等问题始终未能得到彻底解决。大中小学德育的衔接问题，已经成为德育改革与发展的瓶颈。目前，新课程改革不断向纵深推进，课堂教学组织形式发生着巨大变化，各级学校和师生之间的互动需求明显增长。我们必须适应德育改革发展的需要，整体规划大中小学德育工作，使之纵向衔接、横向贯通，既有较为明晰的层次性和针对性，又有统一的规划设计，

* 本文与齐欣、李书华、徐安德、宁武杰等合作，原载《科研与决策》总第177期，2004年9月28日。

体现出系统性、规范性、科学性、实效性。

(二)整体规划大中小学德育是青少年学生品德形成与发展规律的必然要求

青少年学生品德的形成与发展有其必然规律和要求。随着年龄的增长和年级的升高，学生的品德要经历一个逐步形成与发展的过程，遵循由近及远，由浅入深，由感性到理性，循序渐进，螺旋式上升的规律。每个阶段学生世界观、人生观、价值观的健康和谐发展都要以各阶段德育工作之间的相互衔接、可持续发展为前提。依照青少年学生不同人生阶段的不同发展需要，遵循其全面素质和谐发展的规律和特点，整体规划大中小学德育，一方面，要提供符合其身心发展水平和需要的内容；另一方面，也要考虑其品德发展的目标，保持德育要求与学生现有发展水平之间的张力。这既有助于提高德育的针对性、层次性，也有助于实现德育的发展性、人文性。

(三)整体规划大中小学德育是近年来国内外德育改革的新鲜经验和德育研究的重要成果

随着国际国内形势的发展，德育工作面临着许多新情况和新问题，其中大中小学德育的衔接问题尤为突出。国内外德育科学研究的发展在总体上体现出综合化、系统化的趋势，这就为我们整体规划大中小学德育工作提供了必要的理论依据。近年来，国内外德育改革实践和实验探索的经验也证明，在大中小学德育得到整体规划的地方，德育的效果相对较好，而缺乏整体规划的学校，德育效果相对较差。全国教育科学规划国家重点德育课题的一些实验学校已经探索和积累了有益的经验，并且在理论上做出了概括和总结。要及时吸收德育研究的新成果，认真总结各地和各级学校德育改革的实践经验，科学合理地整体规划大中小学德育体系，使之既具有理论上的前瞻性、先进性，又能在实践中照顾到不同地区、不同学校的差异和特点，达到整体规划目标明确，创新探索讲求实效的效果。

二、健全德育管理体制，加大德育管理力度

(一)各级教育行政部门成立德育工作领导小组

教育部成立以部长为组长的全国学校德育工作领导小组，各省(自治区、直辖市)教委(教育厅、局)、地(市)、县教委(教育局)参照成立相应的组织，加强对大中小学德育工作的整体规划、组织协调、宏观指导和督导检查。

(二)各级教育行政部门成立德育管理机构

教育部成立德育管理司，下设大学、中学、小学、职教，师范德育处；各省(自治区、直辖市)教委(教育厅、局)成立德育处，下设大学、中学、小学、职教，师范德育科；各地(市)、县(区)教委(教育局)设立德育科，确定专职德育工作人员。各级教育科研院所要建立健全德育科研机构，使其积极主动地为各级德育行政机构决策服务；各级德育行政部门要主动吸收德育科研人员参与研究和决策，保证德育决策的科学性和针对性。

各级德育机构人员要从精通党和国家的方针政策，具有德育专业理论知识和德育工作经验的人员中选聘。在岗期间应继续提高工作素质并深入一线兼职实践调研，各机构应保证足够的职数和任职的相对稳定性。

(三)各级教育行政部门要把德育工作放在首位

各级教育行政部门主要负责人要对本地区的德育工作负总责。要认真研究，整体规划，使德育工作真正由软变硬、由弱变强、由虚变实。要重视、支持并参与德育科研，积极探索德育工作规律；要深入

基层，为基层德育工作者排忧解难。

(四)各级各类学校要完善德育领导体制和工作机制

中小学校长要认真担负起在学校德育工作中的领导责任，学校党组织要充分发挥政治核心作用。大学要建立和完善党委统一领导、党政齐抓共管、专兼职队伍相结合、各部门紧密配合的领导体制和工作机制。各省(自治区、直辖市)教委和教工委要联合制定相应的《实施细则》并贯彻执行。

(五)建立大中小学校间的联系沟通制度

生源有联系的大中小学校之间，要经常进行互访、反馈，及时改进工作，增强相互衔接；建立区域内大中小学之间互相开放的制度，整合、优化德育资源；建立区域内大中小学德育骨干队伍间的经验交流制度，促进相互学习、相互借鉴；建立中学业余党校与高等院校党组织的联系制度，密切关注学生思想动态和组织发展工作；建立学生成长记录制度，作为学生成长历程的原始记录，为升学、就业提供重要依据；建立德育工作责任追究制度，对于提供不实档案材料的责任人要视情节轻重追究行政或法律责任。

要完善大中小学德育工作衔接制度，重视和加强衔接中的薄弱点和空白点。要抓住大中小学德育衔接的关键，做好小学、初中、高中的毕业班和初中、高中、大学的新生班学生的衔接教育工作。要特别注意研究小学六年级、初中三年级和高中三年级的德育空白点，真正解决重智轻德、片面追求升学率的问题。

(六)抓好德育骨干队伍的建设和管理

学校中层以上党政领导选拔、任命必须把师德及德育理论水平、德育实践工作能力作为首要条件；思想品德、思想政治、政治理论课教师必须经受过专业教育，教学能力强，学生评价高；班主任必须由具有三年以上教育工作经验的优秀教师担任。专门设立班主任职称系列和专职德育工作者职称系列，职数比例不少于学科教学系列的比例。要充分发挥教书育人、管理育人、服务育人的作用，形成全员育人、全方位育人、全程育人的德育工作管理格局。教职员工年度考评要把德育工作作为重要指标，学科教师评定职称，要把德育研究成果和德育渗透工作作为必要条件。教育行政干部考评要把开展德育工作作为检验和衡量各级教育行政领导执政能力与能否办好人民满意的教育的重要尺度和标准。

(七)建立大中小学德育经费和物质保障机制

要不断改善德育工作条件，加强德育工作场所、设施、设备建设；建立德育资料库，建设德育基地；保证德育专项经费投入，约占学校总经费的5%—10%，确保德育活动、培训、科研、奖励经费支出。

三、整体规划德育目标内容，加强大中小学德育衔接

(一)统筹规划大中小学德育目标内容

依据学生不同年龄阶段身心发展特点和品德发展规律，由浅入深、由低到高、由近及远、由感性到理性、由具体到抽象，纵向衔接，横向贯通，分层递进，螺旋上升，建立引导青少年学生健康成长的科学化、系统化、规范化的德育目标内容体系。

(二)整体规划、分层实施理想信念教育

小学阶段理想信念教育的重点是从学习目的教育入手，引导学生用身边的榜样、名人名言和先进模范人物的事迹激励自己，初步形成为国家富强而学习的志向，为树立社会主义共同理想打好基础。

中学阶段理想信念教育的重点是引导学生了解人类社会发展历

史，了解中国近、现代史，进行中国革命、建设和改革开放的历史教育与国情教育，引导学生正确认识社会发展规律，正确认识国家的前途和命运，把个人的成长进步同中国特色社会主义伟大事业，同祖国的繁荣富强紧密联系在一起，为担负起全面建设小康社会、振兴中华的光荣使命做好准备。

大学阶段理想信念教育的重点是坚持不懈地用马克思列宁主义、毛泽东思想、邓小平理论和“三个代表”重要思想武装大学生，深入进行正确的世界观、人生观和价值观教育。深入开展党的基本理论、基本路线、基本纲领和基本经验教育，开展中国革命、建设和改革开放的历史教育，开展基本国情和形势政策教育，开展科学发展观教育，使大学生正确认识社会发展规律，认识国家的前途命运，认识自己的社会责任，确立在中国共产党领导下走中国特色社会主义道路、全面建设小康社会，实现中华民族伟大复兴的共同理想和坚定信念。

（三）整体规划，分层实施民族精神教育

小学阶段民族精神教育的重点是要教育小学生尊敬国旗、国徽，知道其基本含义；会唱国歌，知道自己是中国人；认识祖国的版图，知道我国有56个民族。各民族要团结、平等、相互尊重，知道香港和澳门两个特区的由来，知道台湾自古就是我国领土的一部分；初步了解中国传统文化的代表人物，知道一些革命传统和英雄人物事迹；初步了解祖国悠久的历史、灿烂的文化，为自己是中国人而自豪。

中学阶段民族精神教育的重点是教育中学生了解中华民族优秀文化传统、文化成就和典型人物事迹；认识中华民族近代以来的屈辱史和抗争史，增强民族自尊心；了解我国社会主义建设取得的伟大成就和在国际社会中的地位，感受民族精神的伟大力量，体验民族精神的时代内涵。树立民族自信心、自豪感，增强为振兴中华而努力学习的责任感和为社会主义事业做贡献的使命感。

大学阶段民族精神教育的重点是教育大学生进一步了解和认识中华民族以爱国主义为核心的团结统一、爱好和平、勤劳勇敢、自强不息伟大民族精神的发展历程，把民族精神与以改革创新为核心的时代精神教育结合起来，树立民族自尊心、自信心和自豪感。引导大学生在中国特色社会主义事业的伟大实践中，在时代和社会的发展进步中汲取营养，培养爱国情怀、改革精神和创新能力，始终保持艰苦奋斗的作风和昂扬向上的精神状态。

(四)整体规划、分层实施行为规范教育

要把《小学生日常行为规范》《中学生日常行为规范》《大学生日常行为规范》(待制定)和学生守则，作为学校常规性教育内容。小学阶段重点进行讲文明、讲礼貌、爱学习、爱劳动、爱集体教育，培养小学生良好的行为习惯，引导小学生珍爱生命，养成健康的生活方式，做到与邻居、同学、老师友好相处。教育小学生在学校努力学习，专心踏实，爱班爱校，遵守纪律；在家勤劳俭朴，尊敬父母长辈；在社会维护公共秩序，爱护公共设施，保护环境，养成良好的社会公德意识和文明行为习惯。

中学阶段重点进行自尊自爱、注重仪表，诚实守信、礼貌待人，遵守纪律，勤奋学习，勤劳俭朴，孝敬父母、严于律己、遵守公德等方面的教育，引导学生从规范行为习惯做起，培养良好的道德品质和文明行为：教育中学生努力做到心中有祖国，心中有集体，心中有他人，逐步学会处理人与人、人与社会、人与自然等关系，具备文明生活的基本素养。

大学阶段重点进行以为人民服务为核心、以集体主义为原则、以诚实守信为重点的社会主义道德教育，引导和教育学生努力做到热爱集体、诚实守信、勤奋敬业、谦虚谨慎、言行一致、乐于助人、见义勇为、朴素大方、廉洁奉公、尊重他人劳动、爱护公共财物、维护公共秩序、抵制不良风气，努力做到诚信为学、诚实做人、文明修身、知行统一。自觉参加道德实践活动，养成良好的道德品质和文明行为习惯。

(五)整体规划、分层实施综合素质教育

统筹设计大中小学综合素质教育的内容体系，促进学生思想道德素质、科学文化素质、身心健康素质、审美艺术素质、实践技能素质全面、和谐发展。小学阶段综合素质教育要注重培养学生的科学精神、进取精神、创新精神；注重培养学生的动手能力、自理能力和自我保护能力；形成初步的审美观念；促进学生以思想道德素质为核心的综合素质全面提高。

中学阶段综合素质教育要注重培养学生的劳动意识、创造意识、效率意识、环境意识和进取精神、科学精神、民主法制观念，增强他们的实践能力、自主能力和自我教育能力；引导学生保持蓬勃朝气、旺盛活力和积极向上、自立自强的精神品质，形成基本的审美观念；促进学生以思想道德素质为核心的综合素质全面发展。

大学阶段综合素质教育要以各项素质全面、自主发展为目标，加强民主法制教育、人文素质教育和科学精神教育；加强集体主义和团结合作精神教育；引导大学生把学习科学文化知识与加强思想道德修养统一起来，把学习书本知识与投身社会实践统一起来，把实现自身价值与服务祖国人民统一起来，把树立远大理想与进行艰苦奋斗统一起来，形成健康正确的审美观念；促进大学生以思想道德素质为核心的综合素质协调发展。

(六)制定大中小学一体化德育大纲，确保德育任务的有效实施

统一修订现行大中小学德育大纲，加强德育目标内容的整体衔接，保证各学段德育任务的针对性、层次性、系统性。进一步修订和完善大中小学德育工作规程，实现德育工作机制的协调一致，保证德育目标内容的顺利实施，增强德育的整体合力。各地还要根据国家课程标准的统一要求，结合本地区德育工作需要和本地区特色，编写区域性德育大纲，并制定出具体实施意见和实施细则，增强地方德育的针对性和实效性。

四、整合德育途径方法，增强德育工作合力

(一)加强校内德育途径方法的整合衔接

学校要成立德育工作领导小组，把校内各种德育组织、人员、途径有机整合，使各种德育活动、各项德育工作有序衔接。学校的党、团组织，少先队、工会、学生会、德育处、年级组等组织，主管德育的校长、书记、德育主任、政治辅导员、少先队辅导员、班主任等专职德育工作人员，科任教师、后勤管理人员，必须分工协作，密切配合。每项活动必须由一个部门牵头，其余部门积极配合，保证活动时间不冲突，活动内容不重复、不脱节，重点突出，效果明显。学校党组织要做好师生员工的思想政治工作、时事政治教育、国情国策教育，办好教师党校和学生党校；团组织、学生会、少先队要组织开展主题教育、文体比赛、影视评论、参观游览、社会实践、志愿者服务等丰富多彩的活动；德育处要做好德育工作计划总结，各项德育工作和活动的协调组织、考核评价、课题研究实验等工作；年级组要依据本年级学生的身心特点、学习生活特点、品德形成发展规律、学校的统一安排确定本年级的德育工作重点，研究并采取具体的方法措施；

班主任要加强对学生的日常行为规范教育，强化养成训练，培养学生的优良品德和良好习惯，同时，要加强与家庭的联系沟通，正确引导家庭教育；科任教师要重视学科渗透、密切配合班主任开展工作；后勤管理人员要创设文明高雅的校园环境，营造良好的育人氛围，同时要加强自身修养，为人师表，以身作则，为学生树立榜样，对学生产生潜移默化的积极影响。

德育课教学、学科渗透、专题活动、图书阅览、心理咨询、课外兴趣活动等渠道，必须统筹安排，相辅相成。德育课程要安排在较好的时段，任何学科课程不得挤占挪用。各年级组就德育渗透专题要组织各科教师集体备课，把德育点分解到各科教学中。学校每学期要举办一次德育教学观摩评比活动，把教书育人、德育渗透情况作为评定职称、评选先进工作者的重要指标。学校要着力办好校园网和图书馆，大力开发研制健康有益的德育软件，有力抵制不良网站与不健康网络内容。要密切关注社会文化潮流与文化现象，及时开展影视评论与书刊评论，推介好作品，批判坏作品，要充分采用疏导法、讨论法、参与法、体验法等德育方法，充分发挥学生的主体作用，引导学生自我教育、自主教育、自觉教育、自觉践行。

(二)加强学校与家庭德育途径方法的整合衔接

学校要办好家长学校，对家长进行系统科学的教育培训，使家长掌握先进的教育思想和科学的教育方法，使家庭教育与学校教育价值取向一致，教育理念趋同，教育过程同步，教育途径互补，有力地支持与配合学校教育。家长学校要制订教学计划，精心选用教材，配备优秀教师，保证教学效果。要建立家访制度和家校联系制度，保持家校经常沟通。要建立健全家长委员会，让家长代表参与学校决策与管理，协助学校开展家校联系工作。要设立学校教育咨询机构，吸收家长代表参与教育监督管理，提供咨询建议。

(三)加强教育系统与社会德育途径方法的整合衔接

各级教育行政部门和学校要积极主动地争取当地精神文明委员会的支持，根据德育工作实际需要提出合理建议。要积极协调与当地宣传、文化、体育、科技、广播影视、新闻出版、信息产业、民政、公安、海关、财政、税务等部门和共青团、工会、妇联等群团组织的关系，使其各负其责，发挥优势，密切配合，形成合力。要加强与各类博物馆、纪念馆、展览馆、烈士陵园、青少年宫、青少年活动中心、图书馆、科技馆、体育场、影剧院等德育活动基地、场所的联系，合理安排，充分发挥其德育功能。要积极筹建学校教育协调委员会和社区德育工作委员会，广泛吸纳社区、机关等单位的人和教师、家长、学生加入，加强社区德育环境建设，创造良好的德育工作环境氛围。要定期研究德育工作，广泛听取各方面的意见、建议，科学确定各时期、各阶段的中心活动和教育主题。要积极呼吁和督促社区建立青少年活动中心，为青少年提供健康有益的活动场所，有效抵制不良活动场所的诱惑。要严厉打击黄、赌、毒、邪等社会公害，清理文化垃圾，为青少年创设良好的成长环境。要充分发挥当地机关工委及老干部、老战士、老专家、老教师、老劳模的作用，使其在对学生的革命传统教育和传统美德教育中发挥特殊作用。要采用参观法、访问法、调查法、体验法等多种方法，激发和引导学生参与公益活动、社会实践活动、生产劳动，让学生自己体验生活，感悟道理，养成良好的行为习惯。小学要有计划地组织参观、访问、调查活动，让学生参与力所能及的公益活动；中学要有计划地组织社会实践活动，让学生在实践中感知道理，激发情感，培养兴趣，形成习惯；大学要定期组织生产实践活动，让学生了解社会，感悟人生，升华情操，提升理想，增强社会责任感，提高道德践行能力。

(四)加强大中小学德育途径方法的整合衔接

教育部德育工作领导组及德育司要协调相关司局及中央教育科学研究所搞好大中小学德育工作整体研究与规划，制定一套大、中、小学纵向衔接的德育大纲和德育课程标准，编写一标多本的德育教材。各层次、各学科的课标研制组及教材编写组人员必须包含大、中、小学各学段的德育研究者和优秀德育教师。要建立大、中、小学德育教师和班主任工作交流研讨制度，定期开展相关活动。要科学规划并统一部署大、中、小学的社会实践活动和各类专题活动，形成系统，避免重复。大、中、小学要建立德育工作联系制度，相互咨询，加强沟通，在德育工作计划制订、党团队工作、班主任工作、专题活动、德育课教学、德育科研等方面加强交流与合作。大学与中学、中学与大学及小学、小学与中学之间每学期必须交叉观摩一次教学，开展一次活动，交流一次经验，研讨一次课题。上一级学校党、团、队组织的工作人员要做下一级学校党、团、队工作的兼职辅导员，进行理论和科研指导，并进行实践调研；下一级学校德育部门的人员要到上一级学校德育部门观摩见习，了解上一级学校对下一级学校的希望与要求，并对学生进行跟踪调查教育。大、中、小学的学生组织要定期联合开展活动，定期互访，力争以大带小，以小促大。

五、建立德育评价制度，加强德育督导评估

(一)建立和完善德育工作督导评估体系，加强上级教育行政部门对下级教育行政部门德育工作的督导评估

中央、省、市(地)、县四级政府教育督导机构要以党和国家关于大中小学德育工作的有关文件为依据，代表同级人民政府对下级政

府、教育行政部门的德育工作进行全面的监督、检查、评估、指导。督导评估的重点内容是依据本地区实际制定切实可行的德育工作规划；建立健全德育工作机构和德育制度；德育队伍建设；德育经费和物质保障；德育科研工作；德育效果；地区社会环境和学校周边环境的综合治理和精神文明建设。德育工作的督导评估结果作为政府和教育行政部门教育决策、考察干部和评价学校工作的重要依据。

(二)加强和完善教育行政部门对学校德育工作的督导评估制度

县级教育行政部门和教育督导部门要制定出对本地区学校德育工作督导评估的指标体系和操作体系，对学校德育工作的指导思想、工作计划、规章制度、德育机构及工作效能、队伍建设、德育环境和物质保障、德育实施情况和实效性给予全面评价。倡导“会诊式”评估方法，在检查评估结束之后，要向社会、家长公布检查学校德育工作情况，向被评估学校提出德育工作的改进意见，并定期检查改进情况。

(三)加大学校对班级德育工作的评价指导力度

由德育科研部门牵头，制定全国统一实施的《大中小学班集体思想道德建设的综合评价方案》，对学校班集体思想道德建设的全过程给予全面的科学评估和正确导向。依据评价方案，学校领导和德育干部对班级德育工作的指导思想、工作计划、具体措施、实施情况和班级德育活动、班风变化、学生思想品德水平的提高及其质量给予全面评价。评价的结果作为班主任晋升职称和评选优秀班集体的重要依据。

(四)加强和改进学校对教职员工德育工作的考核评估

学校要对全体教职工在依法执教、爱岗敬业、热爱学生、严谨治学、团结协作、为人师表等方面的职业道德情况做出全面的考核评价。根据工作岗位的不同性质，把德育工作的开展情况和工作效果作为考核工作业绩的重要内容。学校对全体教职工的考核可采取自评，互评和学校考评相结合的形式进行。考核评估的结果作为评职称、评先进的重要依据。

(五)加强和改进对学生的品德评价

学校要定时对学生的思想道德素质做出全面评价。积极推行成长记录评价法等形成性评价，同时辅之以评语、评等、评分等传统有效的评价方式，形成以学生自评为主、同学互评、教师、家长、社会共同参与的学生品德评价机制。注重通过即时、动态、灵活的评价，全面深入地了解学生的学习与发展状况，并在此基础上给学生提出有针对性的建议，促进学生良好道德品质的形成。学生品德评价的结果作为升学的重要依据纳入中考、高考的录取标准之中。

(六)建立大中小学系统衔接的学生品德行为评价体系

在小学、初中学段要以学生自己建立成长记录为主，记录行为习惯的养成过程。同时也要将学校对学生行为规范的评价检查进行记录。学生升入高一级学校，要将日常记录的品德行为档案呈交录取学校。高中学段，由学校、教师对学生的品行表现进行综合等级(A、B、C、D 四等)评价。每学年结束之后，学校要以适当的方式反馈学生本人，并上传至县级教育行政部门和省级招生部门。高校招生录取时，直接从省级招生部门调取每个考生每学期的品德行为档案，作为录取的重要依据之一。大学学段要把每学期每个学生的情况进行综合评价和记录，耐心帮助每一个同学科学分析成长中存在的问题，激励他们不断提升自己的思想道德境界。学生的品德行为档案作为学生升学或就业时有关部门的参考。

建议加强中小学班主任专业化建设*

今天，我在网上看到温家宝总理于 1 月 11 日至 2 月 6 日，在中南海先后主持召开五次座谈会，就正在制定的《国家中长期教育改革和发展规划纲要》听取社会各界人士的意见和建议的报道，使我深受感动。于是也想说几句话，提一点建议。

一、建议：加强中小学班主任专业化建设

党中央、国务院及教育部关于未成年人思想道德建设和学校德育工作的大政方针已经确立，但只靠发文件是远远不够的，关键是要狠抓落实。尽管党中央、国务院三令五申要加强和改进德育工作，但“重智育轻德育、重课堂教学轻社会实践、重学科教师培养轻班主任培养”的现象依然普遍存在。因此我建议要像重视和关心业务学术骨干的选拔培养那样重视班主任的选拔培养，各地教育部门要组织

* 本文是作者对制定《国家中长期教育改革和发展规划纲要》的建议之一。作者曾写信给温家宝总理。

实施班主任培养工程，实现班主任队伍的职业化、专业化和专家化。

二、理由：班主任工作的重要性

班主任是班集体的组织者和指导者，是学校教育计划的实施者，是班级任课教师集体的协调者，是学校、家庭、社会教育的沟通者。班主任的工作是塑造学生灵魂的工作，是学校全面贯彻党的教育方针，加强德育工作，实施素质教育，培养社会主义建设者和接班人的中坚力量。班主任工作是光荣的神圣的。国运兴衰，系于教育，教育成败，系于教师。教师尤其是班主任的素质决定着学生的素质，学生的素质关系到祖国的前途和命运。班主任工作是繁重而艰苦的，一个有责任心的班主任总是全身心投入工作，呕心沥血，殚精竭虑，无私奉献。红烛精神、人梯精神，正是对班主任高尚人格的真实写照。班主任工作又是科学而有规律的，在新的形势下，班主任面临着许多新情况和新问题，只凭老经验是远远不够的。要使班主任工作上一个新台阶，达到一个新水平，就必须从经验型转向科研型，从随意性转向规范性，从零散性转向系统性，从盲目性转向科学性。因此，必须加强班主任专业化建设。

三、关键：提高班主任专业素质和专业能力

班主任专业素质和专业能力应当包括以下几个方面：

第一，育人为本的教育理念。班主任工作的根本目的是“育人”。要“以学生为本位”，“一切为了学生，为了一切学生，为了学生的一切”，为学生的成人、成才、成功乃至一生幸福奠基。

第二，德育为先的教育理念。班主任工作要全面实施素质教育。在德、智、体、美、劳“五育”中，德育居于首要地位、领先地位。德

育在素质教育中发挥着导向、动力、保证的作用。要纠正“德育说起来重要，干起来次要，忙起来不要”的现象。

第三，关爱学生的教育理念。关爱学生是班主任的天职，没有爱就没有教育。关爱学生包括关爱学生的自然生命和精神生命。关爱自然生命，就要热爱生命，保护学生安全，呵护学生健康。关爱精神生命，就要关心、理解、尊重、信任学生，善于发现学生的特点、优点、闪光点，激励学生“我能行”，使每一个学生都有自信心，都能快乐、健康、和谐地成长。

第四，和谐育人的教育理念。德育过程是教师与学生双主体和谐互动的过程，民主、和谐的师生关系不仅是有效进行教育活动、完成教育任务的重要条件，而且本身也是一种重要的教育力量。在德育活动中，教师与学生如果能够平等相处，诚恳相待，学生人格就会得到尊重，个性潜能就能得以激发；教师的高尚道德情操、优良个性品质就能够潜移默化地影响和感染学生，收到良好的教育效果。

第五，和谐育人的专业能力。班主任的专业能力包括班集体的组织管理能力、主题班会的设计实施能力、班干部的指导培养能力、走进学生心灵的能力、任课教师的协调能力、学生家长的沟通能力、社会实践的组织能力等。这些能力都需要班主任具备较强的书面表达和语言表达能力。班主任还应当多才多艺，具有一定的音乐、舞蹈、朗诵、书法、绘画、体育等个人才艺的展示能力。

四、措施：实施班主任培养工程

第一，重视职前培养。建议师范院校设立班主任工作专业，除开设普通教育学、心理学课程之外还应开设德育原理、班主任素质与能力、班主任工作方法等课程。

第二，重视职后培训。建议设立省、市、县三级班主任培训常设机构。从师范院校、教育科研院所和优秀班主任中选聘专兼职教师。

第三，增设职称系列。建议设立班主任职称系列，可设特级班主任、高级班主任、中级班主任、初级班主任、实习班主任五级。

第四，适当提高待遇。建议设立班主任奖励基金，并在绩效工资中设班主任津贴。

第五，加强精神鼓励。建议举办全国班主任专业能力大赛，可在省、市、县三级选拔比赛的基础上每两年举行一次。通过展示班主任的专业能力、才艺风采和人格魅力，使班主任自身具有专业成就感和职业幸福感，使班主任成为令人羡慕的职业或专业。竞赛是人才成长的加速器。在这方面，我们要学习体育界、文艺界的经验。

基于上述思考，我们于 2009 年 12 月 6—8 日在天津举办了“全国中小学首届班主任和谐育人专业能力大赛”，本次大赛由中国伦理学会德育专业委员会主办，天津市红桥区教育局承办。本次大赛是在征集评审班主任教育故事和主题班会设计方案的基础上进行的，大赛由班主任教育故事叙说、案例分析、情境答辩、才艺展示几部分构成。大赛受到了与会领导、德育专家、参赛选手的高度评价和普遍赞誉，取得了圆满成功。同时也积累了经验，并为本建议提供了实践基础。

以上建议当否，请指正。谢谢！

詹万生

2010-2-10

建议在《纲要》中增强德育工作的力度*

《国家中长期教育改革和发展规划纲要》(公开征求意见稿)发布后，我反复认真研读。优点很多，就不说了。我的感觉是对德育的重要性表述得还不够，要求也不够具体。我曾征求有关专家的意见，有的同志说：德育比较薄弱。我也曾征求中小学校长的意见，他们认为按照这个《纲要》，德育工作难以实施。我作为中央教科所连任 15 年的德育研究中心主任，曾经主持全国教育科学规划“九五”“十五”国家重点课题“整体构建学校德育体系的研究与实验”，自认为对德育工作是有发言权的，对《纲要》中的德育内容提些建议是责无旁贷的。

一、总的意见

我认为《纲要》对德育重要性表述得还不够，建议《纲要》中要明确指出：“德育是素质教育的核心，立德树人是

* 本文是作者对制定《国家中长期教育改革和发展规划纲要》的建议之一。作者曾写信给温家宝总理。

教育的根本任务”。《纲要》中涉及德育的，只有在第一部分“总体战略”的第二章“战略目标和战略主题”中的第四条“战略主题”中有一段文字：“坚持德育为先。把社会主义核心价值体系融入国民教育全过程。加强马克思主义中国化最新成果教育，引导学生形成正确的世界观、人生观、价值观；加强理想信念教育，坚定学生对中国共产党领导、社会主义制度的信念和信心；加强民族精神和时代精神教育，增强学生爱国情感和改革创新精神；加强社会主义荣辱观教育，培养学生团结互助、诚实守信、遵纪守法、艰苦奋斗的良好品质。加强公民意识教育，树立社会主义民主法治、自由平等、公平正义理念，培养社会主义合格公民。把德育渗透于教育教学的各个环节，贯穿于学校教育、家庭教育和社会教育的各方面。构建大中小学有效衔接的德育体系，创新德育形式，丰富德育内容，不断提高德育工作的吸引力和感染力，增强德育工作的针对性和实效性。”

这一段文字当然是正确的。然而，怎样“把社会主义核心价值体系融入国民教育全过程”？如何“构建大中小学有效衔接的德育体系，创新德育形式，丰富德育内容，不断提高德育工作的吸引力和感染力，增强德育工作的针对性和实效性”？在《纲要》以后各章中均无下文。

各级各类学校的德育工作不仅是“战略主题”问题，更是实实在在的工作。《纲要》不仅要有对德育的战略思考，还应有战术方案；不仅要有宏观指导，还应有具体要求。如果对义务教育、高中教育、职业教育、高等教育都没有德育工作的具体化的、针对性的要求，那么各级各类学校如何贯彻实施呢？如果对德育的要求只停留在“战略主题”层面，难免重蹈在理论上“高、大、空、远”的老路，难免再现实践上“说起来重要，干起来次要，忙起来不要”的现象，难以克服“重智育轻德育，重课堂教学轻社会实践，重知识传授轻能力培养”的痼疾。

党中央和国务院一贯高度重视青少年学生的思想道德建设和学校德育工作。远的不说，进入21世纪以来就连续颁布了《公民道德建设实施纲要》《中共中央国务院关于进一步加强和改进未成年人思想道德建设的若干意见》《中共中央国务院关于进一步加强和改进大学生思想政治教育的意见》，胡锦涛总书记、温家宝总理在不同场合多次强调青少年学生的思想道德教育。教育部为贯彻中央文件精神也曾颁布了《教育部关于整体规划大中小学德育体系的意见》和《关于加强和改进中等职业学校学生思想道德教育的意见》。这些文件精神在《纲要》中都没有得到很好的、充分的体现。

“育人为本、德育为先”，德育在素质教育中发挥着导向、动力和保障的作用。德育的重要意义、存在问题和重要任务，不用我赘述。这里只引用中央文件的提法，建议《纲要》重视贯彻。

——“我国18岁以下的未成年人约有3.67亿。他们的思想道德状况如何，直接关系到中华民族的整体素质，关系到国家前途和民族命运。高度重视对下一代的教育培养，努力提高未成年人思想道德素质，是我们党的优良传统，是党和国家事业后继有人的重要保证。”

——“面对国际国内形势的深刻变化，未成年人思想道德建设既面临新的机遇，也面临严峻挑战。我国对外开放的进一步扩大，为广大未成年人了解世界、增长知识、开阔视野提供了更加有利的条件，与此同时，国际敌对势力与我争夺接班人的斗争也日趋尖锐和复杂，他们利用各种途径加紧对我未成年人进行思想文化渗透，某些腐朽没落的生活方式对未成年人的影响不能低估。我国社会主义市场经济的深入发展，社会经济成分、组织形式、就业方式、利益关系和分配方式的日益多样化，为未成年人的全面发展创造了更加广阔的空间，与社会进步相适应的新思想新观念正在丰富着未成年人的精神世界。与此同时，一些领域道德失范，诚信缺失、假冒伪劣、欺骗欺诈活动有所蔓延；一些地方封建迷信、邪教和黄赌毒等社会丑恶现象沉渣泛起，成为社会公害；一些成年人价值观发生扭曲，拜金主义、享乐主义、极端个人主义滋长，以权谋私等消极腐败现象屡禁不止等等，也给未成年人的成长带来不可忽视的负面影响。互联网等新兴媒体的快速发展，给未成年人学习和娱乐开辟了新的渠道。与此同时，腐朽落后文化和有害信息也通过网络传播，腐蚀未成年人的心灵。在各种消极因素影响下，少数未成年人精神空虚、行为失范，有的甚至走上违法犯罪的歧途。这些新情况新问题的出现，使未成年人思想道德建设面临一系列新课题。”

——“面对新的形势和任务，未成年人思想道德建设工作还存在许多不适应的地方和亟待加强的薄弱环节。一些地方和部门的领导对这项工作认识不足，重视不够，没有真正担负起领导责任；全社会关心和支持未成年人思想道德建设的风气尚未全面形成，还存在种种不利于未成年人健康成长的社会环境和消极因素；学校教育中重智育轻德育、重课堂教学轻社会实践的现象依然存在，推进素质教育的任务艰巨，教师职业道德建设有待进一步加强；随着人员流动性加大，一些家庭放松了对子女的教育，一些家长在教育子女尤其是独生子女的观念和方法上存在误区，给未成年人教育带来新的问题；未成年人思想道德建设在体制机制、思想观念、内容形式、方法手段、队伍建设、经费投入、政策措施等方面还有许多与时代要求不相适应的地方。这些问题应当引起足够重视，并采取有效措施加以解决。”

因此，我建议在《纲要》中增加对德育工作的具体要求。

二、具体建议

(一)第二章第四条的修改建议

“坚持德育为先。把社会主义核心价值体系融入国民教育全过程。依据各教育阶段的特点和教育规律，不断加强马克思主义中国化最新成果教育，引导学生形成正确的世界观、人生观、价值观；加强理想信念教育，坚定学生对中国共产党领导、社会主义制度的信念和信心；加强民族精神和时代精神教育，增强学生爱国情感和改革创新精神；加强社会主义荣辱观教育，培养学生团结互助、孝亲敬长、诚实守信、遵纪守法、勇于负责、艰苦奋斗的良好道德品质。加强公民意识教育，树立社会主义民主法治、自由平等、公平正义理念，培养社会主义合格公民。把德育渗透于教育教学的各个环节，贯穿于学校教育、家庭教育和社会教育的各方面。根据不同年龄阶段学生的身心特点、认知水平和品德形成发展规律，构建大中小学(有效)和谐衔接的德育体系，丰富德育内容，创新德育形式，坚持贴近实际、贴近生活、贴近学生的原则，不断提高德育工作的吸引力和感染力，增强德育工作的针对性和实效性。”

值得说明的是，构建大中小学德育体系的要求应当是“和谐”而不是“有效”，“有效”是对贯彻实施的要求，不是对体系构建的要求。和谐衔接的德育体系，包含着丰富的内容。例如促进学生身心和谐发展，师生关系和谐互动，知情意行德育过程和谐，德智体美劳五育和谐，德育目标内容、途径方法、管理评价诸要素和谐，小学、中学、大学纵向衔接和谐，学校、家庭、社会横向贯通和谐等。只有体系构建追求和谐，贯彻实施才能有效。

(二)第四章第八条的修改建议

“巩固提高九年义务教育水平。义务教育是国家依法统一实施、所有适龄儿童少年必须接受的教育，具有强制性、免费性和普及性，是教育工作的重中之重。(删去这一行：注重品行培养，激发学习兴趣，培育健康体魄，养成良好习惯。)到2020年，全面提高普及水平，全面提高教育质量，基本实现区域内均衡发展，确保适龄儿童少年接受良好义务教育。(增加下一段)

“加强和改进德育工作，增强全体教师的教书育人职能，重视和加强少先队、共青团、班主任工作。从了解中华文化做起，弘扬以爱国主义为核心的伟大民族精神，树立民族自尊心、自信心和自豪感。从立志成才做起，树立正确的理想信念，为担负起建设祖国、振兴中华的光荣使命做好准备。从规范行为习惯做起，培养良好道德品质和文明行为，学习中华传统美德，懂得为人做事的基本道理。从提高基本素质做起，努力培育未成年人的劳动意识、创造意识、效率意识、环境意识和民主法制观念，增强他们的动手能力和自我保护能力，促进未成年人的全面发展。”

(三)第五章第十二条的修改建议

全面提高普通高中学生综合素质。通过课堂教学、社会实践和开展志愿者活动，进行理想信念教育，培养学生把个人理想融入全民族的共同理想之中，坚定中国特色社会主义信念，为建设祖国、实现中华民族伟大复兴而刻苦读书。进行创新观念、效率观念教育，倡导研究性学习方式，提高综合型应用能力。进行中华传统美德和民族精神教育，培养道德品质。进行民主法制教育，增强遵纪守法观念。进行心理健康教育，促进学生智力、体力、心理和谐发展。

深入推进课程改革，全面落实课程方案，保证学生全面完成国家规定的文理等各门课程的学习。创造条件开设丰富多彩的选修课，提高课程的选择性，促进学生全面而有个性的发展。积极开展研究性学习、社区服务和社会实践。建立科学的教育质量评价体系，全面实施高中学业水平考试和综合素质评价。(删去这一句：建立学生发展指导制度，加强对学生的理想、心理、学业等多方面的指导。)

(四)第六章第十四条的修改建议

大力发展职业教育。发展职业教育是推动经济发展、促进就业、改善民生、解决“三农”问题的重要途径，是缓解劳动力供求结构矛盾的关键环节，必须摆在更加突出的位置。职业教育要面向人人、面向社会。到2020年，形成适应发展方式转变和经济结构调整要求、体现终身教育理念、中等和高等职业教育协调发展的现代职业教育体系，满足人民群众接受职业教育的需求，满足经济社会对高素质劳动者和技能型人才的需要。(增加下一段)

“加强和改进德育工作，以职业理想教育为重点进行理想信念教育，引导学生树立中国特色社会主义共同理想，逐步确立正确的世界观、人生观和价值观。以职业道德和就业法律教育为重点，开展公民道德教育、民主法制教育，养成良好道德素质和法律素质。以就业创业教育为重点，开展职业生涯规划教育和职业指导，引导学生树立正确的职业观，提高综合职业素质和能力。以培养良好的心理品质为重点，开展职业心理素质教育，引导学生养成自尊、自信、自强的心理品质。以珍爱生命、健全人格教育为重点，引导学生树立安全意识、环境意识、效率意识、廉洁意识，引导学生全面发展。”

(五)第七章第十九条的修改建议

提高人才培养质量。牢固确立人才培养在高校工作中的中心地位，着力培养(删去这一句：信念执著、品德优良、知识丰富、本领过硬的)高素质专门人才和拔尖创新人才。加大教学投入。教师要把教学作为首要任务，不断提高教育教学水平；加强实验室、校内外实习基地、课程教材等教学基本建设。深化教学改革。推进和完善学分制，实行弹性学制，促进文理交融；支持学生参与科学研究，强化实践教学环节；推进创业教育。创立高校与科研院所、行业企业联合培养人才的新机制。全面实施高校本科教学质量与教学改革工程。严格教学管理。健全教学质量保障体系，充分调动学生学习积极性和主动性，激励学生刻苦学习，奋发有为(删去这一句：增强诚信意识)。改进高校教学评估。加强对学生的就业指导服务。(增加下一段)

"加强和改进大学生思想政治教育，以理想信念教育为核心，进行树立正确的世界观、人生观和价值观教育，确立走中国特色社会主义道路、实现中华民族伟大复兴的共同理想和坚定信念，使他们中的先进分子确立马克思主义的坚定信念。以爱国主义教育为重点，进行弘扬和培育民族精神教育，培养团结统一、爱好和平、勤劳勇敢、自强不息的精神。以中华文化和国学知识为基础，进行公民道德教育，引导学生自觉遵守爱国守法、明礼诚信、团结友善、勤俭自强、敬业奉献的基本道德规范。以大学生全面发展为目标，进行人文素养和科学精神教育，促进大学生思想道德素质、科学文化素质和健康素质协调发展。"

以上建议当否，请指正。谢谢！

詹万生

2010-3-4

第四编　实验区校研究成果点评和序言

评东北师范大学龚乐进教授的《素质教育下的教师道德》

正当我国教育界深入贯彻江泽民同志《关于教育问题的谈话》和“以德治国”的重要思想、掀起师德建设新高潮之际，我十分高兴地读到了由人民教育出版社出版的龚乐进教授的新著《素质教育下的教师道德》。

全面推进素质教育是当前我国教育领域正在展开的一场深刻变革，它把许多新的课题摆到了教育工作者面前。“如何适应素质教育的客观要求切实有效地加强师德建设”，便是其中迫切需要解决的重大课题之一。本书作者紧紧抓住这一现实课题，从宏观与微观、理论与实践的结合上做出了比较全面、深入的回答。我读了本书以后的第一个感受就是：这是一本适应教育改革发展要求、符合广大教师实际需要的书，是一本非常切合时宜的书。

我国是一个尊师重教的国家，历来都有注重师德修养的传统。特别是实行改革开放以来，由于教师的工人阶级主人翁地位重新得到肯定，群众性自我师德教育活动蓬勃开展，师德建设取得了空前巨大的成绩。然而，随着社会生活的飞速发展和教育改革的不断深入，师德建设仍然必须与时俱进，努力更新。尤其是素质教育的全面推进，更使得广大教师在师德方面遇到的问题显著增多。例如，素质教育究竟对师德建设提出了哪些新的要求？教师的师德行为怎样才能克服应试教育弊端造成的影响，体现出素质教育的正确观念？教师在实施素质教育的过程中应当怎样更好地去履行教书育人的神圣职责？在新的历史条件下教师如何更好地培养自身的创造精神、人格风范和群体意识？……认真、深入地研究和回答这些问题，不但已经成为推进素质教育的客观需要，同时也已成为广大教师的迫切要求。在这种形势下，着力于集中探讨这些现实问题的《素质教育下的教师道德》一书的出版，对于进一步推进师德建设无疑是很有意义的。

作者在本书《序言》中，明确提出了素质教育下加强师德建设应当遵循的五条原则，即：以转变教育思想为先导；以优化师生关系为核心；以体现时代精神为特色；以强化实践环节为重点；以发挥教师的自觉性为基本途径。这些原则是很有现实针对性的，既宏观地表达了作者对当前加强师德建设的总体意见，也为本书的写作确定了明确的指导思想。

尤为可贵的是，作者在探讨新时期师德建设问题时始终坚持了“为实践服务，为群众服务”(见本书《后记》)的宗旨。这一点，从本书的结论中就可以看出来。以往我接触过的师德著作，一般都喜欢采用两种结构：一种是参照伦理学的理论体系，从师德的产生、发展、特点、作用讲到师德的原则、规范、范畴和修养；另一种则是依据全国性《教师职业道德规范》，逐条进行解释，然后对教师提出要求。这两种结构尽管各有优点，但作为实践工作者的教师们读起来，前者就显得有些过于理论化，后者则很容易使教师产生被动感。《素质教育下的教师道德》一书突破了上述结构方式，站在第一线教师自身加强师德修养的角度，始终围绕着教师实施素质教育的实践来提出问题，分析问题，探讨解决问题的思路、途径和方法。这样就形成了一种颇具新意的逻辑体系和框架结构，其特点就是以教师为中心，以实践为主线。作者只在《序言》中对素质教育的发展进程师德建设的意义、原则作了简要交代，全书的绝大部分篇幅——八章正文，则全部用于对广大教师最关心的实际问题，包括职业理想、育人观念、爱生情感、基本职责、学习创造精神、人格风范、群体意识和修养方法等进行深入探讨。由于作者本人就是教师，曾经长期从事师德研究，两次主编过全国二十多所主要师范院校的师德教材，后来又在全国教育工会领导岗位上工作多年，具有既熟悉师德理论发展又了解教师思想实际的优势，就使得本书读起来更令人感到既具有实用价值，又富有亲切感。

《素质教育下的教师道德》一书在内容上有一个显著特点，就是“深入浅出”——既在理论认识上有新的发掘，新的开拓，在文字表述上又十分浅显明确，易于掌握。众所周知，加强素质教育下的师德建设，最难于解决的深层次问题是转变教育思想的问题。尽管近年来人们反复强调这个问题的重要性，但实际上解决得却并不尽如人意。这里面存在着两个难点：一是如何有血有肉地来表述正确教育思想的科学内涵，以便使广大教师能够在认识上准确地把握住它的实质；二是如何将比较抽象的教育思想具体化，以便让广大教师能够在实践中顺利地将正确的教育思想转化为具体的师德行为。在这两点上，本书作者都下了很大的功夫。在第一、二章中，作者不仅对素质教育思想从理论上作了相当深入的、带有自己独特体会的阐释，还在教育思想与师德行为之间架起了一座由“抽象”通向“具体”的桥梁。作者分三个层次阐明了自己的观点：第一，素质教育思想从本质上讲是一种“以人为本”的，科学开放的教育思想；第二，在实践中贯彻这一思想的关键环节，在于树立尊重学生主体性的育人观念；第三，尊重学生主体性，就必须坚持从自尊感、同情心、求知欲、意志力这四个方面去开发学生的基本人格素质。这些论述，特别是作者对“育人观念”和“基本人格素质”所作的研究，我认为在理论上是有新意的。而作者结合各种具体事例提出的开发学生基本人格素质的多条建议，操作性和可读性都很强，对于教师和家长更是具有十分可贵的实践指导意义。能够把比较抽象的“转变教育思想”的问题，写得既有深度又具体可行，确实是本书所取得的一项可喜成果。

在素质教育下，如何建设民主、平等、和谐的新型师生关系，如何沿着正确方向提高教书育人的科学性和艺术性，如何迎接知识经济的挑战进一步弘扬学习创造精神，如何适应市场经济条件更好地加强自我人格塑造——对于教师们关心的其他许多现实问题，本书也都从新的视角进行了系统的研究，提出了不少富有启发意义的新见解。特别是围绕着素质教育下教书育人的方向性、科学性、艺术性问题，以及教师怎样发挥创造精神的问题，作者既从理论角度作了较为深入的分析，同时又通过发掘、整理优秀教师们的成功经验从实践角度做出了生动有趣、切实可行的回答，因而对于广大第一线教师确实具有十分重要的参考、借鉴意义。

《素质教育下的教师道德》一书在写作风格上也有自己的特色，其中比较突出的一点就是“情理交融”。面向群众的社会科学读物，不仅应当在内容上避免抽象晦涩，还应当在文风上避免枯燥干瘪。特别是大量的实践已经表明，情感因素在人们进行道德修养的过程中具有非常重要、不可替代的催化作用。因此，谈及道德修养的书，最忌单纯进行说教，需要努力实现理论启迪与情感激励的有机统一。在本书中，作者就把理论的阐述与情感的抒发紧密地结合在了一起。阅读本书的人们随时都可以感受到，作者始终是带着对素质教育的感情、对广大教师的感情来写作本书的。讲到应试教育弊端对青少年身心健康造成的伤害，作者多次表达了满腔的激愤；而谈及众多优秀教师的奉献精神、创造艺术和人格风范，作者的尊敬、赞美之情又常常溢于言表。书中不仅引用了大量富有哲理性、能够给人启迪的名人名言，还结合各章节内容列举了一百多个生动典型、具体形象的师德行为事例。这些事例不但为理论阐述提供了恰当、充分的佐证，还具有很强的感染人、激励人的力量。作者还把自己在成长过程中、工作过程中和家庭教育过程中亲身经历的许多趣事也坦诚地写进了书里，使本书更加充满着浓厚的人情味。这一切，都在很大程度上增强了本书的感染力和吸引力。

总之，《素质教育下的教师道德》是一本有利于推进素质教育深入实施的书，是一本深入浅出地与广大教师探讨现实问题的书，是一本既有新意又有情趣的书，因而我认为很值得广大教师、特别是中小学教师一读。

评黑龙江科技学院宋长生教授的《高校德育体系的整体构建与实践》

高校德育如何适应新世纪社会经济、政治、文化发展和人才成长的需求？黑龙江科技学院党委书记、博士生导师宋长生教授编著的《高校德育体系的整体构建与实践》一书做出了系统和富于创造性的回答。

一、成果的反响及其主要突破点

在经验总结和实践模式上，这项成果是该校长期德育实践的高度概括。黑龙江科技学院（原黑龙江矿业学院）在德育研究与实践方面积累了丰富的经验，为本课题的深化研究奠定了坚实的基础。自 1990 年下半年以来，宋长生教授带领的课题组，紧紧把握时代发展脉搏，针对大学生的思想和行为特点，结合学生工作实际，致力于高校学生德育与管理的研究与实践。1992 年 8 月，黑龙江省高等院校思想政治教育教学研究会组织专家，对该院的大学生德育与管理相结合的学生工作模式的研究课题进行了鉴定，专家们一致认为："宋长生等同志提出的关于大学生德育管理模式'目标导向、系统管理、网络检查、综合测评、一评五挂'，是在多年研究与实践基础上逐步形成和完善的，是比较系统与科学的德育管理模式。该模式对建立中国特色的社会主义德育体系作了开创性尝试，是德育工作系统化、规范化、科学化的范例，在国内居于领先地位，在国外产生很大影响，具有重大的学术价值和普遍的推广价值。"1993 年 10 月，全国高校学生思想政治教育研究组又在黑龙江矿业学院召开会议，检查该课题的研究与实践情况。原国家教委思政司朱新均司长、全国高校学生思想政治教育研究组组长王殿卿教授等与会人员给予高度评价，认为"黑龙江矿院在改革和发展方面，特别是学生工作方面有许多先进的经验，并已形成了一个比较完整的教育和管理体系，可以用(德育大纲)的一些基本的指导思想、观点、框架来观察矿院学生工作这个典型，同时也可以借鉴这样一个基层典型经验来分析研究我们的《德育大纲》"。此后，经黑龙江省教育科学学科规划小组批准，"大学生德育和管理工作相结合模式的再研究"被列为教育科学"八五"期间省级研究项目，并于 1995 年 4 月编写出版了《科学规划学校德育体系》一书。此间，中央教科所德育研究中心、《中国高等教育》、《中国高教研究》、加拿大多伦多出版有限公司等多家研究、出版机构和杂志先后对该院学生工作模式予以介绍；清华大学、哈尔滨工业大学等百余所高校专家来该院参观学习；该院的学生德育与管理相结合的学生工作模式，1992 年分别被黑龙江省、原煤炭部评为优秀教学成果一等奖，1997 年又被原国家教委教学评价专家组认定为该院的三个办学特色之一。1997 年以来，作为全国教育科学"九五"规划国家重点课题"整体构建学校德育体系的研究与实验"的子课题，该课题组进一步解放思想，实事求是，坚定信心，开拓创新，既立足本校实际，又密切结合国内外政治、经济、文化形势的发展变化，特别是计划经济向市场经济转轨，招生与就业由"两包"向

“两自”转变的改革现实，提出德育工作要实现“七个突破”，即在人才培养的品德规格上求突破；在发挥“两课”主渠道等思想教育方面求突破；在学风建设、科技活动上求突破；在学生个性发展、培养特长人才上求突破；在提高专兼职学生干部队伍素质和“三育人”工作水平上求突破；在检查到位、测评公正和利益挂钩上求突破；在改革学生工作管理体制上求突破。这七个突破是对德育目标内容、途径方法和管理评价等方面的整体改革和整体构建。其富有特色的实践模式是“目标导向—系统管理—网络检查—综合测评——评五挂”。

二、构建模式——德育体系的动态运行

(一)目标导向

依据21世纪社会发展及党和国家对人才规格与思想品德素质提出的具体要求，构建系统化的、可操作的德育目标体系，确立德育工作要解决的核心问题。根据目标导向，学校各层面德育工作协调有序依次展开。对于确定高校德育目标的意义，课题研究认为，明确德育目标是反映社会主义大学本质的必然要求和明确大学德育内涵的客观反映，是搞好大中小学德育衔接的具体体现，是完善德育评价的现实需要。他们研究构建的德育目标体系分为“德育的总体目标”“德育的具体规格”“德育的基础目标”，层次分明，具有导向性和可操作性。

(二)系统管理

这是该课题最富特色的一个组成部分。它形象具体地说明着什么是科学有效的德育运行机制，什么是“活化”的学校德育体系。

“系统管理”即运用系统论原理，使各个育人环节科学配置、优化组合、协调运行，以系统的活动机制实施全方位德育。其整体运行机制是：

(1)建立新的高校德育体制，保证全员去实现目标；(2)提高德育队伍素质，促进全员去实现目标；(3)创新德育途径，引导全员去实现目标；(4)建立健全规章制度，规范全员去实现目标；(5)加强班团组织建设，推动全员去实现目标；(6)典型引路，激励全员去实现目标；(7)形成“三育人”氛围，带动全员去实现目标；(8)科学总结工作，督促全员去实现目标。

在这一动态化的德育体系中，课题研究有许多革新创造。在提高德育队伍素质的运行机制中，对德育工作人员既有科学的激励机制，又有明确的职责要求。如要求专职德育工作人员做到“十个一”，即学生工作不能三心二意，要做到一心一意；深入学生不能三天打鱼，两天晒网，要珍惜一朝一夕；了解学生不能一知半解，要不差一厘；引导学生不能光说不做，既要树立典型，又要言传身教，注意一举一动；执行学生工作制度不能马马虎虎，要一板一眼；汇报学生工作不能报喜不报忧，要一五一十；解决学生中的问题不能久拖不决，要雷厉风行，不拖一人一事；教育学生不能只靠大会，要贵在一时一地；贯彻对学生的要求不能差不多，要一模一样；检查学生的工作不能走马观花，要注意一点一滴。将这“十个一”归之于现实的教育生活，这就是春风化雨、润物无声的育人情景；“十个一”包含着德育的目标内容、途径方法和管理评价的综合因素，体现着教育者的主体性，是一种生活化的德育体系的运行形态。他们从当代社会生活实际和大学生思想发展趋势出发，确定了新时期高校德育内容的三个走向；(1)解释社会发展观念中的矛盾冲突将成为高校德育的主要内容；(2)心理健康教育将成为高校德育内容的重要补充；(3)思考人生、优化人生将成为高校德育的核心内容。

该课题在“两课”教学中的改革与创新是德育体系中的一个重要的

要素系统。他们根据时代特点对“两课”在培养大学生良好的思想道德素质、专业文化素质、心理身体素质、创新素质和综合素质的独特作用等方面的新内涵进行了探索。课题研究认为，目前人们更多的是认识到了其他各科专业知识课可以渗透德育的内涵，而较少有人认识到“两课”中包含的学生综合素质和能力的教育内涵。他们在这个领域进行了深化扩展研究与实践，包括(1)在思想品德课中开展心理测试、心理分析，进行心理诊断与心理咨询，普及心理保健知识，提高学生心理素质。(2)发挥“两课”的人文社会科学特点，指导学生课外阅读社科图书，“两课”教师开设人文社会科学类选修课和知识讲座，提高理工科大学生的人文素质。(3)在思想品德课中开设科技道德、科学精神教育，介绍著名科学家的事迹，开设“自然辩证法”“科技史”等选修课，加强“科学技术是第一生产力”的思想教育，使学生学科学、爱科学，进而自觉提高专业素质。

学习介绍名人的创新精神，讲授理论不仅讲结论，还要讲理论的历史形成和发展过程，讲当时理论形成的历史背景，不同观点之间的争论，再现理论创新过程；在坚持“四项基本原则”和“三个有利于”基础上，介绍和评述当前政治理论的不同观点；教师介绍自己的科研成果，示范创新精神。

在“系统管理”的八个运行机制中，“典型引路，激励全员去实现目标”发挥着重要作用。抓好典型，有助于在目标的实现过程中发挥导向作用，以带动后进、激励先进，推动德育目标的实现。抓典型他们坚持四项原则：(1)典型要有导向性；(2)典型的作用要持久；(3)典型的发现要客观；(4)典型的宣传要实际。树立典型坚持从全局出发，着眼实际，系统分析，慎重考虑，精心选择，认真培养。善于选拔后进变先进、先进更先进的典型；选树典型与阶段重点工作相结合；教育者以身作则，为人师表，自树典型；做好老典型的跟踪调查；充分利用各种媒体宣传典型。实践证明，抓好典型，激励目标实现是德育工作的一条特有规律，具有科学的内涵和实践基础，在德育体系的整体运行中，典型发挥着引导、示范、动力作用。

(三)网络检查

网络检查，就是自上而下，对口建立网络组织，并依据总体要求，对目标的实施及系统管理情况定期进行检查和问效。这既是一种获取各种德育信息的手段，也是在德育过程中实施全过程跟踪问效、确保德育管理工作目标实现的重要措施，更是高校德育实施有效管理的重要手段。网络检查对不断完善高校德育体系，推进德育管理工作的科学化、系统化、规范化水平发挥着重要作用。

(四)综合测评

高校德育本身具有很强的动态性。现代社会发展对人才培养质量的要求越来越高，客观上要求学校德育体系要切实完善评价体系。德育体系的有效实施和学校德育目标的实现，必须通过建立健全必要的评价体系，全方位地跟踪考核德育主、客体，及时准确地对德育对象进行定量和定性评价，并针对形势发展对人才规格的新要求，及时准确地对运行过程中的薄弱环节进行充实和完善，以真正实现德育目标。科学系统的评价体系是发挥评价的利益机制，提高德育实效性，实现德育工作科学化、系统化、规范化和现代化的一个主导要素。"九五"期间，课题组在总结十几年的学生工作经验基础上制定的《黑龙江科技学院学生素质综合测评条例》在实践中取得良好效果。

德育主体的工作能力及其对工作的精力投入，是德育目标能否实现的关键。学院德育评价体系中的一个重要环节，是对德育主体的考评，并与德育主体的利益挂钩。这个环节促进了德育主体的思想素质

(政治素质、工作态度、个人品质、工作作风)、学识水平(理论水平、科研水平)、工作能力(处理事务能力、宣传教育能力、计划预测能力、组织指挥能力)的不断提高，增进了德育体系的活力机制，促进了德育目标的实现。

(五)一评五挂

“一评”即综合测评。“五挂”即把综合测评与学生评优、评奖挂钩；与学生入团、入党挂钩；与学生就业推荐挂钩；与班主任晋职、晋级挂钩；与专职学生干部政绩考核挂钩。“一评五挂”把专职学生干部、班主任和学生的综合测评成绩与利益联系起来，构成一个有机的整体。

“网络检查”“综合测评”和“一评五挂”相互依赖、相辅相成：“一评五挂”依赖于综合测评，综合测评又是靠网络检查来实现的；反过来，“一评五挂”又促进综合测评和网络检查的开展。这三个环节统合于“系统管理”，共同汇聚于目标实现。

“一评五挂”对探索和构建德育工作合理的利益机制，促进德育体系的良性循环具有重要意义。第一，高校德育工作本身有很强的循环性，新老学生循环交替，周而复始。高校德育在周期性循环的前提下，必须依据社会发展规律，建立健全合理的利益机制，通过测评德育效果，检验高校德育是否具有实效性，以引导下一步德育方向。实现“一评五挂”后，真正把德育工作的开展情况与德育工作的主、客体的切身利益挂起钩来，促使他们引起重视，以积极的态度和行动从事德育工作，从而促进高校德育体系的良性运行。第二，建立健全德育合理的利益机制，就是把过去的“软任务”变成了实实在在的“硬指标”，突出可视性，真正实现德育工作“由软变硬、由虚变实”，增强了高校德育工作的可操作性。第三，综合测评的内容是由一套科学、系统的指标体系构成的，最终把测评结果和个人的切身利益联系起来，二者的结合，有利于在大学生中形成良性竞争氛围。第四，道德行为的陶冶，主要包括道德行为方式的掌握和道德行为习惯的培养。青年大学生已具备了一定的判断能力，可以独立地选择道德行为方式，但更重要的是如何把这种道德行为培养成自觉的行为习惯。道德行为真正达到经常化、自觉化，才能成为道德行为习惯。习惯是一种稳定的道德情操。“一评五挂”的实施，有助于培养稳定的道德情操。因为它的“测”是贯穿在学生日常学习、生活的时时刻刻，人人事事之中。因此，青年学生在“一评五挂”的激励下，时刻提醒自己的学习和活动习惯，久而久之就形成了一种稳定良好的道德情操。多年来，德育工作的利益机制一直是个“禁区”。“一评五挂”是在德育工作中对马克思主义物质利益原则和社会主义按劳分配原则的一种探索和实践，其包含的内容、范围还有待继续深化，作为德育体系中的一个要素机制，它的正向效益的发挥需要其他各要素机制的协调配合，如综合测评的科学性、规范性和公正性，对经常落后的学生进行深入细致的思想引导和激励工作等教育合力的系统作用。

三、走近大学德育的科学化、系统化、规范化、现代化

科学化、系统化、规范化、现代化是德育工作的较高境界，黑龙江科技学院经过整体构建学校德育体系研究与实践，使这四化走近现实。对此可以作如下讨论。

科学化反映的是教育者对德育的客观规律的探索、揭示、掌握和运用程度，德育规律表现为存在于德育工作各层面的有机联系，本课题通过系统化的德育管理，遵循德育规律，使德育工作各要素加强了联系，协调运行，形成教育合力，科学化通过系统化体现出来。规范

化体现在德育体系的各个环节，如层次化的德育目标、德育工作各层面的规章制度及规范化的工作方式、网络检查与综合测评等环节的规范操作，规范化是系统化的运行方式。现代化主要指德育观念的现代化、德育目标内容、途径方法和管理评价的现代化，这几个方面已经综合性地体现在本课题的实践过程之中。

本课题立足一所高校探索德育工作实现四化的改革实践，证实和发展了科学规划高校德育体系的理论假设，在实践中产生了良好的辐射效果和社会影响，其研究成果作为一种大学德育的实践模式和理论参照，随着时间的推移，将显示出特有的科学价值。

评河南公安高等专科学校的《锻铸警魂——德育实践探索》

德育在特殊战线发挥着特殊的作用。河南公安高等专科学校坚持以德育为中心，从公安教育的实际出发，探索了一条在德育内容、德育途径、德育方法等方面充分体现公安特色的德育模式，在为国家培养合格过硬的公安人才中发挥了十分关键的作用。该校加入“十五”国家重点课题“整体构建学校德育体系的深化研究与推广实验”之后，课题组对学校十几年来的德育实践进行了科学的总结，对公安高校的德育理论进行了系统深入的研究探索，经过反复论证，集体讨论修改，几易其稿，形成《锻铸警魂》这部独具特色的德育科研成果。

河南公安高等专科学校的德育实践，立足于改革开放特别是 20 世纪 90 年代以来公安这一特殊领域的德育工作，着眼 21 世纪公安高校德育的未来发展和创新，反映了对新时期公安大学生思想道德发展规律的认识把握和对新世纪公安高校德育工作的探索和思考。他们的丰厚的德育实践经历和认真求实的科学理念在本书的内容结构上得到了清晰的体现。《锻铸警魂》共设十个部分。第一部分“踏入警园的角色转换”，从招生选才开始，进行职业理想和行为养成的入校教育；第二部分“理论浸润的主要阵地”，对学生进行科学的思想理论和道德观教育；第三部分“职业道德的教育实践”，突出行业道德的“忠诚教育”；第四部分“规范严明的法纪教育”；第五部分“铸魂育德的校园文化”，其中由本校创设的“330规划”独具魅力，成效显著；第六部分“广阔丰厚的德育空间”，以开放、创新的大德育为背景，开展德育社会实践活动；第七部分“春风润物的心灵关怀”，论述心理健康教育在培养人民警察整体素质中的重要性及其教育方法和教育实效；第八部分“德满校园的良师益友”，视线聚焦于师德建设和教师的榜样作用，正己正人，育人之本；第九部分“以德为本的组织协调”，整体构建德育管理的运作机制；第十部分“未来的公安高校德育”，承续与整合，研究确立公安高校德育目标内容，优化德育方法体系。这十个部分内容结构严整，达到了教育生活的实践逻辑与科学研究的思维逻辑的和谐统一，具有很高的理论意义和实践价值。

为现代化建设的顺利进行，为祖国的繁荣富强，为人民生活的安宁幸福锻铸警魂，建设钢铁长城。全书以公安战线工作者育德敬业的生动实践和他们创造的工作成果为根基，构建了既蕴含着人的品德培养和德育工作的一般规律，又突现了公安高校德育特点的学校德育体系，科学性和应用操作性兼备，因此，这项研究成果对普通院校和同类院校的德育工作都有独到的借鉴意义。

吉林省通化师院白山分院《青年学生自塑手册》序

读罢吉林省通化师院白山分院李晓波、隋信才、彭玉梅三位同志撰写的《青年学生自塑手册》，颇感欣慰。

欣慰之一，是白山分院的同仁们很有眼光。他们研究和实验的“学生自我教育能力的培养”这个子课题，是德育的一个关键性问题，也是20世纪中叶以来全世界教育十分关注的话题。20世纪70年代，联合国教科文组织在具有里程碑意义的报告《学会生存：教育世界的今天和明天》中明确指出：“未来学校必须把教育的对象变成自己教育自己的主体；别人的教育必须成为这个人的自己的教育，这个人同他自己的关系的根本转变，是今后几十年内科学技术革命中教育所面临的最困难的问题。”今天，我们已经步入了21世纪，这是一个科学技术发展迅速，社会生活日新月异，生存竞争异常激烈，机遇和挑战同时并存的全球化、知识化、网络化和数字化的新时代。这个时代呼唤主体精神和独立人格，一个有较强自我意识和较高自育能力的人，即一个自主、自律、自立、自强的人，才能够适应这个社会发展的需要，顺利地生存下去和有效地发展起来。而现在正在就读的青年学生正处于长身体、长知识、长才干的高峰期，也正是培养他们自育能力的最佳期。因此，致力于学生自育能力的培养，是时代赋予教育的重要使命。

欣慰之二，是白山分院的同仁们很执着。致力于学生自育能力的培养，他们从 2000 年就开始做了，并做得很认真、很刻苦，也很有成效。他们的许多想法和做法，也曾在《中国德育》2000 年第 11 期上介绍过。《青年学生自塑手册》，原本是他们培养学生自育能力使用的德育校本教材，是分发给学生的。几年来，我陆续收到了他们寄来的《手册》，感知到了他们在基层默默地做，也为此感动过。育人的工作，是一个长期的锲而不舍的过程，就得有他们这种默默做的精神才行。看准方向，迈小步，走稳步，不停步，才有希望。

欣慰之三，是白山分院的同仁们的创新精神。他们编写的这本《手册》是在我作为总主编的《成长册》的基础上继承借鉴、发展创新的成果。

《成长册》原本是对小学生、初中生、高中生、中职生四个学段的综合素质评价手册，每个年级一册，共 15 册。这本《手册》把它延伸到高等专科学段，这是创新之一。《成长册》的编写理念是引导和激励学生自订成长目标、自析成长环境、自寻成长动力、自开成长渠道、自研成长方法、自评成长效果。他们把高等专科学段定名为《自塑手册》，“自塑”是对上述“六自”的继承，又是对“六自”的发展，这是创新之二。《成长册》确立的编写原则是：导向性和激励性、科学性和系统性、形成性和阶梯性、主体性和个体性、操作性和趣味性。这本《手册》同样体现了正确目标的导向性、学生参与的主体性、反映现实的时代性、鼓励先进的激励性、学生能够并乐于接受的可行性、富有趣味和吸引力的艺术性等特点，并紧密结合高等专科学生的年龄特点、知识水平和成长规律，这是创新之三。书中设计的多种栏目和提供的生动范例，以及富有启示的人生哲理，催人上进，导人向善，肯定会对读者大有裨益。

通化师院白山分院是吉林省九所高师分院之一，地处美丽的长白山麓，肥沃的长白山黑土地和滔滔的松花江水润泽了这所德育特色校。愿这所年轻的学校在新世纪里一步步走向辉煌。

天津市河西区民族精神教育工作点评

天津市河西区认真贯彻十六大精神，坚持不懈抓好民族精神教育的经验很好，值得推广。

第一，抓好学科德育试点校，发挥课堂教学的主渠道作用。河西区教育局确定了13所学科德育试点校，重点开展了民族精神教育学科渗透的实践探索。学校教育是以课堂教学为基本组织形式的，各科教学内容中蕴含着丰富的民族精神教育的素材。民族精神教育与德育的其他内容一样仍然要以课堂教学为主渠道。他们充分挖掘各学科课程，特别是人文学科及有关的自然学科中所具有的教育因素，根据不同课程的性质与特点，把教学的科学性和思想性统一起来，把民族精神有机地渗透到教学的全过程，使学生在学习文化知识的同时，受到人文精神、科学精神、民族精神的熏陶，从而增强了民族自尊心、自信心和自豪感。

第二，开展民族精神教育活动，发挥教育活动的承载作用。德育过程是由知、情、信、行四个环节构成的，不但要授之以知、晓之以理，更要动之以情、导之以行。

德育活动对于激发情感、引导行为则具有特殊的作用。

河西区教育局开展了丰富多彩的主题教育活动，如以“中国魂”为题的升国旗仪式、“我与航天”主题班会、以“重走长征路”为主题的夏令营活动等。他们还倡导会古诗文、会书法国画、会民乐歌舞、会民族技艺等“四会活动”。这些活动突出了民族精神教育的主题，使学生在活动中感悟民族精神的伟大意义，体验民族精神的丰富内涵，养成热爱祖国、团结统一、爱好和平、勤劳勇敢、自强不息的精神品格和行为习惯。

第三，加强校园文化建设，发挥校园文化的熏陶感染作用。河西区在校园物质文化、制度文化、精神文化、行为文化等各个层面都融入了民族精神教育的内容。全区每一所学校都做到了有国旗、国徽、国歌、中国地图、中国华夏民族杰出人物画像、体现民族精神的雕塑和文化走廊，营造出了弘扬和培育民族精神的浓厚氛围，使学生在潜移默化中受到了民族精神的熏陶和感染。

弘扬与培育民族精神是当前学校德育工作的重要内容，也是一项长期的任务。为使民族精神教育更加科学化、系统化、规范化，应当把它纳入国民教育全过程。在这里提出两点建议：一是整体构建学校德育体系，把民族精神教育纳入德育体系中来，德育是一个综合性的应用学科，它包括思想政治教育、品德教育、法制教育、纪律教育以及心理健康教育。近几年来，中共中央、国务院、教育部颁布了一系列加强和改进德育工作的文件，我们应全面贯彻这些文件的精神，避免一时重视一种教育而忽视另一种教育的倾向。要把民族精神教育与《爱国主义教育实施纲要》《公民道德建设实施纲要》《进一步加强和改进中小学德育工作的意见》统筹规划，融会贯通，整体构建学校德育体系。二是要遵循学生成长规律和教育规律，民族精神教育要分层次进行。根据不同年龄阶段学生的身心特点知识水平和接受能力，民族精神应由浅入深、由低到高、由感性到理性，由具体到抽象，分层递进，螺旋上升，不能“一刀切”“齐步走”，更不能倒挂、脱节、简单重复，才能够增强教育的科学性、针对性、实效性。

吉林省四平市“经历教育”行动研究点评

“经历教育”行动研究，是四平市教育局提出的一项原创性课题。为了加强理论指导，提升课题级别，他们又申请作为全国教育科学“十五”规划国家重点课题。“整体构建学校德育体系的深化研究与推广实验”子课题。读了课题组的开题报告、实施方案和工作计划，总的评价是：该课题的提出是在当代德育新理念的指导下，从多年德育工作实践中提炼出的具有创新性、科学性、实践性的一项课题。深入开展“经历教育”行动研究，对于贯彻落实《中共中央国务院关于进一步加强和改进未成年人思想道德建设的若干意见》，加强和改进学校德育工作，培育面向现代化、面向世界、面向未来，有理想、有道德、有文化、有纪律，德、智、体、美全面发展的中国特色社会主义事业的建设者和接班人，具有重要的理论价值和实践意义。

一、"经历教育"体现了当代德育的新理念：以人为本、双主体互动论、新三中心论、四环节论，重点突出了学生主体性和德育实践性两大特点

教育是培养人的事业，德育是培养学生正确做人的工作。德育的根本目的是什么？是提高每一个学生的思想道德素质。思想道德素质在学生综合素质发展中具有导向、动力和保障的作用。因此，德育必须以人为本，一切为了学生，为了学生的一切。以人为本就要尊重学生的主体地位，充分发挥学生和教师"双主体"的积极性、主动性和创造性。要改变学生被动接受灌输的旧德育模式，建立学生主体经历的新德育模式。在经历教育的过程中要以学生为中心，以情景为中心，以活动为中心，使学生在亲身经历的德育实践活动中体验生活，感悟道德，养成良好的行为习惯。德育的本质是实践。实践的观点是德育首要的、基本的观点。德育不同于智育，智育的任务是传授知识兼培养能力，它主要解决知不知、会不会的问题；而德育到此并没有完结，它不仅要解决知不知、会不会的问题，而且更要解决信不信、行不行的问题，即不但要授之以知、晓之以理，而且还要动之以情、导之以行。德育过程是知、情、意(信)、行诸多环节构成的，只有知识传授，而无情感陶冶、意志磨炼和行为引导不是完整的德育。德育重在知行统一，而知行统一重在实践，重在经历。学生获取科学文化知识主要依靠教师传授前人的间接经验，而学生思想品德的形成和发展则主要依靠亲身经历的直接经验。经历教育的本意是实践教育，核心是体验教育、感悟教育、快乐教育、磨砺教育，同是体验，也是有褒贬，经历教育是中性的。由此可见，"经历教育"很好地表达和体现了

德育的目的和本质。

二、“经历教育”是德育科学研究的重要方法之一，它是适用于本课题的研究主体和行动主体——教育行政领导、一线教师、学生家长和广大学生的一种研究方法

“行动”和“研究”，在西方社会科学工作者那里，是两个用以说明有不同的人从事的不同性质的活动的概念。“行动”主要指实践者、实际工作者的实践活动和实际工作；“研究”则主要指受过专门培训的专业工作者、学者专家对人的社会活动和社会科学的探索。人们把这两个词结合起来，表述为“行动研究”(action research)是 20 世纪三四十年代的事情。

“行动研究”一词有两个来源。一是 1933—1945 年间，柯立尔曾与同事共同研究如何改善印第安人和非印第安人之间的关系问题。二是 40 年代，美国社会心理学家勒温曾与他的学生一道，试图深入地研究人际关系，以提高人际关系的质量。

在学术界，对行动研究有不同的界定，概括起来大致有三种：一是行动研究即行动者用科学的方法对自己的行动所进行的研究。二是行动研究即行动者为解决自己实践中的问题而进行的研究。三是行动研究即行动者对自己的实践进行批判思考，从而改进行动的研究。一般认为，行动研究方法有三个特点：其一，行动研究以提高行动质量，改进实际工作为首要目标。其二，行动研究强调研究过程与行动过程的结合，注重研究者与行动者之间的合作。其三，行动研究要求行动者参与研究，对自己从事的实际工作进行反思。行动研究的一般程序，其创始人勒温认为行动研究是一个螺旋式上升的发展过程，每一个螺旋发展圈又都包含着四个相互联系、相互依赖的环节：计划、

行动、考察、反思。“经历教育”行动研究基本符合行动研究方法的一般理论，并且我们要把行动研究方法的一般理论与“经历教育”的具体内容相结合，创造性地把行动研究运用到“经历教育”之中。提出了6种经历、6种方法是科学的。

四平市教育局高度重视此项工作，并列入一把手工程，加强领导，健全组织，落实责任，这是课题研究取得成功的组织保证；强化培训，统一思想，提高认识，这是课题研究取得成功的思想保证；健全制度，形成机制，强化管理，这是课题研究取得成功的制度保证；再加上“经历教育”的理论指导和“行动研究”的科学方法，本课题研究一定会达到预期的目的，收到良好效果，为加强和改进德育工作，繁荣和发展德育科研做出重要贡献。

《高职和民办高校班主任工作实务》序

一般来说，人们大都能认识到中小学班主任的重要性，所以，以往研究的重心也放在中小学班主任方面。中小学班主任有工作体系、有经验总结、有理论体系、有诸多的研究阵地和研究人员，洋洋大观。而高等院校的班主任，确是一个不引人注目的岗位，甚至还说不上是个“岗位”，因为大部分是兼职的。班主任对中小学生的组织管理的功能转化为对大学生的指引、辅导的作用。这是奉行高等院校“精英教育”时代大学班主任的社会评价。今天，我们已经进入高等教育“大众化”时代，高职和民办高校的迅速崛起，为大批适龄青年提供了大学深造的机会，为社会培养了大批高技能的劳动者，为国家大大丰富了人力资本的资源储备。高职和民办高校的学生，大部分都不是很“精英”的，他们的顺利成才，与专职班主任的辛勤劳动是分不开的。

民办高校和高职院校的学生大多数自主性较弱，在由中学状态转向大学状态的成人化过程中，容易发生偏差，情况严重的对学校的稳定和个人的成长都可能产生不良的影响。因此，设置专职班主任，对学生进行近距离的管理和引导，是高职和民办高校一项重要的工作。最初采取专职班主任制的是民办高校，现在，不仅是民办高校继续采用专职班主任制度，其他高职院校也纷纷仿效，建立自己的专职班主任队伍。一支良好的班主任队伍，是高职和民办高校稳定和发展的基础条件。

然而，以前对大学班主任研究甚少，高职和民办高校的班主任研究更是空白，班主任在开展工作时无章可循，无规可蹈，大多数情况下许多人只能靠自己摸索，虽然说积累了不少先进的经验，但缺乏系统性，给工作带来诸多不便。影响了高职和民办高校学生管理工作的发展。可喜的是，“高职和民办高校班主任工作体系的构建与探索”课题组，经过近两年的努力，终于将他们辛勤劳动的成果：《高职和民办高校班主任工作实务》一书付梓。本书以专著的形式首次概括了高职和民办高校班主任工作体系，开辟了大学专职班主任的研究方向，为班主任提供了一个可供学习和借鉴的范本。

尤其可贵的是，编者提出的“德育是大学班主任工作核心”观点，符合我们党对加强青少年德育工作的一贯方针，对于统一高校班主任工作的指导思想，具有十分重要的意义。这也是课题组贯彻总课题：全国教育科学“十五”规划重点课题《整体构建学校德育体系深化研究与推广实验》倡导的“以德育人”精神的具体体现。

围绕“德育”这个中心，编者从三个方面构建了大学班主任体系的基本框架、工作内容、继续教育、管理制度。工作内容方面努力反映时代的要求，增添了“学习指导”“心理教育”“就业指导”等新内容；第二个方面通过对提高班主任素质的途径和内容的讨论，透现出对班主任的职业发展的关怀；班主任管理制度旨在明确班主任的职责与权益。

该书在总结班主任的实践经验基础上吸取了大量的新的研究成果，具有较强的指导性和操作性。虽然说由于该书重在“实务”，在理论方面还有待进一步深化；在结构体系，语言组织等方面也有调整完善的余地；但仍不失为一部难得的大学班主任专著，不失为一项优秀的德育研究成果，也不乏理论方面的一些真知灼见。因此，该书不仅可作为高校班主任的业务用书，也可作为高校班主任培训教材。

我相信，凝聚着课题组辛勤汗水的《高职和民办高校班主任工作实务》，一定能够受到广大高职和民办高校班主任的热情欢迎，也一定能够为提高大学班主任政治业务素质发挥重要的作用。

吉林省四平市《走进经历教育》序

吉林省四平市教育局提出并实施的"经历教育"行动研究是一项原创性课题，具有很强的科学性、创造性。我曾应四平市政府之邀参加了这一课题的专家论证会，与会的各位专家都被四平市教育局局长牛立坚同志的教育科学追求和教育创新精神所吸引，为四平教育工作者对德育理论的深刻探究和独特发现而振奋，为他们对学生人生经历的亲切关怀和精心谋划所感动。"经历教育"行动研究现在已经取得了第一批研究成果，其中《走进经历教育》一书以其清新通俗的语言、富有魅力的说理和生动具体的事例向我们全面介绍和论述了"经历教育"这一创新性研究，这项研究的坚实的理论依据、科学的研究方法、丰富的课题内涵和喜人的研究前景都给我们留下深刻的印象，也给我们中小学德育科研增添了新的亮点。

书名叫《走进经历教育》，也就是说本书主编热情邀请我们和他一起走到"经历教育"中去。那么什么是"经历教育"？"经历教育研究"是一个怎样的天地？我们"走进去"之后会有什么发现，什么收获？作为第一时间阅读这本书稿的人。“走进”之后我看到了“经历教育研究”是这样的天地。

一、科学的发现天地，探索了德育新规律

什么是“经历教育”？本书创造了“经历教育”这一崭新的概念并做出了科学的表述：“引导学生在经历中体验生活、感悟人生、追求成功、学会发展。”“经历教育的本质是实践育人，核心是体验感悟，关键是教师的科学引导和学生主体作用的发挥”，高度凝聚了中小学德育的目标、内容、途径方法的精髓以及德育的本质和核心。作者以此为基础，针对如何理解“经历教育”提炼出它的四个要点，针对经历教育为什么能增强德育实效性概括了它的五个教育优势：实践性、自主性、追求性、体悟性、开发性，据此归纳出提高德育实效性的“五个实效点”：经历教育＝主动发展＋理想志向＋角色互动＋体验感悟＋智能开发＝德育实效。这些都是他们依据《意见》精神，总结自己长期的德育工作经验的结晶，是对德育规律的创新性认识。不仅如此，本书还通过对学生经历的研究，总结出中小学生的七类不同性质的经历，提出怎样引导学生在经历中趋利避害以及强化主动经历、自觉经历，改变被动经历、盲目经历和隐性经历显性化、顺境经历、逆境经历科学把握的理论和观点。针对中小学德育现状，本书提出了应当加强的五种经历教育，特别是总结众多德育经验制定了“经历教育”的六项实施策略：激发道德需求策略，启发道德选择策略，引导体验感悟策略，帮助进步成功策略，指导反馈调控策略，总结成长经历策略。这些都是对德育工作的规律性的认识和措施，对我们掌握德育规律，提高德育实效性具有很高的理论价值和应用价值，也给提高德育实效性的研究开拓了新的创造天地。

二、理论的应用天地，树立了德育新理念

“经历教育”首先确立了自己的理论基石——马克思主义认识论和马克思主义关于人的全面发展学说。又明确了自己的理论支柱——素质教育理论和多元智能理论，把自己的根基既建立在坚实的科学基础上，又定位在德育改进和创新上。以此为立足点，他们抓住了德育改进创新的关键——转变德育观念，确立了“经历教育”的基本观念：人本德育观、生活德育观、体悟德育观、智慧德育观、成功教育观、主动发展观、关怀德育观、整体教育观、求真德育观。书中对这些观念做了科学的论述，在对它们的相互关系和各自的丰富内涵、重要作用的论述中，在对这些观念怎样指导“经历教育”运作的论述中，在论述这些观念同两大理论基石、两大理论支柱的联系中构建起“经历教育”自己的教育理念和观念体系。这样，经历教育的研究和实施就有了强大的理论后盾和理论源泉，也明确了自己的科学的发展方向和实施策略。

依据马克思主义基本原理，应用素质教育理论，构建起自己的创新性理论体系，用来推动德育的改进和创新，这是可喜可贺的。

三、多彩的实践天地，开发了德育的新课程

“经历教育”高度重视德育课程的改革与开发。他们认为，德育课程是德育工作的核心，是实施德育的保证。没有德育的新课改就不是素质教育，就无法实施“经历教育”。为此他们率先和我们总课题组合作编写了《德育活动课》，还制定了《日常生活的经历教育实施意见》《大型集体活动的经历教育实施意见》并准备开发《心理健康教育活动课》《课外兴趣小组活动的经历教育实施意见》。这些课程的共同特点

是引导学生把自己的日常生活和校内外各种活动(经历)当作成长资源来开发，变盲目性为自觉经历，变被动经历为主动经历，变隐性经历为显性经历，让学生真正成为德育的主体、活动的主角、成长的主人，在这些活动和经历中实施“四个逐步学会”：学会选择人生经历、学会把握人生经历、学会总结人生经历、学会积累人生经历。

他们把学生的日常生活、大型集体活动、课外小组活动和校内外各种活动“全部纳入经历教育的关怀之中”充分开发其德育资源，大大提高了这些活动的德育实效性。我认为他们的这些做法不但是现实的、可行的，而且是聪明的、科学的。他们一定会成功，并为我们中小学德育课程的改革与开发做出贡献。

四、宽阔的发展天地，拓展了教师成长的新空间

“经历教育”把校长、教师培训作为自己的重点工作之一。他们认为“这项工作抓得好全局皆活”，因此，全力以赴提高校长、教师的专业化水平。他们根据优秀教师成长规律构建的“教师智能开发运行图”既反映了教师成长的普遍规律也有自己的特色和创新。为了这个“开发图”的实现，他们采取的措施也是切实可行、科学有效的：编写“走进经历教育”，开展“经历教育论坛”活动，坚持“经历教育”写作，积累“经历教育”经验，记录自己的人生经历(教育教学工作、教育科研、教育思想等)，发挥自己的智能优势，创造自己的教育特色等。这些做法，单个用之科学有效，优化组合则更加优质高效。我坚信“经历教育”确实是教师发展的宽阔天地，在这里广大中小学校长教师将迅速成长。

《走进经历教育》特别论述了“经历教育行动研究”同“整体构建学校德育体系研究”的关系。在这里，作者提出了这样的观点：各实验

区的课题研究既是“整体构建学校德育体系研究”的子课题，充分运用和贯彻“整体构建”的基本理论和成果，又应当有各自的理论创新和模式创新，以自己的优秀研究成果和独特的理论价值来丰富“整体构建”研究，壮大“整体构建”力量。我很同意这种看法，并且认为四平的“经历教育”行动研究已经在这方面做出了有益的探索，取得了初步的成功。作为“整体构建学校德育体系研究”总课题的负责人，我以有这样的实验区和子课题而高兴。

四平的教育工作者们正满怀信心地“走进经历教育”，可能还会有更多的人也兴致勃勃地“走进经历教育”。我坚信几年之后，带着“经历教育”的硕果向我们走来的将是一批一批的科研型优秀教师、专家型优秀校长和他们培养起的一届届优秀学生。

甘肃省庆阳市《〈论语〉创新理解 100 句》序

校本课程开发是我国新一轮课程改革的一项重要内容，也是全国教育科学“十五”规划国家重点课题“整体建构学校德育体系深化研究与推广实验”的一项重要内容，全国各地的实验学校正在紧锣密鼓地进行校本课程开发与教材的编写实验研究。甘肃省庆阳市庆城县陇东中学课题组在袁兆秀老师的带领下，以“贯通古今、融会中西、继承借鉴、发展创新”为基本原则，率先推出了《〈论语〉创新理解 100 句》校本教材。手捧凝聚课题组老师心血与智慧的书稿，我为长期工作在第一线老师们的刻苦钻研精神和对德育事业执着追求的毅力深深感动。我认为编写这本校本教材具有重要的意义。

中华传统文化具有“厚德载物”“自强不息”等特质。利用中华传统文化传承民族精神是深入贯彻党的十六大精神，落实《中共中央国务院关于进一步加强和改进未成年人思想道德建设的若干意见》等文件精神的重要手段。千百年来，中华民族文化之所以历尽沧桑而绵延不绝，是因为中华儿女具备继承与创新的能力。“继承”，使中华文化前后相继，世代传承；“创新”，又让中华文化含英咀华，与时俱进。民族精神传承既需要凭借传统的滋养和历史的沉积，得以薪火相传而生生不息，更需要时代的洗礼与现实的检验，得以发展壮大而源远流长。

《论语》作为孔子创立儒家学说的言行集录，涵盖着中华民族传统文化的基本内容，包含有丰富的民族精神。宋朝开国宰相赵普说过的“半部《论语》治天下”的话载入《宋史》之中而被广为流传。学习《论语》，其实就是继承中华传统文化所包含的民族精神。《论语》所包含的“贵和尚中”“见利思义”“仁者爱人”“忠恕之道”“诚信宽厚”“孝亲敬长”“勤劳节俭”“三省吾身”“慎独自爱”等体现民族精神和传统美德的警句，以及“有教无类”“因材施教”“教学相长”“苦学乐学”“学思结合”“学以致用”“三人行必有吾师”等教育理念曾经哺育了一代又一代中华儿女，谱写了中华文明史的壮丽诗篇，今天我们还有必要用《论语》这样的文化经典对青少年进行启蒙养正，将《论语》所包含的民族精神发扬光大。当然，每个民族的传统文化都有其积极因素和消极因素，中国也不例外，《论语》自然也是“鱼目”与“珍珠”同在。课题组从当代创新思维的角度，对《论语》的教育思想与文化内涵作了一些新的思考，采取“吸取精华，剔除糟粕”的策略对其中的一些名句进了新的诠释，注入了现代的理解因素，以期使《论语》这样的传统道德文化与现代生活接轨，使之优良的民族精神融入现代青少年的血脉里，成为青少年成长的内在动力，具有重要的现实意义，同时对目前的德育校本教材的编写积累了可供参照的经验与启迪。

古语云：“教儿婴孩，教妇初来。”青少年天真未泯之时，最容易教导，也最需要教导。学习《论语》等传统文化经典著作，正是培育民族精神的重要途径。“广博不如专精”，读一部经典著作，就是与圣贤对话。让青少年从小接受传统优良文化熏陶习染，在他们心灵最纯净、记忆力最好的时候接触最具智慧和价值的经典，能够逐渐培养其仁义敦厚的高尚人格，开启创新思维，奠定他们可持续发展的基础。即将出版的《〈论语〉创新理解 100 句》，用现代眼光审视并寻找经典著作所蕴含的民族精神的时代价值，以此作为构建现代中小学德育校本教材可资利用的养料。它记录了课题组在德育领域跋涉的足迹，反映了作者崭新的德育新理念。我相信：这本书将成为一支点燃学生德育火花的蜡烛。预祝袁兆秀等老师在深化德育工作改革、推广实验成果等方面，取得新的成绩。

天津市尚晓梅的《让生命灵动》序

翻开尚晓梅的书稿，“让生命灵动”五个字映入眼帘。我立刻被这本书的主题词或者说是核心概念吸引住了。“让生命灵动”，多么鲜活的、富于灵性的、充满活力的、蕴含丰富情感的、具有人文精神和终极关怀的教育理想、教育理念、教育思想。作为教育理想，“让生命灵动”是一个青年教师从心底涌动、喷薄出来的对教育目标的向往和追求的灵性之光；作为教育理念，“让生命灵动”是一个青年教师在与孩子们心灵沟通、碰撞、融通过程中而萌发、生成的教育情怀和信念；作为教育思想，“让生命灵动”是一个青年教师在教书育人的同时不断学习、研究与思考而领悟的教育新境界。

教育的根本目的是什么？这是教育思想家、教育理论家不断探索和追寻的问题。过去，曾经把教育看作上层建筑，并提出“教育必须为无产阶级政治服务”的口号。后来，又把教育作为生产力的一个组成部分，认为“教育应当为社会主义经济建设服务”。这些思想都是在一定历史条件下的产物，有其必要性、必然性、合理性。但是，都没有说出教育的根本宗旨和终极目的。教育是育人的事业，应当以人为本位，以人为目的；以学生为本位，以学生为目的；以孩子为本位，以孩子为目的。然而，当改革开放进行了20年之后，历史的车轮已进入21世纪的时候，教育理论反映在教育文件上的表述却仍然在回避这个问题；当“经济以人为本”“科技以人为本”的呼声日渐高涨的时候，我们教育界还在“以人为本”与“育人为本”的提法上争论不休；当“一切为了孩子，为了一切孩子，为了孩子一切”已经成为许多学校的校训的时候，我们的教育媒体还不敢给予宣传报道。

“让生命灵动”，正是触及这一具有时代意义的教育热点话题。这一话题，作者分三部分展开，涉及教育者、受教育者、教育环境等有关教育的三大要素。

第一部分，“珍重生命，启迪心灵”。作者描述了自己与孩子沟通的21个生动感人的故事，如：“歪一歪头的你其实更可爱”“你的声音是世界上最美的音乐”“老师做你的右耳好吗”等等。通过这些栩栩如生、感人肺腑的故事，揭示了一个真理：生命是独特的，正如世界上没有两片完全相同的树叶一样，世界上也不会有两个完全相同的人（哪怕是双胞胎）。进而升华出一个新的教育理念：教育应当是个性化的，每个班50名学生的相貌、性格、气质、能力、兴趣是各不相同的，他们的社会背景、家庭状况更是千差万别的，我们的教育要改变“重共性、轻个性”“一刀切”“齐步走”的现象，树立教育个性化、针对性、“一把钥匙开一把锁”的教育理念。这就是作者所表达的“以爱为灯，照亮每一个孩子的心灵”“以爱为桥，沟通每一个孩子的心灵”“以爱为雨，滋润每一个孩子的心灵”“以爱激爱，启迪每一个孩子的心灵”。

第二部分，“让孩子自信、自立、有创意地成长”。作者记述了一系列“涌动生命感悟”的德育活动课，如：“把教室搬到校园的草坪上”

“畅游祖国的山和水”，“好书伴我成长”“学会支配时间”等。通过这些生动活泼、情景交融的主题班会、队会、展会，体现出新的教育理念：一是尊重学生的主体地位，调动学生的学习积极性、主动性和创造性，让孩子自信、自立、有创意地成长；二是在德育活动课中坚持“以学生为中心，以情境为中心，以活动为中心”的新三中心论，改变过去的“以教师为中心，以教材为中心，以课堂为中心”的旧三中心论，使孩子在轻松愉快的活动中感悟生活，体验道德，养成良好的行为习惯。

第三部分，“营造宽松环境，让孩子的生命灵动与飞扬”。作者记叙了一个个精心营造的开放环境，如“参加国际机器人比赛”“从英语假日长廊看世界”“多元智能俱乐部给你多种选择”“开学典礼——点燃生命的激情”等。通过创设和营造宽松、自由的教育环境，表达了又一个教育新理念：营造开放的环境，创设宽松的氛围，面对多元的文化，张扬个性，让生命灵动与飞扬。同时也寄托了作者的理想与期望：让孩子们插上灵动的翅膀，从校园起飞，飞向祖国的四面八方，飞向世界的五洲四海！

这是一位青年教师心血的凝结、智慧的结晶、心灵的呼唤！这里虽然没有高谈阔论什么教育哲学问题，却折射出教育哲学的智慧之光；这里虽然没有拉开架式写一本教育学专著，却蕴涵了教育学原理之精华。本书作者是我主持的“九五”“十五”国家重点课题天津河西实验区的优秀实验教师，我为她取得的优秀研究成果而高兴！同时也希望其他实验区、实验校按照“出成果、出经验、出人才”的要求，推出新人、新作，为加强和改进德育工作做出新的、更大的贡献。有感于此，我愿意把这本书推荐给教育工作者，特别是一线的青年教师们。相信读者会从中受到启迪，产生共鸣，使我们与孩子的生命一起灵动！

贵阳市《整体构建学校德育体系的深化研究与推广实验》序

贵阳实验区自2002年年初在“九五”国家重点课题《整体构建学校德育体系的研究与实验》课题结题的基础上继续进行“十五”国家重点课题《整体构建学校德育体系的深化研究与推广实验》，他们结合本地区教育改革发展的实际情况，选择了《整体构建学校德育体系的深化研究与推广实验》子课题，组织部分中小学、职业学校、幼儿园70余个单位按研究方案，科学、有序地开展研究与实践，取得了较为可喜的阶段研究成果。这些研究的成果，为贵阳实验区课题研究的继续深化、为总课题组的研究内容都提供了有力的理论证明与实践参照。现在，他们将阶段研究成果分类整理、结集出版，这对推进实验区“十五”期间的深化研究与推广实验具有重要意义。

第一，从德育的整体性上研究道德教育，有利于正确认识道德教育的地位和作用。

依据中共中央、国务院关于加强和改进德育工作的决定和意见，总结各级各类学校德育工作的实践经验，我认为德育是一门综合性的应用学科。任何概念都有广义和狭义之分，整体构建德育体系的观点是对德育应作广义的理解。我们对德育概念的界定是：德育指教育者进行系统的影响，通过教育者和受教育者双主体在实践活动中的互动，把一定社会的政治准则、思想观点、道德规范、法纪规范和心理要求，内化为受教育者个体的政治素质、思想素质、道德素质、法纪素质和心理素质的教育。德育内容包括“五大要素”，即政治教育、思想教育、道德教育、法纪教育和心理教育。这“五大要素”各有自己的特定内涵，但又互相联系、互相渗透，互为条件，互相制约，构成了德育统一体。其中思想教育和政治教育是灵魂，道德教育是核心，法纪教育是保障，心理教育是基础。这五者不可割裂，更不能互相取代。因此，我们要分别研究政治教育、思想教育、道德教育、法纪教育和心理教育各自的特点、规律及它们之间的相互关系。这就如同研究智育，必须分别研究数学、物理、化学、生物的教学内容和教学规律一样。只有在整体与部分之间的关系上，把握德育与道德教育的联系与区别，才能正确认识道德教育在整体德育中的地位和作用。道德教育是德育特别是中小学德育的核心内容，对于提高学生的思想道德素质具有重要意义。学校的道德教育是社会主义道德建设的重要组成部分，社会主义道德建设是发展先进文化的重要内容，对于实施依法治国与以德治国相结合的治国方略，全面建设小康社会具有重要的地位和作用。

第二，从德育的主体性上研究道德教育，有利于形成主体性道德的人格。

现代德育主张“双主体论”，即教师是教育主体，学生是受教育主体，教师和学生应当互相尊重对方的主体地位。作为德育重要内容之一的道德教育同样要贯彻主体性原则。道德不是孤立的社会现象，凡是有人际关系存在的时空里，它无时不在，无处不在，渗透到社会生活的方方面面。因此，道德教育要生活化，而不能概念化。生活化则是人的主体性的具体表现。在教育目标的确定上，不仅要考虑社会的要求，更要重视学生自身成长的需要。在教育内容的安排上，不仅要依据社会规范，更要遵循学生的年龄特征和品德形成发展规律。在教育途径和方法的运用上，不仅要发挥教师的主导作用，更要强调学生的主体参与。在教育管理和评价上，要激励学生自尊、自爱、自信、自立、自强，引导和培养学生自订成长目标，自析成长环境，自寻成长动力，自开成长渠道，自研成长方法和自评成长效果，使他们成为自身全面发展的主人。在德育过程中要改变传统的“以教师为中心，以教材为中心，以课堂为中心”的“旧三中心论”，建构“以学生为中心，以活动为中心，以情境为中心”的“新三中心论”。这一点对于发展学生的主体性道德人格更为重要。

第三，从德育的实践性上研究道德教育，有利于增强道德教育的针对性和实效性。

实践的观点是德育首要的、基本的观点。德育不同于智育，智育的任务是传授知识兼培养能力，它主要解决知不知、会不会的问题；而德育只到此并没有完结，它不仅要解决知不知、会不会的问题，而且更要解决信不信、行不行的问题，即不但要授之以知、晓之以理，而且还要动之以情、导之以行。德育过程是知、情、意(信)、行诸环节构成的，只有知识传授，而无情感陶冶、意志磨炼和行为引导不是完整的德育。这就如同体育与智育不同的道理一样，体育如果只在课堂上讲授体育知识和理论，不让学生到体育场上去实际锻炼，怎能培养学生强健的体魄？同理，德育如果只重视知识传授，而忽视或轻视德育实践活动，怎能培养学生良好的思想品德？德育活动有多种形式，既有课堂德育活动，又有课外德育活动；既有校内德育活动，又有校外德育活动。其中主题班会、主题团队会是最直接的、最经常的、最普遍的德育活动。它们主题明确，针对性强，内容丰富多彩，形式生动活泼，是对学生进行思想品德教育的有效途径。主题班会、主题团队会应当形成制度，列入课程表，作为德育活动课的基本形式。从而避免单纯传授知识、空洞讲授理论、死记硬背概念等脱离实际的倾向，增强德育的科学性、针对性和实效性。

贵阳实验区在深入贯彻总课题组关于德育的整体性、主体性、实践性这些德育新理念的基础上，还结合本市的实际情况进行了大胆的探索和有益的尝试。他们从道德教育入手，整体构建学校德育体系，找到了中小学、幼儿园实施素质教育的突破口，他们以《公民道德建设实施纲要》中指出的“爱国守法、明礼诚信、团结友善、勤俭自强、敬业奉献”20字基本道德规范为新的生长点和切入点，构建了道德教育的目标和内容体系。在此基础上各实验校、实验班构建了结合学校、班级实际的具有可操作性，可测评的道德教育目标和内容体系。并通过实践论证其科学性和针对性，围绕主课题的阶段研究重点，实验教师进行了多角度多层面的研究与实验，从道德教育环境创设的表现领域上，他们进行了人文生态环境、班级环境、校园环境、家庭教育环境、“班级＋家庭＋社会”三结合育人环境创设的研究；从教育心理角度。研究了以情治班、爱心育人、师生情感沟通的规律；从习惯与个性的关系上，研究了培养学生的自信心、勇于面对挫折、发展个性、因材施教的教育方法；在道德教育途径上，研究了在班主任工作、团队工作、班队活动中培养学生良好道德习惯的方法；在素质教育的层面上，研究了道德教育在发展人的整体素质中的重要作用。这些阶段研究成果，植根于生动的、现实的教育生活，具有坚实的实践基础；这些研究成果是实验研究人员在科学理论指导下的实践过程中总结出来的规律性认识，对实践活动具有一定的理论概括，因而，这些成果对教育实践具有指导和推广的价值。

山东省威海市环翠区《课题研究成果集》序

我们面前的这本书是威海市环翠区德育科研项目成果集，这一成果内容丰富，资料详尽，风格平实，绩效显著，标志着该区的德育科研工作在张艳春同志的带领下又迈上了一个新的台阶，是全体实验人员辛勤耕耘的结晶，是德育百花园里的又一株新绿。对此，我表示衷心的祝贺。

2001 年 4 月，威海市环翠区申请参与全国“九五”教育科学规划课题“整体构建学校德育体系的实验与研究”德育实验课题的研究工作，得到批准后，随即行动起来。他们召开了规模较大的全区德育工作启动大会，设立了课题组，确定一批实验学校，以《德育》读本和《成长册》为载体，对中小学德育工作的理念、模式、机制、方法、途径、评价等进行了大胆的探索，对如何增强德育工作的针对性、实效性和主动性进行了积极的尝试。随着研究的深入，特别是 2003 年年初，在完成“九五”课题研究的基础上，针对新形势和新要求，组织了新课题的选题、论证、研讨工作，指导各学校结合自身特点参与全国教育科学“十五”规划国家重点课题“整体建构学校德育体系深化研究与推广实验”

研究工作，将学校德育工作不断向社会和生活延伸，向学科教学延伸，向常规教育延伸，逐步形成了具有环翠特色的中小学德育工作新思路、新体系。四年过去了，环翠区的德育科研工作，从实验班发展到实验校，再到现在的实验区，从理论学习到实践验证都取得了令人称赞的成绩。在这期间，我和总课题组的其他同志曾三次到环翠区考察工作，对他们的德育研究是了解的。翻阅这本凝聚环翠区德育工作者心血智慧的成果集，在为之振奋和感动的同时，我认为该区的德育科研工作至少在以下三个方面给人以深刻的启示。

第一个启示就是环翠区的德育科研工作，在宏观管理与调控方面，做好了“扎根”的工作。学校德育活动是培养人的工作，而德育科研是研究怎么培养人的活动。德育科研得以顺利地实施并能够逐步深入，需要宏观规划与管理。环翠区首先建立德育工作领导机构，建章立制，完善德育工作的保障机制，以解决实际问题作为科研的切入点，将德育科研的“根”深深植入学校德育实践的土壤。本书所列举的大量实验案例和经验反思表明，通过德育课题的研究，把解决学校德育工作存在的问题作为德育科研的中心任务，环翠区各级学校能够在科学理论的指导下形成假设，并在日常德育实践中，准确、全面地获取真实、典型的研究材料，通过对材料的理性分析与概括，揭示了学校德育活动的本质，发现其规律性，建立、解释德育实践活动的理论，并把研究成果运用到德育实践中去，接受实践的检验，从而使课题研究成果“点”上的经验，在“面”上生根、发芽、开花、结果。

第二个启示就是环翠区在德育科研队伍建设方面，构筑了“人师”工程。教书育人是教师的神圣职责。教师职业的示范性，决定了教师既要做“经师”也要做“人师”。而“人师”，指的是教学生怎么做人。这就要求从事德育工作的教师首先成为道德高尚的人。环翠区采取“多管齐下，重铸师魂，努力提高教师综合素质”的策略，建立“三级四层五训”的教师培训模式，即确定“骨干教师、青年教师、新任教师”三级培训指标，进行“职业道德、新课程理念、信息技术、学科专业技能技法”四层培训内容，开展“校本培训、集中培训、教研培训、科研培训、远程培训相结合”的五种培训形式。通过这种以科研为先导的培训，教师的师德水平显著提高，科研能力显著增强。这就意味着教师能够创造性地将德育科研活动当作自己的职业成长动力，从而使德育实践从盲目走向自觉；意味着环翠区的教师成为德育科研工作的生力军，他们在德育工作的第一线发挥着重要作用；意味着教师们全身心投入到德育科研活动中去，德育科研成为他们激动人心的生活。这一切表明，通过课题研究真正发挥了德育科研培养人、造就人的最大功能。正是因为这个原因，环翠区诞生了大批先进实验学校、优秀实验教师和优秀科研成果，实现了出人才、出经验、出成果的目的。

第三个启示就是环翠区的德育科研工作，在整体构建德育体系的德育科研运作方面，做好了“优化”工作。这主要表现在几个方面：一是整合德育资源，构建家庭、社区、学校“三结合”的德育管理网络；二是遵循中小学师生的心理特征和发展规律，力求使学校德育过程诸要素之间以及与教学环境之间始终处于一种协调、平衡状态，通过优化德育内容、德育环境、德育手段与方法，就是将理性与经验、实质与形式、系统与部分、科学与人文等“协调”起来，注重整体结构中的协同运作，减少或消除因不协调产生的内耗，为学生身心健康发展创设和谐的成长条件和氛围，实现学校德育科研与教学、管理过程的整体优化。

当前，随着《中共中央国务院关于进一步加强和改进未成年人思想道德建设的若干意见》和《中共中央国务院关于进一步加强和改进大学生思想政治教育的意见》的贯彻实施，教育部颁布了《整体规划大中小学德育的意见》，对中小学德育工作提出了更高的要求，不仅涉及中小学德育内容的取舍和德育体系的构建，而且要求学校德育与社区、家庭德育形成合力，更要求德育工作者更新德育思想和德育观念，能够做到“抓住规律性、体现时代性、增强实效性”。因此，我们德育工作者应深化研究，及时总结，推出成果，使学校德育科研和德育工作不断完善，不断进步。

在论文集付梓之际，应张艳春同志之邀，略作上述。期待环翠区德育科研工作蒸蒸日上。是为序。

中央教科所胡筠若同志《瞧，我不怕晚》序

胡筠若是我最尊敬的大姐、搭档和朋友。让我为她的书写序，我自欣然从命。

我一口气读完了她的《瞧！我不怕晚》，那些我曾经知道的和刚刚了解的“凡人小事”，让我感动，令我敬佩，给我启迪。我情不自禁地回忆起我们一起工作的那段往事。1991 年，我调到中央教育科学研究所主持德育研究中心的工作，胡筠若是副主任，我们共事四年多，合作非常愉快，直到她退休。我们共同经历了创业的风风雨雨，品尝了奋斗的酸甜苦辣，分享了成功的喜悦。胡筠若的鲜明个性和特殊经历给我留下了十分美好而深刻的印象。她不是伟人，也不是名流，但她缔造了一个成功的人生。

我认为这本书至少在以下三个方面给我们以启示：

其一，“自强不息”的人生态度。胡筠若正当风华正茂的花季，却得了在当时被称为痨病的肺结核。虽然她曾两次被死神“拒签”，但却成为一个终身“带球”的人。“文革”期间她又因家庭出身被打入另册，饱受折磨。可厄运也是学校，磨难也是老师。历经不幸与逆境，造就了她达观、

坚毅的性格；高中毕业留校任教的优越感，铸成了她乐观、自信的品格；两者结合形成了她自强不息的人生态度。她 50 岁参加高教自考，59 岁研究健康教育，66 岁致力于预防艾滋病宣传，这是她自强不息人生态度的真实写照。

《史记》的作者司马迁说："文王拘而演周易，仲尼厄而作《春秋》，屈原放逐乃赋《离骚》，左丘失明厥有《国语》……"大凡堪称君子的成功人士都必定抱有自强不息的人生态度。古代圣贤是这样，现代的诸多成功者又何尝不是如此呢？

其二，"变与不变"的人生智慧。胡筠若深信"人挪活"。50 岁以后她曾两次工作变动。第一次是从曾经工作过 30 年的一所中学调到西城区教育局，第二次是从西城区调到中央教科所。要知道，在那个年代，人是单位所有、部门所有，要想调动工作比登天还难，何况是从学校调到机关，从基层调到"中央"呢！"变"，需要有"割舍优势"的勇气、"毛遂自荐"的信心、"推销自己"的能力和过"放""收"关的智慧，更需要"不变"的理想、信念以及"只要开始，永远不晚"的执着。这就是"变"与"不变"的人生辩证法和人生智慧。古希腊哲学家毕达哥拉斯说过："命运归因于必然和偶然，也归因于自己。"成功人士的人生智慧告诉我们，在变与不变中把握自己的命运吧，人生就是不断地选择。

其三，"尽情享受"人生情趣。胡筠若是一个在事业上执着追求、成就感极强的人，同时她也是一个富于生活情趣的人。你看，大凡一般女士们热衷做的，诸如逛商场、买衣服、健美减肥、电话聊天、看小说、看电视剧、品美味、养花草、布置房间等，她什么也没落下。在这些丰富多彩的生活中，她赢得了爱情、亲情和友情。"享受生活"的人生情趣，源于她对生命的热爱，对生活的热爱。她几十年如一日坚持散步健身，炼出了一个健康的“带球”之身；她多年来注意“盘点”时间，取得了工作的高效率。这为她轻轻松松地生活奠定了良好的基础，也为她的“高效工作”和“轻松生活”实现了完美的统一。美国当代一位管理学家说：“如果一个人由于努力奋斗做了高官或成为巨富，但因此却牺牲了自己的健康或破坏了家庭的幸福，他便不是一个成功者。”让我们热爱生活、享受生活吧！生活是美好的。

作为这本书的第一个读者，真是先睹为快。我愿意把读后的所思、所感、所议写出来，与作者和读者们分享。是为序。

第五编　社会转型与德育创新研究

贯彻落实十六大精神　推进德育体系创新*

一、体认和培育民族精神

江泽民同志在党的十六大报告中指出："民族精神是一个民族赖以生存和发展的精神支撑。一个民族，没有振奋的精神和高尚的品格，不可能自立于世界民族之林。在五千多年的发展中，中华民族形成了以爱国主义为核心的团结统一、爱好和平、勤劳勇敢、自强不息的伟大民族精神。我们党领导人民在长期实践中不断结合时代和社会的发展要求，丰富着这个民族精神。面对世界范围各种思想文化的相互激荡，必须把弘扬和培育民族精神作为文化建设极为重要的任务，纳入国民教育全过程，纳入精神文明建设全过程，使全体人民始终保持昂扬向上的精神状态。"认识民族精神的形成及其传承发展规律，把弘扬和培育民族精神纳入国民教育全过程，是教育系统贯彻落实十六大精神

---

* 本文是作者学习党的十六大报告的感悟，与宁武杰合作，原载《中国德育》2003 年第 1—4 期。

担负的重大历史任务。

民族精神是一个民族在生存发展过程中形成的具有主导作用的基本精神。民族精神集中体现了一个民族的思维方式、情感意志和价值取向，是民族文化的精髓和本质特征。

在五千多年的历史演进中，中华民族形成了以爱国主义为核心的团结统一、爱好和平、勤劳勇敢、自强不息的伟大民族精神。这一民族精神的核心是爱国主义。爱国主义反映的是社会成员对其生活的社会、国家、民族的一种强烈的责任意识和依恋眷爱的深厚情感。这种爱国意识和情感与中国传统文化中的整体主义思维方式具有密切的渊源关系。如《礼记》中“天下为公”思想，《大学》提出的“修身、齐家、治国、平天下”的教育条目，顾炎武“天下兴亡，匹夫有责”的社会论说，都把个人的存在发展与国家民族的存在和发展联系起来，认为国家民族的安危与个人的安危息息相关，从与社会整体的依存关系中树立个人的处世态度。这种整体主义的一个重要的思想基础是孔子的“仁爱”思想。“仁”是一个由近及远的做人准则，由对他人的关爱，推及到对人民、对国家的关注和热爱。以这样的准则对待国家和民族关系，就是爱好和平，维护团结统一。为仁首先要“力行”，要自立自强，进取有为，是为“君子”。《周易》概括出“君子”的两个基本品格，即“天行健，君子以自强不息；地势坤，君子以厚德载物。”自强不息、勤劳勇敢表现为奋斗进取精神；厚德载物、团结统一、爱好和平表现为敦厚宽容品格。

民族精神作为一种文化现象通过文化典籍、风俗习惯、社会舆论和社会教化绵延传承。在文化传承过程中，那些有害于社会进步、有悖人们意愿的品质，如卖国、分裂、战争、暴政、懒惰、懦弱、享乐、侈靡等被否定、鞭挞；那些有利于社会进步，反映了人们普遍意愿的基本精神和优秀品质，如爱国、团结、和平、勤劳、勇敢、自强等，超越时代、阶层和具体的历史内容，而抽象积淀起来，凝结为民族精神。民族精神在特定历史时期表现为民族性格，在具体的社会生活中表现为个人的道德人格。考察历代爱国人物，如屈原、司马迁、苏武、诸葛亮、范仲淹、文天祥、林则徐、邓世昌、谭嗣同、吉鸿昌及无数共产党人和现代爱国人士，尽管其时代、阶层、爱国的具体内容不同甚至有很大差异，但都以其个人品格显示着民族精神。民族精神是抽象与具体、普遍与特殊、群体与个体的辩证统一。

民族精神的传承与发展植根于社会实践。从根本上说，民族精神是一种实践精神、实践品格。实践活动是人最根本的存在方式，人的认识、情感、意志、理想、信念等精神品质都是实践的产物。人类社会及其历史发展在本质上是人们实践活动的发展。实践是历史的、灵动的、发展着的，因而民族精神也是历史的、灵动的、发展着的。民族精神的传承发展是历史传统和时代特点的有机结合。江泽民同志在十六大报告中说："我们党领导人民在长期实践中不断结合时代和社会的发展要求，丰富着这个民族精神。"在中国共产党成立以来的奋斗历程中，民族精神在继承历史传统基础上被赋予了鲜明的时代内涵。其中红军长征精神可以称为民族精神的一个里程碑。长征精神包含着把中华民族的根本利益看得高于一切，以坚定的革命理想和信念，不怕任何艰难险阻，不怕付出一切的牺牲精神；包含着顾全大局、严守纪律、紧密团结的精神和同人民群众患难与共、艰苦奋斗精神。长征精神是中华民族勤劳勇敢、百折不挠、自强不息的民族精神在革命战争年代的最高展现。新中国成立后，在社会主义建设的实践中，面对国际敌对势力的经济封锁和武装挑衅，我国人民独立自主、自力更生、奋发图强，取得社会主义建设的伟大胜利。其中以"两弹精神"

“铁人精神”为代表，反映着民族精神在这个历史阶段的时代特点。改革开放以来，在现代化建设的探索攻坚、开拓创新中，在香港、澳门回归祖国的过程中，在战胜政治、经济、文化和自然界出现的困难、风险和应对一系列关系我国主权和安全的突发事件中，以爱国主义为核心的团结统一、爱好和平、勤劳勇敢、自强不息的民族精神得到空前弘扬与升华。

纵观中国历史，可以看出，尽管社会形态在更替，意识形态在变迁，但民族精神却前后相继，世代传承，与时俱进，丰富发展，绵延数千年而不衰，显示出旺盛的生命力。民族精神是一个民族赖以生存和发展的精神支撑，是一个民族自立于世界民族之林的文化力量，具有强大的凝聚力、感召力。

弘扬和培育民族精神是国民教育的重要任务。要切实把弘扬和培育民族精神纳入国民教育全过程，现阶段要着力从以下几个方面予以实施。

实施民族精神培育工程。组织全国教育学、伦理学、德育学、文化学、社会学、历史学的专家学者，研究制定《民族精神培育工程实施方案》。这个方案应当成为《21 世纪中国教育改革和发展纲要》的一个重要组成部分。《民族精神培育工程实施方案》主要部分应当包括：

1. 民族精神的基本内容及其主要载体。对古代典籍、文物古迹、诗词散文、楹联、碑文的代表作品，中国革命和社会主义建设典范人物史迹、文物进行收集梳理，遴选精华，列出纲目，整合编纂，建构出民族精神培育的内容体系。

2. 民族精神的培育内容在各学段的分布。要依据不同年龄阶段学生的身心特点和知识水平，规划出小学、初中、高中(含中职)、大学(含高职)、成人教育等各级各类学校的民族精神培育内容。切不可

“一刀切”“齐步走”，大而化之、笼而统之，更不可“倒挂”“脱节”“简单重复”。

3. 民族精神培育的途径和方法。要规划出小学、初中、高中（含中职）、大学（含高职）、成人教育各级各类学校民族精神培育的途径和方法。实施途径如：德育课程、学科渗透、校园文化、校外德育基地等各承担哪些培育内容。培养方法如：课程教学、古诗文诵读、参观考察、知识竞赛、情感体验等。不设计和规定途径方法，再好的内容也会落空。

4. 民族精神培育的管理和评价。管理和评价是监督保证机制，如果没有严格的管理、有效的评价，还会成为软而虚的东西。要从管理和评价上规定民族精神培育在人力、物力、财力和时间、空间上的保障。

实施相关科研成果推广工程。“八五”“九五”规划期间，教育系统有三项课题与培育民族精神直接相关：一是国家重点课题“整体构建学校德育体系的研究与实验”；二是教育部重点课题“大中小学中华民族传统美德教育实验研究”；三是教育部重点课题“中华民族传统美德实验研究”。这三个课题分别进行了 5—10 年的研究，都有较大规模，都取得了一批研究成果，不同程度地得到了专家的好评，受到实验师生的普遍欢迎，产生了良好的教育效果。建议教育行政部门重视并推广他们的研究成果，使这方面的科研成果转化为现实的教育生产力。可整合这三个课题的研究成果向全国部分省推广，也可批准三个或某个课题在部分省或几个省推广。这样会对民族精神的培育起到重要的拉动作用。

实施课程改革补充工程。课堂教学是学校教育的基本组织形式，学科渗透是民族精神培育的重要途径。目前中小学课程改革已取得很大成绩，但总的来看弘扬和培育民族精神的内容还显不够。要组织各学科课改专家认真研究在新课程标准中确定如何弘扬和培育民族精神问题。建议德育课增加民族精神的内容，使之成为培育民族精神的主要途径。语文课应适当增加体现民族精神的内容，适当增强古诗文选读。历史课在讲经济史、政治史、社会发展史的同时应适当增加文化发展史的内容，突出弘扬和培育民族精神。数学、物理、化学、生物等理科课程也应适当增补中国科学家的科学精神和民族精神的内容。音乐课应适量增加经典民乐、民歌和京剧欣赏的内容。美术课应适量增加中国画、书法艺术欣赏的内容。体育课应适量增加中国武术的内容。

实施民族精神家庭培育工程。家庭是孩子的第一所“学校”，家长是孩子的第一个“教师”。在特殊家庭(单亲家庭、出国人员家庭、富裕家庭)不断增加的今天，在面对独生子女教育的特殊年代，家庭教育问题凸显出来。尤其是关系到民族精神培育基础环节的行为习惯的养成教育，家庭教育更有其不可替代的作用。然而，当前学生家长的素质和家教理念不容乐观。各级各类学校要把学校德育与家庭教育紧密结合起来，编写家长培训教材，办好家长学校，使家庭教育与学校德育和民族精神的培育价值取向趋同，教育理念一致，教育过程同步，教育途径互补。

实施民族精神社区教育工程。社区是青少年成长的直接环境，社区精神文明建设是影响青少年健康成长的重要因素。学校德育和民族精神的培育要与社区精神文明建设紧密结合起来。要努力营造民族精神培育的良好社会氛围，在影视文化、网络文化、社区文化、企业文化、乡村文化建设中实施民族精神培育工程，把民族精神的弘扬与培育纳入精神文明建设全过程。

民族精神的培育是一项系统工程，民族精神的形成是教育的整体效应。只有上下同力、科学务实、系统运作、持之以恒，方能见其成效。

二、牢牢把握先进文化前进方向

江泽民同志在党的十六大报告中指出，要牢牢把握先进文化的前进方向，“必须坚持马克思列宁主义、毛泽东思想和邓小平理论在意识形态领域的指导地位，用‘三个代表’重要思想统领社会主义文化建设。”这一思想是社会主义文化建设的指导方针，更是教育工作特别是德育工作的指导方针。

马克思主义是人类文化的结晶，是科学的理论体系，其所创立的辩证唯物主义和历史唯物主义科学地揭示了宇宙、人类社会、人及其思维的本质和发展规律，是指导人和社会全面发展的科学的、系统的世界观。“三个代表”重要思想是对马克思列宁主义、毛泽东思想和邓小平理论的继承和发展，反映了当代世界和中国的发展变化对党和国家工作的新要求，是社会主义现代化建设的强大理论武器，是经济、政治、文化建设必须长期坚持的指导思想。

牢牢把握先进文化的前进方向，就要“坚持以科学的理论武装人，以正确的舆论引导人，以高尚的精神塑造人，以优秀的作品鼓舞人”。坚持和巩固马克思主义的指导地位，帮助人们树立正确的世界观、人生观和价值观，坚定对马克思主义的信仰、坚定对社会主义的信念、增强对改革开放和现代化建设的信心、增强对党和政府的信任，增强自立意识、竞争意识、效率意识、民主法治意识和开拓创新精神。使公民具有丰富充实、昂扬向上的思想境界和精神状态。这一归结点是社会主义文化建设区别于其他文化建设的一个重要特点和根本优势。

发展社会主义文化的根本任务，是培养一代又一代有理想、有道德、有文化、有纪律的公民。人是创造文化的主体。一种文化的先进性，其主导要素是由文化主体所具有的科学的世界观、人生观、价值观决定的。把培养"四有"公民规定为发展社会主义文化的根本任务，这就把培养人作为发展文化的根本立脚点。这既是对文化与"人"辩证统一关系的正确运用，同时也是对马克思关于人的全面发展的思想的继承和发展。从文化与人的辩证统一关系来看，一方面，人创造着文化，从一种文化中，可以透视到文化创造者的思维方式、价值观念和审美情趣，可以感受到人的本质力量；另一方面，文化也以其特有的内容和形式熏陶、引导、感召着人的思想、情感和行为，对人发生着塑造作用。在这个辩证统一过程中，"三观"始终起着主导作用。"四有"中的"有理想、有道德、有纪律"共属思想道德素质，"有文化"既指科学文化素质，也包含属于精神文化的"三观"。思想道德建设解决的是人的政治方向、精神支柱和力量源泉问题，因而将培养"四有"公民规定为发展社会主义文化的根本任务，就是抓住了文化先进性的"中心环节"。

发展社会主义先进文化，是一个复杂的历史过程。先进文化始终是同腐朽落后文化的比较、斗争中发展的。这种腐朽落后文化主要有两个来源，一是我国历史上遗留下来的封建主义残余精神文化，其主要特点是迷信、愚昧、颓废、庸俗；二是资产阶级的拜金主义、享乐主义和极端个人主义等腐朽思想文化。这两类文化以其各自的内容形式腐蚀着人的精神世界，危害着人和社会的全面发展。各种腐朽落后文化与先进文化最根本的区别，就在于世界观、人生观、价值观的不同，各种思想领域内的斗争、文化的渗透与反渗透，其实质是不同的世界观、人生观、价值观的斗争。只有加强思想道德建设，努力发展社会主义先进文化，引导人们认清历史发展基本规律，不断丰富人的思想境界，在全社会形成共同理想和精神支柱，才能抵制和清除腐朽落后文化的侵蚀和影响。

紧紧抓住文化先进性的主导要素，是对文化本质和发展规律的认识和把握，体现出文化发展的战略思维。从这样的基点出发，江泽民同志在十六大报告中提出，要立足改革开放和现代化建设的实践，着眼世界文化发展的前沿，发扬民族文化的优秀传统，汲取世界各民族的有益成果，在内容和形式上积极创新；必须把弘扬和培育民族精神作为文化建设极为重要的任务，纳入国民教育全过程，纳入精神文明建设全过程；要切实加强思想道德建设，特别要加强青少年的思想道德建设。

三、依法治国与以德治国相辅相成

十六大报告从文化建设的层面上提出了“依法治国和以德治国相辅相成”的科学论断和“切实加强思想道德建设”，“建立社会主义市场经济相适应、与社会主义法律规范相协调、与中华民族传统美德相承接的社会主义思想道德体系”的实施要求。这是江泽民同志从经济、政治、文化建设的整体联系上，对思想道德建设提出的总体战略任务。这一论述，大大拓展了德育的社会文化内涵。进一步明确了德育的社会意义，一定的文化是一定社会的政治和经济的反映，又影响和作用于一定社会的政治和经济；经济是基础，政治则是经济的集中表现。依法治国与以德治国共属政治建设。依法治国和以德治国相辅相成的论断反映了社会主义文化建设与经济政治建设具有内在统一性。依法治国就是广大人民群众在党的领导下，各项工作都依法进行，逐步实现社会主义民主的制度化、法律化，使这种制度和法律不因领导人的改变而改变，不因领导人看法和注意力的改变而改变。以德治国，就是以马列主义、毛泽东思想、邓小平理论为指导，以为人民服务为核心，以集体主义为原则，以爱祖国、爱人民、爱劳动、爱科学、爱社会主义为基本要求，以诚实守信为重点，加强职业道德、社会公德、家庭美德教育，建立与社会主义市场经济相适应、与社会主义法律体系相协调、与中华民族传统美德相承接的社会主义思想道德体系，使公民以良好的思想道德素质参与经济、政治、文化建设。政治是经济的集中体现又服务作用于经济。社会主义的经济是一种法治经济，同时又是一种德治经济。社会主义经济既要按照公平、公正、竞争、效益、纳税等市场规则依法运行，又要求经济主体具有爱国、诚信、敬业、协作、创新、自强等道德品质。依法治国与以德治国贯穿于经济、政治、文化建设的全过程之中。德育与经济、政治、文化建设的关系，在本质上是教育与社会发展的关系。教育的最基本的规律，是社会—教育—人三者之间相互制约、相互作用和相互适应的联系。社会主义的经济、政治、文化建设与依法治国和以德治国的整体联系，共同对经济、政治、文化建设的主体素质提出了时代的要求，这就是培养公民具有良好的法律素质和道德素质。公民的法律素质和道德素质成为依法治国和以德治国的一个基础条件和决定因素。从教育的内容上看，社会主义民主政治教育、法制纪律教育、道德品质教育均为思想道德教育的基本内容，这样，思想道德教育就成为实施依法治国和以德治国的共同基础。思想道德建设决定着文化建设的前进方向，同时也决定着社会主义经济建设和政治建设的发展方向。

贯彻十六大报告提出的工作要求，教育特别是学校德育要深入研究德育与依法治国和以德治国的思想，充分发挥德育在实施依法治国和以德治国中的基础作用。要根据学校教育的工作特点，在坚持依法治教、依法治校的同时，加强以德治教、以德治校的力度，把提高教师的职业道德素质作为贯彻十六大精神的一个重要落脚点，增强教师的法制观念和以德育人的自觉性。要对青少年的法制教育和道德教育的现状进行调查研究，深化德育目标、内容、途径、方法、管理和评价体系的研究与实验，为构建现代化、科学化、规范化、系统化的社会主义思想道德体系而努力实践。

四、努力推进德育体系创新

江泽民同志在十六大报告中提出："要建立与社会主义市场经济相适应、与社会主义法律规范相协调、与中华民族传统美德相承接的社会主义思想道德体系。"对社会主义思想道德体系的这种系统的表述，在我们党和国家的历史上是第一次。这一思想植根于我国改革开放以来社会主义经济、政治、文化建设的伟大实践，是在实践中对社会主义经济、政治、文化建设的经验及发展规律的科学总结，是一个重大的理论创新。这一科学论述为深化教育改革，推进德育体系创新确立了重要的指导方针。

德育体系创新要认真贯彻《公民道德建设实施纲要》。《纲要》以江泽民同志提出的依法治国与以德治国相结合和加强思想道德建设的思想为指导，创造性地提出了公民道德建设的指导思想、方针原则、主要内容、形式方法、手段和机制，论述了建立与社会主义市场经济相适应的道德体系的重要意义及其内容要点，论述了坚持继承优良传统与弘扬时代精神相结合以及道德建设与民主法制的统一关系，构建了覆盖社会各层面的道德建设实施系统，提出了"积极探索新形势下道德建设的特点和规律，在内容、形式、方法、手段、机制等方面努力改进和创新"，为德育体系创新提供了理论依据，营造了全社会性的政策环境。因此，认真学习领会和全面落实《纲要》要求，是创新德育体系的首要环节。

德育体系创新要坚持科学性和整体性的基本原则。江泽民同志对建立社会主义思想道德体系的论述的突出创新点，是科学性和整体性。在科学性上，江泽民同志的论述反映出对思想道德体系与市场经济、法律规范和中华民族传统美德的内在联系的整体认识，包含着对社会主义文化建设与经济、政治建设发展规律的把握和运用。整体性是科学性的综合展现。整体构建学校德育体系要注重对教育规律及德育规律的全面把握和运用，要从社会主义物质文明、政治文明、精神文明建设和发展的整体联系中认识学校德育工作，从坚持“三个面向”，全面推进素质教育的整体教育改革中认识德育工作，从德育的目标、内容、途径、方法、管理、评价各要素系统的整体联系中认识德育的科学内涵和实施特点。坚持科学性和整体性的基本原则，有助于促进德育思想理论的创新，是德育体系创新的一个必要的科学基础。

德育体系创新要深化德育目标内容体系研究。主要包括：第一，把弘扬和培育民族精神纳入德育的目标内容。落实江泽民同志在十六大报告中提出的“必须把弘扬和培育民族精神作为文化建设极为重要的任务，纳入国民教育全过程”的要求，研究制定各学段各年级民族精神教育的目标内容，构建全程性民族精神教育的实施体系，要把民族精神与传统美德和现代道德融为一体，与现代意识和时代精神融为一体，使民族精神成为世界观、人生观、价值观教育的重要内容要素。第二，对如何构建与社会主义市场经济相适应、与社会主义法律规范相协调、与中华民族传统美德相承接的德育目标内容体系进行综合性研究，为构建科学、系统的社会主义思想道德体系奠定基础。第三，深入研究在我国社会经济成分、组织形式、就业方式、利益关系和分配方式多样化的发展过程中出现的各类社会阶层的思想道德状况及培养需求，深化认识“社会主义事业建设者”的时代内涵，坚持与时俱进，进行德育目标内容的创新性研究。第四，密切结合新课程改革的理论与实践，对德育内容及其载体进行发展性研究，使德育在素质教育中更好地发挥导向、动力和保证作用。第五，按照年龄和品德形成发展规律，对德育目标内容进行分学段分年级的层次化研究，对思想、政治、道德、法纪、心理教育各自的具体内容、特点和教育规律进行深化研究。第六，对科技道德、环境道德和网络道德教育内容进行应用性专题研究。

德育体系创新要继续深化对德育途径、方法、管理和评价等德育实施体系的研究与实践。要加强德育途径和方法的现代化研究，深化德育活动课研究；探索和总结班主任工作与心理健康教育工作相结合的经验和规律，深化学科德育研究。要适应信息化社会特点，加强德育资源的开发建设，加强校园文化和校外德育基地建设，开展多种形式的社会实践活动，深化德育实践环节。加强对家庭教育的研究和指导，以建立学习型社会的现代观念，构建学校、家庭、社会立体化、全程性的教育网络体系。德育管理和评价要把提高教师的职业道德素质和学生思想品德素质，增强德育的科学性、实效性作为重要归结点，构建党、政、工、教、团、队协调统一的、具有育人合力的德育工作体系，研究制定科学的德育评价指标体系，研发和运用现代化德育评价手段。

德育体系创新是德育工作贯彻落实十六大精神，坚持解放思想、实事求是、与时俱进的具体体现。德育体系创新是一种综合性的教育创新，它必将促进德育的思想理论和内容方法等各领域全面创新和发展。

论以德治国与以德育人*

以德治国，是党中央在我国社会经济步入新的发展时期提出的重要治国方略，是在深刻总结历史与当代、国内与国外治国经验的基础上做出的科学论断。以德治国思想的提出，在客观上把国家的道德建设，把对全体人民尤其是青年一代的道德教育摆到了治国安邦大计的重要战略地位，为新时期学校德育工作指明了方向。

一、“以德治国”是新世纪我国社会全面发展的必然要求

(一)“以德治国”方略提出的背景

党的十五大提出了“依法治国”和把我国建设成为社会主义法治国家的基本治国方略，九届人大在修改《宪法》时，将这一治国方略写进了新《宪法》。以宪法为核心的有中国

---

* 本文是作者在教育部“依法治国与以德治国”学术研讨会上的演讲稿，收入中央教科所德育研究中心成立十周年学术研讨会论文集《二十一世纪中国德育改革与创新》，学苑出版社 2002 年出版。后发表在《大教育导刊》2002 年 5 月 12 日。

特色社会主义法律体系的框架已基本形成。

然而，相比较而言，道德建设则比较软弱，其成就也显得相形见绌。举例来说，现在违法犯罪一个特别值得关注的现象，是执法人员的违法犯罪案例明显上升，海关、公安、法院、检察院等部门，近几年都有震动全国的大案要案发生。有法不依、执法不严、徇私枉法、寻情枉法、以权代法、以钱买法的现象依然严重存在。如厦门特大走私案是新中国成立以来查处的最大的一起经济犯罪案件。涉案金额之大、人员之多、案情之复杂、经济犯罪和腐败问题之严重，触目惊心。走私犯罪与腐败行为密不可分。走私滋生腐败，腐败助长走私；走私支撑腐败，腐败加剧走私。这些执法人员违法犯罪，不是因为不懂法，而是因为丧失了德。

针对我国社会主义现代化建设面临的新情况和新问题，思考古今中外治国安邦的经验教训，以江泽民同志为核心的党中央自2000年6月28日至2001年7月1日，在一年之内先后四次讲到“以德治国”。形成了以德治国与依法治国相结合的治国方略。

江泽民同志在2000年6月28日召开的全国思想政治工作会议上提出，法律和道德作为上层建筑的组成部分，都是维护、规范人们思想和行为的重要手段，它们相互联系、相互补充，法治以其权威性和强制手段规范社会成员的行为，德治以其说服力和劝导力提高社会成员的思想认识和道德觉悟，道德规范和法律规范应该相互结合，统一发挥作用。

在2001年初召开的全国宣传部长会议上，江泽民同志又进一步强调要把“法治”和“德治”、把“依法治国”和“以德治国”紧密结合起来，指出：“我们在建设有中国特色社会主义，发展社会主义市场经济的过程中，要坚持不懈地加强社会主义法制建设，依法治国，同时也要坚持不懈地加强社会主义道德建设，以德治国。对一个国家的治理来说，法治与德治，从来都是相辅相成、相互促进的。二者缺一不可，也不可偏废。”

在2001年3月召开的九届人大四次会议上，这一思想被正式写入了朱镕基总理所作的政府工作报告以及《中华人民共和国国民经济和社会发展第十个五年计划纲要》两个重要的国家文献中，从而表明，“以德治国”像“依法治国”一样，作为“治国方略”的重要方面，得到了全国人民代表的普遍认同。

2001年7月1日，江泽民同志在《在庆祝中国共产党成立八十周年大会上的讲话》中进一步指出：“加强社会主义思想道德建设，是发展先进文化的重要内容和中心环节。……要把依法治国同以德治国结合起来，为社会保持良好的秩序和风尚营造高尚的思想道德基础。”

“以德治国”方略的提出，正是从经济社会发展新的形势、新的任务和新的要求出发，针对当前社会存在的腐败现象和思想道德方面带倾向性的问题而提出的战略部署。既是对我们党重视思想道德建设光荣传统的继承，又是结合新的历史条件，从治国安邦的战略高度做出的理论创新，是对马克思主义国家学说的发展，是对毛泽东思想、邓小平理论在治国方略方面的丰富和完善。

(二)“以德治国”与“依法治国”的关系

在学术界，有人对“以德治国”提出质疑，担心强调“以德治国”会削弱甚至淡化“依法治国”。笔者认为这种担心是不必要的。理由有三：

其一，提出“以德治国”，是对依法治国的进一步肯定和强有力支持。

一般而言，道德是立法和执法的基础。从一定意义上讲，法律规范也是道德规范。在大多数情况下，法律规范是道德的“底线”，是一个社会所能允许的最低的行为标准，超出了这个标准或“底线”，就会妨碍甚至危害社会和他人的利益，因而必须用国家机器的强制手段，来防止社会成员越过这条“底线”，社会成员一旦越过了这条底线，就将受到国家机器的制裁。强调“以德治国”，从法律规范和道德规范相互关系的角度看，本身就是对法律规范的一种强化，是通过加强道德建设特别是加强道德教育的功能，巩固法律的基础，以道德的正当性保证法律的正当性，尤其是保证立法和执法的正当性。其中，道德教育，在立法和执法的领域，主要的是针对立法和执法人员的道德素质的教育。立法和执法人员在道德教育的感染下提高了道德觉悟和道德境界，本身就是提高了执法守法的觉悟和境界，从而为他们自觉遵循“有法可依，有法必依，违法必究，执法必严”的方针，创设了最良好的道德前提。

其二，提出“以德治国”，是在施行社会主义法制的同时加强道德建设。

总体上说，法律规范是相对确定的，具有较严格的含义，可以用刚性的尺度来衡量人们是遵守还是违犯了法律规范。法治以其权威性和强制手段规范社会成员的行为。相对于法律规范而言，德治以其说服力和劝导力，靠提高社会成员的思想认识和道德觉悟来调节社会成员的行为。道德规范既有确定的方面，也有不太确定的方面，往往具有比较宽泛的解释余地。因此，一般来说法治是第一位的，德治是第二位的，特别是在社会大变革的时期尤其是这样。在社会相对稳定时期，德治才能发挥更大的作用。“以德治国”是在“依法治国”的同时加强道德建设，并不是离开法治的孤立的道德建设。道德是法治的基础，法律是德治的保障。

其三，提出“以德治国”，是对“依法治国”的补充和完善。

“依法治国”与“以德治国”相结合，是对治国方略更加深刻、更加完整的认识和表述，是治国理论的发展，是政治上成熟的表现。德治与法治，互相补充，相得益彰，共同构成完善的治国方略。首先是功能互补，法治是靠法律的权威性和强制性来规范人的行为，调节人际关系的；而德治是靠道德的说服力、劝导力、内心信念和社会舆论的力量来规范人的行为，调节人际关系的；前者主要靠他律，后者主要靠自律，二者互为补充。其次是范围互补，法律只是对违法的行为进行惩处，而对“缺德”不违法的行为是不干涉的；道德则是通过社会舆论对“缺德”的行为进行批评教育，弘扬正气，抵制歪风，减少犯罪。法律制定得再多，也不可能包罗人们社会生活、家庭生活特别是私生活的全部内容，而道德则比法律作用的范围要宽泛得多。第三是时间先后互补，汉代思想家贾谊曾说：“礼者禁于将然之前，而法者禁于已然之后。”德治的作用在事先，法治的作用在事后，形成了时间先后作用的互补性。总之，法律和道德，法治和德治，如车之两轮、鸟之双翼，相辅相成，相互促进，相互补充，缺一不可。

(三)当代德治与古代德治的联系与区别

在学术界，还有一种观点，担心提出“以德治国”会导致“人治”。笔者认为这种观点混淆了当代德治与古代德治的界限。今天我们强调以德治国，既要看到与中国古代儒家德治思想的联系，又要看到二者之间的本质区别。应当采取历史唯物主义的态度，对儒家的德治思想进行批判继承，取其精华，去其糟粕，古为今用，推陈出新。

春秋战国时期，是诸子百家争鸣的时代。儒家、法家、墨家等各执一端，争论不休，谁也没有成为统治阶级正统思想。战国末期秦始皇任用法家李斯为相，发展经济，壮大军事，富国强兵，先后灭六国建立第一个中央集权的封建王朝。秦朝的统一，应当说是法家思想的胜利。然而，秦朝是短命的，二世而亡。汉朝统治者为了长治久安，吸取了秦朝过早灭亡的教训，意欲从严刑峻法的法治思路中走出来，寻找一种治国安邦的更好的“药方”。从西汉初期到汉武帝时期，经过陆贾、贾谊、董仲舒等儒家代表人物的提倡，儒家的“德治”思想，正式为统治者所接受。汉武帝“举贤良对策”，董仲舒对了一策“罢黜百家，独尊儒术”，被汉武帝采纳。从此儒家的德治思想被定为一尊，成为封建社会的正统思想。儒家在批判法家思想的同时，也进一步吸收了法家思想的一些内容，主张德治，但不否定法治；强调德治，但未忽视法治。从而提出了“刑者德之辅”的思想，由此确立了儒家“德主刑辅”的治国方略。儒家的“德治”，包括“德政”和“德教”两个重要的方面，既重视统治者的道德垂范，也重视老百姓的道德教化。儒家主张“修身、齐家、治国、平天下”，把“内圣”与“外王”统一起来，在强调德治的同时，尤其重视德教，提倡“克己”“修身”“自省”“内讼”“慎独”，力求使这些道德原则和道德规范内化为人们的内心信念，以达到他们理想的“德治”的目的。儒家的德治思想在中国古代是有一定的合理性和积极意义的，对于国家的统一、民族的融合、社会的稳定，曾经发挥过重要作用。

然而，古代儒家的德治，是人治的一种具体实施形式。导致儒家的德治归结为人治的是皇帝一人家天下之治的封建专制制度，而不是德治思想本身。中国古代社会一人之治的现实社会制度，决定了君主和皇帝无论采用什么办法来治理国家，都只能是“人治”的不同手段而已。秦始皇实行的是“人治”，汉武帝实行的也是“人治”，一个是法治的“人治”，一个是德治的“人治”。法治和德治都是“人治”的手段，因此，不能说德治与人治有必然的因果关系。

社会主义现代化建设的今天，我们强调的依法治国与以德治国，是建立在社会主义经济基础和政治制度之上的治国方略，是社会主义民主政治的一个有机组成部分，是与社会主义法治不可分割的治国方略的一个重要手段。今天的德治不是人治，也不会导向人治；今天的德治是社会主义制度条件下的德治。不能与封建专制制度下的“法制”“德治”混为一谈。不能认为现在提出的以德治国是与依法治国对立的，更不能认为提出以德治国必然导向人治。

二、“以德育人”是“以德治国”在教育领域的贯彻和实施

以德治国方略在教育领域的贯彻实施，对于各级教育行政部门来说，就是要“以德治教”；对于各级各类学校来说，就是要“以德治校”；对于广大教师来说，就是要“以德育人”。总的来说，就是要切实加强改进学校德育工作，这是贯彻以德治国方略的内在要求。

(一)推进“以德育人”要充分认识德育工作的重要性

世纪之交，中央确定了深化教育改革、全面推进素质教育的战略任务，对中小学德育工作提出了新的要求。同时，当前我国正处在改革的攻坚阶段和发展的关键时期，社会情况发生了复杂而深刻的变化，影响着青少年学生的价值取向；国际国内意识形态领域的矛盾和斗争更加复杂，尤其是国际敌对势力加紧对我国青少年一代进行思想文化渗透，个人主义、拜金主义、享乐主义等消极腐朽思想给青少年学生带来了消极影响。

值得注意的是面对国内外形势的新变化、教育改革与发展的新任务和青少年思想教育工作的新情况，中小学德育工作还很不适应。突出表现为“三重三轻”“三个不适应”：重智育轻德育、重课堂教学轻社会实践、重校内教育轻校外教育的倾向比较严重；德育工作不适应青

少年学生身心发展的特点，不适应社会生活的新变化，不适应全面推进素质教育的要求，方法与手段滞后，针对性和实效性不强；全社会关心和支持教育的风气尚未全面形成，一些地区的社会环境不利于青少年学生健康成长；一些教师的思想道德素质与教书育人、为人师表的要求存在着较大差距，教师职业道德建设亟待加强；德育工作的保障措施不够有力，体制、机制、队伍建设和经费投入等政策措施不到位。

中共中央办公厅、国务院办公厅《关于适应新形势进一步加强和改进中小学德育工作的意见》明确指出，各级党委和政府，各有关部门和社会各界，各级教育行政部门和广大教师都要从战略的高度，充分认识加强和改进中小学德育工作的重要意义，深刻认识当前做好青少年思想教育工作的必要性和紧迫性，千方百计把这项工作抓紧、抓实、抓出成效。

(二)推进“以德育人”要全面理解德育概念的内涵

任何概念都有广义和狭义之分，狭义的德育是指道德教育。学校德育作为一门综合性的应用学科，其概念的内涵应该取其广义。德育是指教育者按照一定社会的要求，有目的、有计划、有组织地对受教育者进行系统的影响，通过教育者和受教育者双主体在实践活动中的互动，把一定社会的政治准则、思想观点、道德规范、法纪规范和心理要求，转化为受教育者个体的政治素质、思想素质、道德素质、法纪素质和心理素质的教育。所以德育不仅仅是道德教育的简称，不仅仅是思想政治教育的同义语，而应是思想教育、政治教育、道德教育、法纪教育和心理教育五要素的有机统一。它们各有自己的特定内涵，但又互相联系，互相渗透，互为条件，互相制约，构成了德育统一体。其中政治思想教育是灵魂，道德教育是重点，法纪教育是保障，心理教育是基础。这五者不可割裂，更不能互相取代。如果在理论上仅仅把德育视为“政治思想教育的同义语”或“道德教育的简称”，那么在德育实践上就会失之偏颇。“文革”期间，由于“突出政治”，政治教育代替一切，道德教育被忽视乃至被取消，造成了一代人道德水准下降以致整个社会风气败坏。80年代后期，由于“淡化政治”，政治思想教育薄弱，致使自由化思潮乘虚而入，泛滥成灾，最终酿成动乱。这两方面的教训是极其深刻的，必须永远记取。

(三)推进“以德育人”要科学确立德育目标层次

德育目标是党和国家对青少年儿童在政治素质、思想素质、道德素质、法纪素质、心理素质等方面所达到的规格要求，是德育工作的出发点和归宿点。

德育目标确立的依据是从建设有中国特色的社会主义实际出发，坚持面向现代化、面向世界、面向未来的方向；是根据党和国家对青少年儿童一代在“德”方面的要求，遵循青少年和儿童品德形成和发展的规律。坚持方向性和现实性的统一，党和国家的要求与青少年成长规律的辩证统一。

德育总体目标是：教育学生学会做人，做一个文明礼貌，人际和谐的人；知法懂法，守法用法的人；不怕挫折，心理健康的人；辩证唯物，进取创新的人；热爱祖国，政治合格的人。

构建德育目标体系的要求是：总体目标，一以贯之；学段目标，各有侧重；年级目标，具体明确；情意兼顾，知行统一。按这样的要求实施德育，把全体学生培养成热爱祖国，遵纪守法，具有文明行为习惯的好公民；在此基础上，引导他们树立正确的世界观、人生观、价值观，培养他们成为社会主义事业的建设者和接班人；为使他们中的优秀者在将来成为具有共产主义觉悟的先进分子奠定基础。

(四)推进“以德育人”要整体构建德育内容体系

德育内容是为实现德育目标而确定和安排的特定的教育内容。德育内容的性质和构成由德育目标决定；德育内容的深度和广度为受教育者年龄特征和思想品德发展水平所制约；德育内容的针对性从学生成长的需要和现实社会的迫切要求出发。

整体构建德育内容体系要坚持贯通古今，融会中西；继承借鉴，发展创新的原则。

中国思想文化的发展战略是以马克思主义为指导，以中华民族优秀传统文化为根基，吸收和借鉴世界各国一切有价值的文明成果，整合出代表先进文化前进方向的有中国特色的社会主义新文化。德育文化作为中国文化的一部分，我们主张中西文化的融合，构建“贯通古今，融会中西，继承借鉴，发展创新”的21世纪有中国特色的社会主义学校德育体系。中国历代哲学家、思想家、教育家对德育的思考和论述源远流长，博大精深，且影响广远。那种“究天人之际，通古今之变”“自强不息”“厚德载物”的人生智慧具有强大的生命力和包容性，以及“天下兴亡，匹夫有责”的爱国主义精神；“天下为公”“修齐治平”的整体主义精神；“刚健有为、自强不息”的积极进取精神；“先天下之忧而忧，后天下之乐而乐”的先人后己的精神；“见利思义”“先义后利”的价值取向；“富贵不能淫、贫贱不能移、威武不能屈”的浩然正气；“杀身成仁”“舍生取义”的高风亮节；“勤劳简朴、诚实守信”的求实精神；“仁者爱人”“成人之美”的友爱思想；“孝敬父母”“尊老爱幼”的道德品质等等形成了中华民族之魂和民族精神。德育体系作为一种综合性的道德文化，必须而且必然植根于母体传统文化的沃土之中。要坚持批判继承、去糟取精、古为今用的原则，使其成为构建德育体系的思想材料。

在对待西方文化的问题上，采取闭关自守、全盘否定，或崇洋媚外、全盘西化这两种极端的观点都是错误的。而应当分析、鉴别、学习、借鉴、吸收、利用。自欧洲文艺复兴运动以来形成的尊重人性、弘扬个性、崇尚科学、强调民主、强化法制的精神，已成为缓解社会矛盾，推动社会进步的力量。要吸收、借鉴其中有价值的教育理念、教育内容和教育方法，做到洋为中用，使其成为构建德育体系的有益补充。

通过中西方文化的冲突与整合、碰撞与融合，实现两种文化的优势互补和发展创新，形成适用于市场经济的民主法制、权利义务、公平竞争、互利互惠，公关信息、效率效益、文明消费、依法纳税、服务质量、开拓创新等观念，使整体构建的德育内容体系既有民族特色，又具时代精神，代表着先进文化的前进方向。

整体构建德育体系的思路以系统论为理论依据，整体构建德育内容体系，把德育内容的要素结构和层次结构划分出来，以五大要素为纬，以各要素的不同层次为经，按照整体性、有序性、动态性的原则，把它们有机组合起来，依据不同年龄阶段学生的身心特点、知识水平和成长规律，由浅入深，由低到高，由具体到抽象，由感性到理性，分层递进、螺旋上升，构建从小学到大学各个年级的德育内容，克服倒挂、脱节、简单重复、过频变动和脱离实际的问题，使德育内容循序渐进；德目规范，形成序列；要素完整，层次清楚；注意衔接，螺旋上升，形成科学化、系统化、规范化、现代化的德育内容体系。

(五)推进“以德育人”要切实加强德育实践环节

德育的本质是实践的，它不仅要解决学生知不知、会不会的问题，更要解决学生信不信、行不行的问题，即不但要授之以知、晓之以理，而且还要动之以情、导之以行。德育过程是知、情、意(信)、行诸环节构成的，只有知识传授，而无情感陶冶、意志磨炼和行为引导是不完整的德育。而德育活动是德育的有效途径，既有课堂德育活动，又有课外德育活动；既有校内德育活动，又有校外德育活动。其中主题班会、主题团队会是最直接、最经常、最普遍的德育活动。它主题明确，针对性强，内容丰富多彩，形式生动活泼，是对学生进行思想品德教育的有效途径。主题班会、主题团队会应当形成制度，列入课程表，作为德育活动课的基本形式。从而避免单纯传授知识、空洞讲授理论、死记硬背概念等脱离实际的倾向，增强德育的科学性、针对性和实效性。在德育活动中，要尊重学生的主体地位，坚持德育"双主体论"理念。教师是教育主体，学生是受教育主体，教师和学生应当互相尊重对方的主体地位。在德育目标的确定上，不仅要考虑社会的要求，更要重视学生自身成长的需要。在德育内容的安排上，不仅要依据社会规范，更要遵循学生的年龄特征和品德形成发展规律。在德育途径和方法的运用上，不仅要发挥教师的主导作用，更要强调学生的主体参与。从而改变传统的"以教师为中心，以教材为中心，以课堂为中心"的"旧三中心论"，建构"以学生为中心，以活动为中心，以体验为中心"的"新三中心"。使学生在活动中去体验、感悟生活，内化为道德信念，外化为道德行为，这是学生自为性、自主性、能动性的集中表现。

(六)推进"以德育人"要逐步建立德育评价机制

德育评价是学校德育管理工作的重要环节，也是保证学校德育目标实现的必要措施。德育评价是加强和改进学校德育工作的重点和难点。德育评价体系的构建遵循三级评价，体系健全；指标体系，科学简明；评价原则，科学规范；评价方法，适用可行的原则。德育评价体系的构建是学校德育工作中一项带有根本性的建设，对于督导检查学校德育工作的水平和质量，推动德育由虚变实、由弱变强、由软变硬发挥着不可替代的监督保证作用。

为此，德育研究中心编写了学生整体素质综合评价手册——《成长册》，与《成绩册》虽然只是一字之差，却有着本质之别。《成长册》是对学生进行全面素质评价，《成绩册》只是对学生学习成绩的评价；《成长册》是形成性评价，《成绩册》是终结性评价；《成长册》是学生自我评价和师生、家长双向评价，《成绩册》是教师对学生的单向评价；《成长册》的评价主体是学生，《成绩册》的评价主体是教师；《成长册》生动活泼，《成绩册》形式死板。

《成长册》的编写坚持导向性和激励性、科学性和系统性、形成性和阶梯性、主体性和个体性、操作性和趣味性的原则。《成长册》篇章有：成长环境篇、成长目标篇、成长过程篇、成长交流篇、成长成果篇。《成长册》评价内容，小学段是：学会做人，学会求知；学会健身，学会健心；学会审美，学会劳动。中学段是：思想道德篇、科学文化篇；身体心理篇、审美艺术篇；劳动技能篇、个性特长篇；创新精神篇、自育能力篇。通过这些方面的内容激励学生自尊、自爱、自信、自立、自强，引导和培养学生自订成长目标，自析成长环境，自寻成长动力，自开成长渠道，自研成长方法和自评成长效果，使他们成为自身全面发展的主人。

社会转型时期学校德育的反思与构建*

当前，我国正处于由计划经济体制向市场经济体制的转型时期，与西方市场经济百年发展、完善的过程相比，我国的社会转型是以历史浓缩的形式，把社会转型中的各种社会问题几乎同时呈现出来。如何应对社会转型时期人们思想观念的变化，加强和改进学校德育是一个重大的理论与实践课题。

一、社会转型对学校德育的双重效应

随着社会主义市场经济的确立和发展，我国的经济形成了多元化发展的格局。经济形式的多元存在带来了人的思想观念的转变，这些观念给人们的思想注入了新的生机。同时，市场经济是凸显个人利益的求利经济，凸显金钱地位的货币经济，优胜劣汰的分化经济，利益主体的多元化必然导致人们思想的多样性、复杂化。尤其在我国社会主

---

* 本文与许建争合作，原载《教育研究》(核心期刊)2002 年第 9 期，并转载于中国人民大学书报资料中心《教育学》2003 年第 3 期。

义初级阶段，在生产力尚不够发达，法制尚不够健全，市场经济体制有待进一步完善的情况下，学校德育工作希望与困难同在，机遇与挑战并存。

(一)市场经济自主经营的原则激发了人主体意识的生成，同时诱发了个人主义倾向

理性经济人原理表明，在以市场经济为基础的社会，人们经济活动的根本动机是追求自身利益，但是人们的行为又是理性的，也就是能够根据市场处境，判断自身利益，并凭借已有的知识和经验，尽可能追求效用的最大化。在市场经济条件下，无论是企业还是事业单位或个人，只要进入市场，行为必然受市场机制的制约。经济人的行为和动机决定在交易或交换中，人们会采取那些被认为将给自己带来最大净收益的行为，并在取得收益时规避风险。理性经济人假说表明，市场主体是独立的存在体，但是基于独立存在的行为是有风险意识的，在追求个人利益的同时是处于理性思考的。基于存在的独立性，权衡的主体性，选择的自主性，对风险的规避性，使市场在“自由”交换中有着合理的理性内核，从而使市场经济在无形之手的支配下，处在一种自发的良性运转之中。市场经济理性经济人所遵循的自主性原则要求经营主体具有充分的自主权，实行自我约束、自主经营、自负盈亏。市场经济这种特质赋予人们主体意识，讲求等价交换，公平竞争，唤醒了人们的巨大积极性、能动性。人们的风险意识、使命感和责任心也随之加强，有利于人的独立性、创造意识的形成。这有助于促进学生主体意识的觉醒，以独立的人格关注现实、思考未来，为推进学生主体精神的发挥和自我价值的实现，为道德的主体性发挥奠定了基础。

从另一方面看，市场经济自身存在着盲目性、自发性、滞后性以及“市场失灵”的情况，在社会主义初级阶段，各项制度还不完善，在个人主体意识与利益的驱使下，有可能诱发极端利己主义、极端个人主义。对青少年学生而言，其主体意识的增强，只是表明他们社会化过程的加速，并不等于他们已具有良好的主体意识，不等于他们已具有行为的自控性和自主性。相反，在缺乏积极正确引导的情况下，容易助长他们的个人主义，表现在思想和行为上不关心国家、集体和他人利益，唯我独尊，我行我素。

（二）市场经济所有制形式的多元化促进了社会生产力的发展，同时利益群体的多样化相应导致思想价值取向的多元性

公有制为主体、多种所有制经济共同发展，是我国社会主义初级阶段的一项基本经济制度。党的十一届三中全会以来，遵循以公有制为主体，多种经济成分共同发展的方针，逐步消除了所有制结构的不合理因素对生产力的羁绊，出现了公有制实现形式多样化和多种经济成分共同发展的局面。作为社会主义经济重要组成部分的非公有经济，呈现出兴旺发达的态势，体现了市场经济的开放性，实现了市场经济与社会主义所有制的完美契合。在社会主义市场经济体制中，市场竞争机制、价格机制、价值规律等整合为有机的统一体，促进了多种经济成分共同发展，解放了生产力、发展了生产力，促进了物质文明的进步，推动了精神文明的发展。社会宏观环境的良性运行为学校德育工作的改进和加强提供了坚实的社会基础。

从另一方面看，所有制经济形式的多元存在，形成了多种利益群体，相应地表现为多种意识形态。在现实生活中，既有反映社会主义市场经济积极的、健康的意识，也有反映小商品生产封闭、保守的意识；既有反映过去计划经济统筹过死的产品经济意识，也有反映资本主义市场经济初期原始积累的意识。在价值观方面，无私奉献，公私兼顾，合理利己和极端利己主义价值观并存。在外来文化和民族传统文化的传播中，积极因素和消极因素并存，精华与糟粕同在等等。这种复杂多元的社会现象通过家庭和社会种种渠道渗透到学校中来，使学生的思想行为、价值取向呈现出复杂性和多元性，使其理想信念、价值取向、道德观念等方面面临多种选择，而其中消极因素必然对青少年学生产生负面影响。

(三)市场经济的效益原则增强了效益观念和求实精神，同时诱发了拜金主义和重利轻义倾向

市场经济的效益原则、利益驱动原则，是市场经济生命力的支撑点，促使市场主体在追求经济效益过程中，遵循“低成本、高效率”，“少投入、多产出”的法则，遵循优胜劣汰、适者生存的规律。在目前我国物质生活条件还不够高，生产力尚不够发达的社会主义初级阶段，这些原则对提高经济效益，推动社会发展、科技进步具有积极的意义。市场经济优胜劣汰、适者生存的竞争机制有利于培养学生的效益观念和务实求实精神，有助于培养学生的进取拼搏精神。

从另一方面看，在目前我国社会主义初级阶段，市场机制、法制建设有待进一步完善的情况下，某些人钻法律的空子，谋取个人私利。市场经济竞争的严酷性会引发少数人采取不正当的手段达到求利目的心理倾向。诱发拜金主义、利己主义，偏好于追逐短期利益，忽视长期利益，致使道德滑坡等。社会上的种种消极因素通过各种途径传播到学校，对正在成长中的青少年学生的行为习惯必然产生不利影响。

(四)市场经济的完善发展与全球化趋势同步进行，促进了国人开放进取意识的生成，同时在东西文化的融合与冲突中，价值观念的多样化使青少年学生面临多元选择的困惑

当前，全球化已成为势不可挡的时代潮流，并全方位地影响着国人的生活方式和思维方式。随着市场经济的完善发展，我国不可避免地被全面卷入全球化浪潮。入世更强化了这一进程，使国人不仅要面对国内竞争的压力，而且要面对国际竞争的压力，求生存、求发展，成为每一个中国人内在的驱动力，计划经济条件下形成的依赖性、保守性、封闭性和僵化性等思想观念受到了前所未有的挑战，与时俱进，开放进取成为时代潮流。

另一方面，全球化浪潮的推进和科学技术的迅猛发展，形成了一个新思想文化阵地，各种思想得以迅速在网上传播，对于优秀文化成果的吸收有利于社会主义新文化的建设，而其中的文化垃圾，没落的道德价值观念、生活方式，个人主义、享乐主义等思潮的传播，使一些人自私自利的贪欲不断膨胀，给青少年的价值选择带来了新的挑战。如何引导青少年正确地休闲、娱乐、消费，避免不良社会风气、生活方式的侵蚀，成为现实生活中值得注意的问题，也对新时期德育提出了新的要求。

二、构建德育体系应处理好的几个关系

(一)德育的适应性与超越性的关系

社会主义市场经济体制的确立是符合我国社会发展规律和人民根本利益的抉择，市场经济建设的成效在根本上取决于人的素质。德育作为素质教育的灵魂，市场经济的确立对其提出了更高的要求：一方面，道德作为上层建筑，必然受与之相对应的经济基础的制约，道德必须适应而不可回避、排斥市场经济；另一方面，道德作为意识形态，对与之相对应的经济基础具有能动作用，道德必须超越而不能仅囿于适应市场经济。只有在适应中超越，在超越中适应，螺旋上升，层递发展，德育才能在培养与造就我国现代化事业的人才中发挥应有

的作用。

德育作为一种教育活动，属于精神活动，要受物质的、现实的生活制约。德育对市场经济的适应性要求立足市场经济的实际，适应社会，贴近生活。但德育的适应性不是消极的适应，而是积极的适应。一方面立足于市场经济自主经营、平等互利、自负盈亏的实际，引导学生树立主体性、协调性等观念，尊重学生的独立人格，充分挖掘、发挥个体的创造力，使学生确立平等互利、公平诚信的原则，促进社会的和谐有序发展。另一方面立足于市场经济的竞争性，引导学生树立进取、开拓、创新精神和时效、信息等功效性价值观念，并基于市场经济的风险性、不确定性培养学生适应市场经济的良好心理素质，促进学生实现与市场经济的契合，在市场经济的大潮中能够成为弄潮儿。

德育仅停留在适应市场经济的层面，还不足以发挥其对经济的能动作用。思想道德作为一种精神活动，它是对可能的未来世界的一种把握与向往。德育对市场经济的超越是在能动适应中的超越，是在扬弃中的超越，更是在可能的条件下的超越。① 一方面，引导学生积极克服、消解市场经济的负面影响，促使思想意识、行为规范合理化，避免急功近利、见利忘义的思想行为；另一方面，引导学生形成更高层次的思想品德、价值观念，提升他们的道德境界，形成高尚、完美的人格，从而在适应中实现超越，体现主动适应、积极作为的特征。德育正是“按照某种超越于现实的道德理想去培养和塑造人，促使人去追求一种理想精神境界与行为方式，以此实现对现实的否定”。②

---

① 兰刚：《关于21世纪德育的前瞻性思考》，载《江苏高教》，1999(1)。

② 鲁洁：《道德教育：一种超越》，载《中国教育学刊》，1994(4)。

也正是由此，德育通过为未来培养具有主体性的人的现实活动，来超越现时代而不是停留在复制现有规范上，从而实现对人的全面发展、社会进步的拉动作用，最终发挥其对客观世界的改造作用，推动社会文明的发展进程。

（二）教师的主体性与学生主体性的关系

社会主义市场经济体制的确立激发了人的主体意识，为德育过程中人的主体意识的实现提供了现实的外在社会环境。按照马克思主义经典作家的观点，主体是人，客体是自然，教师和学生都具有能动性，都应是主体。作为道德的载体，师生又表现为道德主体。道德主体主要是个体以认识、肯定、发展和完善自己为己任的。而且作为道德主体，师生又表现为德育主体。德育主体不仅要尽相应的道德义务，更要求个体和群体道德认识、道德情感、道德修养向较高层次迈进。

德育作为德育主体的一种实践活动过程，其实质是学生主体在教师主体帮助下，消化、吸收、实践德育内容的过程，在此过程中，学生处在一定社会和自身成长的发展阶段，受社会环境和自身道德发展规律的制约。因此在德育目标的确定上，不仅要考虑社会的要求，更要重视学生自身成长的需要；在德育内容的安排上，不仅要依据社会规范，更要遵循学生的年龄特征和品德形成发展规律；在德育途径和方法的运用上，不仅要充分发挥教师的主导作用，更要强调学生的主体参与。教师的主体作用体现在保证学生的自觉主动性的充分发挥方面。在德育过程中，教师的活动是可以变化的，学生的品德发展规律是不可替代的，道德认识的发展，道德情意的感化，道德行为的展开都由学生自主完成，具有不可替代性。所以从德育起点、过程、终点三方面看，学生主体是第一性的，教师主体是第二性的。

在实践过程中，近、现代西方教育思想偏重于学生主体作用，夸大为学生中心论，导致对学生的放任、放纵。中国传统教育思想侧重于教师的主导作用，忽视了学生主体性培养，使学生缺乏主动性、创造性。因此，在德育过程中，树立教师主体与学生主体双主体合作关系的理念，使教师主体和学生主体双向互补，发挥双方的积极性，形成合力。经由这一过程，学生主体性逐渐成长，最终促进学生自我教育，达到各个具体的德育目标，从而发展和完善个体道德人格，成为适应市场经济、推动市场经济建设的主体。

(三)德育导向的一元化与道德实践的多元性的关系

社会主义市场经济建设中确立的以公有制经济为主体，多种经济形式共同发展是符合我国社会主义初级阶段基本国情的抉择。多种经济形式主要指所有制形式的多元存在。经济形式的多样性决定了道德实践主体的多元存在，由于所处的经济所有制性质的不同，个人生活背景、教育程度、思想观念的差异性，在现实生活中必然呈现出多元化的意识形态。

从另一方面看，社会主义市场经济遵循共同富裕原则为德育一元化导向提供了物质基础和道德基准，以公有制为主体为德育一元化导向提供了道德实践主体。

市场经济通过竞争机制、市场机制，强化了人们的时效观念，提高了社会生产力，并且社会主义市场经济通过对一般市场经济的扬弃，高扬了社会主义集体所有制原则，更能充分保障社会主义生产目的，即满足广大人民不断增长的物质和文化需要的实现。正是由此，社会主义市场经济的确立和发展，解放了生产力，发展了生产力，极大地丰富了人们的物质文化生活，“仓廪实而知礼节、衣食足而知荣辱”(《管子·牧民》)，为新时期德育一元化导向奠定了物质基础。同时，共同富裕作为社会主义市场经济的目标，充分体现了社会主义社会的基本理想。以其可行的实践性和可求的理想性，随着改革开放越来越深入人心，成为人与人之间、人与社会之间新型关系的规范和尺度，有机地整合了义与利的两极目标，使义与利取得了一致性并合理化。共同富裕已成为我国社会主义市场经济的道德目标和基准。

以公有制为主体的经济所有制形式决定了在道德实践主体多元化的社会中，国有大中型企业职工以及其他所有制经济成分中，国有经济成分职工道德实践群体的主体地位。共同富裕的理想使国有经济道德实践主体与非国有经济道德实践主体形成良性整合，为德育一元化导向奠定了社会基础。构建与社会主义市场经济相适应的德育体系就要加强世界观、人生观、价值观教育，加强爱国主义、集体主义、社会主义主旋律教育，在全社会确立占主导地位的共同目标、理想、信仰、意志、行为准则和精神动力。

三、整体构建中国特色学校德育体系的基本思路

整体构建中国特色学校德育体系就是以“三个代表”重要思想为指导，坚持解放思想、实事求是的思想路线，坚持系统科学的理论原则，以德性论、德育论、系统论为理论基础，以德育的目标、内容、途径、方法、管理、评价六个分系统为纬，以大、中、小学德育工作三个子系统为经，横向贯通、纵向衔接、横纵交织，构成一个时间上具有全程性，空间上具有全面性，具有中国特色，代表先进文化前进方向，贯彻“以德治国”方略要求，适应全面推进素质教育的学校德育体系。

具体而言，从纵向看，是小学、中学、大学三个子系统的纵向衔接，使每一个子系统的德育目标、内容、途径、方法、管理、评价都

应遵循不同学段学生的年龄特点和品德形成发展的规律，建立分层递进、螺旋上升、和谐衔接的有机联系。从横向看，是德育目标、德育内容、德育途径、德育方法、德育管理、德育评价六个分系统的横向贯通。使每个分系统都要落实到小学、中学、大学三个子系统之中去，遵循德育工作的规律，使德育目标、内容、途径、方法、管理、评价环环相扣、互相依存、和谐贯通，通过这种联系做到分系统自身构建的整体性。

(一)整体构建代表先进文化前进方向的学校德育体系

"三个代表"重要思想对整体构建德育体系研究具有指导意义。江泽民同志指出："发展社会主义文化的根本任务，是培养一代又一代有理想、有道德、有文化、有纪律的公民。""加强社会主义思想道德建设，是发展先进文化的重要内容和中心环节。""发展社会主义文化，必须继承和发扬一切优秀的文化，必须充分体现时代精神和创造精神，必须具有世界眼光，增强感召力。中华民族的优秀文化传统，党和人民从五四运动以来形成的革命文化传统，人类社会创造的一切先进文明成果，我们都要积极继承和发扬。"①一个"根本任务"、一个"中心环节"，确立了德育在发展先进文化中的核心地位。德育主要通过在发展先进文化中的特有功能，作用于社会主义的经济建设和政治建设，进而促进人和社会的全面发展。

德育体系作为一种综合性的道德文化，它的民族特色源于其母体传统文化的民族特性。我国古代哲学是本体论、认识论、道德论的统一，以伦理道德、人生价值的探究为中心，是一种伦理型的哲学体

① 江泽民：《在庆祝中国共产党成立八十周年大会上的讲话》，北京：人民出版社，2001年版，第19—21页。

系。作为传统文化精华的古代哲学，“究天人之际，通古今之变”，认为宇宙的法则与道德的最高准则是一致的。通过我国传统道德文化，我们可以总结归纳出最为典型的五个方面：(1)注重整体精神，强调为社会、为民族、为国家的爱国主义思想；(2)推崇仁爱原则，强调自强不息、厚德载物及人际和谐；(3)提倡人伦价值，强调个人在人伦关系中的权利和义务；(4)追求精神境界，向往理想人格；(5)重视修养践履，强调道德主体的能动作用。

西方在漫长的历史演变过程中，形成了区别于其他文化的主导精神和价值取向，这就是个性精神、科学精神、民主精神、法制精神、功利精神。古希腊追求人的独立和权利，他们尊重人性，崇尚人的自主、自律和力量，把人看作高于一切的实体。在文艺复兴运动中，思想家们主张从中世纪封建神学的禁锢中解放出来，恢复古希腊文化的人文精神，要求从神性转向人性，高扬人的理性，主张面向自然，解释自然，重新认识世界和人自身，提倡求索和创造文明。17 世纪，随着资本主义生产方式的形成和发展，崇尚理性、发展科学成为资产阶级的迫切要求。科学精神在本质上是一种崇高的道德精神。从此以后，民主理论和民主政治、法律思想和法律制度、功利思想和求利原则得到进一步发展，并成为上升时期各国资产阶级革命的武器。

整体构建学校德育体系就是要在“三个代表”重要思想指导下，贯通古今，融会中西，继承借鉴，发展创新，在德育思想、内容和方法领域中实践古今文化的贯通和批判继承，同时，也在这几个方面实践中外文化的选择和吸收借鉴。

(二)深刻领会“以德治国”重要方略，整体构建贯彻“以德治国”方略要求的学校德育体系

江泽民同志指出：“要把依法治国同以德治国结合起来，为社会保持良好的秩序和风尚营造高尚的思想道德基础。”[1]从整体上看，“依法治国”与“以德治国”相结合，是对治国方略更加深刻、更加完整的认识和表述，是治国理论的发展，是政治上成熟的表现。德治与法治互相补充，相得益彰，共同构成完善的治国方略。首先是功能互补，法治是靠法律的权威性和强制性来规范人的行为，调节人际关系的；而德治是靠道德的说服力、劝导力、内心信念和社会舆论的力量来规范人的行为，调节人际关系的，道德是立法和执法的基础，遵纪守法是基本的道德规范，德治为法治创设良好的思想和社会条件。法律主要靠他律，道德主要靠自律，二者互为补充。其次是范围互补，法律只是对违法的行为进行惩处，而对“缺德”不违法的行为是不干涉的；道德则是通过社会舆论对“缺德”的行为进行批评教育，弘扬正气，抵制歪风，减少犯罪。法律制定得再多，也不可能包罗人们社会生活、家庭生活的全部内容；而道德则比法律作用的范围要宽泛得多。再次是功效先后互补，汉代思想家贾谊曾说：“礼者禁于将然之前，而法者禁于已然之后。”(《汉书・贾谊传》)德治的作用在事先，法治的作用在事后，形成了功效先后作用的互补性。法律和道德，法治和德治，如车之两轮、鸟之双翼，相辅相成。

“以德治国”方略在教育领域的贯彻实施，对于各级教育行政部门来说，就是要“以德治教”；对于各级各类学校来说，就是要“以德治校”；对于广大教师来说，就是要“以德育人”。这是贯彻“以德治国”方略的内在要求。

整体构建贯彻治国方略要求的学校德育体系，首先要“以德治

---

① 江泽民：《在庆祝中国共产党成立八十周年大会上的讲话》，北京：人民出版社，2001年版，第20页。

教”。要切实把德育放在学校各项工作的首位，树立育人为本的观念，将“思想政治素质是最重要的素质”的要求落实到教育工作的各个环节，使德育在整个教育工作和人的整体素质发展中真正发挥导向、动力和保证作用。以德治校要求教育管理者不仅要牢固树立德育为首观念，而且要以身立德，率先垂范，做师德建设的力行者。“以德治校”是一种重要的学校管理方式，也是构建德育管理评价体系的应有内涵，要遵循德育工作的客观规律进行德育管理和评价，增强德育管理评价的科学性和实效性。“以德育人”是构建学校德育体系的根本落脚点。在构建德育目标内容体系中，继续深化道德、法纪、心理、思想、政治德育内容五要素的整体性研究。在构建德育途径方法体系中，教师要以德育德、以情育情，这是“以德育人”的前提，也是增强德育实效性的保证。“以德育人”是德育管理评价的重要内容。“以德治教”“以德治校”“以德育人”既是贯彻治国方略的教育理念，也是整体构建学校德育体系的实践环节。

(三)贯彻落实《公民道德建设实施纲要》，整体构建适应全面推进素质教育的学校德育体系

2001 年 10 月，中共中央颁布了《公民道德建设实施纲要》(以下简称《纲要》)。《纲要》总结历史，高瞻远瞩，创造性地构建了社会主义道德建设实施体系的框架。学校整体构建德育体系的思想原则和内容范围与《纲要》的内容要求存在着多方面的整体联系。《纲要》在第二十条指出：“学校是进行系统道德教育的重要阵地。各级各类学校必须认真贯彻党的教育方针，全面推进素质教育，把教书与育人紧密结合起来。要科学规划不同年龄学生及各学习阶段道德教育的具体内容。坚持贯彻学生日常行为规范，加强校纪校风建设。要发挥教师为人师表的作用，把道德教育渗透到学校教育的各个环节。要组织学生参加适当的生产劳动和社会实践活动，帮助他们认识社会、了解国情，增强社会责任感。”①第二十三条指出：“家庭、学校、机关、企事业单位和社会在公民道德教育方面各有侧重、各有特点，是相互衔接、密不可分的统一整体。必须把家庭教育、学校教育、单位教育和社会教育紧密结合起来，相互配合，相互促进。”

整体构建适应全面推进素质教育的德育体系，就要以中央关于素质教育的精神和《纲要》要求为指导，突出提高国民素质的根本宗旨，致力于培养学生的创新精神和实践能力。

提高国民素质，教育是基础。德育肩负着培养思想道德素质的重要任务，在素质教育中居于首要的地位，对全面素质教育发挥着导向、动力和保证作用。加强和改进学校德育工作，增强德育工作的科学性和实效性，是实施素质教育的一个重要任务。同时，素质教育对德育提出了更高的要求。素质教育要求全面提高学生的素质，作为素质教育重要组成部分的德育，同样应当全面提高学生的思想道德素质。思想道德素质是一个综合性范畴，包括政治素质、思想素质、道德素质、法纪素质和心理素质等。整体构建学校德育体系，要对德育的要素结构和层次结构进行分门别类的研究，一是按照儿童和青少年的年龄特征，分别研究小学德育、中学德育、大学德育以及各级各类学校德育的衔接；二是将广义的德育分解为道德教育、政治教育、思想教育、法制纪律教育、心理教育等方面，分别研究各自的特点、规律、内在机制以及它们之间的相互关系。从而为全面提高学生的思想道德素质提供理论参照和实践操作的模式，为提高国民素质，培养学生的创新精神和实践能力奠定基础。

---

① 《公民道德建设实施纲要》，北京：人民出版社，2001 年版，第 11—12 页。

市场经济的双重效应及其对价值观教育的影响*

所谓双重效应，是指市场经济对德育工作其中包括价值观教育具有正效应和负效应两个方面，也就是它的两重性。关于这个问题在学术领域里是有不同看法的，在经济学界往往是更多地看重市场经济的正效应这个方面。一谈到市场经济主要是讲它相对于计划经济有许多优点，对推动经济建设、经济发展有许多有利的地方。当然我们现在要建设社会主义市场经济体制，经济学界着眼于这个方面无疑是有积极意义的。但是，如果不承认它的两重性，看不到市场经济对经济建设和社会发展的消极方面，就有可能忽视宏观调控和放松精神文明建设，这样就容易产生片面性，对于建立社会主义市场经济体制不但是无益的而且是有害的。

与经济学界的看法相反，在精神文明领域、在德育界一谈到市场经济，往往较多地看到它在精神文明建设方面所带来的负效应、负作用或消极的方面。我认为这种观点

* 本文原载《中国青年政治学院学报》(核心期刊)1996 年第 2 期。

也是从某一个角度、某一个侧面来看待市场经济这个问题，也有一定的片面性。要全面地、辩证地来看待市场经济，就应该说市场经济具有双重效应。它不但对经济发展有双重效应，而且对学校德育和大学生价值观教育也具有双重效应。只有这样，我们才能看到在建立社会主义市场经济体制过程中，学校德育工作面临着希望与困难两个方面。希望给我们信心与力量，困难要求我们进一步加强和改进德育工作。为了说明市场经济的双重效应，我试图从市场经济的主要特征上来进行分析。

一、市场经济的第一个特征是市场流通

市场经济要求凡是商品，它的交换和流通都必须通过市场，不管是消费资料还是生产资料，不管是产品还是生产要素，统统都要经过市场进行流通和交换。完整的市场经济体制应具有五大市场，即商品市场、资源市场、金融市场、信息市场和劳务市场。市场经济在调节供求，配置资源，推动经济建设的发展上比计划经济增加了活力。这是市场经济对经济建设的正效应的一个方面，但同时也有负效应的一面：市场经济主要反映局部的眼前的利益，商品生产者生产什么和生产多少完全是服从价值规律这只“看不见的手”的指挥，当供不应求时，价格就上涨，生产者就拼命生产；当供过于求的时候，价格就下降，生产者就停止生产。这就产生了商品生产的自发性和盲目性，如前一阶段北京的房地产热、出租汽车热等，如不进行宏观调控，势必造成严重的经济失调。

那么市场经济对大学生价值观教育的双重效应是什么呢？在市场经济大潮的冲击下，高校也曾经出现过“经商热”“下海潮”，人们流传着这样的说法：“十亿人民九亿商，还有一亿待开张。”这是由计划经

济转向市场经济过程中出现的一种必然的社会现象。这里有积极的一方面，也有消极的一方面。从积极的方面说，大学生关注的热点从政治转向经济，使80年代末期的“参政热”“民主热”在某种程度上有所降温，对稳定学校、稳定社会是有积极意义的。这就为高校德育创造了一个良好的机遇，使我们有可能摆脱过去那种“救火式”的、“运动式”的、非常规的德育工作内容和方法，从而进行德育科学化、系统化、规范化的建设。从这个意义上，我把它看作正效应。从另一方面来看，市场经济容易诱导人们追逐利润，急功近利，重利轻义，甚至一切向钱看，产生拜金主义。这就给大学生价值观教育带来负效应，带来一些消极影响和困难。如大学生的成才之路应是价值观教育的一个很重要的内容，按照大学生流行的说法，成才之路有三条：黑路成才、黄路成才和红路成才。所谓黑路成才就是做学问，考研究生，戴博士帽；红路成才就是到大机关去，入党做官；黄路成才就是“下海”、经商、赚大钱。80年代的调查(在北京的一些重点大学进行的调查)表明，大学生中黑路成才的占75%，红路成才的占8.5%，黄路成才的占16.5%。1992年年底，我们又做了一次同样的调查：黑路成才的占26%，降低了49个百分点；红路成才的占8%；黄路成才的占66%，增加了49.5个百分点。从这一比较中可见，大学生的价值观发生了明显的变化，这就给高校德育工作带来了新的问题。党和国家号召大学生要立志成才，报效祖国，可是社会上存在着没成才的发财了，成才却发不了财的尖锐矛盾。这就给大学生价值观教育带来了新的困难。

二、市场经济的第二特征是等价交换

等价交换是市场经济的一般法则，对于繁荣经济、发展生产无疑具有进步意义。这是它的正效应。但是在市场经济建立过程中曾经出现价格体系的双轨制，有的人就借着这个差价大发横财，这实际上是不等价交换。即便是把这种双轨制合并了，价格体制理顺了，价格仍然是围绕价值上下波动。价格完全等同价值是暂时的、偶然的，而价格背离价值则是经常的、必然的。因此，等价交换实际上是不等价交换，仍然有“机”可投，有“空子”可钻。市场经济必然产生投机、钻营等不法分子和扰乱市场秩序、扰乱经济秩序的不良现象。这是市场经济带来的负效应。正是因为这一点，我们才强调加强法制建设，严厉打击经济犯罪活动。

市场经济这个等价交换的特征对价值观教育有什么正效应和负效应呢？等价交换必然带来平等的观念、公正的观念，这对于官本位思想、等级观念、特权思想是一个很大的冲击，应该说这是历史的进步，是市场经济的一种正效应。但是等价交换的原则往往被引申到社会生活的其他领域，如分配领域。有人把按劳分配原则颠倒为“按酬付劳”，给多少钱干多少活儿，已经成了一种普遍的现象，人们的主人翁精神在淡化、在滑坡。另外，思想道德领域也引入了等价交换原则。问卷调查表明，有50%以上的大学生主张“在贡献与索取的天平上，最好是平衡的”，有38%的大学生认为在处理个人与社会、个人与集体的关系时应当“公私兼顾，不分先后”。80年代中期曾经讨论过“张华救老农值不值得”的问题，有一个同学曾经给上海《文汇报》写信说：“一个风华正茂的大学生去救一个风烛残年的老农，等于拿金子换等量的石子，是毫不值得的。”在学习张海迪的活动中，也有一个大学生给《中国青年》杂志写了一篇文章，他说：“做人应当既要贡献，又要索取；既不占便宜，也不吃亏。我就心安理得地做这样的人。”如果说80年代提出这些观点的还是个别人的话，那么现在持这种观点的人已经不是少数。过去，问及大学生“人生的价值是什么”时，他们会毫不犹豫地回答说：“人生的价值在于贡献!”他们可以背诵歌德的、爱因斯坦的关于人生价值的名言，现在这些名言在大学生的心中已经淡化，取而代之的是金钱地位的上升。可见，市场经济的等价交换的思想已经渗透到社会生活的其他领域，包括思想道德领域。

三、市场经济的第三个特征是竞争

竞争是鼓励先进，鞭策落后，刺激效率的有效机制，它促使商品生产者和经营者把它自身企业的个别劳动时间降低到社会必要劳动时间以下，才能得到利润和超额利润。这对于改善经营管理，降低成本，提高生产率，无疑是有进步意义的。这就是竞争对经济发展的正效应。但是，在我国法制不健全的情况下，竞争容易诱发一些人采取不正当的手段搞非正当竞争，如偷工减料、以次充好、假冒伪劣等。我们现在有了《反不正当竞争法》，可是有了法之后，还要有法必依、执法必严，有法不依等于形同虚设，执法不严那也起不到震慑作用。所以法制建设在市场经济条件下必须加强。然而，法制是禁于已然之后，而道德则禁于将然之前，道德教育和法制建设如车之两轮、鸟之双翼，缺一不可，辩证统一。

竞争在价值观教育方面也存在着双重效应，正效应表现在市场经济的竞争机制必然带来人的竞争观念和效益观念，这是一个历史的进步。过去由于封建保守思想的影响，什么“人怕出名，猪怕壮”“枪打出头鸟”“出头的椽子先烂”等极大地束缚着人们的思想，压抑人们的创造才能。现在市场经济带来的竞争观念使得很多大学毕业生在各个领域中敢于创新，脱颖而出。这就是市场经济竞争机制的正效应。然而竞争有可能诱发人们采取不正当的手段达到目的，如投机取巧、不愿合作，甚至会产生个人主义的思想。这就是竞争带来的负效应。例如：北京就发生了一起震惊高校德育界的“刘勇事件”。刘勇上大学的第一篇日记就写道：“不求垂暮之年衣锦还乡，但争少年之春鹤立鸡群”，萌生了出人头地的思想。大学二年级，他成立了一个公司，自封总经理，任命几十个同学为正副部长，并扬言占领一切学生阵地，学生会、团委会全不放在眼里。大学三年级，他的人生哲学逐渐形成，写了一本洋洋十万字的《哲人世语》，副标题是“一个自由人的内心独白”，第一句话就是：“您崇拜谁？——‘我自己’，有谁说过我是伟大的？没有别人，正是我——一个自由人的内心独白。”他曾经爬到主楼顶上高喊着：“请接受自我吧，自我万岁!”大学四年级，他四门课不及格，不能毕业。这时他的女朋友提出断绝关系，他便怀恨在心，伺机报复。一天晚上，他到女生宿舍，他的女朋友不在，他就把另一个女生骗到操场，扎了十几刀。一个无辜者惨死在他的刀下，然后他也畏罪自杀了。这就是刘勇杀人的恶性事件。他推崇萨特存在主义的绝对自由的思想，欣赏尼采超人哲学中我即太阳的观点，沿着自己设计的“自我万岁”的竞争路线，走进了自我毁灭的深渊。这是竞争负效应酿成的一个典型的悲剧人物。

四、市场经济的第四个特征是企业具有自主权

企业是市场的主体，市场经济使政企分开，企业摆脱了政府的干预，具有独立的法人地位，它可以自主经营、自负盈亏、自我发展。这对于增强企业活力、发展生产是有积极意义的，这是正效应。但是，有些企业特别是某些乡镇企业、私营企业，不是靠提高劳动者素质，不是靠科学技术，不是靠科学管理，不是靠质量和信誉求发展，而往往是靠不正当手段进行权钱交易，请客送礼，走后门拉关系，这

就助长了行业的不正之风。这是经济发展的一种负效应。

市场经济的这一特征对价值观教育来说，也存在正负双重效应。正效应具体表现为独立意识、自主意识和自我意识的增强。大学生“自立、自尊、自爱、自强”的精神有所增强，这比懒惰性、依赖性来说是一个进步。对于独生子女大军根治“四二一综合溺爱症”更是具有重要的意义。负效应表现在对主体意识和自我意识强调得不适当就容易引发个人主义。当前在大学校园出现的主体多元化思潮就是一个值得注意的倾向。因此，在主体意识增强、价值观多元存在的情况下，必须加强社会主义价值观的一元导向。

总之，市场经济势必给我们的精神文明建设和价值观教育带来双重效应。一方面，我们要看到市场经济给价值观教育带来的正效应，要抓住机会，看到希望，加强大学生价值观教育；另一方面，我们也要清醒地看到市场经济给我们的价值观教育带来的负效应，要迎接挑战，战胜困难，改进大学生价值观教育。

经济形式的多元存在与价值观教育的一元导向

众所周知，在建立社会主义市场经济体制的过程中，经济形式主要指所有制形式是多元存在，其中有国营的大中型企业，有集体经营的乡镇企业，有中外合资企业和外国独资企业，还有私营工商企业等等。社会存在决定人们的社会意识，有多少种经济形式就会有多少种意识形态，而这些形形色色的意识形态必然通过家庭和社会的各种渠道渗透到学校来，影响学生的价值观。在现实生活中，既有反映社会主义市场经济的积极的、健康的意识，也有反映小商品生产的封闭的、保守的意识；既有反映过去计划经济统得过死的产品经济意识，也有反映资本主义市场经济初期原始积累的意识。在价值观方面，无私奉献、公私兼顾、合理利己和极端利己主义价值观并存。在外来文化和民族传统文化的撞击中，积极因素和消极因素并存，精华与糟粕并存。这种复杂多元的现象反映在校园生活中，大学生的思想行为、价值取向呈现出复杂性和多元性。那么，在经济形式多元存在决定的价值观念复杂性、多元性的情况下，如何坚持社会主义价值观的一元导向呢？

解决这个问题，必然坚持以邓小平建设有中国特色的社会主义理论为指导，构建有中国特色的社会主义价值观的理论体系和基本内容。这个理论体系应当包括：价值主体的确立、价值目标的选择、价值评价的标准、价值创造的途径等一系列范畴体系。

一、价值主体的确立

价值主体的确立应以人民群众为最高价值主体，实现人民主体与个人主体相统一。人民群众是社会的主人，是历史的创造者，是社会发展的动力。没有人民的价值主体地位，就没有社会主义。有中国特色的社会主义价值观继承和发展了毛泽东“为人民服务”的价值思想，以人民作为最高的价值主体，以人民的利益作为最高的评价标准。建设有中国特色的社会主义目的就是要实现全国人民的共同富裕，就是要为全体人民的物质利益而奋斗。这充分体现了人民群众的价值主体地位。人民，是一个集合概念，在我国它是由亿万拥护和参加社会主义现代化建设事业的个人所组成的巨大的社会群体，人民的利益与每一个成员的个人利益从根本上讲是一致的。因此人民的价值主体地位就包含了人民中每个人的价值主体地位，人民价值的实现从根本上说也就包含了每个人价值的实现。当然，水滴不等于大海，细胞不等于整个机体，个人价值毕竟不等同于人民价值。人民主体与个人主体从根本上是一致的，并不排除它们在一定条件下可能发生对立和冲突。要把握人民主体与个人主体的统一，关键在于弄清不同层次上的主体及其价值关系，具体问题具体分析。有些价值纯属于个人主体的，如个人的兴趣、爱好、风俗、风格等，就应该承认并尊重其个别性、多元性。有些价值虽然同个人有关，但它本质上是人民的共同价值，如社会制度、政策法规、思想道德等，那么就应该承认并服从这些价值的一元性。这就是人民价值主体与个人价值主体相统一，价值多元性与一元导向相统一的理论基础。

二、价值目标的选择

价值目标的选择应以实现“四化”、共同富裕作为共同价值目标，实现个人理想与共同理想的统一。人民的价值主体地位决定了有中国特色的社会主义价值观在价值目标上只能是实现我国人民的最大利益，也就是人民的共同理想——实现社会主义现代化，达到全体人民共同富裕，把我国建成富强、民主、文明的社会主义现代化国家。这是一个全面体现人民的物质追求、政治追求和精神追求的综合的价值目标。“社会主义的本质是解放生产力、发展生产力，消灭剥削，消除两极分化，最终达到共同富裕。”这是当代中国人民的最大的价值选择，也是每一个社会成员的最大的价值选择。当然，每一个社会成员除了应该树立全社会的共同理想之外，还可以有自己的个人追求和个人理想。在价值目标的选择上，有中国特色的社会主义价值观既坚持共同理想的一元导向，又允许个人理想的多元存在。价值目标的一元导向不仅不淹没个人的价值目标，而且为个人价值目标的确立和实现奠定了基础，指明了方向。它要求全国人民在实现共同富裕的价值目标的指引下，正确选择个人价值目标的准确方位、具体内容和特殊形式，在实现共同价值目标的奋斗中实现个人价值目标。

三、价值评价的标准

价值评价应以“三个有利于”和“三大主题”作为根本的评价标准，实现个人需要与社会需要的统一。有中国特色的社会主义价值观以反映人民根本利益的共同理想为价值目标，因此它所定位的价值评价标准就是："是否有利于发展社会主义社会的生产力，是否有利于增强社会主义国家的综合国力，是否有利于提高人民的生活水平。""三个有利于"是唯物史观与人民价值观相统一的根本标准，社会主义的本质是解放生产力，发展生产力。发展生产力，可以增强综合国力，最终目的是满足人民日益增长的物质文化需要，提高人民的生活水平。实行和坚持"三个有利于"的评价标准，还涉及当今中国的"三大主题"，即改革、发展和稳定。改革是动力，发展是目的，稳定是条件。"三个有利于"和"三大主题"是评价政治、经济、文化、道德等各个领域的价值标准，贯穿和渗透在各行业、各部门、各单位乃至每个个人价值评价的标准之中。它体现了中国人民和社会的最大利益和最大需要，是有中国特色的社会主义价值观在价值评价标准上的一元导向。当然，在社会生活中每个个人还有自己的具体需要和特殊需要，"三个有利于"和"三大主题"不但不否定个人的具体需要和特殊需要，而且为个人的具体需要和特殊需要提供了前提和条件。试想，如果没有生产力的发展，没有综合国力的增强，没有全体人民生活水平的提高，没有改革开放政策，没有社会发展，没有政治稳定和社会稳定，每一个人的需要又将如何实现呢？

四、价值实现的途径

价值实现的途径应以艰苦创业为根本实现途径，实现艰苦创业与安居乐业的统一。有中国特色的社会主义价值观不主张单纯地享受价值，而是强调创造价值和享受价值的统一。在市场经济条件下，经营主体追求的直接价值目标是利润、效益和作为一般等价物的金钱。这是一个客观事实，问题在于追逐的方式和手段。那种投机取巧、弄虚作假甚至坑蒙拐骗的手段是必须反对的，通过勤奋劳动、发明创造、合法经营的正当途径追求和获取是值得提倡和鼓励的。中国特色的社会主义是一个相当长的历史阶段，要实现它的目标需要几代人为之奋斗。有中国特色的社会主义价值观在价值实现途径上应当提倡邓小平同志一再强调的艰苦奋斗精神，即解放思想、实事求是、积极探索、勇于创新，艰苦奋斗、知难而进、学习外国、自强不息，谦虚谨慎、不骄不躁、同心同德、顾全大局，勤俭节约、清正廉洁、励精图强、无私奉献。提倡艰苦奋斗的价值创造精神并不是反对安居乐业和价值享受，社会主义价值目标是共同富裕，这就包含了人民安居乐业、享受价值之意。但享受价值必须创造价值，而创造价值必须靠艰苦奋斗。现实生活中存在的那种不顾国家贫困和人民疾苦，依靠巧取豪夺而一掷千金、花天酒地、穷奢极欲的享乐主义是必须反对的。

总之，有中国特色的社会主义价值观是一个完整的理论体系，它是全党、全国人民树立正确的价值观的一元导向，对大学生进行价值观教育必须坚持这个一元导向。

入世对学校德育的双重效应与对策思考*

加入 WTO 将推动我国改革开放步入新阶段，使我国经济社会进一步融入世界一体化格局。WTO 所包含的最惠国待遇、国民待遇、公平互惠、市场准入、公平竞争、透明度以及权利义务平衡等原则①，给人们的思想注入了新的生机，给学校德育创新提供了良好的机遇。同时，加入 WTO 带来了前所未有的中西文化碰撞，使道德主体面临着多元文化的困惑与选择，WTO 的各项原则对国民素质提出了更高的要求，对学校德育工作带来了新的挑战。如何认识和应对加入 WTO 对学校德育工作的影响，是一个亟待解决的重大理论与实践课题。

---

* 本文与许建争合作，原载《思想理论教育》(核心期刊)2002 年第 12 期。后收入詹万生著《整体构建学校德育体系导论》，光明日报出版社 2005 年出版。

① 白光主编：《WTO 简明读本》，北京：中国物资出版社，2002 年版。

一、加入 WTO 对学校德育的双重效应

(一)加入 WTO 进一步激发了国人的主体意识，同时诱发个人主义、自由主义倾向

WTO 的前身(关贸总协定)是由典型市场经济国家英国和美国倡议签订的。其中逐步贸易自由化原则、最惠国待遇原则、互惠原则、国民待遇原则、公平竞争等原则作为国际商务关系的基本准则仍被保存下来。WTO 的运行机制与市场经济紧密地联系在一起，要求市场中的个人或组织作为市场主体能够根据市场处境，凭借权衡的主体性、选择的自主性、对风险的规避性，使市场经济处在一种自发的良性运转之中，并能从某区域、某行业推而广之到某国，乃至整个国际市场。以市场经济为基础的 WTO 运行机制中所遵循的自我约束、自主经营、自负盈亏等运行特质赋予人们必须具有主体意识，非歧视、开放市场、公平竞争三大原则更进一步唤醒了人们的积极性、能动性。目前我国处于加入 WTO 与社会转型的双重磨合之中，市场经济与 WTO 的基本准则有利于学生的独立性、创造性意识的形成，有助于促进学生主体意识的觉醒，以独立的人格关注现实，思考未来，为推进学生主体精神的发挥和自我价值的实现，造就高素质人才奠定了基石。

从另一方面看，WTO 的自由性原则、竞争性原则及市场经济运行机制自身存在的盲目性、自发性、滞后性以及“市场失灵”等情况，在各项制度尚不完善，在个人主体意识与利益驱使的情况下，有可能诱发极端利己主义、极端个人主义倾向。对青少年学生而言，其主体意识的增强，只是表明他们社会化过程的加速，并不等于他们已具有良好的主体意识，不等于他们已具有行为的自控性和自主性。相反，

在缺乏积极正确引导的情况下，容易助长他们的个人主义倾向，表现在思想与行为上不关心国家、集体和他人利益，崇尚自我，唯我独尊，我行我素，在WTO的浪潮中迷失了方向，迷失自我。

(二)加入WTO，进一步促进了国人开放进取意识，同时价值观念的多样化使青少年面临多元选择的困惑

当前，全球化已成为势不可挡的时代潮流，并全方位地影响着我国社会的生活方式和思维方式。而我国正是在全球化的浪潮中成功加入WTO的。从某种程度上说，全球化是西方发达国家的全球化，是以市场经济体制为载体的全球化。随着加入WTO，我国不可避免地被全面卷入全球化浪潮，使国人不仅要面对国内竞争的压力，而且要面对国际竞争的压力，计划经济条件下形成的依赖性、保守性、封闭性和僵化性等思想观念受到了前所未有的挑战。在对外交往中，积极利用WTO成员的身份，在国际上，寻求我国的最惠国待遇、国民待遇，充分利用互惠原则、公平竞争原则、透明度原则等非歧视性原则，融入全球化浪潮，促进我国经贸发展成为时代潮流。这有利于新时期青少年正确的权利、义务、开放进取意识的培养。

另一方面，WTO和全球化浪潮的推进，形成了一个新的思想文化阵地，并形成东西融合、多元发展之势，强有力地冲击着国人的文化生活。其中的文化垃圾，没落的道德价值观念、生活方式，个人主义、享乐主义等思潮的传播，使一些人自私自利的贪欲不断膨胀。尤其是西方国家通过借助文化、价值观的传播散布腐朽的思想观念，对青少年的价值选择带来了新的挑战。如何引导青少年正确地休闲、娱乐、消费，避免不良社会风气、生活方式的侵蚀，成为现实生活中值得注意的问题，对新时期德育提出了新的要求。

(三)加入 WTO 促进了新的价值观念和伦理精神，同时青少年面临互联网的多方冲击

WTO 的基本精神与网络信息技术的发展形成了新的价值观念和伦理精神，为新时期德育工作注入了新的活力。首先，由于网络是基于资源共享建立起来的，信息和文化共享已成为网络社会基本的道德精神，它必将推动人类社会进入共享文明的新时代。奉献精神、共享观念作为网络社会基本价值导向，从某种意义上也体现了 WTO 互惠原则、非歧视原则、国民待遇等原则。其次，网络化使人类处理天人关系、主客关系、物我关系更加理智和自觉，众多网友通过网络实现信息共享和道德情感交流，在相互学习、相互启发中实现认识和思维的及时性、全面性，在交互的环境中实现着人的思维的创造性、创新性的提升。作为虚拟和真实的相互依存、相互补充、相互促进的广阔空间，它为我国加入 WTO 后的道德认识、道德评价、道德活动、道德教育提供了有力的辅助工具和信息处理手段。再次，权利、平等意识和自由、民主精神。因特网将世界上数以万计以至千万计的计算机、网络互联在一起，既互通信息、共享资源，又相互独立、各自分散管理。网络的核心是自由、开放，权力、阶级、阶层甚至地理位置、国家、民族在网络中都淡化了，在虚拟网络化社会里，人与人之间趋于平等，不再受等级制度的控制。个体平等意识和权利意识的加强，有利于形成健全的人格和独立的个性，提高道德主体的创造性，实现 WTO 的公平竞争及透明度等原则。

另一方面，加入 WTO 与国际互联网对德育也有一些不可忽视的负面影响。主要表现在以下几个方面：第一，网络犯罪。包括非法窃取机密情报、非法破坏他人的数据、非法使用他人的信息及资源，利用网络散布谣言或进行恶意诽谤等。第二，网络文化侵略。国际互联

网络信息环境的开放性，使多元文化、多元价值在网上交会，特别是一些西方国家凭借网上优势，西方的文化意识、伦理道德、价值观念如同潮水扑面而来，对某些心灵空虚、迷惘的青少年的人生观、价值观造成了极大的冲击。第三，传播色情信息。据统计，国际互联网络上的色情信息有相当高的访问度，我国也发现许多通过国际互联网络传来的色情信息。第四，破坏国家安全。一些国家通过国际互联网络发布反动信息，利用信息“炸弹”攻击他国，侵犯国家主权，破坏国家安全。有些人出于一定的政治目的，想出各种办法，突破层层保密网，直接进入极核心的计算机系统的“神经中枢”，进行无声无息的破坏，并与 WTO 同步进行，对新时期德育提出了新的挑战。

二、加入 WTO 学校德育的对策思考

面对加入 WTO 新形势，加强德育工作，要从国家强盛、民族发展、社会进步的高度，认识学校德育工作的重要地位和作用。立足学校德育的综合性与实践性，构建代表先进文化前进方向、适应全面推进素质教育、具有中国特色的德育体系。

(一)认真学习“三个代表”重要思想，构建代表先进文化前进方向的学校德育体系

“三个代表”重要思想对新时期学校德育具有重要的指导意义。“加强社会主义思想道德建设，是发展先进文化的重要内容和中心环节。”“发展社会主义文化，必须继承和发扬一切优秀的文化。必须充分体现时代精神和创造精神，必须具有世界眼光，增强感召力。”①通

① 江泽民：《在庆祝中国共产党成立八十周年大会上的讲话》，北京：人民出版社，2001 年版，第 20—21 页。

观中国传统道德文化，我们可以总结归纳出最为典型的几个方面，作为对传统道德文化的传承与发展，对加入 WTO 后青少年新的精神风貌的塑造都是有益的给养。(1)致力于整体精神，强调为社会、为民族、为国家的爱国主义思想，有助于激励新时期的青少年从民族利益出发参与国际分工，寻求我国的国民待遇和公平竞争、互惠地位，为祖国多做贡献。(2)推崇仁爱原则，强调“自强不息”“厚德载物”及人际和谐，有助于引导青少年学生在目前全球化的浪潮中推而广之，从一人、一家、一国到与全球各国和谐交往、平等互利、和平共处、自立自强。(3)提倡人伦价值，强调个人在人伦关系中的权利与义务，有助于实践 WTO 的互惠原则。(4)重视修养践履，强调道德主体的能动作用，体现在加入 WTO 后。如何切实针对我国国情、充分发挥主观能动性、寻找符合我国国情的游戏规则。

西方在漫长的历史演变过程中，形成了区别于其他文化的主导精神和价值取向，这就是个性精神、科学精神、民主精神、法制精神、功利精神。这五种精神凝聚着西方文化的精华，并随着资本主义生产方式的形成和发展，崇尚理性、发展科学成为资产阶级的迫切要求。民主理论和民主政治、法律思想和法律制度、功利思想和求利原则得到进一步发展，并成为上升时期各国资产阶级革命的武器，其中优秀的思想观念为世界各国所公认，并作为国际商务准则吸收为 WTO 的基本原则。

构建学校德育体系就是要在“三个代表”重要思想指导下，贯通古今，融会中西，继承借鉴，发展创新，在德育思想、德育内容与方法领域中实践古今文化的贯通和批判继承，同时，也在这几个方面实践中西文化的选择和吸收借鉴。

(二)深刻领会“以德治国”重要方略，构建贯彻“以德治国”方略要求的学校德育体系

以德治国思想的提出，在客观上把国家的道德建设，把对全体人民尤其是青年一代的道德教育摆到了治国安邦大计的重要战略地位。“要把依法治国与以德治国结合起来，为社会保持良好的秩序和风尚营造高尚的思想道德基础”①。这里的“德”即社会主义道德，是融传统美德与现代美德为一体的现代道德，是充分体现了时代性与历史继承性相统一的新道德，充分体现了与“依法治国”的相辅相成关系。在某种程度上，市场经济是道德经济，WTO的各项原则是以社会公德、商业道德、职业道德为后盾的。加强道德建设关系到我国在国际上的形象。

我国加入WTO后学校德育践履“以德治国”思想，对于各级教育行政部门来说，就是要“以德治教”，对于各级各类学校来说，就是要“以德治校”，对于广大教师来说，就是要“以德育人”。这是贯彻以德治国方略、迎接入世新挑战的内在要求。

构建贯彻治国方略的学校德育体系，首先要以德治教，要切实把德育放在学校各项工作的首要地位，树立育人为本的观念，将“思想政治素质是最重要的素质”的要求落实到教育工作的各个环节，使德育在整个教育工作和人的整体素质发展中真正发挥导向、动力和保证作用。以德治校要求教育管理者不仅要牢固树立德育首位观念，而且要以身立德，率先垂范，作师德建设的力行者。以德治校是一种重要的学校管理方式，也是构建德育管理评价体系的应有内涵，要遵循德

① 江泽民：《在庆祝中国共产党成立八十周年大会上的讲话》，北京：人民出版社，2001年版，第20页。

育工作的客观规律进行德育管理和评价，增强德育管理评价的科学性和实效性。以德育人是构建贯彻治国方略的学校德育体系的根本落脚点。在构建德育目标内容体系中，继续深化道德、法纪、心理、思想、政治德育内容五要素的整体性研究。在构建德育途径方法体系中，教师要以德育德、以情育情，这是以德育人的前提，也是增强德育实效性的保证。以德育人是德育管理评价的重要内容。以德治教，以德治校、以德育人既是贯彻治国方略的教育理念，也是构建贯彻“以德治国”方略要求的学校德育体系的实践环节。

(三)贯彻落实《公民道德建设实施纲要》，构建适应全面推进素质教育的学校德育体系

面对加入 WTO 和全球化浪潮，面对市场经济强国的竞争和互联网的冲击，对国民素质提出了更多的要求。素质教育要求全面提高学生的整体素质，包括思想道德素质、科学文化素质、身体心理素质、审美艺术素质和劳动技能素质等方面。德育肩负着培养思想道德素质的重要任务，在素质教育中居于首要的地位，对全面推进素质教育发挥着导向、动力和保证作用。

构建适应 WTO 新形势要求，适应全面推进素质教育的德育体系，就要以中央关于素质教育的精神和《公民道德建设实施纲要》要求为指导，突出提高国民素质的根本宗旨，致力于培养学生的创新精神和实践能力。

从横向看，作为素质教育重要组成部分的德育，应当全面提高学生的思想道德素质，包括政治素质、思想素质、道德素质、法纪素质和心理素质等。相应地分解为政治教育、思想教育、道德教育、法制纪律教育、心理教育五个方面。

政治教育即对学生进行爱国主义、社会主义及党的路线、方针、政策教育，使学生确立为建设中国特色社会主义而奋斗的方向，使学生在当前政治、经济、网络的冲击下，自觉抵制不良因素的侵扰，能把握自己，不迷失方向。

思想教育即人生价值观教育、集体主义与团队精神教育。在当前世界一体化的形势下，还要树立全球观念、市场观念、竞争观念以及危机意识与创新观念，引导学生正确认识我国的国情，树立自立、自信、自强的意识。尤其在现代网络技术广泛运用的情况下，更要加强民族传统教育，培养学生的价值判断力和文化鉴别力，以自觉抵制国外不良思想的侵扰。

道德情操教育即社会公德、职业道德和家庭美德教育以及传统美德教育、环境道德教育，培养他们具有正确的道德认识、高尚的道德情操、坚强的道德意志和良好的道德行为习惯。在对外经济活动中，更应该讲求人格、国格，讲究民族尊严。

法纪教育是对学生进行社会主义法制和纪律教育，培养他们具有法律观念和遵纪守法的品质。WTO 所有的规则、协议、协定是经过所有成员方谈判一致达成的国际贸易的准则，WTO 更具有法律性，其精神实质也就是法治。在对外交往中，要树立法制观念，知法、懂法、守法，并学会用法律武器保护自己的合法权益以及国家的经济利益。

心理教育要求培养学生良好的心理素质，提高他们的身心健康水平，促进他们全面、和谐发展。面对世界一体化的形势，要引导他们善于自我调节，增强心理承受力、抗挫能力，具有自尊心、自信心，具有勇敢、坚韧、乐观、豁达、积极进取的心理品质，善于审时度势，富有挑战精神，具有风险意识，能迅速适应新环境和新变化。

从纵向上看，要按照儿童和青少年的年龄特征，分别研究小学德育、中学德育、大学德育以及各级各类学校德育的衔接，从而为全面提高学生的思想道德素质提供理论参照和实践操作的模式，为提高国民素质，培养学生的创新精神和实践能力，迎接加入 WTO 后，我国面临的市场化、国际化、现代化挑战奠定基础。

第六编　中小学德育课程改革研究

中小学道德教育课程改革与创新*

一、道德文化的传承与创新应成为德育课程改革的主导要素

课程是文化传承与创新的聚集点。中小学德育课程在德育文化的传承和创新中将发挥越来越重要的作用。

进入 21 世纪，中小学德育课程仍面临如何批判继承传统文化，如何借鉴国外优秀文明成果，如何整合中西方文化，以发展和创造具有民族特色的德育文化的历史性课题。对中西方文化的整合，以对两种文化主导要素的把握为前提。这种主导要素以民族思维方式和民族精神为标志。

(一)民族思维方式和民族精神的体认

文化哲学和文化人类学研究表明，一个民族在其历史演进和文化行为中积淀形成的长久地起作用的思维方法、思维习惯，对待事物的审视趋向和众所公认的观点，就是

---

* 本文原载《教育研究》(核心期刊)2003 年第 1 期，并转载于中国人民大学书报资料中心《中小学教育》2003 年第 5 期。

这个民族的思维方式。思维方式是人类文化现象的深层本质，是对人类文化行为起支配作用的稳定因素。了解了一个民族的思维方式，在一定意义上就把握了该民族文化演进的纲要。中华民族传统思维方式的总体特点是整体和谐、辩证综合。中国古代哲人观察宇宙、人生运用整体思维，把人放在与天地、社会的动态联系中认识。中国古代哲学是本体论、认识论、道德论的统一，以伦理道德、人生价值的探究为中心。正如张岱年先生所言："中国哲学家所思所议三分之二都是关于人生问题的。世界上关于人生哲学的思想，实以中国为最富，其所接触的问题既多，其所达到的境界亦深。"①中国传统道德的核心及其主导思想，就是国家统一、民族团结、社会稳定和家庭和睦。所有传统美德都与这种整体精神相联系。传统价值观总是置国家、民族的利益于第一位，要求个人服从整体，强调国家统一、社会太平。自秦汉以来，中国就形成了统一的多民族国家，尽管历史上也曾出现过暂时的分裂局面，但很快又获得了统一，这与民族精神的影响是分不开的。这些内容完全可以成为爱国主义和集体主义教育的思想材料。这种思维方式及其传统道德对维护国家统一，增进民族团结，调解人际关系，保持生态平衡等方面具有重要作用。

中华民族的思维方式，不仅重视整体和谐，而且强调辩证综合。例如：儒家追求"仁爱"，崇尚道德，但并不否定刑罚；主张"德政"，但不否定法治，从而形成了"德主刑辅"的治国方略。这里边蕴含着辩证综合的思想。儒家还特别注重个人道德修养在人际关系中的调节作用。正己修身的人生修养也具有辩证法的合理因素，这种修养方法对

① 张岱年：《中国哲学大纲》，北京：中国社会科学出版社，1982 年版，第 16 页。

调节人际关系，促进社会稳定具有十分重要的意义。

(二)中西方文化的整合与互补

中国传统道德是一定时代的产物，同任何事物一样，中国传统道德也具有两重性，既有进步性，又有局限性；既有精华，又有糟粕。建立在小农生产基础和封建宗法制度之上的传统道德，必然有封闭性和保守性的一面。因此，对待中国传统文化应当批判地继承，吸收其精华，剔除其糟粕，与时俱进，开拓创新。当今世界，科学技术迅猛发展，经济全球化、文化多元化趋势不可逆转。我们要顺应时代潮流，在弘扬民族文化、振奋民族精神的同时，还要有世界眼光，实现中西文化的整合与互补。

在对待西方文化问题上，我们有过正反两方面的经验。现在可以清醒地认识到，采取闭关自守、全盘否定，或崇洋媚外、全盘西化这两种极端的态度都是错误的。正确的态度应当是分析、鉴别、学习、借鉴、吸收、利用，在马克思主义的指导下，实现中西方文化的互补与整合。首先，在思维方式上，西方学者注重归纳和实证，沿着从具体到抽象的思维逻辑，从道德现象、具体事例、个案分析入手，总结归纳各自的教育理论，实用性、可操作性强；中国学者则注重演绎，沿着从抽象到具体的思维逻辑，从概念出发，说明或指导实践。这两种思维方式恰好可以互相借鉴、互相补充。其实，在教育方法上，西方主张尊重学生的人格和个性，鼓励学生自由选择，师生平等对话；而我们则强调教师的主导作用、理论讲授和教育导向。这方面同样可以互相借鉴，互相补充。再次，在教育内容上，特别是西方文化中那些适用于市场经济的价值观念，如改革开放观念、民主法制观念、权利义务观念、公平竞争观念、效率效益观念、互利互惠观念、公关信息观念、商品市场观念、文明消费观念等，更需要借鉴和吸收，使其与中国传统美德相融合。江泽民同志指出："发展社会主义文化，必须继承和发扬一切优秀的文化，必须充分体现时代精神和创造精神，必须具有世界眼光，增强感召力。中华民族的优秀文化传统，党和人民从五四运动以来形成的革命文化传统，人类社会创造的一切先进文明成果，我们都要积极继承和发扬。"①

二、综合性与实践性应成为德育课程改革与创新的主要特点

德育是教育者按照一定的社会要求，有目的、有计划、有组织地运用整体性的德育内容，通过教育者和受教育者双主体互动的实践活动，培养受教育者完整德性的教育过程。德育课程是实现这种教育过程的最重要的活动载体。要培养学生完整的德性，必须加强德育课程教学目标和教学内容的综合性和实践性，全国教育科学"九五""十五"规划国家重点课题"整体构建学校德育体系的研究与实验"，经过几年的研究与实验初步构建出德育的目标内容体系和实践活动体系，为中小学德育课程的改革与创新提供了决策依据。

(一)整体构建德育课程的目标内容体系

整体构建德育目标体系的做法是：总体目标，一以贯之；学段目标，各有侧重；年级目标，具体明确；情意兼顾，知行统一。我国各级各类学校德育总目标是：把全体学生培养成热爱祖国，具有社会公德、文明行为习惯，遵纪守法的公民。在这个基础上，引导他们逐步树立科学的世界观、人生观、价值观，不断提高社会主义思想觉悟，

① 江泽民：《在庆祝中国共产党成立八十周年大会上的讲话》，北京：人民出版社，2001年版。这是中小学德育课程改革与创新的重要指导思想。

成为有理想、有道德、有文化、有纪律的社会主义现代化事业的建设者和接班人。这一总目标内在包含了《公民道德建设实施纲要》提出的“爱国守法、明礼诚信、团结友善、勤俭自强、敬业奉献”的基本道德规范。中小学德育目标要根据学生年龄身心特点、知识水平和品德形成发展规律，将总目标转化为小学、初中、高中不同阶段、具有年级梯度的具体目标，并体现知、情、意、行的协调统一。

整体构建德育内容体系就是依据总目标，从广义上认识德育，确定德育内容由政治教育、思想教育、道德教育、法纪教育、心理教育五项要素构成。政治教育主要对学生进行爱国主义、社会主义和党的路线、方针、政策教育，使他们确立为建设有中国特色的社会主义而奋斗的政治方向。思想教育主要是对学生进行辩证唯物主义和历史唯物主义的世界观方法论教育、为人民服务的人生观教育、集体主义的价值观教育及“五爱”教育，培养他们具有正确的思想观点。道德教育就是对学生进行社会主义道德原则和道德规范教育，进行传统美德、社会公德、家庭美德、职业道德、环境道德、网络道德教育。培养他们具有正确的道德认识、高尚的道德情感、坚强的道德意志和良好的道德行为习惯。法纪教育就是对学生进行社会主义法制和纪律教育，培养他们具有法律观念和遵纪守法的品质。心理教育就是对学生进行健康的积极向上的性格、气质、兴趣和能力的教育，培养他们具有适应环境、承受挫折、自我调控的心理素质。德育内容五项要素各有自己的特定内涵，但又互相联系，互相渗透，互为条件，互相制约，构成了德育统一体。其中思想教育是灵魂，政治教育是方向，道德教育是核心，法纪教育是保障，心理教育是基础。要分别研究政治教育、思想教育、道德教育、法纪教育和心理教育各自的特点和规律以及它们之间的相互关系。这五者不可割裂，更不能互相取代。如果在理论上仅仅把德育视为“政治思想教育的同义语”或“道德教育的简称”，那么在德育实践上就会失之偏颇。整体构建德育内容体系就是以五项要素为纬，以各项要素的不同层次为经，依据不同年龄阶段学生的身心特点、知识水平和品德形成发展规律，由浅入深，由低到高，由具体到抽象，由感性到理性，横向贯通、纵向衔接、分层递进、螺旋上升，从而解决不同学段、不同年级德育内容的倒挂、脱节、简单重复、脱离实际的问题。中小学德育内容的整体性，不仅指五要素横向结构的整体性，还包括五要素在年级与学段纵向衔接中体现出来的整体性。经过德育实践活动的“内化”与“外化”过程，五要素促进着学生德性的整体化发展。

(二)整体构建德育课程的实践活动体系

德育课程不仅是德育目标内容的知识体系，同时还是德育实践活动体系，这是由道德的本质属性决定的。道德来源于社会生活，社会生活是实践的，因而实践是道德的发展基础，也是道德的存在形态。实践体现着道德的本质，反映着德育的基本规律。

首先，德育目标在本质上是实践的。德育目标是对德育结果的预期规定，因而其制定的依据和标准是品德的整体形成状态。德育目标包括对学生道德认知、道德行为的锻炼，归根到底是道德信念(知、情、意)和道德行为的统一，落脚点在学生的道德行为上。只有培养出来的学生在实践中践行、践言了，才标志德育目标实现了。

其次，德育过程是实践活动。德育的本质是实践的，实践的观点是德育首要的、基本的观点。德育不同于智育，智育的任务是传授知识兼培养能力，它主要解决知不知、会不会的问题；而德育只到此并没有完结，它不仅要解决知不知、会不会的问题，而且更要解决信不信、行不行的问题，即不但要授之以知、晓之以理，而且还要动之以情、导之以行。德育过程是由知、情、意(信)、行诸环节构成的，只有知识传授，而无情感陶冶、意志磨炼和行为引导不是完整的德育。这就如同体育与智育不同的道理一样，如果只在课堂上讲授体育知识和理论，不让学生到体育场上去实际锻炼，怎能培养学生强健的体魄？同理，德育如果只重视知识传授，而忽视或轻视德育实践活动，怎能培养学生良好的思想品德？德育活动有多种形式，既有课堂德育活动，又有课外德育活动；既有校内德育活动，又有校外德育活动。其中主题班会、主题团队会是最直接、最经常、最普遍的德育活动。它主题明确，针对性强，内容丰富多彩，形式生动活泼，是对学生进行思想品德教育的有效途径。主题班会、主题团队会应当形成制度，列入课程表，作为德育活动课的基本形式，从而避免单纯传授知识、空洞讲授理论、死记硬背概念等脱离实际的倾向，增强德育的科学性、针对性和实效性。

再次，道德实践能力是学生品德评价的根本标准。学生的品德素质只有在现实的生活实践中才能表现出来，这是因为学生在面临的生活情境中，其道德认识、道德情感转化为道德行为，潜在的品性变为显性的德行，只有在这种状态中才能根据学生的具体行为表现来认识和评定其品德发展水平。同时，只有在生活实践中才能认识个体品德对人、对社会的价值和意义。在德育过程中，学生如果不把认识理解的道德知识运用到道德实践中，不仅自身品德不能得到切实提高，而且会出现“知行不一”的情况。只有把品德培养引向道德实践，德育才能取得实效，同时，德育实践也是克服学生言行不一现象的最好途径。所以，真实的道德实践能力是品德形成和品德评价的根本标准。

因此，中小学德育课程在整体构建德育目标内容基础上，要树立“新三中心”(以学生为中心，以活动为中心，以体验为中心)的德育理念，整体构建本课程的实践活动体系。这一实践活动体系包含德育的途径、方法、管理、评价四个紧密联系的要素。

三、回归生活应成为德育课程改革与创新的主要形态

(一)回归生活是德育课程形态的一种改革趋向

回归生活的趋向一方面拓展了德育课程理论的研究视野，另一方面促进了德育课程类型的变革和发展。其表现为原来占一统地位的德育学科课程开始由理论体系向生活体系转移，同时，一些新的德育课程类型在实践中逐步发展，如德育活动课程、德育综合实践课程和德育校本课程等，德育隐性课程(校园文化、人际关系、精神环境等)也纳入德育课程范围。在近年来的德育课程改革实验中，“整体构建学校德育体系”课题组研究编写的《德育》系列实验读本在德育回归生活上进行了多方面的探索和实践。在生活的范围上，该套读本从个人精神生活、家庭生活、学校生活、社区生活、自然界生活、国家民族生活六个层面上设计活动内容。内容的选择坚持“近、小、实、亲”的原则，即贴近社会生活和学生思想情感实际，提出问题小一点，回答问题实一点，使学生感到亲切一点。2002 年 6 月，教育部颁发的《品德与生活课程标准》所持的德育理念充分体现了以上要求，即我们在品德教育方面所持的基本理念是一种生活德育的理念。我们认为道德始终存在于人的整体生活之中，没有脱离生活的道德。人们是为了生活而培养个体的品德，改善、提升社会的道德的，并不是为了道德而道德。同样，个体品德和社会道德的提高与发展也只有通过人们自己的生活。脱离生活的道德和品德必将导致道德和品德的抽象化、客体化，脱离了生活去培养人的品德也必将使这种培养因为失去了生活的依托和生活的确证而流于虚空、形式、无效。新课程标准设计了健康

安全地生活、愉快积极地生活、负责任有爱心地生活、动脑筋有创意地生活等四个生活维度，提出了我在成长、我与家庭、我与学校、我的家乡(社区)、我是中国人、走进世界六大生活主题，充分体现了生活德育的理念。

(二)回归生活是学生道德主体性形成的源泉

德育课程回归生活的重大意义在于更加切近德育的客观规律。第一，生活是德性发展的动力源泉。道德是人的“生活规则”和实践结果，人的道德素质所体现的是对生活规则的运用能力。社会实践不断丰富着道德活动的条件和环境，使道德活动的领域不断扩大，水平逐渐提高，随着人参与社会实践程度的加深，社会实践不断对人的道德水平提出新的要求，这种要求与人目前道德水平之间形成一种不平衡状态，产生道德需要。这种道德需要包含着人的认识、情感和意志，是人参与道德实践、发展自身德性的动力。德育活动课形式和途径灵活多样，与社会生活建立起多种联系，为学生的道德成长引进了源头活水，增强了动力。第二，促进德性的整体性发展。传统德育课程偏重于道德知识体系和道德认知，现代认知派又将认知引向单纯的道德判断和思维技巧，造成德性发展的片面性。完整的德性应是知、情、意、行的协调统一，个体只有置身道德实践之中才能达成这种统一。同时，道德意义上的完整德性不仅要成就自我，还要通过成就自我影响社会，成就他人，即完整的德性是自我价值与社会价值的完美统一。同样，只有参与生活实践，才能实现这种统一。这两种统一表现为人在现实的道德情境中的自觉性、主动性和能动性，即道德主体性。《德育》读本坚持教育者与受教育者都是主体的“双主体”理念，教育者的主体性体现在根据教育目的和学生身心发展特点，对德育环境、德育内容和德育方法进行选择、加工和设计，对学生的主体性进行引导和培养；受教育者的主体性体现在受教育者在教育者指导下，积极主动地参与德育活动、发展道德能力，在教育者的引导下，学生逐步做到自订成长目标，自析成长环境，自寻成长动力，自开成长渠道，自研成长方法和自评成长效果，道德主体性能得到充分的发挥和提高。

社会生活具有整体性和开放性，德性发展应有整体性和开放性，这就给德育课程提出了如何具有与之相应的整体性和开放性问题。《德育》读本在德育课程的整体性和开放性上进行了多角度探索。如在内容体系上把德育内容五要素融为一体；在德性结构上把知、情、意、行融为一体；在德育过程上把德育目标、内容、途径、方法、管理、评价融为一体；通过德育活动课，在综合实践课程、校本课程、社会实践活动、德育基地和隐性课程之间建立起有机联系，建构了一个既有开放性，又有整体性的德育课程体系。

上述三个方面反映着现阶段中小学德育课程的发展趋势，在这种趋势中，尚隐含着需要深化研究的课题，如德育回归生活、注重实践并不意味排斥知识的系统性，如何适应中小学阶段德育的规律性，如何在道德的“认知课程”“经验课程”“体验课程”之间找到合理的结合点，仍有待继续探索。

初中道德教育课程改革述要*

教育部于 2003 年 5 月发布《全日制义务教育初中思想品德课程标准(实验稿)》，新课程标准集中反映了中国中学道德教育课程改革的重要进展。本文就这次课程改革的背景、目标、过程及新道德教育课程的基本性质和基本理念作概要介绍。

一、道德教育课程改革的背景

中国道德教育课程改革的背景，可以从中国社会发展、国际形势的变化、全面推进素质教育等方面加以认识。

(一)中国社会发展对道德教育提出的要求

经过 20 多年的改革开放，中国社会已经发生了极其深刻的变化。中国特色社会主义建设取得了举世瞩目的成就。21 世纪以来，中国已经进入全面建设小康社会、加快推进

* 本文原载《中国德育》2004 年第 2 期，修改后发表于英国《道德教育》2004 年第 12 期，后收入詹万生著《整体构建学校德育体系导论》，光明日报出版社 2005 年版。

社会主义现代化建设的新的发展阶段。其总体发展目标，是建设更高水平的社会主义物质文明、政治文明和精神文明。建设三种文明的决定性因素，是作为社会文明主体的人的整体素质。人的道德素质是人的整体素质的主导要素，对人和社会的全面发展具有导向、动力和保证作用。三个文明建设要求建立与社会主义市场经济相适应、与社会主义法律规范相协调、与中华民族传统美德相承接的社会主义思想道德体系，大力提高青少年的思想道德素质，丰富青少年的精神世界，把弘扬和培育民族精神作为文化建设极为重要的任务纳入国民教育和精神文明建设全过程。这就对道德教育的目标内容及道德教育课程的性质、理念等方面提出一系列新的要求。为适应这一要求，道德教育课程必须进行全面而深入的改革。

(二)国际形势的发展变化对道德教育提出的课题

人类社会发展到今天，世界要和平，国家要发展，社会要进步已经成为历史潮流。国际形势正在发生着深刻变化。和平与发展是当今时代的主题。经济全球化趋势在曲折中发展，世界多极化不可阻挡，文化多元化方兴未艾，现代科学技术突飞猛进，综合国力的竞争日趋激烈。世界的基本格局总体稳定，局部动荡。各国之间的竞争与较量从冷战时期的军事为主转为以经济、政治、文化在内的综合国力的竞争与较量。综合国力竞争，归根结底是人力资源的竞争。这就要求教育要培养具有国际意识和国际竞争力的人。这样的人应具备的许多优秀品质都是道德教育承担的，如熟悉传统文化、热爱祖国、爱好和平、尊重生命和权利、民主正义、开拓创新、诚信与合作、开放与平等参与、团结与宽容、可持续发展意识等等。中国已经加入 WTO，中国的国际影响正在不断扩大。为使教育实现民族性和国际性的有机结合，以适应中国和世界的共同发展，对道德教育课程进行相应的改革势在必行。

(三)素质教育给道德教育提出的任务

素质教育是国际性教育改革的总体流向。中国素质教育启动于1985年左右，形成气候于1990年，1995年以后出现热潮。1999年第三次全国教育工作会议做出《深化教育改革，全面推进素质教育的决定》，素质教育纳入政府工作范围。素质教育的主要特点，是着眼于受教育者群体和社会长远发展的要求，以面向全体学生、全面提高学生的基本素质为根本目的，注重开发受教育者的潜能，发展个性，促进受教育者德智体美等全方面发展。培养受教育者的创新精神和实践能力是素质教育的两个着力点。由于历史的原因，中国教育至今仍存在诸多不适应素质教育的问题。比较突出的如重智育轻德育，重课堂教学轻社会实践，重教师教轻培养学生的主体性等等。轻德育不仅表现在忽视思想道德素质对人的整体素质的导向、动力和保证作用，还具体表现在德育内容的不完整，德育途径与社会生活相脱离，德育方法压抑学生的主动性、创造性和道德实践能力，德育评估偏于认知等等。要真正实施素质教育，必须系统地解决这一系列问题，对道德教育课程进行全面的改革。

二、初中道德教育课程改革的目标

初中道德教育的总目标是，以加强初中学生思想品德教育为主要任务，帮助学生提高道德素质，形成健康的心理品质，树立法律意识，增强社会责任感和社会实践能力，引导学生在遵守基本行为准则的基础上，追求更高的思想道德目标，弘扬民族精神，树立中国特色社会主义共同理想，逐步形成正确的世界观、人生观和价值观，为使学生成为有理想、有道德、有文化、有纪律的好公民奠定基础。

为达成这一总目标，本次课程改革在确立分类目标中进行了三个方面的设计与重构。

(一)建构“情感、态度、价值观”目标

改变以往道德教育课程过于注重知识讲授的倾向，强调培养健康向上的情感和态度，使获得知识和发展能力的过程同时成为形成正确价值观的过程。初中道德教育课程建构的情感、态度、价值观目标包括七项内容。

1. 热爱生命，自尊自信，乐观向上，意志坚强。

2. 亲近自然，爱护环境，勤俭节约，珍惜资源。

3. 孝敬父母，尊重他人，乐于助人，诚实守信。

4. 热爱劳动，注重实践，热爱科学，勇于创新。

5. 尊重规则，尊重权利，尊重法律，追求公正。

6. 热爱集体，具有责任感、竞争意识、团结合作和奉献精神。

7. 热爱社会主义祖国，热爱和平，具有世界眼光。

(二)建构道德教育的“能力”目标

改变以往道德教育课程过于重知识、重课堂教学的倾向，专门提出了道德实践能力的分类目标，体现了对道德的实践本质和德育规律的把握和应用。本次初中道德教育课程改革列出了六项能力目标：

1. 培养爱护自然、鉴赏自然、保护环境的能力。

2. 发展观察、感受、体验、参与社会公共生活的能力，初步培养交往与沟通的能力。

3. 初步认识和理解社会生活的复杂性，具有基本的道德判断和辨别是非的能力，能够负责任地做出选择。

4. 增强自我调适、自我控制的能力，学会理智地调控自己的情绪。

5. 能够逐步掌握和不断提高搜集、处理、运用社会信息的方法和技能，学会独立思考、提出疑问进行反思。

6. 能够理解法律的规定及其意义，理解社会生活中的必要规则，能遵纪守法，增强寻求法律保护的能力。

(三)建构道德教育的“知识”目标

本次道德教育课程的知识内容的建构特点，是将以往把知识分项依年级进行线性讲授的方式，改变为将心理健康、道德、法律、国情等四方面内容进行有机整合，在各年级进行综合的、一以贯之的思想道德教育。四个方面的内容各有侧重又相互联系，使道德教育更切合受教育者品德形成与发展的实际。

1. 心理健康教育

要求根据初中学生的思想品德和认知水平的发展规律，促进学生不断正确认识自我，悦纳生理变化，认识青春期心理。帮助他们学习调节情绪，增强调控自我、承受挫折、适应环境的能力，形成乐观向上的精神状态。帮助他们学会客观地评价自己，培养健全人格和良好个性品质。结合初中学生的人际交往和社会性发展的特点，提出了掌握基本的交往礼仪，学会人际交流与沟通，善于与人合作；努力建立良好的人际关系等基本要求。在正确理解竞争与合作的关系的基础上，提高学生团结合作、乐于助人的意识，养成团结合作、乐于助人的品质。结合初中学生在积极适应社会发展和进步方面所面临的问题，提出了认识自己成长的社会环境，提高生活适应能力的要求，希望他们养成勇于克服困难和开拓进取的优良品质，增进对集体、国家和人类社会重大问题的关注和兴趣，正确认识个人与集体的关系，能够自觉地把自己的成长与祖国的发展联系起来，增强民族自豪感和认同感。

2. 道德教育

这个学习领域，总体上要实现三个基本目标：自尊自强，交往的品德，承担社会责任。在自尊自强部分，要使学生体会生命的可贵，热爱生活；养成自尊、自立、自强精神；能够分辨是非，学会对自己的行为负责。在交往的品德部分，要使学生知道孝敬父母和诚实守信是做人的根本，能够孝敬父母，做一个诚实的人；学会尊重、宽容他人，能够平等待人，与人为善。在承担社会责任部分，要使学生知道公平有利于社会稳定，树立公平意识；懂得公平需要正义，激发社会正义感，理解自己负有的社会责任。总之，随着学生交往领域和生活空间的扩大，要使他们逐步树立起自尊自强的品质，形成良好的交往品德，并能够积极地承担社会责任。

3. 法律教育

法律内容安排的基本思路是：在个人的成长、实现个体社会化过程中，逐步适应社会、不断加强品格修养，必然涉及遵守社会公共生活准则的问题；要遵守规则就要了解规则，特别是法律规范的特征和作用；法律就在学生身边，中学生作为未成年人受到法律的特殊保护；为了学生的健康成长，就要避免违法犯罪，由此需要了解有关“违法与犯罪”的知识，抵御不良诱惑；法律是青少年自我保护的有力武器，帮助他们初步学会寻求法律帮助、同违法犯罪作斗争。

4. 国情教育

将国情作为初中思想品德课程的重要教学内容，不仅是国家意志的体现，而且是学生成长的需要，是本课程所要达成的教育目标决定的。学生的思想品德修养，不是脱离社会的修身养性；增强学生的公民意识，离不开生活于其中的国度；提高学生思想品德素质的目的，在于推进中国特色社会主义建设事业，实现民族的伟大复兴。具有良好的思想道德品质，必然要从关注社会、关心国家的前途和人类的命运，升华到爱党、爱国、承担社会责任、肩负历史使命的高度。加强国情教育，有助于增强学生的爱国主义情感，认识到只有在中国共产党的领导下走中国特色社会主义道路，人民的生活才会越来越好，才有个人的前途；有助于学生逐步树立中国特色社会主义共同理想，形成正确的世界观、人生观和价值观，把个人的理想与共同理想结合起来，实现自己的人生抱负；有助于全面提高学生素质特别是思想政治素质，坚定社会主义信念，培养学生集体主义精神、乐于奉献和自我牺牲的精神、艰苦奋斗精神，以及鉴赏自然、爱护自然、保护环境的能力。这个领域主要包括基本国情、基本国策、小康奋斗目标、中华民族精神以及中国在国际社会中的地位等内容。

三、道德教育课程标准的研制过程

（一）历史参考点

自新中国成立以来，初中思想道德教育积累了许多经验。这些经验，是本次课程改革的历史参考点。新中国成立以来初中思想道德课程设置情况如表 1 所示。

表 1

年级 时间	初一	初二	初三
1950 年	毛泽东青少年时代、青年修养、革命故事	中苏关系、土地改革、五四运动	中国革命读本、政治常识
1951—1956 年	时事政策	时事政策、中国革命常识	时事政策、中国革命常识
1957—1958 年	青年修养	政治常识	——

续表

<table>
<tr><th colspan="3">年级
时间</th><th>初一</th><th>初二</th><th>初三</th></tr>
<tr><td rowspan="5">1959—1966 年</td><td colspan="2">按 1959 年大纲规定开设</td><td>共产主义道德</td><td>社会发展简史</td><td>社会主义革命和建设</td></tr>
<tr><td rowspan="4">实际教学情况</td><td>1959—1960 年</td><td>共产主义道德</td><td>社会发展简史</td><td>三面红旗</td></tr>
<tr><td>1961—1962 年</td><td>道德品质教育</td><td>社会发展简史</td><td>中国革命和中国共产党</td></tr>
<tr><td>1963 年</td><td>道德品质教育</td><td>社会发展简史</td><td>中国革命和建设</td></tr>
<tr><td>1964—1966 年</td><td>做革命接班人</td><td>社会发展简史</td><td>我国社会主义革命和建设</td></tr>
<tr><td colspan="3">1977—1979 年</td><td>社会发展简史</td><td>科学社会主义</td><td>——</td></tr>
<tr><td colspan="3">1980—1985 年</td><td>青少年修养</td><td>社会发展简史</td><td>法律常识</td></tr>
<tr><td colspan="3">1986—1992 年</td><td>公民</td><td>社会发展简史</td><td>中国社会主义建设常识</td></tr>
<tr><td colspan="3">1992 年</td><td>初中思想政治(一)</td><td>初中思想政治(二)</td><td>初中思想政治(三)</td></tr>
</table>

初中思想政治课程的现行标准是教育部 2001 年 10 月印发的《九年义务教育小学思想品德和初中思想政治课程标准(修订)》。这个标准调整了 1992 年思想政治课的部分教学内容，删除了某些“繁、难、偏、旧”的内容，充实了具有时代感的相关内容，力求体现以学生发展为本、培养创新精神、加强实践环节等推进素质教育的理念，增强了思想政治课教学的针对性、实效性和主动性。在使用过程中体现出较好的效果。但是，随着改革开放的深入、社会的发展变化和人们认识水平的提高，课程标准需要做进一步的调整。

(二)文件依据和社会调查

新的初中思想品德课程标准研制工作依据的文件有：中共中央印

发的《公民道德建设实施纲要》、国务院印发的《国务院关于基础教育改革与发展的决定》、教育部印发的《基础教育课程改革指导纲要(试行)》。

在总结历史经验和把握文件精神的基础上，课题组从2002年8月底到10月初，在北京、重庆、广东、宁夏四省、直辖市、自治区，就现行初中思想政治课教材使用的情况开展了问卷调查。调查共发放问卷2000份，其中学生问卷1800份，教师问卷200份。调查显示，大多数教师和学生(80%强)认为，思想政治课“非常必要”或“有必要”。

调查发现，影响学生对思想政治课态度的主要因素依次是：“内容是否吸引人”“对生活是否有用”“教师的教学水平”等等。大多数教师和学生对心理健康教育和法律知识教育感兴趣，认为这对学生的成长和未来发展“很有用”。对法律教育，学生明确表示更关注“法律对青少年的保护”“如何远离违法犯罪”等内容，对离学生较远的法律规定兴趣较弱。很多教师认为，应该把“人类社会发展简史”的内容融入到历史、历史与社会课程中去。

调查表明，初中学生处于身心迅速发展和学习参与社会公共生活的重要阶段，处于思想品德和价值观念形成的关键时期，迫切需要在思想品德的发展上得到有效帮助和正确指导。

调查还表明，对学生进行有效的思想政治教育，必须提高课程的吸引力和针对性。只有不引起孩子反感和拒绝的内容，才能打动他们的心灵。必须改变成年化的语言和灌输式的方式，把正确的精神食粮做成色香味俱全的营养餐。

调查还表明，对学生进行有效的思想政治教育，必须贴近学生的实际生活，要把思想品德教育渗透在青春期教育之中，把思想品德教育渗透在日常生活和公共生活的规则意识教育之中。

调查还表明，对学生进行有效的思想政治教育，必须把正确的理论和思想引导与学生自主探讨和独立思考结合起来，只有这样才能把外部的社会规则和要求内化为心理和思想品质。既不能把教育变成说教，不能板着面孔教训人，也不能放任自流。学生的自主思考需要正确的引导，而有效的引导必须借助学生的自主思考。

调查还表明，对学生进行有效的思想政治教育，必须把国家、社会命运与个人理想教育结合起来，要把社会问题分析与每个人的发展前景联系起来，使他们感受到祖国命运与个人前途之间的内在联系。

(三)理论成果的运用及国际比较研究

1980—2000 年的 20 年间，中国教育理论特别是道德教育理论研究进入一个空前活跃期，出现了一大批各具特色的研究成果。如对中国传统道德及其现代转化的研究，对德育的社会学和文化学研究，对德育的生活和实践本质的研究，对德育内容构成要素及整体构建德育体系的研究，对德育过程基本规律的研究，对活动性、情感性、体验性、探究性等德育教学模式的研究，等等。这些研究成果为新的道德教育课程改革准备了思想理论和实践操作的基础。

对国外相关课程的比较研究，是这次思想品德课程标准研制的一个重要环节。这项研究主要包括三个层面。

第一个层面是对联合国教科文组织提出的教育理念和教育目标的研究。其考察重点，如该组织 1994 年召开的第 44 届国际教育大会提出的“和平文化”的理念和培养“世界公民”的目标，1989 年和 1996 年该组织提出的“学会关心”“学会共处”的教育主题，联合国环境与发展大会提出的“可持续发展”战略等。课题组对道德教育在促进人和社会可持续发展，增进人与人之间及种族、文化、宗教和主权国家之间的理解、团结和宽容，促进对人权的尊重、维护世界和平的作用进行了总结，并将公民教育的国际发展趋势反映到课程设计的思想之中。

第二个层面是对发达国家思想品德课程的研究。如美国的品德教育、公民学教育、生活指导课程及其培养“美利坚精神”的特点；英国的德育教材及其1990年以来流行的综合性课程；法国的公民道德教育课及其培养“法国人”精神的特点；日本的德育改革目标、德育课和有关课程及其培养“日本人”的特点。对主要发达国家道德或公民教育课程实施的共同点、各自的特色及存在的问题等方面都进行了专题研究。

第三个层面包括两个重点，一是对苏联学校德育经验教训的研究。二是对新加坡中学道德和公民教育的研究，如新加坡倡导国家、社会、个人三者利益兼顾的德育方针，以儒家伦理价值为基本精神，强调正直、忠诚、诚实、信任、同情心和责任感这些人类的核心价值，同时吸取西方的科学精神和其他民族的精神气质，形成视野开阔、立足国情、求同存异、强调特色的总体特征等等。对其道德和公民教育取得的成绩和存在的不足也进行了分析研究。

四、道德教育课程的基本性质

新研制的初中思想品德课程标准从思想性、人文性、实践性、综合性四个方面阐述了本门课程的基本性质。

(一)思想性

以马列主义、毛泽东思想、邓小平理论和“三个代表”重要思想为指导，紧密联系社会生活和学生思想实际，帮助学生逐步形成良好的心理和道德品质，养成遵纪守法和文明礼貌的行为习惯，增强爱国主义、集体主义的思想情感，逐步树立中国特色社会主义的共同理想，为学生形成正确的世界观、人生观和价值观奠定基础。

思想性是思想品德课的根本性质，它决定着课程的方向，规定着课程的基本特征，是社会主义教育性质最突出的表现。思想品德课程的其他性质，都是围绕着“思想性”这个方向性的规定产生的，它决定着人们对其他性质的理解。比如说，人文性、实践性和综合性，在许多课程中都有呈现，但是在思想品德课中它们的呈现方式受其思想性的制约。

具体说，理解品德课程思想性规定的作用有这样几个方面：第一，规定了思想品德教育的科学性——正确的世界观基础和正确的理论指导，即马列主义、毛泽东思想、邓小平理论和“三个代表”重要思想的指导；第二，规定了思想品德教育甚至全部基础教育的社会主义性质；第三，规定了思想品德教育的民族形式，如爱国主义和中国特色社会主义的共同理想；第四，规定了初中进行思想品德教育的基本任务，如品德和习惯养成教育，把全体学生培养成为爱国的、遵纪守法的和具有社会公德与文明习惯的好公民，并且为逐步形成正确的世界观、人生观和价值观奠定基础。

(二)人文性

注重以中华民族的优秀文化和民族精神培养学生，关注学生成长需要与生活体验，尊重学生学习与发展规律，不断丰富学生的思想情感，引导学生确立积极进取的人生态度，培养坚强的意志和团结合作的精神，促进学生人格健康发展。

人是有意识、有情感、有内心世界的。塑造青少年美好的心灵，陶冶他们的高尚情操，是思想品德课程的最重要的使命之一。没有深厚的人文精神和人格基础，正确的思想就没有基础，良好的行为就缺乏价值目标。没有坚强的意志和高尚的情感，一个人就很难成为尊重他人和社会规则、不怕困难和挫折、能够积极进取的人。一个有自己精神家园的人，往往就是有崇高社会理想的人。进行思想品德教育，必须借助思想文化传统，弘扬人文精神。

从培育人文精神的根源看，应该立足改革开放和现代化建设的实践，着眼于世界先进文化发展的前沿，弘扬中华民族的优秀文化传统，吸取世界各民族的长处，培育新时代的民族精神。中华民族精神是以爱国主义为核心的团结统一、爱好和平、勤劳勇敢、自强不息的精神。它是在中华民族悠久历史中逐渐发展形成的，并随着时代和社会前进的要求，不断得到丰富。现在的民族精神，既包括中国共产党领导的革命斗争时期的井冈山精神、延安精神等，还包括社会主义建设时期的大庆精神、抗洪精神等。在鸦片战争以后大约一百年的时间里，中国一直处于落后挨打境地。正是中国共产党的领导，振奋了民族精神，使民族精神发扬光大，从而走向了民族振兴之路。

从学生自主成长的角度看，必须尊重学生的个性，为他们全面发展提供帮助，人文精神就是以人为本，而以人为本就是以人的全面发展为最高追求。培养人文精神必须尊重一切学生的个性，关心一切学生的社会性发展。应该以开放的眼光看待学生的思想品德的养成，承认学生思想品德发展的过程性和差异性。无论学生之间先天资质差异多大，要欣赏他们的优点，尊重他们的个性特点，鼓励他们的自主发展。

从社会发展与学生自主成长相统一看，进行思想品德教育，必须加强思想引导。引导学生在遵守基本行为准则的基础上，追求更高的思想道德目标。

（三）实践性

注重与学生生活经验和社会实践的联系，通过学生自主参与的、丰富多样的活动，扩展知识技能，完善知识结构，提升生活经验，促进正确思想观念和良好道德品质的形成和发展。

实践性是很多课程的追求，但是本课程更加关注这一点。因为思想品德本质上不是一套知识体系，而是致力于道德品质和人文精神的习得和养成的课程。思想品德必须做到言行一致。

实践能够增强思想品德教育的实效性和针对性，也可以加强和巩固思想品德教育的成果。思想品德教育必须从身边的生活点滴做起，从日常行为的养成做起，从具体小事做起。力求近小实亲，力戒高大空远。思想品德教育不是一时就能够完成的，必须常抓不懈。

倡导思想品德教育的实践性，应该提倡让学生通过自己的自主活动，通过某些形式参与公共生活，体验社会生活，达到思想的升华和品德的内化。要创设一定的形式和情景，让学生逐步了解社会，扩大人际交往，参与公共生活。许多品德，特别是公德，必须在公共生活的环境中，通过公共交往才能得到体验和内化。

思想品德教育的实践性应该与课程改革的探究性学习的追求相结合。教师应该使每一个学生都积极行动起来，参与教学活动，让学生的思维真正处于活跃状态，产生思想意识的创造体验，体会到行动和创造的愉悦，达到在实践活动中内化思想品德的目的。必须尽可能地创造条件，让学生能够积极主动地去尝试、探索和抉择，更好地发展个体的创造潜能，成为课堂学习和社会成长的主人。研究性和探究性学习必须是开放的，即尊重每一个学生的独特个性、兴趣、爱好和知识结构，学生自主地进行生成性品德养成的活动。学生可以在独立思考、自主选择中提高发现问题、分析问题和解决问题的能力，学会过负责任的生活，并且得到成长的体验。倡导研究性学习，不仅可以为学生创造更加人性化和开放的学习环境，而且可以拓宽学生的生活视野，为学生多渠道获取知识和运用知识提供机会。

(四)综合性

从学生适应社会公共生活和思想品德形成与发展的实际出发，以成长中的我、我与他人的关系、我与集体、国家和社会的关系为主线，对心理健康、道德、法律和国情等方面的学习内容进行有机整合。综合的课程形态是思想品德课程构建方式，这种构建方式是以对社会公共生活本身的综合性的理解为基础的。依据生活的逻辑，即成长中的我，我与他人的关系，我与集体、国家和社会的关系为主线，将学理上分开的心理健康、道德、法律和国情等方面的学习内容，进行新的逻辑构建，实现了有关知识在生活主题上的有机整合。

这一逻辑建构图示如下：

	心理健康	道德	法律	国情教育
成长中的我	认识自我	自尊自强	学法用法	文化认同(中国心)
我与他人的关系	交往与沟通	交往的品德	权利与义务	共同理想
我与集体、国家和社会的关系	积极适应社会的发展和进步	承担对祖国自然环境的责任	法律与社会秩序	知国情、爱中华

五、道德教育课程的基本理念

道德教育课程的基本理念就是构建这门课程的哲学基础和理论追求。课程标准的内容和实施必须符合这个理念或追求。新的道德教育课程确立了三点基本理念。

(一)初中学生逐步扩展的生活是本课程建构的基础

人的思想品德是通过对生活的认识和实践逐步形成的。本课程正是在学生逐步扩展的生活经验的基础上，为他们正确认识自我，处理好与他人，与集体、国家和社会的关系，思想品德获得健康发展，提供必要的帮助。

青春期是由儿童成长发育到成年的过渡期，是以性成熟为标志的一系列的形态、生理、内分泌及心理行为的突变阶段。青春期的教育和顺利过渡，对个人或群体的身心健康、人格健全起着极其重要的作用。

初中学生生活范围逐渐扩展，需要处理的各种关系日益增多。必须让他们积极参与公共生活，达到养成教育的目的。(1)日常生活和学习的行为规范的养成：培养良好的生活习惯，促进学生自觉性、独立性、自制力等良好品质的形成；(2)社会交往中的行为规范和公德意识的养成；(3)遵纪守法的习惯养成；(4)关注社会的积极态度的养成。

在课程的内容取舍方面，调整了一些与青春期成长关系不太密切的内容，加强了人格平等、社会责任和社会公正方面的内容，目的就是在青春期这个关键时期加大品德培养的力度。在课程设计顺序上，也尽量做到按照学生生活扩展的逻辑安排。

(二)帮助学生学习做负责任的公民、过积极健康的生活是本课程的追求

初中学生正处于青春期，并向成年人过渡，自我意识和独立性逐步增强。在初中阶段帮助学生形成良好品德，树立责任意识和积极的生活态度，对学生的成长具有基础性的作用。本课程的任务是引领学生感悟人生的意义，逐步形成正确的世界观、人生观、价值观和基本的善恶是非观念，学做负责任的公民，过积极健康的生活。

具体来讲，每一所学校都要通过思想品德课程这一主渠道，并且在其他课程和教育环节中，运用言语和行动的方法来对学生进行爱国主义、集体主义和社会主义思想教育，进行诚实、尊重他人、负责、同情、自律、坚忍和奉献等传统美德的教育，进行进取、乐观和开放的现代美德教育。在当今经济全球化和科学技术突飞猛进的时代，只有具备这些美德的人才能称得上是一个受过教育的人。

面向全体学生是现代教育的理念，思想品德课程尤其强调这一点。孩子的认知能力、思维敏锐度和接受能力是有差异的，但是培育优良的思想品德的要求是一致的。应该保护学生的自信心、自尊心，引导学生正确地理解和把握自己与他人、集体、国家和社会的关系，使他们学会生活、学会学习，为将来走向社会，做负责任的公民打下良好的思想品德基础。

(三)坚持正确价值观念的引导与启发学生独立思考、积极实践相统一是本课程遵循的基本原则

思想品德的形成与发展，需要学生的独立思考和生活体验；社会规范也只有通过学生自身的实践才能真正内化。本课程将正确的价值引导蕴涵在鲜活的生活主题之中，注重课内课外相结合，鼓励学生在实践的矛盾冲突中积极探究和体验，通过道德践行促进思想品德的形成与发展。

思想品德不是纯粹的客观知识，而是世界观、人生观和价值观，是人们对国家、社会、集体、他人、自己的理解，反映的是人们深层的内心世界。这样的精神层面的培养，必须在平等的、开放的和安全的气氛下才能逐渐让学生在知识和生活的体味中，生成自己的思想观念、行为原则和品德。因此，在教学过程中，应该营造民主的教学氛围，课堂上尽量给学生留有自由支配、自主发挥的时间和空间，创造情景使学生生动活泼地锻炼和展示自己的才华，发展自己的个性品质。教师应该把学生学习、探索和活动的主动权交给学生。做到知识教育与实践教育并举，引导教育与自我教育并重，说理教育与体验教育结合。

未成年人思想道德建设的行动纲领*

《中共中央国务院关于进一步加强和改进未成年人思想道德建设的若干意见》(以下简称《意见》)以马列主义、毛泽东思想、邓小平理论和“三个代表”重要思想为指导，深刻分析了我国未成年人思想道德建设面临的形势，全面阐述了加强和改进未成年人思想道德建设的指导思想、基本原则和主要任务，科学系统地提出了加强和改进未成年人思想道德建设的实施要求。《意见》解放思想、实事求是、与时俱进，是新世纪新时期青少年思想道德建设的行动纲领。

一、充分认识加强和改进未成年人思想道德建设的重要性和紧迫性

《意见》用数字说明，目前我国 18 岁以下的未成年人约有 3.67 亿。未成年人是祖国未来的建设者，是中国特色社会主义事业的接班人，他们的思想道德状况如何，直接关

* 本文与宁武杰合作，原载《中国德育》2004 年第 5—6 期。后收入詹万生著《整体构建学校德育体系导论》，光明日报出版社 2005 年出版。

系到中华民族的整体素质，关系到国家前途和民族命运。《意见》在总结十三届四中全会以来我国未成年人思想道德建设工作的重要进展，肯定当代中国未成年人热爱祖国、积极向上、团结友爱、文明礼貌的主流精神世界的同时，从三个层面客观而深刻地分析了未成年人思想道德建设面临的机遇和严峻挑战；第一个层面放在世界背景上，我国对外开放的进一步扩大，为广大未成年人了解世界、增长知识、开阔视野提供了更加有利的条件，与此同时，国际敌对势力与我争夺接班人的斗争也日趋尖锐和复杂，他们利用各种途径对我未成年人进行思想文化渗透，一些腐朽没落的生活方式、价值观念正在影响着未成年人的健康成长。第二个层面从我国社会发展现实中分析。随着社会主义市场经济的深入发展，社会经济成分、组织形式、就业方式、利益关系和分配方式日益多样化，为未成年人发展创造了更加广阔的空间，与社会进步相适应的新思想新观念正在丰富着未成年人的精神世界。与此同时，一些领域道德失范、诚信缺失、假冒伪劣、欺骗欺诈活动有所蔓延；一些地方封建迷信、邪教和“黄赌毒”等社会丑恶现象沉渣泛起，成为社会公害；一些成年人价值观发生扭曲，拜金主义、享乐主义、极端个人主义滋长，以权谋私等消极腐败现象屡禁不止等等，给未成年人成长带来较为严重的影响。第三个层面，互联网等新兴媒体的快速发展，给未成年人学习和娱乐开辟了新的渠道，与此同时，一些腐朽落后文化和有害信息也通过网络传播，腐蚀着未成年人的心灵。这几个层面构成一个立体的持续的影响源，少数未成年人在其消极因素影响下，精神空虚、行为失范，有的甚至走上违法犯罪的歧途。这些新情况新问题的出现，使未成年人思想道德建设面临一系列新课题。

《意见》以求真务实精神对未成年人思想道德建设工作的薄弱环节

和不适应的地方进行了深入分析。第一，一些地方和部门的领导对这项工作认识不足，重视不够，没有真正担负起领导责任；第二，全社会关心和支持未成年人思想道德建设的风气尚未全面形成，还存在种种不利于未成年人健康成长的社会环境和消极因素；第三，学校教育中重智育轻德育、重课堂教学轻社会实践的现象依然存在，推进素质教育任务艰巨，教师职业道德建设有待进一步加强；第四，随着社会人员流动性加大，一些家庭放松了对子女的教育，一些家长在教育子女尤其是独生子女的观念和方法上存在误区；第五，未成年人思想道德建设在体制机制、思想观念、内容形式、方法手段、队伍建设、经费投入、政策措施等方面还有许多与时代要求不相适应的地方。

《意见》指出，从未成年人抓起，培养和造就千千万万具有高尚思想品质和良好道德修养的合格建设者和接班人，既是一项长远的战略任务，又是一项紧迫的现实任务。我们要从确保党和国家的事业后继有人和社会主义事业兴旺发达的战略高度，从全面建设小康社会和实现中华民族伟大复兴的全局高度，从树立科学发展观，坚持以人为本、执政为民的高度，充分认识加强和改进未成年人思想道德建设的重要性和紧迫性，适应新任务新形势的要求，积极应对挑战，加强薄弱环节，在巩固已有成果基础上，采取扎实措施，努力开创未成年人思想道德建设工作的新局面。

二、以科学的实践观念做好未成年人思想道德建设工作

《意见》的突出特点是对青少年思想道德建设规律的全面总结和系统运用，体现了理论概括与实践操作的密切结合；为增强思想道德建设工作的科学性和实效性奠定了坚实基础。

坚持以人为本，紧密结合全面建设小康社会的实际，针对未成年

人身心发展特点，积极探索新世纪新阶段未成年人思想道德建设的规律，是《意见》确立的一个重要的指导思想。《意见》提出的“四个坚持”的未成年人思想道德建设原则，是引导我们认识规律、运用规律的实施要求。第一，坚持与培育“四有”新人的目标相一致，与社会主义市场经济相适应、与社会主义法律规范相协调、与中华民族传统美德相承接的原则。既要体现优良传统，又要反映时代特点，使未成年人思想道德建设始终保持生机与活力。第二，坚持贴近实际、贴近生活、贴近未成年人的原则。既要遵循思想道德建设的普遍规律，又要适应未成年人身心成长的特点和接受能力，从他们的思想实际和生活实际出发，深入浅出，寓教于乐，循序渐进。多用鲜活通俗的语言，多用生动典型的事例，多用喜闻乐见的形式，多用疏导的方法、参与的方法、讨论的方法，进一步增强工作的针对性和实效性，增强吸引力和感染力。第三，坚持知与行相统一的原则。既要重视课堂教育，更要注重实践教育、体验教育、养成教育，注重自觉实践、自主参与，引导未成年人在学习道德知识的同时，自觉遵循道德规范。第四，坚持教育与管理相结合的原则。不断完善思想道德教育与管理、自律与他律相互补充和促进的运行机制，综合运用教育、法律、行政、舆论等手段，更有效地引导未成年人的思想，规范他们的行为。

《意见》遵循思想道德建设的基本规律提出的未成年人思想道德建设的主要任务，确立了四个实践起点，逐层展开，引导成长，具有很强的可操作性。第一，从增强爱国情感做起，弘扬和培育以爱国主义为核心的伟大民族精神。主要内容是深入进行中华民族优良传统教育和中国革命传统教育、中国历史特别是近现代史教育，引导广大未成年人认识中华民族的历史和传统，了解近代以来中华民族的深重灾难和中国人民进行的英勇斗争，从小树立民族自尊心、自信心和自豪感。第二，从确立远大志向做起，树立和培育正确的理想信念。主要内容是进行中国革命、建设和改革开放的历史教育和国情教育，引导广大未成年人正确认识社会发展规律，正确认识国家的前途和命运，把个人的成长进步同中国特色社会主义建设伟大事业、同祖国的繁荣富强紧密联系在一起，为担负起建设祖国、振兴中华的光荣使命做好准备。第三，从规范行为习惯做起，培养良好的品质和文明行为。主要内容是大力普及“爱国守法、明礼诚信、团结友善、勤俭自强、敬业奉献”的基本道德规范，积极倡导集体主义精神和社会主义人道主义精神，引导广大未成年人牢固树立心中有祖国、心中有集体、心中有他人的意识，懂得为人做事的基本道理，具备文明生活的基本素养，学会处理人与人、人与社会及自然等基本关系。第四，从提高基本素质做起，促进未成年人的全面发展。主要内容是培育未成年人的劳动意识、创造意识、效率意识、环境意识和进取精神、科学精神及民主法制观念，增强他们的动手能力、自主能力和自我保护能力，引导未成年人保持蓬勃朝气、旺盛活力和昂扬向上的精神状态，激励他们勤奋学习、大胆实践、勇于创造，使他们的思想道德素质、科学文化素质和健康素质得到全面提高。

《意见》确立的未成年人思想道德建设原则和任务具体明晰，其科学系统性和实践操作性必将引导未成年人思想道德建设工作进入一个新的历史发展阶段。

三、未成年人思想道德建设的系统工程

《意见》站在国家前途、民族命运和全面建设小康社会，促进人与社会全面发展，实现中华民族伟大复兴的时代背景上认识未成年人思想道德建设，总结经验，面对现实，对影响未成年人思想道德形成和

发展的各种要素都提出了具体的加强和改进措施，建构起一个从宏观到微观相互照应，从时间到空间全面覆盖的青少年思想道德建设系统工程体系。

在学校教育领域，《意见》明确指出必须按照党的教育方针，把德育工作摆在素质教育的首要位置，贯穿于教育教学的各个环节。要把弘扬和培育民族精神作为思想道德建设极为重要的任务，纳入中小学教育的全过程。要加快中小学思想品德、思想政治课的改进和建设，充分利用和整合各种德育资源，深入研究中小学生思想品德形成的规律和特点，把爱国主义教育、革命传统教育、中华传统美德教育有机统一于教材之中，并保证占有适当分量，努力构建适应21世纪发展需要的中小学德育课程体系。要根据新修订的中小学生守则和日常行为规范，进行良好习惯养成教育和“五爱”教育，引导他们树立正确的理想信念和世界观、人生观、价值观。要切实加强教师职业道德建设，高度重视班主任工作，学校全体教职员工要树立育人为本思想，认真贯彻《中华人民共和国教育法》《中华人民共和国教师法》和《中小学教师职业道德规范》，热爱学生，言传身教，为人师表，教书育人，管理育人，服务育人。要充分发挥共青团和少先队在未成年人思想道德建设中的重要作用。要广泛深入地开展道德实践活动，使未成年人在内容丰富、形式多样的实践活动中思想情感得到熏陶，精神生活得到充实，道德境界得到升华。运用各种方式向未成年人宣传介绍古今中外杰出人物、道德楷模及先进典型，激励他们崇尚先进、学习先进。为学生树立身边的榜样，让他们从榜样的优秀品质中受到鼓舞、汲取力量。

对家庭教育在未成年人思想道德建设中的特殊重要作用的深刻认识和细化要求是《意见》的一个突出特点。《意见》要求把家庭教育与社会教育、学校教育紧密结合起来。各级妇联组织、教育行政部门和中小学校要切实担负起指导和推进家庭教育的责任。要与社区密切合作，办好家长学校、家庭教育指导中心，积极运用新闻媒体和互联网，面向社会广泛开展家庭教育宣传，普及家庭教育知识，推广家庭教育的成功经验，帮助和指导家长树立正确的家庭教育观念，掌握科学的家庭教育方法，提高科学教育子女的能力。充分发挥各类家庭教育学术团体的作用，针对家庭教育中存在的突出问题，积极开展科学研究，为指导家庭教育工作提供理论支持和决策依据。党政机关、企事业单位和社区、村镇等城乡基层单位，要关心职工、居民的家庭教育问题，加强家长的思想道德修养，引导家长做好子女的道德品质培养。

根据《意见》要求，在社会生活领域，继续加强以爱国主义教育基地为重点的未成年人活动场所建设、使用和管理，充分发挥爱国主义教育基地对未成年人的教育作用。各类博物馆、纪念馆、展览馆、烈士陵园等爱国主义教育基地要创造条件对全社会开放，对中小学生集体参观一律实行免票，对学生个人参观可实行半票。加强青少年宫、儿童活动中心等未成年人专门活动场所建设和管理。对公益性文化事业的未成年人校外活动场所建设和运行所需资金，地方各级人民政府要予以保证。积极营造有利于未成年人思想道德建设的社会氛围，各级电台、电视台要开设和办好少儿专栏或专题节目。各类报刊、读物要成为未成年人开阔眼界、提高素质的良师益友和陶冶情操、愉悦身心的精神园地。加强具有民族特色、展示民族优良传统的儿童影视片的创作生产，净化未成年人的成长环境。各类互联网站要遵循网络特点和信息传播规律，充分发挥其思想道德教育的功能，为广大未成年人创造良好的网络文化氛围。

《意见》对未成年人思想道德建设工作的领导职责作了明确规定。各级党委和政府要把加强和改进未成年人思想道德建设作为一项事关全局的战略任务，纳入经济社会发展总体规划，列入重要议事日程，形成党委统一领导、党政群齐抓共管、文明委组织协调、有关部门各负其责、全社会积极参与的领导体制和工作机制。各级政府要狠抓措施落实，给予必要的财力支持，并随着财政收入的增长逐步加大支持力度。

可以相信，随着《意见》的贯彻实施，全社会对未成年人思想道德建设的认识会不断深化，各项工作也将逐步展开，未成年人的精神品质及全社会的精神文明程度一定会提高到一个新的水平。

德育应植根于民族文化的沃土上*

一、绿洲缘何有荒漠?

刚刚结束的第十一届青年歌手大奖赛给我们留下了诸多回忆，同时也留下了诸多思考：歌手们优美的歌声、精湛的演技令观众赏心悦目、喝彩不已；然而，当考查选手的综合素质，尤其是问及有关人文社科知识、民族文化知识时，许多选手一脸茫然，令人颇感失望与遗憾；正如有的点评专家所说：由于历史知识的欠缺，综合文化素质的贫乏，有些选手对歌词曲谱不能深刻理解、准确把握，唱歌时机械模仿，有形而无神，缺乏厚重深刻，让人感到他们是在用“喉咙”挤歌而不是用“心”在唱歌，缺乏感染力，难以引起观众共鸣。

青年歌手们民族文化知识的缺乏，表现在舞台上，根子在教育上。近年来，由于应试教育思想观念的惯性作用，

---

* 本文原载《中国德育》2004年第8期，后收入詹万生著《整体构建学校德育体系导论》，光明日报出版社2005年出版。

多数学校师生重自然科学知识，轻人文社科知识；重应试能力培养，轻综合素质提高。多数学生懂得ABCD，却不懂诗、词、歌、赋；知道XYZ，却不知道四书、五经、四大名著。有的师生思想上甚至走入误区，盲目崇尚西方文化，模仿西方人的生活方式，不知不觉地产生了民族虚无主义思想。这是非常危险的，必须引起全社会的高度重视。

二、问渠那得清如许？

中国传统文化源远流长、博大精深、影响广远。她孕育了伟大的中华民族精神，激励着炎黄子孙的心，滋养着华夏儿女的魂。

我国古代的文化典籍《尚书》中最早提出了“父义、母慈、兄友、弟恭、子孝”的人伦关系和道德规范。而《周易》则概括了“君子”的两个基本品格：“天行健，君子以自强不息；地势坤，君子以厚德载物”。“厚德载物”是一种宽宏大量、忠厚实在、敦厚宽容的品格；“自强不息”是一种开拓进取、顽强拼搏、永不懈怠的品格。春秋时期，孔子创立了儒家学派，以“仁”为核心，提出了“恭、宽、信、敏、惠、刚、毅、木、讷、勇、敬、俭”等一系列道德规范；孟子以“性善”论为理论基础，继承和发展了孔子的思想，提出了“四德”：仁、义、礼、智(恻隐之心、羞恶之心、辞让之心、是非之心)，“五伦”：父子有亲、君臣有义、夫妇有别、长幼有序、朋友有信。而荀子则以“性恶”论为理论基础，丰富和发展了孔子“义”的思想，提出了“化性起伪”“礼义教化”“修身自强”的思想。与此同时，墨、道、法等学派也为中华民族传统文化的丰富与发展奠定了雄厚的基础。汉武帝时期，由于采纳了董仲舒提出的“罢黜百家，独尊儒术”的建议，从此儒家伦理成为中国传统文化的主流与核心。唐太宗时期，孔颖达等编撰了

《五经正义》，将《诗经》《书经》《礼记》《易经》《春秋》定为“五经”，推动了儒学的传播。南宋时期的朱熹作《四书集注》，把《大学》《中庸》《论语》《孟子》合称为“四书”。“四书五经”是中国古代知识分子的必读书目，也是科举取士的必考科目，对中国文化的传播与发展产生了深远的影响，激励着无数民族英雄、志士仁人为国家的统一、民族的团结、事业的发达、人民的幸福谱写出人生的壮丽篇章。

自中国共产党成立以来，在长期的革命和建设实践中，本着批判继承、去糟取精、古为今用、推陈出新的原则，在各个不同的历史时期形成了“井冈山精神”“长征精神”“延安精神”“红岩精神”“西柏坡精神”“抗美援朝精神”“大庆精神”“雷锋精神”“焦裕禄精神”“两弹一星精神”“改革创业精神”“抗洪精神”“抗击‘非典’精神”“载人航天精神”等，使伟大的民族精神得到弘扬与升华。

纵观中国历史，我们就会发现，不管社会形态怎样更替，意识形态如何变迁，中国优秀传统文化和中华民族精神总是前后相继，世代传承，与时俱进，丰富发展，绵延数千年而不衰，显示出旺盛的生命力、强大的凝聚力和伟大的创造力。

三、正是春风化雨时

党的十六大报告指出：“在五千多年的发展中，中华民族形成了以爱国主义为核心的团结统一、爱好和平、勤劳勇敢、自强不息的伟大民族精神。”“必须把弘扬和培育民族精神作为文化建设极为重要的任务，纳入国民教育的全过程，纳入精神文明建设的全过程。使全体人民始终保持昂扬向上的精神状态。”《中共中央国务院关于进一步加强和改进未成年人思想道德建设的若干意见》把弘扬和培育民族精神放在未成年人思想道德建设的四项重要任务的首位，为我们弘扬民族文化、培育民族精神营造了一个阳光明媚、雨露滋润的明天。我们要抓住机遇，把中小学德育工作植根于民族文化的沃土之中。

第一，要通过各学科教学有机渗透民族精神教育。要把弘扬民族文化、培育民族精神纳入中小学教育全过程，贯穿在学校教育教学的各个环节、各个方面。中小学德育课程和语文、历史等人文社会科学课程，要充分体现民族精神的丰富内涵。数学、物理、化学、生物、科学等理科课程应结合教学内容，丰富中国科学家的科学成就和民族精神的内容。艺术(音乐、美术)课应增加经典民乐、民歌、民族戏剧欣赏和中国画、书法艺术欣赏的内容。体育课应适量增加中国武术等内容。

第二，重视开展主题教育活动。充分利用春节、清明节、中秋节等民族传统节日，“五一”“五四”“六一”“七一”“八一”“十一”等重要节日，“七七事变”“九一八事变”“一二·九运动”等重要事件和重要人物纪念日，开展主题校(班)会、团(队)会，请革命先辈和各行业的英雄模范作报告、讲故事，组织学生观看反映伟大民族精神的影视片等。通过晨会、课堂教学、课外活动等多种途径，组织开展集中体现中华传统美德和革命传统的经典格言、诗词的诵读活动；教唱以爱国主义为主旋律的歌曲，定期进行学生歌咏比赛和文艺演出活动。

第三，积极开展社会实践活动。定期组织参观爱国主义教育基地，瞻仰革命圣地和遗址，祭扫烈士墓，缅怀民族英雄、仁人志士、革命先烈，学习他们的高尚品德和感人事迹，进行革命传统教育；参观城市、农村和名胜古迹，了解改革开放的成就和祖国悠久的历史文化；结合参观、瞻仰，组织开展征文、演讲、讲座、知识竞赛等教育活动。充分发挥学生校外活动场所、社会实践基地的育人作用。

第四，加强校园文化环境建设。坚持升降国旗制度，每周一以及重要节日、纪念日、大型集体活动必须举行庄严、隆重的升旗仪式，每天坚持升降国旗，每周举行国旗下讲话，全体中小学生都应会唱国歌。学校要结合实际，充分利用校园广播、电视、校园网、橱窗、板报和文化长廊等宣传阵地，大力宣传和弘扬民族精神；校园内张贴悬挂革命领袖和中华民族杰出人物画像，制作体现民族精神的灯箱、语录牌等，营造弘扬和培育民族精神的浓厚校园氛围。

第五，开展“民族精神代代传”弘扬和培育民族精神知识竞赛活动。2003 年 10 月 9 日，中宣部、中央文明办、教育部、团中央、全国少工委联合发文，要求在少年儿童中开展“民族精神代代传”教育活动。根据五部委文件精神，中央教科所、中国教育报、中国教育电视台联合举办了这次教育活动，这次活动以爱国主义、团结统一、爱好和平、勤劳勇敢、自强不息为基本内容，以中华传统美德教育、优良革命传统教育、良好行为习惯养成教育为教育重点，以《民族精神代代传——中华民族精神教育读本》(中、小学生版)为主要参考。竞赛活动有书面知识竞赛和电视知识竞赛两种形式，辅助活动有学术研讨活动、读书活动、文艺作品(故事、散文、诗歌、摄影、绘画、书法等)征集活动。这些活动，对于未成年人传承民族文化与民族精神都具有积极意义和重要作用。

体认中国优秀传统文化，弘扬培育民族精神，是全体中国人的使命，我们应该沐浴着《意见》的春风，让民族文化的春花开遍祖国大地，开在未成年人的心坎上。

荣辱观教育要从中国传统文化中汲取营养*

深入开展以“八荣八耻”为主要内容的社会主义荣辱观教育，为社会主义思想道德建设打开了广阔的视野。在这个领域，中国传统文化积淀了丰厚的精神遗产。系统地梳理传统文化有关荣辱观的思想内容，对深化荣辱观教育的思想内涵，弘扬和培育民族精神，构建与中华民族传统美德相承接的社会主义思想道德体系具有十分重要的意义。

一、传统荣辱观的基本内容

在中华民族漫长的形成发展过程中，社会的道德范畴和人的道德意识、道德情感基本上是与古代社会的组织形态的演进同步形成发展的。中华民族的社会组织形态经历夏商周三代，特别到西周时期，开始走向完备。随着社会的刑罚和礼仪制度对社会成员的规范作用不断强化，人的羞耻感作为控制和调整个人行为的情感意识，逐渐成为人

* 本文与宁武杰合作，原载《中国青年政治学院学报》（核心期刊）2006 年第 5 期。

们一种普遍的心灵体验。人的羞耻感的产生，是社会文明趋向成熟的一种标志。经过先秦时期及历代思想家、政治家的概括和总结，就形成了中国传统文化中的荣辱观。

(一)管子提出“礼义廉耻，国之四维”

春秋初期的政治家管仲首先提出“礼义廉耻，国之四维”，“四维不张，国乃灭亡”(《管子·牧民》)的观点。管子把知耻与明理、重义、尚廉并列为四个道德规范，并强调它们是国家发达、长治久安的四大纲纪。《左传》上说：“礼者，理也。”礼，就是人与人交往时，合于道理的行为准则。社会要走向和谐，就要克服混乱无序的状态，人人懂得互相尊重、彼此谦让、以礼相待。《贾谊传》中说：“义者，宜也。”义，就是在待人处事中适宜、合宜、适合社会道德要求的行为方式。如现代生活中的见义勇为、见利思义、义卖、义演等。廉，就是廉洁。官员负有领导的责任，如果不能廉洁奉公而成为贪官污吏，就会成为社会的蛀虫。耻，就是知耻心，知道耻辱，做了坏事有羞耻感。管仲还提出了“仓廪实而知礼节；衣食足而知荣辱”(《管子·牧民》)的著名观点。这反映了管子在物质生活与精神生活相互关系上的朴素唯物主义思想。管子的这些思想对后代人具有重要影响。明末清初唯物主义思想家顾炎武评论“礼、义、廉、耻”的作用时认为：“礼义，治人之大法；廉耻，立人之大节，盖不廉则无所不取，不耻则无所不为。”认为不廉则欲望无边，什么财物都会攫取；不知耻就会什么坏事都敢做。因此“四者之中，耻尤为要”(《日知录·廉耻》)。

(二)孔子提出“仁者爱人”“行己有耻”

春秋末期，孔子是对做人的荣辱问题论述更全面而深刻的人。孔子的荣辱观十分鲜明，他的伦理思想的核心是“仁”。孔子对“仁”的解释有多种，但最本质的是“仁者爱人”。以“仁”为人生价值准则，对当时社会生活中的是非、善恶、美丑现象都表达了明确而深刻的观点。孔子提出，做人要“行己有耻”(《论语·子路》)，即做人要对自己的行为保有羞耻之心。孔子论述了多种可耻的品行。包括：第一，言行不一为耻。如“古者言之不出，耻躬之不逮也。”(《论语·里仁》)即先人言语不轻易出口，是耻于自己的行动赶不上所说的话。“君子耻其言而过其行。”(《论语·宪问》)即君子以说得多，做得少为耻。第二，表里不一为耻。如“巧言、令色、足恭，左丘明耻之，丘亦耻之。匿怨而友其人，左丘明耻之，丘亦耻之。”(《论语·公冶长》)即花言巧语、容貌伪善，十足的恭顺，是可耻的；内心藏着怨恨，表面却表示友善，是可耻的。第三，无理想追求是可耻的。如“士志于道，而耻于恶衣恶食者，未足与议也。”(《论语·里仁》)即读书人有志于追求真理，但又以自己吃粗粮穿破衣而羞耻，这种人是不值得同他讨论理想与追求的。第四，“邦有道，贫且贱焉，耻也；邦无道，富且贵焉，耻也。”(《论语·泰伯》)即国家政治清明，自己贫贱，是耻辱；国家政治黑暗，自己却富贵，也是耻辱。第五，诚信恭敬为荣，反之为耻。《论语·学而》说“信近于义，言可复也；恭近于礼，远耻辱也”。

除以上所述外，《论语》中多用“君子”和“小人”两个称谓，对品格高尚和品质低劣的两种人或两种品德进行褒扬和斥责，这也从一个侧面反映了孔子的荣辱观，如“君子喻于义，小人喻于利”，“君子成人之美，不成人之恶。小人反是”，“君子和而不同，小人同而不和”，“君子泰而不骄，小人骄而不泰”，“君子坦荡荡，小人长戚戚”等等。受时代和阶级的局限，孔子所说“小人”，有时也含普通平民，对此可给予辩证的鉴别。

(三)孟子提出“仁则荣，不仁则辱”

战国时期的孟子继承并发展了孔子的思想。在荣辱观上，他明确提出："仁则荣，不仁则辱"(《孟子·公孙丑上》)的观点。孟子认为荣辱观与人性有着密切的关联。在人性论上，孟子提出"人性善"说，认为"人之所以异于禽兽者"是因为人有仁、义、礼、智四个善端。他提出："恻隐之心仁也，羞恶之心义也，辞让之心礼也，是非之心智也"。这里说的"羞恶之心"是"义"，"义"是人应该遵守的行为规范，对那些背离规范的行为保有羞耻憎恶便是"羞恶之心"，这样就会防止去做不道德的事。孟子还认为，"无羞恶之心，非人也"(《孟子·公孙丑上》)，即知耻是人性的标志，如果失去此心，就如同禽兽一般。因而孟子说"耻之于人大矣"(《孟子·尽心上》)，即羞耻心对于怎样做人，真是关系太大了。

(四)荀子提出"先义而后利者荣，先利而后义者辱"

在义利观上，先秦时期的思想家也给后代留下丰富的思想文化遗产，其中儒家的重义轻利思想内容十分丰富。如孔子说"君子喻于义，小人喻于利"，要"见利思义""见得思义""义以为上""勿见小利，见小利则大事不成"。孟子说："鸡鸣而起，孜孜以为义者，舜之徒也；孜孜以为利者，跖之徒也。""何必曰利，亦有仁义而已矣。"(《孟子·梁惠王上》)而荀子把义利观与荣辱观结合起来，提出"先义后利者荣，先利后义者辱"(《荀子·荣辱》)的观点。他并不完全贬斥利，只是把义与利谁先谁后的区别上作为判断荣辱的价值尺度。

先秦时期思想家关于荣与辱的深刻见解，对后世产生了深远的影响。宋代思想家陆九渊指出："人惟知所贵，然后知所耻。""人不善之不可为，非有所甚难知也。""而至于甘为不善而不改之者，是无耻也。""人之患莫大乎无耻，人而无耻，果何以为人哉?"(《陆九渊集》卷三十二)顾炎武针对明中叶以后学者空谈心性而不计国计民生的空虚学风和许多士大夫不讲操守、投机钻营的行为，把孔子"博学于文"

“行己有耻”两个主张合并，号召人们务实治学，坚守气节。(《亭林文集·与友人论学书》)他结合社会实际论述人之所以不廉，以至于做出“悖理犯义”的事，都源自于不知耻，如果身居官职的人不知羞耻，就是“国耻”(《日知录·廉耻》)论理深刻而警喻。近代戊戌变法的倡导者康有为提出的“四耻”之说也富于启示性：“一耻无志”，做人只志于求富贵，而不致力于实行仁义，是可耻的；“二耻循俗”，做人因循守旧，跟着不良风气走，不能卓然独立，是可耻的；“三耻鄙吝”，即为人性格鄙吝刻薄，为富不仁，是可耻的；“四耻懦弱”，胆小怕事，见义不为，是可耻的。(《长兴学记·学记》)

在对什么是荣，什么是耻的内涵的认识上，历代思想家阐发的观点，不仅是他们对道德问题的理解思考和个人道德情感的秉意抒发，从中也映现出我们民族的精神品格。

二、传统荣辱观的修养方法

在中国传统道德思想中，“知耻”是作为“国之四维”中的“一维”，就是作为道德修养的一个底线环节来认识的。因此研究荣辱观教育应将其放到人的道德修养，即“修身”的整体原则中加以把握。

(一)“慎独”是传统修养方法的核心

“慎独”是我国古代哲人所倡导的一个十分突出的道德修养方法。《中庸》中说：“道者，不可须臾离也，可离非道也。是故君子戒慎乎其所不睹，恐惧乎其所不闻。莫见乎隐，莫显乎微，故君子慎其独也。”即做人的正道是不能片刻离开的，如果离开就不是正道了，所以君子在他人看不见听不到自己言行的环境中，要警戒谨慎，注意约束自己。越是隐秘细微的事情越容易被发现，因此君子要特别谨慎自己独处的时候。慎独即道德自律，其核心是“自省”，即自我省察、自我约束、自我革新。“知耻”“改过”“自新”是自省的主体内容。

怎样才能使人知耻呢？孔子提出“道之以政，齐之以刑，民免而无耻；道之以德，齐之以礼，有耻且格。”(《论语·为政》)就是说用政令训导，用刑罚整治，百姓虽能避免犯罪但不知犯罪是羞耻；用道德进行引导，用礼义来规范，百姓就会有羞耻心并能自觉端正自己的言行。宋元之际学者许衡认为：“教人，使人必先知有耻，无耻则无所不为。既知耻，又须养护知耻之心，督责之使有所畏，荣耀之使有所慕。”(《许文正公遗书》)即把知耻作为育人的先行内容，并时时督察责罚使他警戒畏惧，时时以荣耀的事例和榜样进行激励使他仰慕，以此养护其知耻之心。知耻是自省的一种心灵体验。在生活中，知耻与知过、改过常常是紧密联系的。儒家强调人有过要“反求诸己”，从自己身上找原因，不要“文过饰非”，而要闻过则喜，改过迁善。“知耻近乎勇”(《中庸》)，有过改之为勇、为荣；知过不改为过、为耻。平日要能做到“见贤思齐”“见不贤而内自省”(《论语·里仁》)。儒家认为自省改过是人不断进步而“日新”的过程。《大学》中说：“苟日新，日日新，又日新……作新民。”是说假如今天把污垢洗净了，以后便要天天把污垢洗净，连续不断地洗除污垢，身心就日日清新。因此要鼓励人民做有改过自新精神的人。《大学》还引孔子语提出，要做诚实有德之人，就要博学、审问、慎思、明辨、笃行。“人一能之，己百之；人十能之，己千之。”这样就会“虽愚必明，虽柔必强”。这就是说，慎独、自省、改过并不全是着眼已经做过的事情，还要心向未来，人要随着时间的推移，通过慎独、自省、改过，时时更新，与时俱进，与世俱进，自强不息。“日新”既是慎独的方法过程，也是慎独的必然结果。慎独的主旨是充分发挥人的道德主体性。

(二)“诚”是“慎独”的根本

诚就是诚实，在《大学》提出的“诚意、正心、格物、致知、修身、齐家、治国、平天下”的道德修养八条目中，诚是列在首位并贯穿整个修身过程中的根本要求。《大学》中说：“所谓诚其意者，毋自欺也。如恶恶臭，如好好色，此之谓自谦。故君子必慎其独也。小人闲居为不善，无所不至，见君子然后厌然，掩其不善而著其善，人之视己，如见其肺肝然，则何益矣？此谓诚于中，形于外，故君子必慎其独也。”是说诚就是不欺骗自己，要像厌恶腐坏的气味和喜好美丽的颜色那样自然真切，这才叫适合自己的物用，所以君子一定要谨防一个人独处的时候。小人平常独自待着就会做不好的事，无所不至，看见君子便掩藏自己的坏处而显示他故意做的虚假的好事，却不知别人对他的行为就像看见自己的肺肝一样清清楚楚，这样做又有什么益处呢？这就是说只有内心诚实，才能自然地表现在外面。所以君子一定要谨防一人独处时候的品行。这说明“不诚则不独”(《荀子·不苟》)诚实是主导慎独的根本因素。慎独是由诚实支配的自觉的道德意识、道德情感和道德行为。北宋思想家周敦颐认为诚是“五常之本”(《通书·诚下》)，即诚是“仁、义、礼、智、信”的根基。“诚”在人的道德品质中的基础作用，是传统德育思想中的一个共识。归结起来，就是人只有内心诚实，才能做到自省无欺，知耻改过，成为品德高尚的人。诚实与慎独的这种必然联系反映出道德教育和道德修养的一些基本特征和规律。这一点，对研究荣辱观教育的原则是有借鉴价值的。诚实是“八荣八耻”中的一项内容，借鉴传统德育思想关于诚实与所有道德规范的内在联系的论述，应把诚实的品质教育贯穿于整个荣辱观教育之中。从人的羞耻感产生的心理过程看，所有羞耻感的产生大都以诚实为基础，可以说，无诚则无耻。

(三)"中和"是"慎独"的最高境界

《中庸》在论述慎独时提出"喜怒哀乐之未发，谓之中；发而皆中节，谓之和。中也者，天下之大本也；和也者，天下之达道也。"即人的喜悦、愤怒、悲哀、快乐的情感，在没发出来的时候没有一点偏向，叫做中；发出来都合宜，便叫做和。中的性情，是天下人最主要的本性和能力，和的境界是天下一切事物最通达的法则。这段话包含的论理是，喜悦(或喜爱)是人的自然情感，但喜悦出现偏向，如为了满足个人喜爱而不择手段去获取财物，这就背离了"中"；愤怒是人的正常情感，但该怒的不怒，如见义不为，见恶不恨，就是违"中"；同样，该同情的不同情，如不坚持正义、冷漠不助人；该快乐的不快乐，如嫉妒、闻过则怒，这都是背离了"中"，"未发"就是情感未出现这类偏向，而是保持道德的自然品性去做事。"发而皆中节，谓之和"就是如果喜、怒、哀、乐的情感发出来都合乎道义，就是和谐。这种和谐是个人的道德认识、道德情感、道德意志和道德行为的自然一致，是人的自然本性与社会本性的一体展现。个人道德知、情、意、行的和谐，是人在实际的社会生活中道德品性的真实展现，它不仅展现个人的品格特点，同时也展现其存在的社会意义。所以这样真实的社会个体是达成人与人之间及人与家庭、人与集体乃至整个社会和谐的前提和基础。因此《中庸》说："致中和，天地位焉。万物育焉。"即如果达到和谐的地步，天地间的一切物体就都安排顺适，并富有活力地生长发育了。

总体来看，"致中和"集中了人应具备的道德自律能力，即慎独水平。这种能力体现于个体在现实的社会生活和道德情境中对是非、善恶、美丑现象的辨别和认识的能力，体现于对自己情感意志的调控能力，体现于个体知行统一及对自己道德行为的选择和付诸实践的能力。对个人来说，“致中和”可以称是道德修养的最高境界。从德育论角度看，“致中和”所体现的不仅是人的品质、能力和素质，还是道德教育的目标、原则和方法，也是道德教育的过程和结果。因此，“慎独”“诚意”“致中和”这些中华民族传统的修养方法，应当在今天社会主义荣辱观教育中得到继承和弘扬。

第七编　和谐德育研究初探

和谐德育论*

党的十六届四中全会第一次提出了构建社会主义和谐社会(以下简称“和谐社会”)的战略任务。构建和谐社会，是一项系统工程。从教育与社会发展相互作用的规律性联系中研究和谐德育问题，对构建和谐社会及德育理论和实践的发展创新具有重要意义。

一、和谐德育的现实价值

(一)对建设和谐社会的价值

我们所要建设的和谐社会，是民主法制、公平正义、诚信友爱、充满活力、安定有序、人与自然和谐相处的社会。和谐社会的这些基本特征与作为社会主体的人的思想道德素质是紧密联系、相互对应的。人是建设和谐社会的主体和主导，只有工作在各个社会岗位上的公民具备热爱祖国、遵纪守法、诚信友爱、自主创新、保护环境的思想

---

* 本文是2005年新疆伊宁年会主题报告的一部分，修改后发表在《光明日报》2006年3月22日。

道德品质，才能建设具有与之对应特征的和谐社会。当前，我国社会的发展正处于关键时期。市场经济就像一把双刃剑，它激发了人们主体意识的生成，同时诱发个人主义倾向；增强了效益观念和求实精神，同时诱发了拜金主义和重利轻义思想。某些领域道德失范、诚信缺失，某些商业活动假冒伪劣、欺骗欺诈活动屡禁不止，甚至某些地方封建迷信、邪教和黄赌毒黑等社会丑恶现象沉渣泛起，这一切都给社会的和谐发展造成不可忽视的负面影响。建构和谐德育，以提高未成年人思想道德素质为起点，推及全体公民思想道德水平的提升，能够加固依法治国的内在基础，缓解社会矛盾，促进社会稳定。这就为社会的和谐发展创造了必要条件。

(二)对推进素质教育的价值

德育是素质教育的核心。建构和谐德育，就是以全面贯彻党和国家的教育方针为指导，通过建立民主和谐的师生关系、和谐有序的教学过程以及优化教育教学环境等措施，使学校教育系统中各子系统及其各要素之间协同作用，产生教育合力，从而促使学生在德育、智育、体育、美育和劳动教育等方面全面而和谐地发展。近年来，由于我国正处在受教育人口的高峰期，人民群众对教育的需求与日俱增，而我们的优质教育资源则相对不足，同时由于片面的人才观和劳动人事制度的不完善，我国学校教育出现了诸多不和谐因素，如“重智育轻德育、重分数轻能力、重课堂教学轻社会实践”等等。为了有效调节教育中的不和谐因素，除了在政策和制度上进行改革之外，还必须进一步加强和改进学校德育工作，把建立学校、家庭、社会和谐德育体系作为推进素质教育的首要任务。和谐德育的主要功能是促进人的身体与心灵、智力与德性、知识与能力、理性与审美的和谐发展。其价值在于发挥德育的灵魂统帅作用，促进学生在思想道德、科学文化、身体心理、审美艺术、劳动技能等方面素质的全面发展。

（三）对发展学校德育的价值

在改革开放和建立社会主义市场经济体制的过程中，家庭生活和社会生活发生了巨大的变化，学校德育工作出现了许多新情况和新问题。例如：独生子女现象、单亲家庭现象、追星族现象、痴迷网吧现象、拇指文化现象、口袋书现象等等。面对这些新情况和新问题，各级各类学校之间的彼此衔接，以及学校与家庭、社会的相互配合都不同程度地存在不和谐问题。无论从大、中、小、幼德育的纵向衔接来看，还是从学校、家庭、社会的互相配合来看，一般表现为少沟通、难互动、不和谐。这种情况是制约德育工作整体效果的关键。要解决德育工作这一关键问题，就必须整体构建和谐德育体系。要遵循青少年儿童思想品德形成发展规律，按照系统科学的整体性、层次性、有序性、动态性、开放性原理，进行横向贯通，纵向衔接，分层递进，螺旋上升，推进大、中、小、幼德育的纵向衔接；促进学校、家庭、社会横向贯通，互相配合，相互补充，形成合力。从而促进教育者、受教育者和教育环境之间的和谐发展。

二、和谐德育的基本内涵

所谓和谐德育，指的是德育以满足社会发展需要和受教育者个体发展需要的和谐统一为出发点，在遵循受教育者身心发展规律的基础上，调控构成德育体系诸要素之间的关系，使之发生和谐互动效应，从而促进学生思想品德和谐发展的一种德育模式。和谐德育是对全面发展教育理论的继承与创新，它的内涵主要包括如下几个方面。

（一）民主融合的师生观：教师、学生“双主体”和谐

师生关系是学校教育中最基本的人际关系。和谐融洽的师生关系不仅是有效进行教育活动、完成教育任务的重要条件，而且本身也是一种重要的教育力量。学生的思想品德是在良好、健康的人际环境中耳濡目染，逐渐养成的。德育过程主要是教师与学生之间、学生与学生之间的多元互动过程，其互动的效果决定了学生思想品德发展的水平，而师生互动的效果则是由师生关系和谐程度决定的。在德育活动中，教师与学生如果能够平等相处，诚恳相待，学生人格就会得到尊重，个性潜能就能得以展示；教师的高尚道德情操、优良个性品质就能够潜移默化地影响和感染学生。

(二)整体优化的大德育观：学校、家庭、社会“三教”和谐

学校德育与社会环境、家庭环境以及校园环境之间始终是相互联系、相互渗透、相互作用、相互影响的。学校、家庭、社会在教育主体、内容、方式、方法上各有优势，只有在学校、家庭、社会三方面教育力量和谐一致的时候，学生的品德发展才是健康的积极的。所谓整体化的大德育观，指的是充分发挥学校、家庭和社会三个方面教育力量各自的优势，使之相互协调、相互配合、相互补充、形成合力，推动学校、家庭、社会德育目标一致，德育理念趋同，德育过程同步，德育内容方法互补，德育资源共享，德育评价一致。从而产生多渠道、多方位的和谐德育效应，使学生成为学校的好学生、家庭的好孩子、社会的好公民。

(三)和谐有序的德育过程观：知情意行“四环节”和谐

和谐有序的德育过程是对受教育者传授道德知识、陶冶道德情感、培养道德意志，引导道德行为的过程。简言之，就是“知情意行”的过程。“知”是学生道德品质形成发展的基础，“情”是在认知的基础上产生的，但它又是“知、意、行”的内在动力，“意”对“知、情、行”具有促进作用，“行”以道德认知为指导，受道德情感与意志的支配，同时它又对道德认知、情感与意志起到检验作用。学校德育工作要取得实效，取决于四个环节的和谐统一的程度。和谐德育将“知、情、意、行”和谐地整合在一起，以传授道德知识作基础，涵养道德情感为关键，培养道德意志作保证，以养成良好的道德行为习惯为归结，取得真正意义上的德育实效。

（四）整体构建的德育体系观：横向系统“六要素”与纵向系统“六学段”和谐

现代系统科学认为，任何事物都是作为系统而存在的。所谓“整体构建德育体系观”，就是把学校德育工作的各个要素视为一个相互联系、辩证统一的整体。这个整体主要由德育目标、内容、途径、方法、管理、评价“六要素”构成的横向系统与幼儿园、小学、初中、高中（中职）、高职、大学“六学段”构成的纵向系统构成。就学校德育体系的横向系统而言，德育目标是学校德育工作的价值导向系统，是其他要素发挥作用的出发点和归宿；德育内容是德育工作的媒介系统，它是其他德育要素发挥作用的凭借与依托；德育途径与方法是德育工作的时空领域与实施系统，决定了德育工作的效率与合力；德育管理与评价则是德育工作的机制保障系统。“六要素”只有构成一个统一的整体，才会在相互关联、相互制约、相互作用的关系中获得最佳德育效果。横向“六要素”和谐，其工作形态是全员德育、全面德育，是教育的合力；纵向“六学段”和谐，其工作形态是有机衔接，分层递进，螺旋上升，是体现德育过程完整性和连续性的全程德育。总之，探索并构建和谐德育体系，是建设和谐社会的客观要求，是现代德育科学理论和学校德育工作创新发展的客观要求，是推进教育和谐发展的必然选择。

和谐德育是构建和谐社会与和谐文化的基础工程*

党的十七大报告指出“和谐文化是全体人民团结进步的重要精神支撑”，同时对建设和谐文化提出了明确的要求：“大力弘扬爱国主义、集体主义、社会主义思想，以增强诚信意识为重点，加强社会公德、职业道德、家庭美德、个人品德建设，发挥道德模范榜样作用，引导人们自觉履行法定义务、社会责任、家庭责任。加强和改进思想政治工作，注重人文关怀和心理疏导，用正确方式处理人际关系。动员社会各方面共同做好青少年思想道德教育工作，为青少年健康成长创造良好社会环境。”

动员社会各方面共同做好青少年思想道德教育工作，为青少年健康成长创造良好社会环境，是和谐文化建设的重要任务，也是和谐德育研究的根本任务。文化的实质是“人化”。人的思想道德素质是建设和谐文化的主导因素。整体构建和谐德育体系是社会主义思想道德体系的重要组

* 本文是在2005年德育研究中心学术会议上的讲话，后收入詹万生主编《和谐德育研究》，光明日报出版社2009年出版。

成部分，社会主义思想道德建设是建设和谐文化的重要内容和中心环节。社会主义思想道德建设要从青少年学生抓起，未成年人的思想道德建设是全社会思想道德建设的基础。从这个意义上说，和谐德育是构建和谐社会、建设和谐文化的基础工程，对于建设和谐文化，乃至构建和谐社会具有重要的现实意义。

第一，和谐德育有利于为建设和谐文化与和谐社会奠定基础。

当前，我国社会的发展正处于关键时期。我国人均国民生产总值已突破1000美元，正在向3000美元的新目标跨越。许多国家的发展进程表明，人均GDP在1000美元到3000美元之间的发展阶段，往往既是一个国家经济发展的黄金期，也是矛盾凸显期。随着改革开放和社会主义市场经济的深入发展，我国经济社会生活也发生了深刻变化，社会经济成分、组织形式、就业方式、利益关系和分配方式日益多样化，社会利益关系更为复杂，出现了许多新情况、新问题。现代物质文明的非和谐发展，不仅造成了“自然和谐”的破坏，而且也造成了“人和自然”“人与人”之间和谐的破坏。市场经济就像一把双刃剑。它激发了人们主体意识的生成，同时诱发个人主义倾向；增强了效益观念和求实精神，同时诱发了拜金主义和重利轻义思想；也造成一些领域道德失范，诚信缺失、假冒伪劣、欺骗欺诈活动的蔓延，甚至某些地方封建迷信、邪教和黄赌毒等社会丑恶现象沉渣泛起，这一切都给社会的和谐发展造成不可忽视的负面影响。建构和谐德育，以提高个体的道德水平为起点，推及社会道德水平的提升，能够纾解社会矛盾，促进社会稳定。这就为社会的和谐发展奠定了基础。

构建社会主义和谐社会，从根本上讲就是要实现人与自然、人与社会、人与人以及人自身的和谐发展，这是中国特色社会主义的本质要求。和谐德育对于建设和谐文化与和谐社会的奠基作用同样表现在人与自然、人与社会、人与人以及人自身的和谐发展几个方面。

——人与自然和谐。人类只有一个地球，工业化造成的大气污染、河流污染、海洋污染，已经威胁到人类的生存和发展。人类只有树立环境保护意识，与大自然和谐相处，达到“天人合一”“天人和谐”的境界，才能更好地生存和发展。这是全人类的共同利益。和谐德育把环境道德教育作为重要内容之一，引导和帮助青少年树立环保意识，为人与自然和谐相处奠定思想道德基础。

——人与社会和谐。“人是一切社会关系的总和。”社会是由人构成的，人不可能脱离社会而存在。人只有与社会和谐相处，才能在社会中生存和发展。和谐德育以集体主义为原则，以爱祖国、爱人民、爱劳动、爱科学、爱社会主义为基本要求，把集体主义精神渗入学校教育、家庭教育、社会教育的各个层面，引导青少年学生正确认识和处理国家、集体、个人的利益关系，提倡个人利益服从集体利益、局部利益服从整体利益、当前利益服从长远利益，反对小团体主义、本位主义和损公肥私、损人利己，把个人的理想与奋斗融入广大人民的共同理想和奋斗之中。这就为构建和谐社会奠定了思想道德基础。

——人与人和谐。倡导人与人之间和谐相处、团结友爱、扶老携幼、扶困济贫、共同发展，是和谐社会的基本要求。和谐德育坚持以人为本，以为人民服务为核心，主张“人人为我、我为人人”；对青少年学生进行社会公德、职业道德、家庭美德、个人品德教育。把这些主要内容具体化、规范化，使之成为全体公民普遍认同和自觉遵守的行为准则。并且根据不同年龄阶段学生的身心特点、知识水平和品德形成发展规律，循序渐进，螺旋上升，整体构建了大、中、小学的德育体系，为全社会建设社会主义思想道德体系奠定了基础。

——人自身的和谐。坚持以人为本，倡导人文关怀，注重人的全面和谐发展，是和谐社会的题中应有之义。和谐德育主张人的身体与心理全面和谐发展，把健康教育，包括身体健康和心理健康教育作为德育内容之一，认为这是德育的生长点、素质教育的基本点、德育与智育的结合点；和谐德育主张德、智、体、美全面和谐发展，把德育寓于智育、体育、美育之中，作为德育的重要途径之一；和谐德育主张品德结构知、情、意、行全面和谐发展，把知、情、意、行结合作为德育的重要原则之一。和谐德育这些观点的价值就在于引导学生的全面和谐发展，塑造身心和谐，知行统一，真、善、健、美和谐发展的人，为培养社会主义事业建设者和接班人奠定了基础。

第二，和谐德育有利于加强和改进青少年思想道德教育工作。

《中共中央关于构建社会主义和谐社会若干重大问题的决定》指出："我们所要建设的和谐社会，是民主法制、公平正义、诚信友爱、充满活力、安定有序、人与自然和谐相处的社会。"①和谐社会的这些基本特征与作为社会主体的人的思想道德素质是紧密联系、相互对应的。和谐社会的六大基本特征正是和谐德育的基本内容。

——民主法治。构建和谐社会，就是社会主义民主政治得到充分发展，依法治国方略得到切实落实，真正实现了党的领导、人民当家做主和依法治国的有机统一。和谐德育坚持以"依法治国与以德治国相辅相成"的治国方略为指导，把民主法制教育与思想道德教育并列为和谐德育的两大主要内容。认为民主法制教育与思想道德教育如"车之两轮、鸟之双翼"是辩证统一的、相辅相成的、缺一不可的。

——公平正义。构建和谐社会，就是社会的各个阶层都能公平地

① 《中共中央关于构建社会主义和谐社会若干重大问题的决定》，北京：人民出版社，2006 年版，第 5 页。

分享改革和发展带来的成果，各种社会矛盾得到正确的处理，整个社会的体制改革和制度创新都体现公平、公正和正义的要求。和谐德育把公平正义作为重要内容之一，教育青少年学生做人要正直，做事要公道，待人要公平，处世要正义。

——诚信友爱。构建和谐社会，就是社会的诚实、信义、关爱等道德素质和优良品质在社会公德、职业道德、家庭美德、个人品德等各方面得到真正的培育和发扬。和谐德育把明理诚信、团结友爱作为基本道德规范来要求学生，并且贯彻到学校、家庭、社会德育活动的过程之中。

——充满活力。构建和谐社会，就是一切有利于社会全面进步和人的全面发展的积极因素和创造动力得到尊重、支持、肯定和发挥。和谐德育作为素质教育的首位与核心，始终把素质教育的两个重点“培养创新精神和实践能力”作为培养目标和主要内容，引导和鼓励学生积极参与社会实践活动，增强创新意识、创新能力和实践能力。

——安定有序。构建和谐社会，就是社会的组织机制健全，并在此基础上形成管理完善、秩序井然、社会安定团结、人民安居乐业的经济社会和政治秩序。和谐德育把讲团结、讲秩序、守纪律作为青少年学生的行为规范，贯彻到学校日常的德育活动之中。

——人与自然和谐相处。构建和谐社会，就是人口、资源、环境之间协调发展，人、社会和自然之间实现和谐相处。和谐德育把环保意识、环境道德作为社会公德和个人品德的重要内容，贯彻到学校、家庭、社会德育活动的过程之中。

总之，和谐德育的内容与和谐社会的六大特征是密切联系、相互对应的。这是因为和谐德育坚持的是大德育观，主张德育应包括政治教育、思想教育、道德教育、法纪教育和心理教育“五要素”。政治教育、思想教育、道德教育、法纪教育和心理教育，各有自己的特定内涵，但又互相联系，互相渗透，互为条件，互相制约，构成了和谐德育统一体。政治教育确立了把祖国建设成为富强、民主、文明、和谐的社会主义现代化国家而努力学习的奋斗方向；思想教育通过对人类社会发展规律的认识和理解，为政治教育提供科学理念支撑，使学生形成科学的世界观、人生观、价值观，树立起社会主义的理想信念；道德教育以培养道德的情感意识和良好的道德行为习惯为重点，形成正确的荣辱观，是实现理想信念的常态活动方式；法纪教育以增强法律意识、树立法律观念、培养知法、懂法、守法、护法的品质为重点，充实和保证政治、思想、道德教育的进行；心理教育以培养健康的心理素质为重点，在政治、思想、道德、法纪教育过程中，始终起着维持、调节和统合个体的知、情、意、行的作用，是德育不可缺少的要素。这五者不可割裂，更不能互相取代。如果在理论上仅仅把德育视为“政治思想教育的同义语”或“道德教育的简称”，那么在德育实践上就会失之偏颇。“文革”期间，由于“突出政治”代替一切，道德教育被忽视乃至被取消，造成了一代人道德水准下降以至整个社会风气败坏。80 年代后期，由于“淡化政治”，政治思想教育薄弱，致使自由化思潮乘虚而入，泛滥成灾，最终酿成动乱。这两方面的教训是极其深刻的，必须永远记取。和谐德育要求完整、准确、全面地理解德育概念的内涵，坚持德育内容的“五要素说”，使德育工作与构建社会主义和谐社会的基本要求相一致，对青少年的思想道德教育发挥更好、更大的作用。

第三，和谐德育有利于为青少年健康成长创造良好社会环境。

当前，我国社会总体上是和谐的。但是，也存在着不少影响社会和谐的矛盾和问题，主要是：城乡、区域、经济社会发展很不平衡，人口资源环境压力加大；就业、社会保障、收入分配、教育、医疗、住房、安全生产、社会治安等方面关系群众切身利益的问题比较突出；体制机制尚不完善，民主法制还不健全；一些社会成员诚信缺失、道德失范，一些领导干部的素质、能力、作风与新形势新任务的要求还不适应；一些领域的腐败现象仍然比较严重。社会的种种不和谐问题，也在制约着学校德育工作的和谐发展。一些地方和部门的领导对德育工作认识不足，重视不够，没有真正担负起领导责任；全社会关心和支持未成年人思想道德建设的风气尚未全面形成，还存在种种不利于未成年人健康成长的社会环境和消极因素。

在新的社会条件下，我国城乡家庭教育也出现了许多新情况、新问题。第一，流动型家庭问题。随着进城务工人员的增多，务工家庭的父母忙于工作和生计，无暇顾及对孩子的指导教育；人员和家庭的流动还带来了“留守儿童”的问题，这类孩子的家庭教育成为空白点，严重影响到孩子的健康成长。第二，稳定型家庭问题。在生活安定的家庭特别是独生子女家庭，相当数量的家长只重孩子的学习，忽视品德和人格培养，有的则放任娇惯，父母在教育子女的观念和方法上存在许多误区。第三，特殊家庭问题。主要是离婚和再婚家庭的孩子，他们的心理和性格发展存在较复杂的问题。这些问题直接影响着孩子的品德和身心素质的和谐发展，影响着家庭的和谐与幸福，给社会的稳定和谐带来不同程度的消极影响。

从教育系统的实际情况看，多年来教育改革虽然取得重要成就，但根据构建和谐社会对教育提出的要求，还存在突出的问题。第一，教育发展不均衡，优质教育资源不能满足社会日益增长的教育需求。由此带来的社会问题和矛盾，影响着社会和谐发展的进程。第二，应试教育持续升温，重智育轻德育、重课堂教学轻社会实践的现象依然存在，推进素质教育的任务十分艰巨。第三，德育体系尚未形成，思想道德建设在体制机制、思想观念、内容形式、方法手段、队伍建设、经费投入、政策措施等方面还有许多与和谐社会建设不相适应的地方。

和谐德育以整体构建学校、家庭、社会和谐德育体系为己任，主张学校、家庭、社会德育理念融通，德育目标趋同，德育内容互补，德育途径互动，德育管理协调，德育资源共享，德育评价一致。它的研究与实验的目的，是根据构建社会主义和谐社会的实践要求，为建设和谐学校、和谐家庭、和谐社区以及学校、家庭、社区和谐德育体系提供理论指导和实践模式，引导学校、家庭、社区实施和谐德育，创造和谐氛围，共建和谐生活，促进学生和谐成长。因此，和谐德育有利于为青少年健康成长创造和谐校园、和谐家庭、和谐社区等良好的社会环境。

社会主义核心价值体系是和谐德育的根本*

党的十七大报告明确要求："切实把社会主义核心价值体系融入国民教育和精神文明建设全过程，转化为人民的自觉追求。"①整体构建和谐德育体系，正是贯彻落实党的十七大精神，切实把社会主义核心价值体系融入国民教育全过程的重要举措。和谐德育是构建社会主义和谐社会的思想道德基础，而社会主义核心价值体系则是和谐德育的根本。

一、社会主义核心价值体系的基本内容

党的十七大报告明确提出了社会主义核心价值体系的基本内容，主要包括以下几个方面：

——坚持马克思主义指导思想。马克思主义是我们立党立国的根本指导思想。在社会主义核心价值体系建设中，

---

* 本文收入詹万生主编《和谐德育研究》，光明日报出版社 2009 年出版。

① 《中国共产党第十七次全国代表大会文件汇编》，北京：人民出版社，2007 年版，第 11 页。

马克思主义为我们提供了正确的世界观和方法论，提供了正确认识世界和改造世界的强大思想武器。只有用马克思主义的立场、观点、方法来正确认识经济社会发展大势，正确认识社会思想意识中的主流与支流，才能在错综复杂的社会现象中看清本质、明确方向。建设社会主义核心价值体系，第一位的就是坚持马克思主义的指导地位。马克思主义是科学，总是随着时代、实践和科学的发展而不断发展。我们坚持马克思主义，是坚持发展着的马克思主义。只有坚持用马克思主义中国化的最新成果武装全党、教育人民，才能真正发挥马克思主义认识世界和改造世界的强大思想武器的作用，马克思主义才能真正成为我们的行动指南。

——坚持中国特色社会主义共同理想。理想信念，是一个政党治国理政的旗帜，是一个民族奋力前行的向导。理想是有层次的，对于共产党人来说，最高理想是实现共产主义。在现阶段，建设中国特色社会主义是我们全社会的共同理想。这个共同理想，既实在具体，又鼓舞人心，昭示了我们要在中国特色社会主义道路上，在本世纪头20年，集中力量全面建设小康社会，再继续奋斗几十年，到本世纪中叶基本实现现代化，把我国建成富强民主文明和谐的社会主义国家。这个共同理想，集中代表了我国工人、农民、知识分子和其他劳动者、建设者、爱国者的利益和愿望，具有很强的广泛性和包容性。这个共同理想，把国家、民族与个人紧紧地联系在一起，强调了国家要基本实现现代化、民族要实现伟大复兴、人民要过上宽裕的小康生活，有利于调动全体人民的积极性共同为之奋斗。

——坚持以爱国主义为核心的民族精神和以改革创新为核心的时代精神。民族精神和时代精神是一个民族赖以生存和发展的精神支撑。一个民族，没有振奋的精神和高尚的品格，不可能自立于世界民族之林。有没有高昂的民族精神，是衡量一个国家综合国力强弱的一个重要尺度。民族精神是我们民族的生命力、凝聚力和创造力的不竭源泉。在五千多年的发展中，中华民族形成了以爱国主义为核心的团结统一、爱好和平、勤劳勇敢、自强不息的伟大民族精神。在改革开放新时期，中华民族又形成了勇于改革、敢于创新的时代精神。这一民族精神和时代精神，包括了我们党领导人民在长期革命斗争中形成的井冈山精神、长征精神、延安精神、西柏坡精神等优良传统；包括了在社会主义建设时期形成的大庆精神、雷锋精神、“两弹一星”精神等优良传统；包括了在改革开放新时期形成的“64字创业精神”、九八抗洪精神、抗击“非典”精神、青藏铁路建设精神等优良传统。这一民族精神和时代精神，是中华民族五千多年来生生不息、发展壮大的强大精神动力，也是中国人民在未来的岁月里薪火相传、继往开来的强大精神动力。

——坚持社会主义荣辱观。胡锦涛同志明确提出了以“八荣八耻”为主要内容的社会主义荣辱观。他强调指出：“在我们的社会主义社会里，是非、善恶、美丑的界限绝对不能混淆，坚持什么、反对什么，倡导什么、抵制什么，都必须旗帜鲜明。”[①]荣辱观是世界观、人生观、价值观的重要内容，树立正确的荣辱观是形成良好社会风气的重要基础。只有分清荣辱，明辨善恶美丑，一个人才能形成正确的价值判断，一个社会才能形成良好的道德风尚。以“八荣八耻”为主要内容的社会主义荣辱观，明确了当代社会最基本的价值取向和行为准则，涵盖了人生态度、社会风尚的方方面面，体现了社会主义基本道

① 《胡锦涛关于“八个为荣、八个为耻”的重要论述》，载《人民日报》，2006-3-5。

德规范，体现了中华民族传统美德、优秀革命道德与时代精神的完美结合，应当成为引领社会风尚的一面旗帜。

二、核心价值体系是社会意识的本质体现

党的十七大报告指出：“社会主义核心价值体系是社会主义意识形态的本质体现。要巩固马克思主义指导地位，坚持不懈地用马克思主义中国化最新成果武装全党、教育人民，用中国特色社会主义共同理想凝聚力量，用以爱国主义为核心的民族精神和以改革创新为核心的时代精神鼓舞斗志，用社会主义荣辱观引领风尚，巩固全党全国各族人民团结奋斗的共同思想基础。”①建设社会主义核心价值体系，形成全民族奋发向上的精神力量和团结和睦的精神纽带。这是自党的十六届六中全会以来党中央适应我国社会思想道德建设的新形势，向全党提出的重要任务。任何社会都有自己的核心价值体系。核心价值体系是社会意识的本质体现，决定着社会意识的性质和方向。建设社会主义核心价值体系，对于团结、引领全体社会成员在思想道德上共同进步，对于整体构建和谐德育体系，对于进一步加强和改进青少年的思想道德建设，具有重大意义。

第一，社会主义核心价值体系有利于培育青少年的和谐精神。构建社会主义和谐社会必须建设和谐文化。我们建设的和谐文化，是建设社会主义先进文化，是以社会主义核心价值体系为根本的和谐文化。社会主义核心价值体系，不断汲取中华民族优秀传统文化，不断吸收世界优秀文明成果，不断在实践中创新发展。这就决定了社会主

---

① 《中国共产党第十七次全国代表大会文件汇编》，北京：人民出版社，2007 年版，第 33 页。

义核心价值体系有很强的创造力、感召力和包容性、整合性。在和谐德育研究中，抓住了社会主义核心价值体系这个根本，才能形成青少年共同的理想信念，增强全社会的凝聚力；才能树立青少年的和谐理念，培育青少年的和谐精神；才能形成青少年的良好道德风尚，形成青少年的和谐人际关系；才能营造青少年的和谐舆论氛围，为构建社会主义和谐社会奠定思想道德基础。

第二，社会主义核心价值体系有利于奠定青少年的思想基础。共同的思想基础，是一个党、一个国家、一个民族赖以存在和发展的根本前提。我们党历来重视共同思想基础的建设。毛泽东同志强调党要有“共同语言”，社会主义国家要有“统一意志”。邓小平同志指出：我们这么大一个国家，要团结起来、组织起来，一靠理想，二靠纪律，否则建设就不能成功。江泽民同志指出：一个民族、一个国家，如果没有自己的精神支柱，就等于没有灵魂，就会失去凝聚力和生命力。胡锦涛同志多次指出：要增强“民族精神”，巩固“精神支柱”、形成“共同理想信念”。这里强调的都是共同思想基础建设。社会主义核心价值体系的科学概括和清晰界定，明确了共同思想基础的基本内涵和基本要求。和谐德育坚持以社会主义核心价值体系为价值导向，有利于引导青少年树立建设中国特色社会主义的共同理想。

第三，社会主义核心价值体系有利于引导青少年思想道德进步。思想道德是经济基础的反映。同我国还处在社会主义初级阶段相适应，同我国多种所有制经济并存相适应，同我国多种分配方式并存相适应，同对外开放的环境相适应，人们的思想观念、道德意识、价值取向越来越呈现出层次性。这种层次性要求我们，在思想道德建设上一定要从实际出发，既要鼓励先进，又要照顾多数，把先进性要求同广泛性要求结合起来，对不同层次的人们提出不同的要求。社会主义核心价值体系，既体现了思想道德建设上的先进性要求，又体现了思想道德建设上的广泛性要求；既坚持了先进文化的前进方向，又符合不同层次群众的思想状况；既体现了一致的愿望和追求，又涵盖了不同的群体和阶层。社会主义核心价值体系具有广泛的适用性和包容性，具有强大的整合力和引领力，是联结各民族、各阶层的精神纽带。和谐德育坚持以社会主义核心价值体系为精神纽带，有利于引导青少年在思想道德上共同进步。

和谐德育要在时代性、规律性、实效性上下功夫*

《中共中央国务院关于进一步加强和改进未成年人思想道德建设的若干意见》的发布，标志我国未成年人思想道德建设进入统一思想、全面实施的新的历史发展阶段。未成年人思想道德建设关系中华民族的整体素质，关系国家前途和民族命运的根本意义已经深入人心。人们寄希望于这项民心工程和社会工程。现在，最重要的是抓好落实。怎样落实？分析青少年思想道德建设存在的问题，总结青少年思想道德教育的历史经验，实施重点就是充分体现时代性，准确把握规律性，大力增强实效性。这三个方面各有侧重，又相互统一。

一、与时俱进，充分体现时代性

时代性可以从三个层面来认识。第一个层面就是我们当代社会生活的总体特点，具体认识可以分为经济生活的

---

* 本文是在教育部学习中央2004年8号、16号文件座谈会上的发言，后收入詹万生主编《和谐德育研究》，光明日报出版社2009年版。

特点、文化生活的特点和政治生活的特点。社会生活的特点直接影响到青少年的思想情感和行为，使他们的品德在形成中具有许多时代特点，这是时代性的第二个层面。社会生活和青少年思想品德的特点要求德育的内容和方法与之相适应，具有时代的特点；同时德育的内容还要有历史的贯穿性，即继承优秀传统文化，建构时代精神，体现先进文化的前进方向，引导社会生活向未来美好目标发展。这是时代性的第三个层面。青少年思想道德建设如何体现时代特点，现提出如下建议。

从经济生活来看，市场经济自主经营的原则激发了人们主体意识的生成，同时诱发个人主义倾向；市场经济所有制形式的多元化促进了生产力的发展，同时利益群体的多样化必然导致思想道德价值取向的多元化；市场经济的效益原则增强了效益观念和求实精神，同时诱发了拜金主义和重利轻义思想；市场经济的深入发展，社会经济成分、组织形式、就业方式、利益关系和分配方式的日益多样化，为未成年人的全面发展创造了更加广阔的空间，同时，一些领域道德失范，诚信缺失、假冒伪劣、欺骗欺诈活动有所蔓延，一些地方封建迷信、邪教和黄赌毒等社会丑恶现象沉渣泛起，成为社会公害，一些成年人价值观发生扭曲，拜金主义、享乐主义、极端个人主义滋长，以权谋私等消极腐败现象屡禁不止等等，也给未成年人的成长带来不可忽视的负面影响。面对这种新情况和新问题，思想道德建设必须正确处理适应性和超越性的关系，在适应中超越，在超越中适应。思想道德建设要立足于市场经济的实际，贴近生活。但这种适应不是消极的适应，而是积极的适应。一方面立足于市场经济自主经营、平等互利的实际，引导学生增强主体意识，树立平等互利、公平诚信的道德观念；另一方面立足市场经济的竞争性、求利性的实际，引导学生树立开拓、进取、创新的观念和功利、信息等功效性价值观念，并基于市场经济的风险性、不确定性，培养学生适应市场经济的良好心理素质。

从文化生活来看，我国对外开放的进一步扩大，为广大未成年人了解世界、增长知识、开阔视野提供了更加有利的条件；同时，国际敌对势力与我国争夺接班人的斗争也日趋尖锐和复杂。对外开放引进了西方的科学技术、信息技术和管理经验；同时，西方的思想文化、价值观念、生活方式也以各种形式渗透进来。对外开放掀起外语、考TOEFL、GRE、IELTS的热潮，使未成年人的外语水平有了大幅度的提高；同时，未成年人对民族文化、民族精神、中国历史了解甚少，国学基础令人忧虑。面对这种新情况和新问题，思想道德建设必须与中华民族传统文化相承接，把民族精神教育纳入国民教育的全过程。要加强弘扬和培育以爱国主义为核心的团结统一、爱好和平、勤劳勇敢、自强不息的伟大民族精神，加强中国近代史、现代史和国情教育，加强中华民族传统美德和革命传统道德教育。

互联网等新兴媒体的快速发展，给未成年人学习和获得信息开辟了新的渠道；同时，黄、赌、毒、邪等腐朽落后文化和有害信息也通过网络传播，腐蚀未成年人的心灵。互联网为未成年人的交往提供了方便、快捷、高效的工具；同时，网吧的不法经营者为了获取利润，引诱未成年人痴迷网吧，少数未成年人精神空虚、行为失范，有的甚至走上违法犯罪的歧途。面对这些新情况新问题，思想道德建设必须跟进时代网络化趋势，充分利用多媒体技术，促进思想道德教育内容动态化、形象化，增强感染力和吸引力；充分利用现代信息技术，辅助思想道德教育活动课和校内外思想道德教育实践活动，提高思想道德教育的效率和实效性；充分利用网络信息传递方式，延长学生接受思想道德教育的绝对时间，并且可以冲破物理空间的限制，实现思想道德教育时空的新拓展；充分利用网络技术对网上的不良信息、有害信息进行监控和屏蔽，使未成年人免受黄、赌、毒、邪的侵害而健康成长；充分利用网络技术，使校园网、局域网与“中国德育网”链接，建立更大的思想道德教育网络平台，形成正确导向和校园信息浪潮；充分利用计算机软件技术，开发和研制德育软件，使网络德育具有可操作的运行载体；充分利用网络信息技术，提高广大教师的信息素养，增强熟练运用计算机获取、传递和处理信息的能力，全面提高思想道德教育工作水平。

青少年思想道德建设坚持与时俱进、充分体现时代性的工作方式，内含着对教育与社会发展要求和人的发展需要相互作用的教育发展规律的遵循和运用。这是思想道德建设的基本根据，也是增强德育工作的针对性、主动性和实效性的前提。现在，思想道德建设体现时代性的一个重点而紧迫的任务，是坚持贯通古今、融会中西、继承借鉴、发展创新的研究方法，建立与社会主义市场经济相适应、与社会主义法律规范相协调、与中华民族传统美德相承接的社会主义思想道德体系。其基础环节是根据这样的内容要素和青少年品德形成发展规律，搞好大、中、小学德育课程建设。

二、不断探索，准确把握规律性

加强和改进未成年人思想道德建设，关键是准确把握思想道德建设的规律。思想道德建设的规律包括未成年人思想道德形成发展规律、学校德育工作规律、社会思想道德建设规律以及教育发展规律等等。

事物的规律是事物的发展具有的内在的、必然的、稳定的联系。

研究表明，与人的素质包括思想品德素质的发展存在内在的、必然的、稳定的联系的因素主要是遗传、环境和教育。在这三种因素中。遗传提供了思想品德的生命基础，传统文化所论述的人性的“善”“恶”并非天生固定的，其决定的因素是环境和教育。就环境和教育对人的品德形成发展产生的作用来看，最主要的是教育。教育也是一种环境，是对人产生系统影响的主导性环境。从前文所述青少年犯罪的几个主要特点来看，也可以表明教育对人的道德素质及社会行为的重要主导作用。因此，研究教育对人的思想品德的系统联系和整体影响，并将这种联系和影响运用于教育工作实践，就是把握规律性的一种具体实践方式。

在学校教育中，把握德育规律的一个重要课题，是整体构建学校和谐德育体系。根据系统论的理论，我们认为学校德育也是一个系统，系统科学的基本原则是系统具有整体性、有序性和动态性。从整体性原则来看，学校德育是由德育目标、德育内容、德育途径、德育方法、德育管理、德育评价等要素系统构成的一个统一的整体；从有序性原则来看，学校德育是由小学德育、中学(中职)德育、大学德育等层次系统组成的一个统一的整体。整体构建学校德育体系就是以要素系统为横坐标，以层次系统为纵坐标，进行横向贯通，纵向衔接，有序排列，有机组合而成。从动态性原则来看，学生健康的心理素质，文明的行为习惯，良好的道德品质，正确的民主、法制、纪律观念，科学的世界观、人生观、价值观，崇高的理想信念，坚定正确的政治方向，是通过小学、中学、大学等各个阶段的教育逐步形成的。各教育阶段的德育目标的高低，德育内容的深浅和侧重点，德育途径和方法的选择，德育管理和评价方式的运用，要针对学生不同年龄阶段的身心特点和理解能力的不同，由浅入深，由低到高，由感性到理性，由具体到抽象，循序渐进，逐步提高，分层递进，螺旋上升。切不可“齐步走”“一刀切”“大呼隆”，更不能“倒挂”“脱节”“简单重复”“过频变动”。

整体构建学校和谐德育体系，就是要使德育目标、德育内容、德育途径、德育方法、德育管理、德育评价等要素系统横向贯通，环环相扣，形成合力，以保证在整个德育过程中要素结构的完整性和连续性。同时，使小学德育、中学(中职)德育、大学德育等层次系统纵向衔接，分层递进，螺旋上升，以保证各个教育阶段德育工作的层次性和渐进性。各个教育阶段都应有德育整体意识，总览全局，加强相邻阶段的衔接，防止简单重复或脱节，以发挥德育系统的整体功能，提高德育工作的整体效果。

与青少年思想品德形成存在密切联系的教育领域是家庭教育。从儿童接受教育的时间顺序看，家庭教育在先，学校教育在后；从两种教育对青少年道德素质发生的作用来看，一般来说，家庭教育先重后轻，学校教育先轻后重。但家庭教育在孩子成长的整个过程中的持续作用是比较稳定的。因此，把握青少年思想道德建设规律的另一个重点领域是加强对家庭教育的研究和指导。其基础工作是普及科学的家教知识和理念，介绍家教经验，提高家长素质，引导家庭教育与学校教育价值取向一致，教育理念趋同，教育过程同步，教育途径互补，使学校教育与家庭教育形成合力，和谐发展。

三、求真务实，大力增强实效性

德育实效性的根本基础是对时代性和规律性的把握和实践运用。实效性是德育工作体现时代性、把握规律性的目的和结果。在现实的教育工作中，时代性、规律性、实效性是同步体现的。就德育实效性的发生特点来看，可以包括长时的实效性和即时的实效性。长时的实效性是指在一个阶段、一个时期德育工作体现出持续、稳定的实效性。即时实效性具有情境性，如一堂课、一次参观活动、一次谈话的德育效果，这种效果是个体的现场经历和真实感受。长时实效具有全局性、整体性，即时实效表现为局部性、个体性。长时实效性以即时实效为基础。上述整体构建学校德育体系和加强家庭教育合力的研究实践主要是着眼于长时实效性。在具体的教育生活中，我们要在体现时代性、把握规律性的教育过程中，注重即时实效性。主要应从三方面做起。

第一，以人为本，关注学生的成长需要。以人为本首先是尊重学生作为独立生命主体的成长需要，让学生切身感受到教育对自己成长的人文关怀。如上文引述的每一个儿童都具有的四点最基本需要，在我们以往的教育中是常常被忽视的，因而导致学生与教育者在情感上的疏离，失去学习的内在动力，直接影响到德育效果。主体意识和主体的实现是人的成长需要。在教学过程中，以人为本体现为尊重学生的主体地位，充分发挥学生的积极性、主动性和创造性。要改变学生被动接受灌输的旧的教学模式。建立学生主体参与教学全过程的新教学模式。在教学准备中，不仅教师要备课，学生也要“备课”，比如收集资料、查询信息、调查访问、提出问题等；在教学过程中，要改变老师满堂灌，学生被动听的局面，使学生积极参与，形成师生互动、生生互动的讨论式、探究式、研究式学习方式；在教学评价中，要改变老师考试、学生应试的局面，把学生作为评价主体，形成以学生自评、同学互评为主，以老师导评，家长助评为辅的自主性评价模式。

第二，回归生活，近、小、实、亲。生活是道德的源泉，道德的意义和作用在于引导、创造和谐幸福的生活。以往的道德教育常常脱离现实生活，是一种“高、大、空、远”的德育。要改变这种状况，就要遵循德育规律，回归生活，使德育的内容、途径和方法近、小、实、亲。近，就是贴近身边生活，贴近学生思想情感；小，就是提出的问题小一点，从小事做起；实，就是实实在在，诚信为教，诚信做人，引导学生认识生活的真实情形，做到知其然，并指导学生自主探究，知其所以然；亲，就是亲切融洽，情感互通，可亲、可感、可信，亲身践行。

第三，知行合一，增强学生的实践能力。思想道德的本质是实践的。实践的观点是思想道德建设首要的、基本的观点。德育不同于智育，智育的任务是传授知识兼培养能力，它主要解决知不知、会不会的问题；而德育只到此并没有完结，它不仅要解决知不知、会不会的问题，而且更要解决信不信、行不行的问题，即不但要授之以知、晓之以理，而且还要动之以情、导之以行。德育过程是由知、情、意(信)、行诸环节构成的，只有知识传授，而无情感陶冶、意志磨炼和行为引导不是完整的德育。这就如同体育与智育不同的道理一样，如果只在课堂上讲授体育知识和理论，不让学生到体育场去实际锻炼，怎能培养学生强健的体魄？同理，德育如果只重视知识传授，而轻视或忽视德育实践活动，怎能培养学生良好的思想品德？德育活动有多种形式，既有课堂德育活动，又有课外德育活动；既有校内德育活动，又有校外德育活动。其中主题班会、主题团队会是最直接的、最经常、最普遍的德育活动。它主题明确，针对性强，内容丰富多彩，形式生动活泼，是对学生进行思想品德教育的有效途径。主题班会、主题团队会应当形成制度，列入课程表，作为德育活动课的基本形式，从而避免单纯传授知识、空洞讲授理论、死记硬背概念等脱离实际的倾向，增强德育的实效性。

现代德育主张“双主体论”，即教师是教育主体，学生是受教育主体，教师和学生应当互相尊重对方的主体地位。在德育目标的确定上，不仅要考虑社会的要求，更要重视学生自身成长的需要。在德育内容的安排上，不仅要依据社会规范，更要遵循学生的年龄特征和品德形成发展规律。在德育方法的运用上，要激励学生自尊、自爱、自信、自立、自强，引导和培养学生自订成长目标，自析成长环境，自寻成长动力，自开成长渠道，自研成长方法和自评成长效果，使他们成为自身全面发展的主人。在德育过程中要改变传统的“以教师为中心，以教材为中心，以课堂为中心”的“旧三中心论”，建构“以学生为中心，以活动为中心，以体验为中心”的“新三中心”。使学生在实践活动中体验生活，感悟道德，养成良好的行为习惯。